O ATO FOTOGRAFICO
E OUTROS ENSAIOS

PHILIPPE DUBOIS

Tradução
Marina Appenzeller

O ATO FOTOGRÁFICO
E OUTROS ENSAIOS

PAPIRUS EDITORA

Título original em francês: *L'acte photographique et autres essais*

Tradução: Marina Appenzeller
Capa: Fernando Cornacchia
Foto: Rennato Testa
Copidesque: Margareth Silva de Oliveira
Revisão: Juliana Bôa

Dados Internacionais de Catalogação na Publicação (CIP)
(Câmara Brasileira do Livro, SP, Brasil)

Dubois, Philippe
O ato fotográfico e outros ensaios / Philippe Dubois ; tradução Marina Appenzeller. – Campinas, SP : Papirus, 1993. – (Série Ofício de Arte e Forma)

ISBN 85-308-0246-2

1. Fotografia I. Título. II. Série.

93-3325 CDD-770

Índices para catálogo sistemático:

1. Fotografia 770

4ª Edição
2000

Telefones: (19) 272-4500 e 272-4534 – Fax: (19) 272-7578
Caixa Postal 736 - CEP 13001-970 - Campinas - SP - Brasil.
E-mail: editora@papirus.com.br – http://www.papirus.com.br

SUMÁRIO

Nota preliminar 9

Introdução 11

1. *Da verossimilhança ao índice*
Pequena retrospectiva histórica sobre a questão do realismo na fotografia 23

A fotografia como espelho do real 27
A fotografia como transformação do real 36
A fotografia como traço de um real 45

2. *O ato fotográfico*
Pragmática do índice e efeitos de ausência 57

3. *Histórias de sombra e mitologias de espelhos*
Os índices na história da arte 109

Lascaux ou o nascimento da arte 116
Histórias de sombra 117
As origens da fotografia 128
Mitologias com espelhos: Narciso, Medusa 139

4. *O golpe do corte*
A questão do espaço e do tempo no ato fotográfico 159

O corte temporal 163
O corte espacial 177

5. *O corpo e seus fantasmas*
Observações sobre algumas ficções fotográficas na iconografia científica da segunda metade do século XIX 219

Corpo de luz, corpo de trevas 221
A primeira "fotografia" de crime 223
Nadar, Balzac, Hugo:
da teoria dos espectros à pose mortuária 227
O optograma ou os fantasmas da última imagem 231
Fotografar o invisível, ou as auras da alma humana 234
A fotografia de identidade judiciária 241
Rumo a uma estética do desaparecimento 247
Epílogo benjaminiano sobre a noção de aura 247

6. *A arte é (tornou-se) fotográfica?*
Pequeno percurso das relações entre a arte contemporânea e a fotografia no século XX 251

Marcel Duchamp ou a lógica do ato 254
O suprematismo e o espaço gerado pela fotografia aérea 258
Dadaísmo e surrealismo: a fotomontagem
ou a mistura polifônica dos materiais e dos signos 268
A arte americana: a foto no expressionismo abstrato,
na Pop Art e o hiper-realismo 269
A Europa e a França: Yves Klein, os "Novos realistas"
e os "artistas do cotidiano irrisório" 274
A fotografia e as artes conceituais
e de evento dos anos 60 e 70 279
A foto-instalação e a escultura fotográfica 291

7. *Palimpsestos*
A fotografia como aparelho psíquico
(princípio de distância e arte da memória) 309

Manter à distância 311
A fotografia como arte da memória 314
A fotografia como aparelho psíquico 317
Roma e Pompéia 318
A metáfora fotográfica 321
O "Wunderblock" 326

8. *O pedregulho e o precipício*
A respeito da obra fotográfica de Denis Roche 333

Índice de ilustrações 359

NOTA PRELIMINAR

Em 1983, saía pelas Éditions Labor (Bruxelas) a primeira edição de *O ato fotográfico*. Tendo se tornado uma referência e se esgotado, a obra é hoje retomada integralmente na primeira parte desse livro. Optou-se por (quase) não remanejar o texto inicial, embora outros escritos teóricos tenham vindo desde então aprofundar e aperfeiçoar o caminho traçado e certas formulações possam parecer datadas.

Por outro lado, este livro é também, em toda a sua segunda parte, uma edição *consideravelmente aumentada*. Aos quatro capítulos já existentes, vêm acrescentar-se de fato quatro novos ensaios, que prolongam, modulam e diversificam a perspectiva original. A fotografia é um campo aberto e móvel a respeito do qual esta segunda edição oferece novas perspectivas, ao mesmo tempo *histórica* (a fotografia científica e delirante do final do século XIX), *estética* (o papel da fotografia no campo da arte contemporânea), *analítica* (a fotografia concebida como aparelho psíquico) e *estilística* (a conduta exemplar do escritor/fotógrafo Denis Roche).

INTRODUÇÃO

O que se fotografa é o fato de se estar tirando uma foto.

Denis Roche [1]

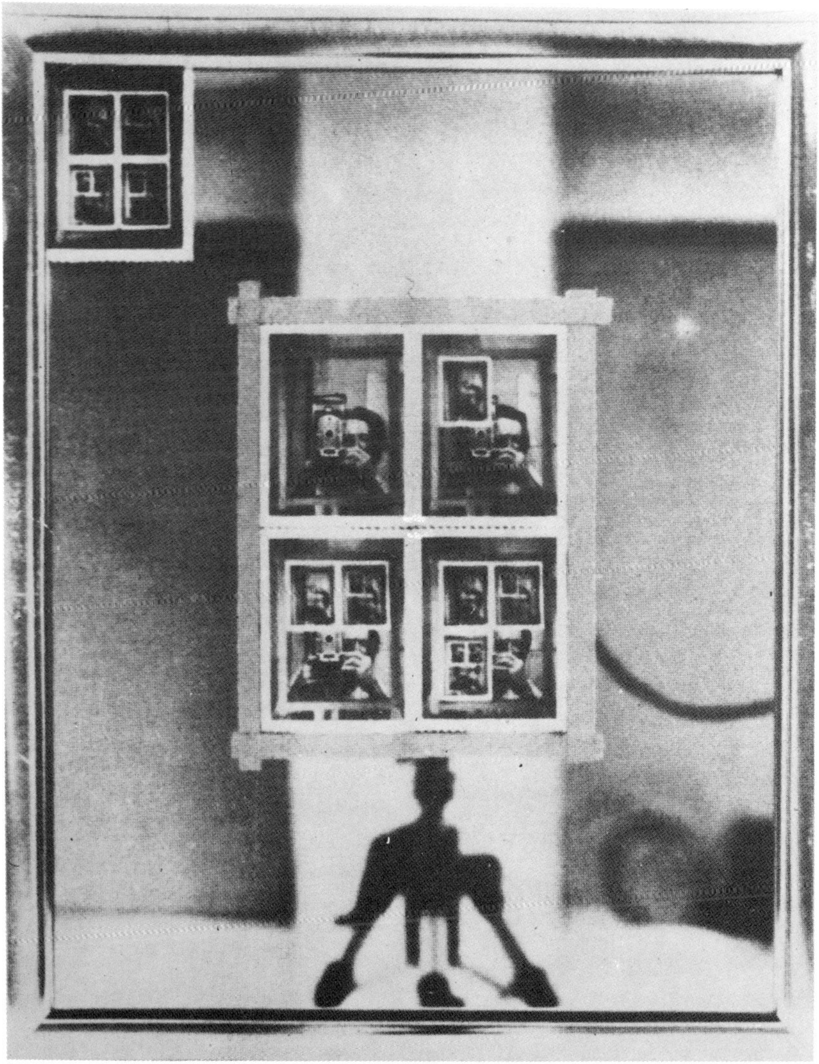

Michael Snow, *Authorization.*

Se existe na fotografia uma força viva irresistível, se nela existe algo que, a meu ver, depende da ordem de uma gravidade absoluta — e que é tudo sobre o que este livro gostaria de insistir —, é bem isso: *com a fotografia, não nos é mais possível pensar a imagem fora do ato que a faz ser.* A foto não é apenas uma imagem (o produto de uma técnica e de uma ação, o resultado de um fazer e de um saber-fazer, uma representação de papel que se olha simplesmente em sua clausura de objeto finito), é também, em primeiro lugar, um verdadeiro *ato* icônico, uma imagem, se quisermos, mas *em trabalho,* algo que não se pode conceber fora de suas *circunstâncias,* fora do *jogo* que a anima sem *comprová*-la literalmente: algo que é, portanto, ao mesmo tempo e consubstancialmente, uma *imagem-ato,* estando compreendido que esse "ato" não se limita trivialmente apenas ao gesto da *produção* propriamente dita da imagem (o gesto da "tomada"), mas inclui também o ato de sua *recepção* e de sua *contemplação.* A fotografia, em suma, como inseparável de *toda* a sua enunciação, como *experiência* de imagem, como objeto totalmente *pragmático.* Vê-se com isso o quanto esse meio mecânico, ótico-químico, pretensamente objetivo, do qual se disse tantas vezes no plano filosófico que ele se efetuava "na ausência do homem"[2], implica de fato ontologicamente a questão do *sujeito,* e mais especialmente do sujeito *em processo.*

Observemos agora a imagem que figura na primeira página. Ela abre emblematicamente este livro, que ela contém de certa maneira por inteiro. Trata-se da reprodução (fotográfica) de uma obra do artista canadense Michael Snow, realizada em 1969 e intitulada *Authorization*. Descrever essa obra não é fácil, justamente porque não é simplesmente uma *imagem*, uma foto, mas, antes, um *dispositivo* (uma *instalação*, para retomar um termo da arte contemporânea) que coloca em situação, de acordo com uma estratégia complexa que vou descrever, o fotógrafo e o observador. A obra de Michael Snow é de fato urdida de forma a nos mostrar finalmente apenas suas próprias condições de surgimento e de recepção. As três perguntas fundamentais que se fazem a qualquer obra de arte (O que está representado? Como aconteceu? Como é percebida?) formam aqui uma única. A partir de então, descrever essa obra colocando-se no ponto de vista do espectador e acompanhando o desenrolar de sua percepção é, num mesmo movimento, acompanhar o processo pelo qual a obra se constituiu. Eis porque *Authorization* — *auto-retrato fotográfico* — é bem mais do que uma foto: *é um acionamento da própria fotografia*.

Vamos nos colocar diante da obra, tal como a podemos ver na Galeria Nacional do Canadá (Ottawa). E deixemos nossos pensamentos fluírem. À primeira vista, tudo parece muito simples: um grande espelho encerrado numa moldura de metal (54,6 x 44,5 cm) no qual foram coladas cinco fotografias polaróide em branco e preto, uma bem no alto, no canto esquerdo do espelho, as quatro outras unidas no centro de maneira a formar um retângulo, ele próprio enquadrado por quatro pedaços de fita auto-adesiva cinza colados no espelho. É claro que o efeito de simplicidade artesanal desse dispositivo desaparece de uma só vez, para dar lugar ao fascínio, a partir do momento em que se percebe, ao observar com atenção os cinco clichês, que estes devem ser lidos de fato segundo uma progressão cronológica estrita: por um lado, são o registro de uma série pré-ordenada de acontecimentos que ocorreram no espelho, *em seu próprio lugar*, no retângulo central delimitado com adesivo; por outro, os acontecimentos narrados são justamente os que fazem a obra tal como a vemos. Em outras palavras, *as cinco fotos polaróide restituem-nos a história da obra ao mesmo tempo em que a fazem*. São ao mesmo tempo *o próprio ato* e *sua memória*. Por isso, pela simples observação das fotografias, o espectador pode desmontar a fabricação da obra (a recepção é aqui a inversão exata da produção: reversibilidade dos processos). Convém, então, acompanhar precisamente, a partir do que se vê, o processo de elaboração de *Authorization*.

Em primeiro lugar, Snow pegou um espelho, a princípio livre de tudo o que aos poucos viria a ser aderido a ele, cujas dimensões são mais ou menos proporcionais ao formato de uma fotografia polaróide.

Nesse espelho, aproximadamente no centro de sua superfície, Snow determinou em seguida um espaço retangular que corresponde com exatidão a um agrupamento de quatro fotos polaróide encostadas uma na outra e agrupadas de duas em duas (retângulo interior sempre proporcional, portanto, ao mesmo formato). Circunscreveu esse espaço com quatro pedaços de fita adesiva cinza, que rasgou em suas extremidades e montou, cruzando-as alternadamente (uma extremidade em cima, a outra embaixo), de maneira a produzir um efeito de espiral sem início nem fim. Finalmente, dispôs um aparelho de foto polaróide bem diante do espelho, a uma distância e a uma altura em que fosse possível o quadro de fita adesiva inscrever-se bem dentro do campo visual delimitado pelo visor. E ajustou o foco desse aparelho não no plano do próprio espelho (por isso o quadro de adesivo *nas* fotos polaróide será sempre *flou*), mas na imagem refletida, virtual, do aparelho e dele próprio quando estivesse com o olho fixo no visor (como se sabe, essa distância é mais ou menos o dobro da outra). A partir de então, tudo está em seu lugar. Basta acionar a máquina. Michael Snow tira a primeira foto. Cola-a de imediato (a revelação instantânea é essencial aqui) no quarto superior esquerdo do retângulo de adesivo. O espelho não está mais virgem. Snow colou-se nele. O campo visual fotografável pelo aparelho só reflete 75 % (a foto comeu espelho). Em seguida, Snow faz uma segunda foto, que capta portanto a primeira, e cola-a à direita da que já está no espelho. Procede assim com método ainda com as duas outras fotos, sem jamais mudar nada no foco ou no enquadramento, cada foto retomando as precedentes — e portanto retomando as fotos já fotografadas nas vezes precedentes: efeito de abismo até que as quatro imagens feitas venham preencher por completo o retângulo central, ocupando dessa maneira todo o campo visual do aparelho e anulando ao mesmo tempo o poder de reflexo do espelho naquela zona. Mais nada pode ser mexido a partir de então. O campo do espelho está tapado. A foto invadiu tudo. Tudo parou. Falta Snow tirar a última foto, a quinta, que registra o todo (o "estado das coisas") — mais uma vez sem modificar nada no foco nem na posição. Depositará essa última imagem bem no alto à esquerda, na ponta do grande espelho. O processo fechou-se. Podemos *olhar* a obra "acabada" (ou seja, desfazê-la; e, ao fazer isso, refazê-la etc.).

Vê-se bem o que está em jogo nesse dispositivo: um problema de tempo e de inscrição, um problema de sujeito e de máscara, um problema de morte e de dissolução. Há duas imagens e duas temporalidades. Há o espelho, que oferece uma representação sempre direta, que sempre remete unicamente ao aqui-agora em curso, ao presente singular de quem está se olhando (se vendo e sendo visto). Há a foto, sempre adiada, que remete sempre a uma anterioridade, a qual foi detida, congelada em seu tempo e seu lugar (e o polaróide nada muda nesse atraso inelutável da foto; ao contrário, só exacerba sua impossibilidade efetiva de jamais recuperar o tempo). O auto-retrato irá funcionar a partir da tensão entre esses dois universos. Snow, olhando-se no espelho vazio, está no presente puro da visão imediata. Pegar esse instante de total presença para si mesmo, captá-lo, registrá-lo, passá-lo para a película, é iniciar o processo que decerto fará o auto-retrato existir, erigirá a efígie, instalará a autocontemplação no tempo imóvel da fotografia, mas é, ao mesmo tempo, condenar a relação imediata consigo mesmo, é destiná-la a estar sempre acabada, é começar a fazê-la desaparecer *na* imagem e *sob* a mesma.

É justamente esse processo que a obra de Snow nos mostra. Da primeira à quinta foto, assistimos ao recobrimento progressivo de sua imagem no espelho pelas fotografias que captaram essa mesma imagem. Eis o sujeito, esse sujeito presente a si mesmo no instante efêmero e fugaz do reflexo, ei-lo aos poucos enterrado sob sua própria reprodução, devorado, apagado um pouco mais a cada mirada, a cada disparo da câmera, pela representação congelada de instantes sempre superados. Pois quanto mais tentar inscrever sua relação consigo mesmo, recuperar o atraso, mais irá se envolver, mais irá se apagar, mais irá desaparecer sob o papel das fotos, como um corpo mumificado que as faixas recobririam lentamente.

Todo esse processo é evidentemente reforçado pelo jogo da reduplicação em abismo e sobretudo é devolvido pelos procedimentos propriamente fotográficos, em particular pelo notável jogo com o foco que aqui leva a uma perda progressiva da definição da imagem: tendo focalizado, quando do primeiro disparo, sua imagem refletida e mantendo essa focalização, Snow tornava *flou* logo de início, e tornava cada vez mais *flou* a cada disparo, a cada retomada, tudo o que estava no plano do espelho, ou seja, as imagens fotográficas que ali colava e voltava a fotografar. No final, na quinta imagem, após quatro camadas de *flou*, a primeira imagem e todas as que a haviam seguido tornaram-se praticamente não-identificáveis. De forma que finalmente, ao invés de ter multiplicada infinitamente a imagem completa de seu rosto, no lugar de sua efígie, não há nada a ver além de uma poeira de partículas argênteas. Nem mesmo uma máscara mortuária. A múmia foi reduzida a cinzas. Dissolução total do sujeito *pelo* e *no* ato fotográfico. *Imagem-ato.*

E o dispositivo não pára aqui (será que pára em algum momento?). De fato, tudo que acabo de descrever concerne unicamente à representação fotográfica (a qual nos revela seu próprio processo de elaboração: o que acontece nas fotos polaróide é aquilo pelo que estas passaram para ser o que são). Ora, essas fotos justamente, com toda a sua história, não nos são apresentadas simplesmente como qualquer outra foto. Elas são-nos apresentadas *no próprio local de seus feitos*, ou seja, coladas no espelho pelo qual foram produzidas e que representam. Fotos *in situ*, integradas a um espelho real (há portanto espelho dos dois lados da foto: fora e dentro — e é o mesmo espelho), que fazem evidentemente da obra uma verdadeira *instalação* na qual o espectador vai se encontrar a cada olhar que levar ao dispositivo, *preso* na máquina (na maquinação).

Essa apresentação das fotos *em espelho*, que introduz o espectador (o tempo instantâneo e existencial da visão) na própria obra, não apenas faz com que a obra varie, mude, se transforme a cada vez que se olha para ela, mas vai sobretudo colocar um jogo complexo de relações entre o fotógrafo (fotografado) e o observador (refletido), vai mixar o auto-retrato passado de Snow com o auto-retrato presente do *voyeur*.

Como acontece de fato o ato do olhar sobre essa obra, tal como um espectador é levado a experimentar quando entra na sala da Galeria Nacional em Ottawa, onde *Authorization* está pendurada? Como é tradicional (é a posição do "diálogo com a obra"), ele vem se colocar bem *diante* do dispositivo, ou seja, tal como o vê logo que dá uma olhada nas fotos, colocando-se exatamente *no lugar* que Snow ocupava no momento da produção. Mas não está exatamente na mesma situação que Snow. Uma decalagem temporal, que é totalmente fundamental porque é através do artista que a obra existe e que vai definir a relação entre fotógrafo e observador, instalou-se. De fato, diferentemente de Snow no momento em que ele ia começar a construção de *Authorization*, o espelho que o espectador tem diante dele não está mais limpo. Já está coberto em sua parte central por fotografias — fotografias de Snow e não dele (embora essas fotos nos mostrem o apagamento progressivo da imagem de Snow por aquilo mesmo que as faz serem). A partir de então, colocado diante dessa obliteração da reflexão (a obra foi pendurada de modo que a superfície ocupada pelas quatro fotos polaróide centrais corresponda à altura do rosto do espectador médio), o espectador-*voyeur* não pode *ver-se* refletido no espelho, mais exatamente, ele não consegue ver seu rosto refletido. No lugar deste, só pode olhar o rosto do outro, de Snow, rosto que já está ali, rosto (do) passado, rosto *que já passou por ali*, várias vezes, rosto que parece ter corrido atrás de si mesmo, como para recuperar o tempo (perdido) e que justamente só conseguiu se perder, penetrar no abismo, enterrar-se em seus próprios apagamentos até a diluição total de qualquer efígie. E talvez então a presença dessas fotos num espelho real, que capta (pelo menos parcialmente, em seus bordos) a imagem sempre presente de cada espectador que vem (se) ver é uma última forma de tentar fazer o presente parar. Como se, penetrando cada vez mais a cada disparo na fuga de um passado que acreditava poder preencher, Snow finalmente só conseguisse manter seu auto-retrato fotográfico em seu lugar substituindo por obliteração o próprio rosto do espectador, cujo olhar faz decerto sua obra existir, mas cujo *voyeurismo* narcisista (qualquer olhar para uma obra é narcisista) encontra-se ao mesmo tempo (de)mo(n)strado e frustrado.

Assim, pela ação conjugada da fotografia e do espelho, do mesmo modo que nos exibe o que gerou, a obra de Snow também oferece à nossa contemplação aquilo através do que ela se olha e se contempla (o que, nos dois casos, desemboca numa impossibilidade, numa aporia, numa carência, num apagamento). Como eu sublinhava para começar, na medida em que esse dispositivo não nos mostra finalmente nada além de suas próprias condições de surgimento e de recepção, pode-se considerar que *Authorization* (o que autoriza o autor: *autorização*) é bem mais do que uma simples foto: é o *acionamento da própria fotografia*. Eis por que ela serve de emblema a este livro.

NOTAS

1. Denis Roche, "Photographier. Entretien avec Gilles Delavaud", em *Éducation 2000*, nº 10, setembro de 1978; retomado em D.R., *La disparition des lucioles* (*Réflexions sur l'acte photographique*), Paris, Ed. de l'Étoile, col. Ecrit sur l'image, 1982, p. 73.
2. André Bazin: "Todas as artes são baseadas na presença do homem; apenas na fotografia usufruímos sua ausência.", em *Ontologie de l'image photographique*, 1945; retomado em *Qu'est-ce que le cinéma?*, vol. I, Paris, Éd. du Cerf, 1975, p. 15.

Capítulo 1

DA VEROSSIMILHANÇA AO ÍNDICE*
Pequena retrospectiva histórica sobre a questão do realismo na fotografia

Tudo o que eu disse deriva finalmente dessa particularidade fundamental do meio fotográfico: os próprios objetos físicos imprimem sua imagem por intermédio da ação ótica e química da luz. Esse fato foi sempre reconhecido, mas tratado de muitas maneiras diferentes por aqueles que escreveram sobre o assunto.

Rudolf Arnheim, 1981 [1]

---

* Esse capítulo foi escrito em colaboração com Geneviève Van Cauwenberge.

Toda reflexão sobre um meio qualquer de expressão deve se colocar a questão fundamental da relação específica existente entre o referente externo e a mensagem produzida por esse meio. Trata-se da questão dos modos de representação do real ou, se quisermos, da questão do realismo. Ora, caso já se dirija a qualquer produção com pretensão documental — textos escritos (reportagem jornalística, diário de bordo etc.), representações gráficas, cartográficas, picturais etc. —, essa questão de fundo muito geral coloca-se com uma acuidade ainda mais nítida quando essas produções procedem da fotografia (ou do cinema). Existe uma espécie de consenso de princípio que pretende que o verdadeiro documento fotográfico "presta contas do mundo com fidelidade". Foi-lhe atribuída uma credibilidade, um peso de real bem singular. E essa virtude irredutível de testemunho baseia-se principalmente na consciência que se tem do processo *mecânico* de produção da imagem fotográfica, em seu modo específico de constituição e existência: o que se chamou de *automatismo de sua gênese técnica*. Se admitimos muitas vezes com bastante facilidade que o explorador pode relativamente fabular quando volta de suas viagens e elaborar, portanto, por exemplo para impressionar seu ouvinte, narrativas mais ou menos hiperbólicas, em que a parcela de fantasia e de imaginário está longe de ser negligenciável, ao contrário, a fotografia, pelo menos aos olhos da *doxa* e do senso comum, *não pode mentir*. Nela a necessidade de "ver para crer" é satisfeita. A foto é percebida como uma espécie de prova, ao mesmo tempo necessária e suficiente, que atesta indubitavelmente a existência daquilo que mostra.

Proponho-me a retraçar no presente capítulo um *percurso histórico* das diversas posições defendidas no decorrer da história pelos críticos e teóricos da fotografia quanto a esse princípio de realidade próprio à relação da imagem fotoquímica com seu referente. É claro que sei que o problema é antigo, pelo menos tão velho quanto a própria fotografia; mas, a meu ver, hoje o debate adquire um aspecto novo e importante no plano teórico. A fim de apreender bem essa nova atitude, convém pelo menos colocá-la em perspectiva através justamente de uma retrospectiva dos pontos de vista sobre essa questão muito antiga tantas vezes debatida. Em linhas gerais, esse percurso vai se articular em três tempos:

1) *a fotografia como espelho do real (o discurso da mimese)*. O efeito de realidade ligado à imagem fotográfica foi a princípio atribuído à *semelhança* existente entre a foto e seu referente. De início, a fotografia só é percebida pelo olhar ingênuo como um "*analogon*" objetivo do real. Parece mimética por essência.

2) *a fotografia como transformação do real (o discurso do código e da desconstrução)*. Logo se manifestou uma reação contra esse ilusionismo do espelho fotográfico. O princípio de realidade foi então designado como pura "impressão", um simples "efeito". Com esforço tentou-se demonstrar que a imagem fotográfica não é um espelho neutro, mas um instrumento de transposição, de análise, de interpretação e até de transformação do real, como a língua, por exemplo, e assim, também, culturalmente codificada.

3) *a fotografia como traço de um real (o discurso do índice e da referência)*. Por mais útil e necessário que tenha sido, esse movimento de desconstrução (semiológica) e de denúncia (ideológica) da impressão de realidade deixa-nos contudo um tanto insatisfeitos. Algo de singular, que a diferencia dos outros modos de representação, subsiste *apesar de tudo* na imagem fotográfica: um sentimento de realidade incontornável do qual não conseguimos nos livrar apesar da consciência de todos os códigos que estão em jogo nela e que se combinaram para a sua elaboração. Na foto, diz R. Barthes em *La chambre claire*[2] [A câmara clara], "o referente adere" em direção a tudo e contra tudo. Diante da imagem fotográfica, não se pode evitar o que J. Derrida qualifica em *La verité en peinture*[3] [A verdade em pintura] de "processo de atribuição", por meio do qual se remete inevitavelmente a imagem a seu referente. Deve-se, portanto, prosseguir a análise, ir além da

simples denúncia do "efeito de real": deve-se interrogar segundo outros termos a ontologia da imagem fotográfica.

É nesse estágio que se situam algumas pesquisas atuais pós-estruturalistas (entre as quais a presente), que encontraram apoio, por exemplo, em certos conceitos das teorias de Ch. S. Peirce, em particular na noção de *índice* (por oposição a *ícone* e a *símbolo*)[4], que alguns vêem como que uma lógica, senão uma epistemologia da qual a imagem fotográfica forneceria um modelo exemplar.

É esse percurso, da verossimilhança ao índice, que pretendo restituir nessas linhas gerais.

A fotografia como espelho do real

Trata-se aqui do primeiro discurso (e primário) sobre a fotografia. Esse discurso já está colocado por inteiro desde o início do século XIX (sabe-se que o nascimento da prática fotográfica foi acompanhado de imediato por um número impressionante de discursos de escolta). Embora comportasse declarações muitas vezes contraditórias e até polêmicas — ora de um pessimismo obscuro, ora francamente entusiastas —, o conjunto de todas essas discussões, de toda essa metalinguagem nem por isso deixava de compartilhar uma concepção geral bastante comum: quer se seja contra, quer a favor, a fotografia nelas é considerada como *a imitação mais perfeita da realidade*. E, de acordo com os discursos da época, essa capacidade mimética procede de sua própria natureza técnica, de seu procedimento mecânico, que permite fazer aparecer uma imagem de maneira "automática", "objetiva", quase "natural" (segundo tão-somente as leis da ótica e da química), sem que *a mão* do artista intervenha diretamente. Nisso, essa imagem "aqueiropoieta" (*sine manu facta*, como o véu de Verônica[5]) se opõe à obra de arte, produto do trabalho, do gênio e do talento manual do artista.

A partir dessa clivagem (foto *versus* obra de arte) e dessa concepção mimética, todo o discurso sobre a foto da época começa a funcionar e a se resolver, ora na denúncia, ora no elogio. Em sua famosíssima diatribe, Baudelaire lidera os que denunciam:

> Em matéria de pintura e estatuária, o *Credo* atual das pessoas de sociedade, principalmente na França (e não acredito que al-

> guém ouse afirmar o contrário) é o seguinte: "Acredito na natureza e só acredito na natureza (há boas razões para isso). Acho que a arte é e só pode ser a reprodução exata da natureza(...). Assim, a indústria que nos desse um resultado idêntico à natureza seria a arte absoluta." Um Deus vingador acolheu favoravelmente os desejos dessa multidão. Daguerre foi seu Messias. E então ela disse para si: "Como a fotografia nos proporciona todas as garantias desejáveis de exatidão (eles acreditam nisso, os insensatos!), a arte é a fotografia." A partir desse momento, a sociedade imunda precipitou-se, como um único Narciso, para contemplar sua imagem trivial no metal. Uma loucura, um fanatismo extraordinário apoderou-se de todos esses novos adoradores do sol.[6]

É inútil comentar longamente esse texto conhecido. Vamos apenas assinalar, principalmente prolongando o interessante comentário fornecido a esse respeito por Jean François Chévrier (em sua entrevista com Gilles Delavaud, publicada em *Education 2000*, nº 17, "L'expérience photographique", 1980, pp. 18-19), até que ponto ele tem valor de sintoma do verdadeiro trauma que o surgimento da fotografia provocou entre os artistas e em toda a sociedade do século XIX. A mutação técnica é enorme. Desperta todo um fundo mitológico formado simultaneamente de medo e atração (é a *ambivalência* característica de Baudelaire que, ao mesmo tempo em que denuncia com virulência o gosto da multidão pela foto, nem por isso deixou de pedir que Nadar e Carjat fizessem seu retrato várias vezes, com o sucesso que conhecemos, e nem por isso deixou de testemunhar o desejo — muito edipiano — de ter o retrato fotográfico de sua mãe[7]). Nessa oscilação, a atitude de Baudelaire é exemplar: o "novo sol" adorado pela multidão idólatra é com certeza a luz que entra na caixa escura, imprime a imagem, sem que o fotógrafo tenha algo a ver com isso: ele contenta-se em *assistir à cena,* não passa do assistente da máquina. Uma parte da criação — sua parte essencial, nodal, constitutiva — escapou-lhe. Todo o século XIX, na esteira do romantismo, é trabalhado desse modo pelas reações dos artistas contra o domínio crescente da indústria técnica na arte, contra o afastamento da criação e do criador, contra a fixação no "sinistro visível" em detrimento das "realidades interiores" e das "riquezas do imaginário", e isso justamente no momento em que a perfeição imitativa aumentou e objetivou-se.

Menos virulentos decerto, mas inspirados pela mesma lógica, esses discursos claramente discriminadores de um grande contemporâneo de Baudelaire, Hippolyte Taine:

> ... a fotografia é a arte que, numa superfície plana, com linhas e tons, imita com perfeição e sem qualquer possibilidade de erro a forma do objeto que deve reproduzir. Sem qualquer dúvida a fotografia é um instrumento útil à arte pictural. É manejada muitas vezes com gosto por gente culta e inteligente, mas, afinal, nem se cogita compará-la com a pintura. (*Philosophie de l'art*, 1865, t. I, p. 25.)

Em tal ideologia, aparece de imediato a necessidade de clivar as coisas, assinalar bem as diferenças, denunciar as confusões, reservando a cada prática seu campo próprio: a arte aqui (a pintura), a indústria ali (a foto). Baudelaire ainda é o mais explícito[8]:

> Estou convencido de que os progressos mal aplicados da fotografia contribuíram muito, como aliás todos os progressos puramente materiais, para o empobrecimento do gênio artístico francês, já tão raro (...). Disso decorre que a indústria, ao irromper na arte, se torna sua inimiga mais mortal e que a *confusão das funções* impede que cada uma delas seja bem realizada (...). Quando se permite que a fotografia substitua algumas das funções da arte, corre-se o risco de que ela logo a supere ou corrompa por inteiro graças à aliança natural que encontrará na idiotice da multidão. É portanto necessário que ela volte a *seu verdadeiro dever*, que é o de *servir* ciências e artes, mas de maneira bem humilde, como a tipografia e a estenografia, que não criaram nem substituíram a literatura. Que ela enriqueça rapidamente o álbum do viajante e devolva a seus olhos a precisão que falta à sua memória, que orne a biblioteca do *naturalista*, exagere os animais microscópicos, fortaleça até com algumas informações as hipóteses do astrônomo; *que seja finalmente a secretária e o caderno de notas de alguém que tenha necessidade em sua profissão de uma exatidão material absoluta*, até aqui não existe nada melhor. Que salve do esquecimento as ruínas oscilantes, os livros, as estampas e os manuscritos que o tempo devora, as coisas preciosas cuja forma desaparecerá e que necessitam de um lugar nos *arquivos de nossa memória*, seremos gratos a ela e iremos aplaudi-la. Mas se lhe for permitido *invadir* o domínio do impalpável e do imaginário, tudo o que só é válido porque o homem lhe acrescenta a alma, que desgraça para nós!

Esse trecho também esclarece as circunstâncias de surgimento de uma técnica[9]. O que é importante apontar aqui é a clivagem que Baudelaire estabelece com vigor entre a fotografia como *simples instrumento de uma memória documental do real* e a arte como *pura criação imaginária.* O papel da fotografia é conservar o traço do passado ou auxiliar as ciências em seu esforço para uma melhor apreensão da realidade do mundo. Em outras palavras, na ideologia estética de sua época, Baudelaire recoloca com clareza a fotografia em seu lugar: ela é um auxiliar (um "servidor") da memória, uma simples testemunha do que foi. Não deve principalmente pretender "invadir" o campo reservado da criação artística. O que sustenta tal afirmação é evidentemente uma concepção elitista e idealista da arte como finalidade sem fim, livre de qualquer função social e de qualquer arraigamento na realidade. Para Baudelaire, uma obra não pode ser ao mesmo tempo artística e documental, pois a arte é definida como aquilo mesmo que permite escapar do real.

A aversão de Baudelaire à corrente realista e naturalista e à ideologia cientificista ascendente guia, é evidente, seu ponto de vista. Sua reação à fotografia está ligada ao fato de ele reconhecer na maioria das produções fotográficas de sua época a forte influência da ideologia naturalista (basta reler o final de sua carta à mãe, citada na nota 7). No jogo complexo de sua ambivalência, parece portanto que não é tanto o meio em si mesmo quanto suas utilizações que Baudelaire estigmatiza em primeiro lugar.

Ao contrário das posições de um Baudelaire, ou seja, no outro extremo do espectro desses discursos do século XIX sobre a fotografia, existem todos os tipos de discursos e declarações, dessa feita resolutamente otimistas e até entusiasmados, que proclamam *a libertação da arte pela fotografia.* Esses discursos positivos de fato baseiam-se exatamente na mesma concepção de uma *separação* radical entre a arte, criação imaginária que abriga sua própria finalidade, e a técnica fotográfica, instrumento fiel de reprodução do real. A conotação dos valores mudou, mas a lógica permanece a mesma: porque é uma técnica muito mais bem adaptada do que a pintura para a reprodução mimética do mundo, a fotografia vê-se rapidamente designada como aquilo que deverá a partir de então se encarregar de todas as funções sociais e utilitárias até aqui exercidas pela arte pictural. Desse modo, assistiremos à transformação dos antigos retratistas oficiais em fotógrafos profissionais. Num ensaio premonitório ao qual voltarei adiante, Walter Benjamin observava por exemplo:

> Desde o instante em que Daguerre teve a sorte de conseguir fixar as figuras no quarto escuro, os pintores, nesse ponto, foram despedidos pelo técnico. A verdadeira vítima da fotogra-

fia não foi a pintura de paisagem, foi o retrato em miniatura. As coisas andaram tão depressa que, a partir de 1840, a maioria dos inúmeros miniaturistas se tornaram fotógrafos profissionais, a princípio acessoriamente, depois de maneira exclusiva.[10]

No mesmo espírito, veremos florescer ao longo de todo o século XIX uma argumentação que pretende que, graças à fotografia, a prática pictural poderá doravante adequar-se àquilo que constitui sua própria essência: a criação imaginária isolada de qualquer contingência empírica. Eis a pintura de certa forma *libertada* do concreto, do real, do utilitário e do social. Poderíamos citar muitíssimas declarações nesse sentido. Vamos contentar-nos com duas, uma de Picasso, a outra de André Bazin, que mostram que tal concepção perdurou de fato bem além do século XIX. Em 1939, num diálogo com Brassai, Picasso afirma:

> Quando você vê tudo o que é possível exprimir através da fotografia, descobre tudo o que não pode ficar por mais tempo no horizonte da representação pictural. Por que o *artista* continuaria a tratar de sujeitos que podem ser obtidos com tanta precisão pela *objetiva de um aparelho de fotografia?* Seria absurdo, não é? A fotografia chegou no momento certo para *libertar a pintura* de qualquer anedota, de qualquer literatura e até do sujeito. Em todo caso, um certo aspecto do sujeito hoje depende do campo da fotografia.

Quanto à citação de André Bazin, é tirada de seu texto (aliás importante) sobre "a ontologia da imagem fotográfica" (1945), que também parece prolongar esse tipo de discurso "liberador" — mas, como veremos adiante, que abre igualmente a problemática para outros dados bem mais atuais:

> Rematando o barroco, a fotografia libertou as artes plásticas de sua obsessão da semelhança. Pois a pintura esforçava-se, no fundo em vão, em nos iludir, e essa ilusão bastava à arte, enquanto a fotografia e o cinema são descobertas que satisfazem definitivamente e em sua própria essência a obsessão do realismo (...). Libertado do complexo da semelhança, o pintor moderno — cujo mito é hoje Picasso — abandona-o ao povo que o identifica a partir de então por um lado à fotografia e, por outro, apenas à pintura que se aplica a isso.[11]

A distribuição portanto é clara: à fotografia, a função documental, a referência, o concreto, o conteúdo; à pintura, a busca formal, a arte, o imaginário.

Essa bipartição recobre claramente uma oposição entre a técnica, por um lado, e a atividade humana, por outro. Nessa perspectiva, a fotografia seria o resultado objetivo da neutralidade de um aparelho, enquanto a pintura seria o produto subjetivo da sensibilidade de um artista e de sua habilidade. Quer o pintor queira, quer não, a pintura transita inevitavelmente por meio de uma individualidade. Por isso, por mais "objetivo" ou "realista" que se pretenda, o sujeito pintor faz a imagem passar por uma visão, uma interpretação, uma maneira, uma estruturação, em suma, por uma presença humana que sempre marcará o quadro. Ao contrário, a foto, naquilo que faz o próprio surgimento de sua imagem, opera na *ausência do sujeito*. Disso se deduziu que a foto não interpreta, não seleciona, não hierarquiza. Como máquina regida apenas pelas leis da ótica e da química, só pode retransmitir com precisão e exatidão o espetáculo da natureza. Eis pelo menos o que fundamenta o ponto de vista comum, a *doxa*, o saber trivial sobre a foto.

Uma série de dados históricos poderia ser mencionada para confirmar todas essas considerações. Por exemplo, viu-se com muita rapidez a fotografia ser investida de tarefas de caráter científico ou documental: Niepce só descobriu a fotografia por acaso: procurava um meio de copiar gravuras. Desde 1839, com seus famosos "*photogenic drawings*", William Henry Fox Talbot começa a fotografar plantas e flores para os botânicos. A tradição das reportagens — fossem documentos históricos (sobre a campanha da Criméia, a guerra da Secessão etc.), fossem álbuns de viagem de países mais ou menos distantes ou exóticos — desenvolve-se numa velocidade e com uma amplitude prodigiosas. Trata-se quase sempre de estender ao máximo as possibilidades do olhar humano. Logo os homens se põem a explorar o espaço (Nadar e seu balão...) rumo ao infinitamente pequeno, ou rumo ao cosmos (1840: primeiros daguerreótipos com microscópio solar de Donné. 1845: imagem do sol de Fizeau. 1851: magnífico daguerreótipo da lua de John Adams Whipple com o telescópio do Observatório do Harvard College).

Diversas pesquisas voltam-se para o próprio dispositivo fotográfico para melhorar seus "desempenhos". Essas pesquisas sempre irão no sentido de um melhoramento das capacidades de mimetismo do meio. Trata-se de tornar cada vez mais verdadeiro, de estar cada vez mais próximo da visão real que temos do mundo. Em 1862: primeiras pesquisas sobre a cor com os trabalhos de Charles Cros e Ducos Du Hauron. Nessa corrida rumo à *verossimilhança*, as pesquisas de uma *fotografia binocular*, que visasse restituir da melhor maneira possível nossa percepção do relevo, desenvolveram-se também muito depressa e com intensidade. Isso é comprovado, por exemplo, pelas seguintes linhas de Olivier Wendell Holmes, de 1859, que dizem respeito à invenção do "*Estereoscópio*" por Ch. Wheatstone:

> O primeiro efeito que se sente ao se olhar uma boa fotografia através de um estereoscópio é uma tamanha surpresa que nenhuma pintura jamais conseguiu provocar. O espírito avança no próprio interior da profundidade da imagem. Os galhos nus de uma árvore no primeiro plano sobressaem em nossa direção como se quisessem arrancar-nos os olhos. O cotovelo de uma figura avança tanto que nos incomoda. Há também uma quantidade incrível de detalhes, a ponto de *sentirmos a mesma sensação de complexidade infinita que experimentamos diante da Natureza*. Um pintor mostra-nos apenas massas; já a figura estereoscópica nada nos poupa — tudo deve estar ali, cada bastão, cada palhinha, arranhão, tão autêntico e real quanto o domo de São Pedro ou o pico do Mont Blanc, ou ainda a tranqüilidade sempre movediça do Niágara. O sol não poupa pessoas ou coisas.[12]

É inútil prolongar infinitamente essa lista de exemplos. Para encerrar esta primeira parte do trabalho sobre o discurso da mimese fotográfica, vamos simplesmente nos contentar em evocar uma espécie de prova *a contrario*: quando, no final do século XIX, alguns fotógrafos quiseram ir contra toda a tradição que acabamos de evocar, ou seja, quando pretenderam, apesar de tudo, tornar a fotografia *uma arte*, disso decorreu, como por acaso, o que foi chamado de "*pictorialismo*". Pretendendo reagir contra o culto dominante da foto como simples técnica de registro objetivo e fiel da realidade, os pictorialistas não conseguem propor algo além de uma simples inversão: tratar a foto *exatamente como uma pintura*, manipulando a imagem de todas as maneiras: efeitos sistemáticos de *flou* "como num desenho", encenação e composição do sujeito, e sobretudo: inúmeras intervenções posteriores sobre o próprio negativo e sobre as provas, com pincéis, lápis, instrumentos e vários produtos. O pictorialismo não faz outra coisa, finalmente, além de demonstrar *pela negativa* a onipotência da verossimilhança nas concepções da fotografia no século XIX.

*

* *

Antes de chegar à segunda parte desse panorama (a fotografia como transformação do real), eu gostaria de abrir um parêntese. Embora caracterize maciçamente as estéticas do século XIX, o discurso da mimese, tal como acabamos de evocar em linhas (muito) gerais, nem por isso se detém bruscamente em 1901. Terá muitos prolongamentos no século XX, como já assinalamos. Exemplos escolhidos ao acaso: Roger Munier, em 1964, em *Contre l'image* [Contra a imagem]: "A fotografia é apagamento total diante do real com o qual coincide. É o mundo tal como é, em sua verdade imediata, seja ela reproduzida no papel ou na tela." E, na *Encyclopédie Française*: "Toda obra de arte reflete a personalidade de seu autor. A placa fotográfica, ela própria, não interpreta. Registra. Sua exatidão e sua fidelidade não podem ser recolocadas em questão." Etc. Gostaria de apresentar, bem rapidamente, dois casos particulares, porque tiveram grande importância teórica e sobretudo porque, ao mesmo tempo que *pareciam* inscrever a imagem fotográfica na perspectiva da semelhança, podem ser também considerados como primeiras balizas — ainda implícitas, ambíguas e um pouco confusas — do que constituirá nossa terceira parte: um discurso da referência, além do discurso do código e da desconstrução.

Esses dois textos, que vêm portanto deslocar levemente a questão do realismo, são os, célebres, de André Bazin, por um lado ("Ontologia da imagem fotográfica", 1945)[13], e de Roland Barthes, por outro ("A mensagem fotográfica", 1961)[14].

Quando acredita estar apresentando o que considera como essência da fotografia, Bazin, como já dissemos, parece inscrever-se na linha das concepções que acabamos de passar em revista:

> A originalidade da fotografia com relação à pintura reside em sua objetividade essencial. Também, o grupo de lentes que constitui o olho fotográfico que substitui o olho humano chama-se precisamente "objetiva". Pela primeira vez, entre o objeto inicial e sua representação, nada se interpõe além de um outro objeto. Pela primeira vez, uma imagem do mundo exterior forma-se automaticamente sem intervenção criadora do homem de acordo com um determinismo rigoroso(...). Todas as

artes baseiam-se na presença do homem; apenas na fotografia usufruímos sua ausência. Ela age sobre nós como *fenômeno "natural"*, como uma flor ou um cristal de neve cuja beleza é inseparável das origens vegetais ou telúricas.

Insistência das mais nítidas sobre a naturalidade e objetividade da imagem fotográfica. Mas — e isso é novo — esse automatismo na constituição da imagem *não* é designado como necessariamente produtor de semelhança. Com certeza Bazin não disse que não existe mimese na foto, longe disso. Porém, não é isso realmente que importa. A semelhança para Bazin não passa de um resultado, de uma característica do *produto* fotográfico. Ora, o que interessa a ele não é a imagem feita, é mais o próprio *fazer*, suas modalidades de constituição. É esse fato que é importante, e ele o diz com todas as letras: "A solução não está no resultado, mas na *gênese*." Essa gênese é automática. A ontologia da foto está, em primeiro lugar, *nisso*. Não no efeito de mimetismo, mas na relação de contigüidade momentânea entre a imagem e seu referente, no princípio de uma *transferência* das aparências do real para a película sensível. A idéia do traço, da marca, está implicitamente presente nesse tipo de discurso. Para falar nos termos de Ch. S. Peirce, existe, no final das concepções de Bazin, a idéia de que a foto é *antes de mais nada índice* antes de ser *ícone*. O realismo não é negado de forma alguma, é deslocado.

> Essa gênese automática provocou uma reviravolta radical na psicologia da imagem. A objetividade da fotografia confere-lhe um poder de credibilidade ausente de qualquer obra pictural. Quaisquer que sejam as objeções de nosso espírito crítico, somos obrigados a acreditar na *existência* do objeto representado, ou seja, tornado presente no tempo e no espaço. A fotografia beneficia-se de uma transferência de realidade da coisa para sua reprodução.

Por sua gênese automática, a fotografia testemunha irredutivelmente a existência do referente, mas isso não implica *a priori* que ela se pareça com ele. O peso do real que a caracteriza vem do fato de ela ser um traço, não de ser mimese.

Quanto ao texto de R. Barthes, parece também à primeira vista, e mais ainda que o precedente, inscrever-se no prolongamento das concepções sobre a essência mimética da foto:

> Qual é o conteúdo da mensagem fotográfica? O que a fotografia transmite? Por definição, a própria cena, o real *literal*. Do objeto à sua imagem, existe decerto redução: de proporção, de perspectiva e de cor. Mas essa redução não é em momento algum uma *transformação* (no sentido matemático do termo). Para passar do real à sua fotografia, não é absolutamente necessário recortar esse real em unidades e constituir essas unidades em signos substancialmente diferentes do objeto que dão para ler; entre esse objeto e sua imagem, não é em absoluto necessário dispor uma etapa, ou seja, um código; decerto a imagem não é o real; mas ela é pelo menos seu *analogon perfeito*, e é precisamente essa perfeição analógica que, diante do senso comum, define a fotografia. Assim aparece a condição particular da imagem fotográfica: é uma *mensagem sem código*.

Essa passagem famosa fez correr muita tinta, principalmente em pleno período semiótico-estruturalista. Tal como é, o texto é com certeza muito ambíguo, e sua formulação decerto não é muito bem-sucedida (em particular a palavra "*analogon*" e a própria noção de analogia, que não cessa de ser flutuante e indefinida). Todavia, se considerarmos esse texto à luz das considerações ulteriores de Barthes sobre a fotografia (em particular em *La chambre claire*), percebe-se que, por trás das ambigüidades de formulação, uma concepção menos mimética do que parece nele trabalha subterraneamente. Aqui, o importante não é a idéia da "perfeição analógica", mas a de "mensagem sem código", que corresponde de fato bastante bem à noção de "gênese automática" em Bazin. O problema em Barthes é que ele *absolutizou* essa noção. Mas desenvolverei tudo isso adiante, na terceira parte deste estudo, sobre o discurso da referência. Antes disso, devo apresentar o que chamei de discursos do código e da desconstrução.

A fotografia como transformação do real

Se, de maneira geral, o discurso do século XIX sobre a imagem fotográfica é o da semelhança, seria possível dizer, sempre globalmente, que já o século XX insiste mais na idéia da transformação do real pela foto. Provavelmente a grande onda estruturalista constitui uma espécie de ponto culminante de todo esse vasto movimento crítico de denúncia do "efeito de real" (ver, por exemplo, as análises semiológicas de um Christian Metz sobre o que chama de "impressão de realidade" no cinema[15]). Quase não insistirei aqui sobre tais discursos semióticos padrão, muitas vezes bastante conhecidos e cujos efeitos analíticos desempenharam bem o seu papel (ver, além de Metz, os trabalhos de Umberto Eco, Roland Barthes, René Lindekens, Grupo μ etc.[16]).

Evocarei principalmente, para mostrar o quanto esse novo ponto de vista desconstrutor sobre a imagem foi divulgado, a pregnância desse discurso em três outros setores do saber: em primeiro lugar, em textos de teoria da imagem inspirados na psicologia da percepção e que são bem anteriores ao estruturalismo francês pós-1965 (Arnheim, Kracauer); em seguida nos estudos posteriores a este, ou contemporâneos, e que têm um caráter explicitamente ideológico (Damisch, Bourdieu, Baudry e os *Cahiers du Cinéma*); finalmente, nos discursos que dizem respeito aos usos antropológicos da foto. Em todos esses casos, vai se tratar de textos que se insurgem contra o discurso da mimese e da transparência, e sublinham que a foto é eminentemente codificada (sob todos os tipos de ponto de vista: técnico, cultural, sociológico, estético etc.). Para terminar veremos que essa codificação desloca a noção de realismo de sua fixação empírica para o que se poderia chamar de princípio de uma *verdade interior* (Diane Arbus).

Em primeiro lugar, convém assinalar que essa posição teórica que insiste na parcela de transformação do real necessariamente operada pelo meio fotográfico já apresenta vestígios desde o século XIX, num modo decerto menor e muitas vezes apagado, mas assim mesmo explícito. Como, por exemplo, esse texto de Lady Elizabeth Eastlake, publicado em 1857:

> Conseqüentemente, é evidente que, qualquer que seja o sucesso que a fotografia possa ter quanto a uma estrita imitação dos jogos de sombra e de luz, nem por isso deixa de falhar na restituição de um verdadeiro *chiaroscuro*, ou na verdadeira imitação da luz e da obscuridade. E, mesmo se o mundo no qual nos encontramos, em vez de se exibir diante de nossos olhos com todas as variedades de uma paleta colorida, só fosse constituído de duas cores — o preto e o branco com todos os seus graus intermediários — e se qualquer figura fosse vista em monocromo, como as observadas por Berlin Nicolai com seus problemas de visão — mesmo então a fotografia ainda não poderia copiá-las corretamente. Devemos nos lembrar de que a Natureza não é apenas feita de sombras e luzes verdadeiras, diretas; por trás dessas massas muito elementares, possui inúmeras luzes e meios-tons refletidos que brincam ao redor de

> cada objeto, arredondam as arestas mais cortantes, iluminam as zonas mais escuras, clareiam os lugares cobertos de sombras, o que o pintor experiente se deleita em restituir.[17]

O que esse texto indica, muito fragmentariamente, é portanto a inaptidão da fotografia para exibir toda a sutileza das nuanças luminosas e não apenas reduzindo o espectro de cores a simples jogos de *dégradés* do preto ao branco.

De fato, como se sabe, se observarmos concretamente a imagem fotográfica, ela apresenta muitas outras "falhas" na sua representação pretensamente perfeita do mundo real. Observaremos, aliás, para terminar nossas observações sobre o século XIX, que nas polêmicas muito vivas sobre a questão da fotografia como arte, os defensores de sua vocação "artística" e em particular os pictorialistas, já evocados, evidentemente não cessaram de colocar em evidência essas lacunas, essas carências, essas fraquezas do "espelho" fotográfico, para atacar e invalidar a idéia segundo a qual a essência da fotografia estaria em ser unicamente uma reprodução mecânica fiel e objetiva da realidade[18].

No século XX, toda essa argumentação será retomada com vigor, sistematizada e amplificada em vários sentidos. Como anunciei, vou começar evocando esse discurso por meio de estudos que se inspiram em teorias da percepção e, em particular, na perspectiva dos escritos de Rudolf Arnheim em sua obra *Film as art*[19]. Nesse livro, Arnheim propõe uma enumeração sintética das diferenças aparentes que a imagem apresenta com relação ao real: em primeiro lugar, a fotografia oferece ao mundo uma imagem determinada ao mesmo tempo pelo ângulo de visão escolhido, por sua distância do objeto e pelo enquadramento; em seguida, reduz, por um lado, a tridimensionalidade do objeto a uma imagem bidimensional e, por outro, todo o campo das variações cromáticas a um contraste branco e preto; finalmente, isola um ponto preciso do espaço-tempo e é puramente visual (às vezes sonora no caso do cinema falado), excluindo qualquer outra sensação olfativa ou tátil. Como se vê, tal desconstrução do realismo fotográfico baseia-se por inteiro numa observação da técnica fotográfica e de seus efeitos perceptivos. Nesse sentido, seria possível ver nesse tipo de considerações uma espécie de prefiguração do ponto de vista que guiou André Bazin em seu texto já citado (lembremos: para Bazin, não é o resultado que conta — a imagem feita — mas a *gênese*, o modo de constituição desta). Contudo, a diferença que separa essas duas posições — ela é importante e sintomática — é que Arnheim, nesse texto, prende-se a uma atitude puramente *negativa* do processo (trata-se para ele de reagir *contra* o discurso do mimetismo, ainda predominante na época), enquanto Bazin, como já sugeri, testemunha então uma atitude mais *positiva* quanto às conseqüências teóricas desses dados técnicos, que anuncia os atuais "discursos da referência", que evocarei adiante e que finalmente estão livres da obsessão do mimetismo, do efeito do real a ser desconstruído. O próprio Arnheim, num de seus textos mais recentes (1981), voltou à questão e declara explicitamente a propósito de suas concepções no livro de 1932:

> Nesse livro já antigo, eu tentava refutar a acusação segundo a qual a fotografia nada mais era do que uma cópia mecânica da natureza. Tal abordagem era colocada em reação contra essa concepção estreita que prevalecera desde Baudelaire (...). Num sentido, tratava-se lá de uma abordagem negativa(...). Eu só estava então secundariamente interessado pelas virtudes positivas que derivavam da qualidade mecânica de suas imagens.[20]

Mais engajadas e radicais na via dessa denúncia do realismo fotográfico, vêm em seguida as análises de caráter mais ou menos francamente ideológico, que contestarão a pretensa neutralidade da câmera escura e a pseudo-objetividade da imagem fotográfica. Um dos textos teóricos mais famosos a esse respeito é provavelmente o artigo de Jean-Louis Baudry, produzido na esteira do pós-maio de 1968 e intitulado: "Cinema: efeitos ideológicos produzidos pelo aparelho de base"[21]. Não insistirei nesse texto conhecido demais. Indicarei apenas que outros trabalhos o precederam mais ou menos nesse ponto, em particular os de Hubert Damisch (em 1963) e de Pierre Bourdieu (em 1965) que, em perspectivas diferentes, insistem ambos no fato de que a câmara escura não é neutra e inocente, mas que a concepção de espaço que ela implica é convencional e guiada pelos princípios da perspectiva renascentista. Hubert Damisch:

> A aventura da fotografia começa com as primeiras tentativas de o homem reter uma imagem que aprendera a formar de longa data (provavelmente os astrônomos árabes utilizavam a *camera obscura* desde o século XI para observar os eclipses do sol). Essa longa familiaridade com a imagem assim obtida e o aspecto bem objetivo e, por assim dizer automático, em todo o caso estritamente mecânico, do processo de registro explica que a representação fotográfica em geral pareça *caminhar por conta própria* e que não se preste atenção em *seu caráter arbitrário, altamente elaborado* (...). Esquece-se de que a imagem da qual os

primeiros fotógrafos pretenderam apoderar-se, e a própria *imagem latente* que souberam revelar e desenvolver, essas imagens *nada têm de um dado natural*: pois os princípios que presidem à construção de um aparelho fotográfico — e a princípio à da câmara escura — estão vinculados a *uma noção convencional do espaço e da objetividade* que foi elaborada antes da invenção fotográfica e à qual os fotógrafos, em sua imensa maioria, só fizeram se adequar. O próprio objetivo do qual se corrigiu com cuidado as "aberrações" e se reparou os "erros", esse *objetivo* não o é tanto quanto parece: digamos que satisfaz, por sua estrutura e pela imagem organizada do mundo que permite obter, a um sistema de construção do espaço particularmente familiar, mas já bem antigo e carcomido, ao qual a fotografia terá conferido tardiamente uma recuperação inesperada de atualidade.[22]

Em *Un art moyen* [Uma arte média], Pierre Bourdieu vai no mesmo sentido:

> Normalmente todos concordam em ver na fotografia o modelo da veracidade e da objetividade (...). É fácil demais mostrar que essa representação social tem a falsa evidência das pré-noções; de fato a fotografia fixa um aspecto do real que é sempre o resultado de uma seleção arbitrária e, por aí, de uma transcrição: de todas as qualidades do objeto, são retidas apenas as qualidades visuais que se dão no momento e a partir de um único ponto de vista; estas são transcritas em preto e branco, geralmente reduzidas e projetadas no plano. Em outras palavras, *a fotografia é um sistema convencional* que exprime o espaço de acordo com as leis da perspectiva (seria necessário dizer, de uma perspectiva) e os volumes e as cores por intermédio de *dégradés* do preto e do branco. Se a fotografia é considerada um registro perfeitamente realista e objetivo do mundo visível é porque lhe foram designados (desde a origem) *usos sociais* considerados "realistas" e "objetivos". E, se ela se propôs de imediato com as aparências de uma "linguagem sem código nem sintaxe", em suma de "uma linguagem natural", é antes de mais nada porque a seleção que ela opera no mundo visível é completamente conforme, em sua lógica, à representação do mundo que se impôs na Europa desde o Quattrocento. (Paris, Minuit, 1965, pp. 108-109.)

Eis a concepção da "naturalidade" da imagem fotográfica claramente desnaturalizada. A caixa preta fotográfica não é um agente reprodutor neutro, mais uma máquina de efeitos deliberados. Ao

Não entendo muito bem a idea mensagem sem código de Barthes

mesmo modo que a língua, é um problema de convenção e instrumento de análise e interpretação do real.

Outro exemplo, mais marcado e mais virulento no plano ideológico, desses discursos desconstrutores do efeito de real: todo o trabalho da equipe dos *Cahiers du Cinéma* nos anos 70. Em particular, o famoso número especial "Imagens de marca" (nº 268-269, 1976), que comporta um item sobre a fotografia, essencialmente sobre a fotografia de imprensa: a *foto-scoop*, histórica, espetacular, que se tornou símbolo dos grandes acontecimentos mundiais. É justamente esse tipo de foto, considerada como um cúmulo de real captado ao vivo em sua intensidade bruta e natural, que os autores se esforçam por desmontar e denunciar. Assim, Alain Bergala, em seu texto "Le pendule", ataca as "fotos históricas estereotipadas" das quais diz que são de fato "fotos inteiramente dominadas, controladas — qualquer que seja seu local de origem —, engodo de um consenso universal factício, simulacro de uma memória coletiva, na qual elas imprimem uma imagem de marca do acontecimento histórico, a do poder que as selecionou para fazer calar todas as outras." Segue-se então uma análise de fotos conhecidas, como a de Robert Capa (o republicano espanhol que morre em plena ação em 1938), a do pequeno judeu de boné erguendo os braços no gueto de Varsóvia, a do monge budista que se imola pelo fogo em 1963, a do vietnamita que chora sob seu guarda-chuva arrastando num saco o corpo de seu filho morto etc. Bergala denuncia toda a parcela de "encenação" dessas imagens, toda a dimensão ideológica de seus dispositivos de enunciação sempre ocultados: insiste nos modos de integração do fotógrafo na ação, no efeito de parada na imagem, no papel da grande angular etc.:

> Antes de mais nada, o espaço da representação fotográfica não deve deixar que dele se suspeite como espaço de enunciação. Constrói-se pela grande angular como um espaço envolvente no qual nos encontramos capturados brutalmente, mas sempre como por acaso, por acidente (...). A grande angular trabalha maciçamente em benefício do humanismo choramingão; isola o personagem, a vítima, em sua solidão e sua dor...[23]

Finalmente, quarta e última categoria de exemplos desses discursos sobre a *codificação* da imagem fotográfica: depois das análises semióticas, as considerações técnicas vinculadas à percepção e às desconstruções ideológicas, eis os propósitos determinados pelos usos antropológicos da foto, que mostram que a significação das mensagens fotográficas é de fato determinada culturalmente, que ela não se impõe como uma evidência para qualquer receptor, que sua recepção necessita de um aprendizado dos códigos de leitura. Todos os homens não são iguais diante da fotografia, eis o que nos diz à sua maneira a seguinte anedota relatada por Alan Sekulla em seu artigo "On the invention of photographic meaning":

> O antropólogo Melville Herskövits mostrou um dia a uma aborígene uma foto de seu filho. Ela foi incapaz de reconhecer a imagem até o antropólogo atrair sua atenção para os detalhes da foto (...). A fotografia não comunica qualquer mensagem para aquela mulher até que o antropólogo a descreva para ela. Uma proposta, como "isto é uma mensagem" e "isto está no lugar de seu filho", é necessária à leitura da foto. Uma transposição para a língua que torne explícitos os códigos que procedem à composição da foto é necessária para sua compreensão pelo aborígene. O dispositivo fotográfico é, portanto, de fato um dispositivo *codificado culturalmente.* [24]

A partir de então, o valor de espelho, de documento exato, de semelhança infalível reconhecida para a fotografia é recolocado em questão. A fotografia deixa de aparecer como transparente, inocente e realista por essência. Não é mais o veículo incontestável de uma *verdade empírica.* A questão é particularmente pertinente com relação ao campo *antropológico* ou *científico*: É possível elaborar uma análise científica com base em documentos fotográficos (ou fílmicos)? Estes não constituiriam antes a ilustração de um conceito estabelecido pelo cientista? Etc.

*

* *

Antes de abordar a última parte deste primeiro capítulo (o discurso do traço e da referência), gostaria de terminar esta segunda parte destacando o que, a meu ver, é uma conseqüência importante desses discursos de desconstrução dos códigos da imagem fotográfica e que vai nos mostrar como eles deslocaram, de modo notável, a questão do realismo.

De fato, como se denega então qualquer possibilidade de a fotografia ser simplesmente um espelho transparente do mundo, como ela não pode mais, por essência, revelar a verdade empírica, vamos assistir ao desenvolvimento de diversas atitudes que vão todas no sentido de um deslocamento desse poder de verdade, de sua ancoragem na realidade rumo a uma ancoragem na própria mensagem: pelo trabalho (a codificação) que ela implica, sobretudo no plano artístico, a foto vai se tornar reveladora da *verdade interior* (não empírica). *É no próprio artifício que a foto vai se tornar verdadeira* e alcançar sua própria realidade interna. A ficção alcança, e até mesmo ultrapassa, a realidade.

Sintomático de tal atitude, de tal deslocamento, o trabalho fotográfico de Diane Arbus, por exemplo, que, de acordo com a análise proposta por Susan Sontag, ao fazer seus modelos *posarem* deliberadamente, os leva de fato, *pelo código e nele,* a revelar sua verdade autêntica. É por meio do artefato, assumido como tal, da pose, que os sujeitos alcançam sua realidade intrínseca, "mais verdadeira que ao natural":

> Como Brassai, Arbus queria que seus modelos estivessem, na medida do possível, avisados e conscientes da ação à qual eram convidados a participar. Em vez de tentar fazê-los assumir uma posição "natural" ou típica, ela os incitava a parecer embaraçados — em outras palavras, a posar. (A expressão reveladora da personalidade vai assim se confundir com o que é estranho, bizarro, deformado.) Sentadas ou de pé, o ar afetado, essas personagens nos aparecem desse modo como a própria imagem do que são."[25]

Eis a antítese da foto-ao-vivo, da foto pedaço-de-vida, da foto feita de improviso ou sem que o modelo saiba. Contra a imagem capturada, Arbus joga a imagem convocada e construída. Contra a espontaneidade, a pose. É por meio da imagem "plástica" que querem dar de si mesmas e que a artista as leva a produzir que se revela a "verdade", a "autenticidade" das personagens de Arbus. Eis o deslocamento: a interiorização do realismo pela transcendência do próprio código.

Esse tipo de posição teórica, sob formas muito variáveis, conheceu um número muito grande de defensores em todas as épocas e um pouco em todos os campos, mas sobretudo, é claro, entre os retratistas. De certo modo, é a própria aposta da prática do *retrato* fotográfico basear-se nesse princípio de uma realidade ou de uma verdade interior *revelada* pela foto. Vamos encontrar propostas nesse sentido em quase todos os fotógrafos de retratos (e até em declarações dos modelos que contemplam sua imagem). Assim, por exemplo, o grande retratista Richard Avedon, que chega a praticamente derrubar a relação da imagem com o real: "Para mim as fotos têm uma realidade que as pessoas não têm. Só por intermédio das fotos é que conheço essas pessoas."[26]

Na mesma perspectiva, mas exatamente ao contrário de Avedon, e vista com o pessimismo e a negatividade que sempre o caracterizaram, essa conversa de Franz Kafka com Janouch, que pressupõe também uma realidade-verdade *interior*, além das aparências e dos códigos da representação, mas colocada aqui justamente como inacessível ao olho fotográfico:

> Mostrei uma série dessas fotos a Kafka e disse-lhe brincando: "Por mais ou menos duas coroas, é possível fazer com que alguém o fotografe sob todos os ângulos. É o *conhece a ti mesmo automático*!" "Você quer dizer o *engane a ti mesmo automático*", replicou Kafka com um leve sorriso. Protestei: "Por que diz isso? O aparelho não consegue mentir!" Kafka inclinou a cabeça sobre seu ombro: "De onde você tirou isso? A fotografia concentra seu olhar sobre o superficial. Desse modo obscurece a *vida secreta* que brilha através dos contornos das coisas num jogo de luz e sombra. Não se pode captar isso, nem mesmo com o auxílio das lentes mais poderosas. Devemos nos aproximar dessa vida interior pé ante pé..."[27]

Poderíamos dar inúmeros exemplos desse tipo de discurso. Em todos os casos, trata-se de assinalar a desconfiança quanto à objetividade, à neutralidade e à naturalidade do meio fotográfico na sua reprodução da realidade empírica. Essa desconfiança baseia-se em (ou gera) uma crença numa verdade propriamente interna, interiorizada, que não se confunde com as aparências do próprio real. O caso de Diane Arbus continua sendo com certeza o mais exemplar, na medida em que inverte de certa forma essa concepção de uma verdade interior no próprio meio, fazendo-lhe alcançar um além do verdadeiro na própria artificialidade da representação.

Em suma, o que é expresso nesses textos é a concepção de uma forte dicotomia entre realidade aparente e realidade interna, ou verdade, concepção que remonta, devemos nos lembrar, ao mito platônico da caverna. Essa posição ideológica adquiriu uma amplitude bem particular nesses últimos anos. É a conseqüência lógica de todo esse vasto movimento crítico de denúncia do efeito de real na fotografia. Desembocou numa volta com força do artefato, numa intervenção deliberada e exibida do artista nos processos mediáticos (tanto em fotografia quanto no cinema). Vejam todo o movimento de reintrodução da ficção no documentário. Vejam sobretudo a obra de um Jean-Luc Godard, que no fundo jamais cessou de proceder desse modo.

A fotografia como traço de um real

De fato, os dois grandes tipos de concepção que passamos em revista até aqui — a foto como espelho do mundo e a foto como operação de codificação das aparências — têm como denominador comum a consideração da imagem fotográfica como portadora de um *valor absoluto*, ou pelo menos *geral*, seja por semelhança, seja por convenção. Antecipando um pouco algumas noções que evocarei logo adiante, poderia dizer que até aqui as teorias da fotografia colocaram sucessivamente seu objeto naquilo que Ch. S. Peirce chamaria em primeiro lugar a ordem do *ícone* (representação por semelhança) e em seguida a ordem do *símbolo* (representação por convenção geral). Ora, o tema desta última parte do trabalho é justamente teorias que consideram a foto como procedente da ordem do *índice* (representação por contigüidade física do signo com seu referente). E tal concepção distingue-se claramente das duas precedentes principalmente pelo fato de ela implicar que a imagem indiciária é dotada de um *valor todo singular* ou *particular*, pois determinado unicamente por seu referente e só por este: traço de *um* real.

Tal discurso, que às vezes apresenta certos perigos, encontrou nesses últimos anos um vigor completamente novo e caracterizado tanto nos Estados Unidos quanto na Europa, em particular redescobrindo Peirce e suas teorizações do índice justamente, ou baseando-se nos últimos escritos de Roland Barthes (sobretudo *La chambre claire*). De fato, tal impulso nas reflexões atuais pode ser compreendido principalmente pela evolução das concepções, tal como se retraçou seu percurso até aqui: seria necessário passar pela fase *negativa* de desconstrução do efeito do real e da mimese para poder recolocar finalmente, *positivamente, mas de outra forma*, a questão da pregnância do real na fotografia. Nesse sentido, os discursos denunciadores das ilusões da foto-espelho, tanto pela moda semiótica-estruturalista quanto pela onda das críticas ideológicas, terão permitido, por terem eles completado então seu tempo e sua obra, voltar à questão do realismo referencial sem a obsessão de se cair no ardil do analogismo mimético, livre da angústia do ilusionismo.

Quando digo que esses discursos do traço, do índice e da referencialização caracterizam as reflexões mais recentes, falo mais uma vez *tendenciosamente*. É evidente que se podem encontrar exemplos dessa atitude nas reflexões anteriores. Desse modo, já evoquei o texto de André Bazin sobre a "Ontologia da imagem fotográfica" (1945), que se encontra de certa forma no cruzamento do discurso da mimese e do traço (ver acima). Antes dele, e de maneira bem mais nítida, deve-se citar igualmente os trabalhos muito premonitórios de Walter Benjamin, em particular, em 1931, sua "Pequena história da fotografia", na qual já insiste, como Barthes fará meio século depois, no fato de que na foto (é a diferença da pintura e do desenho), quer se queira, quer não, além de todos os códigos e de todos os artifícios da representação, o "modelo", o objeto referencial captado, irresistivelmente, *retorna*:

> Mas com a fotografia, assiste-se a algo de novo e singular: nessa pescadora de New Haven, cujos olhos baixos têm um pudor tão descontraído e sedutor, resta algo que não se reduz a um testemunho a favor da arte do fotógrafo [trata-se de David Octavius Hill], algo que é impossível reduzir ao silêncio e que reivindica com insistência o nome daquela que viveu ali, que ali está ainda real e que jamais passará inteiramente para a *arte* (...). A técnica mais exata pode conferir a seus produtos um valor mágico que nenhuma imagem pintada poderia ter para nós. Apesar do domínio técnico do fotógrafo, apesar do caráter combinado da atitude imposta ao modelo, o espectador, contra a sua vontade, é obrigado a buscar em tal imagem a pequena faísca de acaso, de aqui e agora, graças à qual o real, por assim dizer, *queimou* o caráter de imagem; e deve encontrar o lugar imperceptível em que, na maneira de ser singular desse minuto, há muito tempo passado, o futuro se aninha ainda hoje e tão eloqüente que, por meio de um olhar retrospectivo, podemos encontrá-lo.[28]

Esse trecho, surpreendentemente barthesiano, tanto em seu tom quanto em seu conteúdo (já prefigura literalmente o "isso foi" e a "metonímia do *punctum*") anuncia portanto todo um leque de reflexões atuais sobre o "realismo" fotográfico. Para resumir, diremos que, se a fase de desconstrução dos códigos se estruturou, *grosso modo*, em dois eixos — um mais semiótico (Metz, Eco etc.), o outro mais ideológico (Baudry, os *Cahiers du Cinéma* etc.) —, da mesma maneira é nesses dois campos que vai se manifestar com maior nitidez o retorno da referência singular na foto.

Vou começar pelo campo "ideológico". Algum tempo depois do famoso número especial "Imagens de marca" dos *Cahiers du Cinéma*, já mencionado acima, assistiu-se ao início, dentro da própria redação da revista, de uma polêmica, ou pelo menos de uma discussão sobre a questão do peso do real, além dos códigos, na fotografia. Desse modo, no nº 270 (setembro-outubro de 1976), Pascal Bonitzer, num artigo intitulado "A sobre-imagem" volta às análises de Alain Bergala. Decerto reconhece o fundamento da conduta do último, diz compreender bem "a necessidade e a importância" das desconstruções do efeito do real, sustenta os jogos ideológicos que levam a desmontar os dispositivos de enunciação das mensagens visuais (não é à-toa que se faz parte da redação dos *Cahiers*!), mas ao mesmo tempo — e isso é muito sintomático — diz não conseguir evitar, ao ver essas fotos-documentos, "um incômodo", "um mal-estar persistente", que se esforça por analisar:

> Há portanto essa foto do vietnamita chorando sob um guarda-chuva(...). E é verdade que "a grande angular trabalha aqui em benefício do humanismo choramingão: isola o personagem, a vítima, em sua solidão e sua dor" [Bergala]... No entanto, nessa foto, algo resta, resiste à análise, indefectivelmente. É que ao lado, acima das palavras "humanismo choramingão", existe *mesmo assim* o fato de que o vietnamita está chorando: apesar da encenação, do enquadramento, da enunciação fotográfica e jornalística (lixo de jornalista!), há o enunciado das lágrimas (...). Indefectivelmente, o enunciado mudo da foto volta, enigmático; o acontecimento obscuro dessa dor captada por uma objetiva; mercantil, a *singularidade* das lágrimas voltam sem ruído a se propor à meditação. Então um outro texto põe-se a brotar da mesma imagem(...) É nisso, mesmo se saiu dos mesmos códigos de representação (câmara escura etc.), que a fotografia nada tem a ver com a pintura: a maneira como o objeto é capturado é completamente diferente. O objeto não *grita* da mesma maneira numa tela e numa fotografia (...). [A fotografia] é, em primeiro lugar, um adiantamento de real que a química faz aparecer. Isso muda tudo...[29]

Esse gênero de consideração, que afirma a transcendência da referência — única, singular, literalmente inesquecível — além dos códigos e aquém de qualquer efeito simplista de mimese, vê-se bem que aqui ainda procede, quase intuitivamente, das reações imediatas do espectador diante da foto. Nesse sentido, antes de ver como esse retorno da referência pôde ser teorizado pelas análises semiológicas, eu gostaria de evocar pela última vez a obra essencial de R. Barthes que, como se sabe, assume e afirma em *La chambre claire*[30] esse ponto de vista subjetivo da reação imediata do espectador diante de uma foto. Ao longo de todo esse livro, de fato, o observador Barthes não cessa de se espantar com a pregnância e a presença do referente dentro da foto e por meio dela:

> "Tal foto jamais se distingue de seu referente" (p. 16).
> "Diríamos que a foto sempre continua carregando seu referente com ela" (p. 17).
> "Pois eu só via o referente, o objeto desejado, o corpo querido" (p. 19).
> "A fotografia é literalmente uma emanação do referente" (p. 126).
> "Eu ainda não sabia que dessa obstinação do referente de estar sempre ali ia surgir a essência que eu procurava" (p. 18).

E, quando Barthes, esforçando-se por conceitualizar um pouco esse sentimento de extrema referencialização próprio à imagem fotográfica, propõe sua famosa definição ontológica, só pode repetir a mesma coisa:

> A princípio preciso conceber bem e portanto, se possível, bem dizer no que o referente da fotografia não é o mesmo que o dos outros sistemas de representação. Chamo de "referente fotográfico" não a coisa *facultativamente real* a que uma imagem ou um signo remete, mas a coisa *necessariamente real* que foi colocada diante da objetiva, na falta do que não haveria fotografia. Já a pintura pode fingir a realidade sem tê-la visto(...). Ao contrário, na fotografia, jamais posso negar que a coisa esteve ali. Há dupla posição conjunta: *realidade* e *passado*. E como essa coerção só parece existir por si mesma, deve-se considerá-la, por redução, a própria essência, a noema da fotografia(...). O nome da noema da Fotografia será portanto: *isso foi* (p. 119).

Com o seu passado semiótico, Barthes decerto é o primeiro a saber que a imagem fotográfica é atravessada por todos os tipos de códigos (já dizia isso em seu primeiro artigo de 1961 sobre "a mensagem fotográfica", quando assinalava os seis códigos principais de conotação — trucagem, pose, objeto, fotogenia, estética e sintaxe. E ainda repetirá em *La chambre claire*: "é evidente que códigos vêm influenciar a leitura da foto" (p. 138). Durante toda a sua vida, aliás, Barthes não cessou de perseguir os clichês, os estereótipos, os modelos culturais (cf. *Mitologias*, *Sistema da moda*, o próprio [*Fragmentos de um*] *discurso amoroso*). Mas é justamente porque passou por esse saber dos códigos que Barthes pode insistir assim no realismo. Pois é *em sua essência*, ou seja, além de todos esses códigos, ou aquém, que a foto é para ele marcada como inscrição referencial: é na "pureza" de sua denotação, é por sua "gênese automática", que ele a declara "mensagem sem código".

Evidentemente, ao apresentar as coisas dessa maneira, Barthes é pego na armadilha, não mais da mimese, mas do referencialismo. Pois aqui está o perigo que espreita esse tipo de concepção: generalizar, ou melhor, *absolutizar*, o princípio da "transferência de realidade", quando se adota uma atitude exclusivamente subjetiva de pretensão ontológica. Barthes está longe de ter escapado a esse culto — a essa loucura — da *referência pela referência*.

Para evitar ser prisioneiro desse círculo perigoso, deve-se decerto relativizar mais o campo e o domínio da referência, por mais incontornável e nodal ("noemática") que esta seja. A esse respeito, os que elaboraram nessa via as análises que me parecem atualmente as mais sutis e as mais sérias, são provavelmente os teóricos que se inspiram nos conceitos semióticos de Ch. S. Peirce e mais particularmente em sua famosa noção de *índice*. Terminarei esse estudo evocando brevemente os trabalhos de alguns desses teóricos[31].

Em primeiro lugar lembremos que o próprio Peirce, entre as várias anotações que deixou para ilustrar suas inúmeras classificações dos signos, já assinalara em 1895 (!) a condição indicial da fotografia:

> As fotografias, e em particular as fotografias instantâneas, são muito instrutivas porque sabemos que, sob certos aspectos, elas se parecem exatamente com os objetos que representam. Porém, essa semelhança deve-se na realidade ao fato de que essas fotografias foram produzidas em tais circunstâncias que eram fisicamente forçadas a corresponder detalhe por detalhe à natureza. Desse ponto de vista, portanto, pertencem à nossa segunda classe de signos: os signos por conexão física [índice].[32]

Peirce lança aqui as primeiras balizas de uma abordagem teórica do realismo fotográfico que ultrapassa o obstáculo epistemológico que é a questão da mimese. Vê-se que, para fundamentar sua definição, ele leva em consideração não o produto icônico concluído, mas o processo de produção do mesmo, anunciando dessa maneira Bazin e sua "gênese automática". Todavia, de forma diferente do último, não insistirá tanto nas conseqüências ético-estéticas dessa gênese (a neutralidade, a naturalidade, a objetividade etc.) quanto em suas conseqüências lógico-semióticas, que correspondem às implicações gerais da noção de índice. Mais do que se fixar apenas na referência, apenas no fato de que "para que haja foto, é necessário que o objeto mostrado *tenha estado ali num determinado momento do tempo*" (cf. Barthes), Peirce vai abrir o caminho, por meio de suas considerações sobre o índice, a uma verdadeira *análise* da condição da imagem fotográfica, que será consideravelmente desenvolvida e especificada pelas pesquisas atuais que caminham nesse sentido, quando elas próprias não continuam se referindo explicitamente à terminologia de Peirce.

O ponto de partida é portanto a natureza técnica do processo fotográfico, o princípio elementar da *impressão luminosa* regida pelas leis da física e da química. Em primeiro lugar o traço, a marca, o depósito ("um depósito de saber & de técnica", segundo a expressão de Denis Roche[33]). Em termos tipológicos, isso significa que a fotografia aparenta-se com a categoria de "signos", em que encontramos igualmente a fumaça (indício de fogo), a sombra (indício de uma presença), a cicatriz (marca de um ferimento), a ruína (traço do que havia ali), o sintoma (de uma doença), a marca de passos etc. Todos esses sinais têm em comum o fato "de serem realmente afetados por seu objeto" (Peirce, 2.248), de manter com ele "uma relação de *conexão física*" (3.361). Nisso, diferenciam-se radicalmente dos *ícones* (que se definem apenas por uma relação de *semelhança*) e dos *símbolos* (que, como as palavras da língua, definem seu objeto por uma *convenção geral*).

Notaremos que essa definição minimal da foto, em primeiro lugar como simples *impressão* luminosa, não implica *a priori* nem que se passe por um aparelho de fotografia, nem que a imagem obtida *se pareça* com o objeto do qual é o traço. A mimese e a codificação perceptual da câmara escura não são seu princípio. Claro que *podem* intervir, mas de certa forma secundariamente. Nesse sentido, foi possível considerar, por exemplo, que aquilo que se chama em foto, desde Moholy-Nagy, o "fotograma" (que nada tem a ver com o fotograma do cinema) constitui de certa maneira uma ilustração histórica dessa definição minimal: o fotograma é uma imagem fotoquímica obtida sem câmera, por simples depósito de objetos opacos ou translúcidos diretamente no papel sensível que se expõe à luz e depois se revela normalmente. Resultado: uma composição de sombra e de luz puramente plástica, quase sem semelhança (muitas vezes é complicado identificar os objetos utilizados), onde conta apenas o princípio do depósito, do traço, da matéria luminosa.

Por outro lado, observaremos também que o princípio do traço, por mais essencial que seja, marca apenas um *momento* no conjunto do processo fotográfico. De fato, a jusante e a montante desse momento da inscrição "natural" do mundo sobre a superfície sensível, existe, de ambos os lados, gestos completamente "culturais", codificados, que dependem inteiramente de escolhas e de decisões humanas (*Antes*: escolha do sujeito, do tipo de aparelho, da película, do tempo de exposição, do ângulo de visão etc. — tudo o que prepara e culmina na decisão derradeira do disparo; *depois*: todas as escolhas repetem-se quando da revelação e da tiragem, em seguida a foto entra nos circuitos de difusão, sempre codificados e culturais — imprensa, arte, moda, pornografia, ciência, justiça, família...). Portanto, é somente *entre* essas duas séries de códigos, apenas no instante da exposição propriamente dita, que a foto pode ser considerada como um puro ato-traço (uma "mensagem sem código"). Aqui, *mas somente aqui*, o homem não intervém e não pode intervir sob a pena de mudar o caráter fundamental da fotografia. Existe aí uma falha, um instante de esquecimento dos códigos, um índice quase puro. Decerto esse instante dura apenas uma fração de segundo e de imediato será tomado e retomado pelos códigos que não mais o abandonarão (isso serve para relativizar o domínio da Referência em fotografia), mas ao mesmo tempo, esse instante de "pura indicialidade", porque é construtivo, não deixará de ter conseqüências teóricas.

Para terminar gostaria de evocar muito rapidamente algumas dessas conseqüências gerais (elas serão retomadas em detalhe e sistematizadas no capítulo seguinte). A condição de índice da imagem fotográfica implica, caso quisermos sintetizar nesse ponto as aquisições de Peirce, que a relação que os signos indiciais mantêm com seu objeto referencial seja sempre marcada por um princípio quádruplo, de *conexão física*, de *singularidade*, de *designação* e de *atestação*.

Já se evocou suficientemente o princípio de base da *conexão física* entre a imagem foto e o referente que ela denota: é tudo o que faz dela uma *impressão*. A conseqüência de tal estado de fato é que a imagem indicial remete sempre apenas a um *único* referente determinado: o mesmo que a causou, do qual ela resulta física e quimicamente. Daí a singularidade extrema dessa relação. Ao mesmo tempo, pelo fato de ser uma foto dinamicamente vinculada a um objeto único e apenas a ele, essa foto adquire um poder de *designação* muito caracterizado (cf. Barthes: "Uma fotografia sempre se encontra na ponta desse gesto; ela diz: *isso é isso, é aquilo!*, mas não diz nada além do que disse (...). A fotografia não passa nunca de um campo alternado de 'Veja', 'Olhe', 'Aqui está'; ela aponta."[34] É *índice* igualmente nesse sentido digital). Finalmente, em virtude desse mesmo princípio, a foto também é levada a funcionar como testemunho: *atesta* a existência (mas não o sentido) de uma realidade (cf. todo o debate jurídico sobre seu estatuto de testemunha, legal ou não, em matéria judiciária).

Por essas qualidades da imagem indicial, o que se destaca é finalmente a dimensão essencialmente *pragmática* da fotografia (por oposição à *semântica*): está na lógica dessas concepções considerar que as fotografias propriamente ditas quase não têm significação nelas mesmas: seu sentido lhes é exterior, é essencialmente determinado por sua relação efetiva com o seu objeto e com sua situação de enunciação (cf. os dêiticos e "*shifters*" em lingüística). Aliás, não é por esse motivo que Barthes não nos mostra a foto de sua mãe ainda criança no Jardim de Inverno, foto que motiva toda *La chambre claire*, mas que, para nossos olhos de leitores anônimos, não teria literalmente qualquer *sentido*?

Essa observação faz com que compreendamos que a lógica do índice que hoje assinalamos no centro da mensagem fotográfica utiliza plenamente a distinção entre *sentido* e *existência*: a foto-índice afirma a nossos olhos a *existência* do que ela representa (o "isso foi" de Barthes), mas nada nos diz sobre o sentido dessa representação; ela não nos diz "isso que dizer aquilo". O referente é colocado pela foto como uma realidade empírica, mas "branca", se for possível se expressar assim: sua significação continua enigmática para nós, a não ser que sejamos participantes da situação de enunciação de onde a imagem provém. *Como índice, a imagem fotográfica não teria outra semântica que não sua própria pragmática.* É exatamente disso que se trata. Vemos que estamos muito longe, apesar do que certas más línguas querem nos fazer acreditar, que estamos quase nos antípodas hoje dos discursos da mimese.

Conclusão

Esse panorama das teorias sobre a foto permitiu-nos portanto assinalar, em linhas gerais, três posições epistemológicas quanto à questão do realismo e do valor documental da imagem fotográfica.

1) A primeira dessas posições vê na foto uma reprodução mimética do real. *Verossimilhança*: as noções de similaridade e de realidade, de verdade e de autenticidade recobrem-se e sobrepõem-se bem exatamente segundo essa perspectiva: a foto é concebida como espelho do mundo, é um *ícone* no sentido de Ch. S. Peirce.
2) A segunda atitude consiste em denunciar essa faculdade da imagem de se fazer cópia exata do real. Qualquer imagem é analisada como uma interpretação-transformação do real, como uma formação arbitrária, cultural, ideológica e perceptualmente codificada. Segundo essa concepção, a imagem não pode representar o real empírico (cuja existência é, aliás, recolocada em questão pelo pressuposto sustentado por tal concepção: não haveria realidade fora dos discursos que falam dela), mas apenas uma espécie de realidade interna transcendente. A foto é aqui um conjunto de códigos, um *símbolo* nos termos peircianos.
3) Finalmente, a terceira maneira de abordar a questão do realismo em foto marca um certo retorno ao referente, mas livre da obsessão do ilusionismo mimético. Essa referencialização da fotografia inscreve o meio no campo de uma pragmática irredutível: a imagem foto torna-se inseparável de sua experiência referencial, do ato que a funda. Sua realidade primordial nada diz além de uma afirmação de existência. A foto é *em primeiro lugar índice*. Só *depois* ela *pode* tornar-se parecida (ícone) e adquirir sentido (símbolo).

NOTAS

1. Rudolf Arnheim, "On the nature of photography" (texto inglês com tradução italiana), em *Rivista di Storia e Critica della Fotografia*, II, 2, 1981, p. 12. Tradução francesa de e em Philippe Dubois, *De la photographie. Anthologie*, Liège, seção Information et Arts de diffusion, 1982, 280 páginas, pp. 107-125.
2. Roland Barthes, *La chambre claire. Note sur photographie*, Paris, co- edição Cahiers du Cinéma - Gallimard - Seuil, 1980, p. 18.
3. Jacques Derrida, *La vérité en peinture*, Paris, Flammarion, col. Champs, 1978.
4. Charles Sanders Peirce, *Écrits sur le signe* (coletados, traduzidos e apresentados por Gérard Deledalle), Paris, Seuil, col. L'ordre philosophique, 1978, sobretudo pp. 138-165. Tudo isso será desenvolvido adiante.
5. Lembremos que o Véu de Verônica (ou, caso se prefira para ser mais histórico, o Santo Sudário de Turim) pode ser considerado, com sua "impressão em negativo", com seu "efeito impressionante de realismo", com seu valor de relíquia e de fetiche, como uma espécie de protótipo da fotografia: uma imagem obtida por impregnação direta do modelo no suporte, sem qualquer intervenção da mão no surgimento da representação. É possível ler uma elaboração literária sobre esse tema na novela de Michel Tournier, *Les suaires de Véronique* (em *Le coq de bruyère*, Paris, Gallimard, col. Folio, 1982, pp. 153-172).
6. Charles Baudelaire, "Le public moderne et la fotografia", em *Salon de 1859*. Retomado em Ch. B., *Curiosités esthétiques*, Paris, Garnier, col. Classiques Garnier, 1973.
7. Vale a pena citar a belíssima carta que Baudelaire escreve em 1865 à sua mãe: "Eu gostaria muito de *ter* teu retrato. É uma idéia que se *apoderou* de mim. Existe um fotógrafo excelente no Havre. Mas temo que isso não seja possível nesse momento. *Eu teria de estar presente.* Tu não entendes disso, e todos os fotógrafos, mesmo excelentes, têm manias ridículas: consideram uma boa imagem a imagem em que todas as verrugas, todas as rugas, todos os defeitos, todas as trivialidades do rosto tornam-se muito visíveis, muito exageradas: quanto mais a imagem for dura, mais ficam satisfeitos. Ademais, gostaria que o rosto tivesse pelo menos a dimensão de uma ou duas polegadas. Só em Paris há quem saiba fazer o que desejo, ou seja, um retrato exato, mas *com o flou* de um *desenho*. Enfim, vamos pensar nisso, não é?"
8. Charles Baudelaire, "Le public moderne et la fotografia", *art. cit.*
9. Assim, não é decerto insignificante que seja no próprio momento em que a corrente realista e depois naturalista começa a se impor que a técnica fotográfica tende a se generalizar. A emergência de uma técnica nova sempre se inscreve num contexto sócio-histórico determinado, que corresponde a apostas ideológicas relativamente precisas. Sobre esse assunto ver, por exemplo, de maneira geral, a série de artigos de Jean-Louis Comolli, intitulada "Technique et idéologie", publicada em *Cahiers du Cinéma*, nºs 229 (maio de 1971), 231 (agosto-setembro de 1971), 233 (novembro de 1971, 234-235 (dezembro de 1971, janeiro-fevereiro de 1972) e 241 (setembro-outubro de 1972). Para considerações mais precisas sobre a emergência e a extraordinária expansão da fotografia no século XIX, ver André Rouille, *L'empire de la photographie. Photographie et pouvoir bourgeois, 1839-1870*, Paris, Le Sycomore, 1982.
10. Walter Benjamin, "Petite histoire de la photographie" (1931), trad. francesa em W. B., *L'homme, le langage et la culture*, Paris, Denoël/Gonthier, col. Médiations, 1971, p. 65.
11. André Bazin, "Ontologie de l'image photographique" (1945), em *Qu'est-ce que le cinéma?*, tomo I, Paris, Ed. du Cerf, 1975, pp. 11-19 (cit. p. 14).

12. Olivier Wendell Holmes: "The stereoscope and the stereograph", em *The Atlantic Monthly*, nº 3, junho de 1859, pp. 738-748. Retomado na antologia de Beaumont Newhall, *Photography: Essays and images. Illustrated readings in the history of photography*, Londres, Secher and Warburg, 1981, pp. 53-61. Traduzido por mim.
13. Texto já citado na nota 11.
14. Roland Barthes, "Le message photographique", em *Communications*, nº 1, Paris, Seuil, 1961.
15. Christian Metz, *Essais sur la signification au cinéma* (sobretudo tomo I), Paris, Klincksieck, col. Esthétique, 1968 (tomo II, 1972).
16. Umberto Eco, "Sémiologie des messages visuels", em *Communications*, nº 15 (*L'analyse des images*), Paris, Seuil, 1970 (retomada, com correções, de um capítulo de *La struttura assenta*, Milão, Bompiani, 1968); "Pour une reformulation du concept de signe iconique", em *Communications*, nº 29 (*Image(s) et culture(s)*), Paris, Seuil, 1978.

    Roland Barthes, "Rhétorique de l'image", em *Communications*, nº 4, Paris, Seuil, 1964.

    René Lindekens, *Eléments pour une sémiotique de la photographie*, Paris, Didier, 1971, e *Essai de sémiotique visuelle*, Paris, Klincksieck, col. Semiosis, 1976.

    Grupo μ (Jacques Dubois, Philippe Dubois, Francis Edeline, Jean-Marie Klinkenberg, Philippe Minguet), "La chafetière est sur la table... Eléments pour une rhétorique de l'image", em *Communication et langage*, nº 29, 1976, pp. 37-50; *Trois fragments d'une rhétorique de l'image*, pré-publicação nº 82-83 do Centro Internacional de Semiótica e Lingüística da Universidade de Urbino, 1979; "Iconique et plastique: un fondement de la rhétorique visuelle", em *Revue d'esthétique* (especial Rhétoriques, sémiotiques), nº 1-2, Paris, 10/18, 1979, pp. 173-192; "Plan d'une rhétorique de l'image, em *Kodikas/code*, nº 3, Tübingen, Narr Verlag, 1980, pp. 249-268.
17. Lady Elizabeth Eastlake, "Photography", em *Quaterly Review*, nº 101, Londres, abril de 1857, pp. 442-468. Retomado na antologia de Beaumont Newhall, *Photography: essays and images...*, *op. cit.* (cf. nota 12), p. 90. Traduzido por mim.
18. Ver, por exemplo, a obra de Charles H. Caffin, *Photography as a fine art*, Nova York, Doubleday, 1901.
19. É o capítulo "Film and reality" — que figura na coletânea *Film as art*, publicada em 1957 por R. Arnheim (University of California Press) — que me interessa particularmente aqui. Esse texto é de fato bem antigo, pois já fora publicado em 1932 em Berlim em sua obra *Film als Kunst*. Encontraremos uma tradução francesa (de Georges Dupouy) de "Film et réalité" no número especial da *Revue d'Esthétique* (composto por Dominique Noguez): *Cinéma: théories, lectures*, Paris, Klincksieck, 1973, pp. 27-45. Num caminho comparável, mas relativamente inverso ao de Arnheim, poderíamos evocar igualmente as teorias sobre o realismo de Siegfried Kracauer em *Theory of film*, Nova York, Oxford University Press, 1968.
20. Rudolph Arnheim, "On the nature of photography", *art. cit.* (cf. nota 1), p. 12. Traduzido por mim.
21. Jean-Louis Baudry, "Cinéma: effets idéologiques produits par l'appareil de base", em *Cinétique*, nº 7-8, Paris, s.d., pp. 1-8. Ver igualmente do mesmo autor, "Le dispositif: approches métapsychologiques de l'impression de réalité", em *Communications*, nº 23, (*Psychanalyse et cinéma*), Paris, Seuil, 1975, pp. 56-72. Esses artigos são retomados em J.-L. B., *L'effet-cinéma*, Paris, Ed. Albatros, col. Ça-cinéma, 1978.
22. Hubert Damisch, "Cinq notes pour une phénoménologie de l'image photographique" em *L'Arc*, nº 21 (*La photographie*), Aix-en-Provence, primavera de 1963, pp.

34-37. Tradução inglesa por Rosalind Krauss em *October*, nº 5 (*Photography: a special issue*), Nova York, MIT Press, 1978.

23. Alain Bergala, "Le pendule (La photo historique stéréotypée)", em *Cahiers du Cinéma*, nº 268-269 (Especial *Images de marque*, Paris, julho-agosto de 1976, pp. 40-46.
24. Alan Sekulla, "On the invention of photographic meaning", em *Photography in print*, antologia editada por Vicki Goldberg, Nova York, Simon and Schuster, 1981, p. 454.
25. Susan Sontag, "De l'Amérique, à travers ses photographies, sombrement", em *La photographie*, Paris, Seuil, col. Fiction & Cie, 1979, pp. 48-49. (Traduzido do inglês por G. H. e G. Durand)
26. Citado por Jean-François Chevrier em "Richard Baltauss: une ressemblance exemplaire", em obra coletiva, *Anthologie de la critique: 15 critiques, 15 photographes*, Paris, Ed. Créatis, 1982, p: 72.
27. Extraído da *Conversation avec Kafka* de Gustav Janouch, citado por Susan Sontag, *La photographie*, *op. cit.* (cf. nota 25), p. 220.
28. Walter Benjamin, "Petite histoire de la photographie", *art. cit.* (cf. nota 10), pp. 60-61.
29. Pascal Bonitzer, "La surimage", em *Cahiers du Cinéma*, nº 270, setembro-outubro de 1976, pp. 30-31.
30. Roland Barthes, *La chambre claire. Note sur la photographie*, *op. cit.* (cf. nota 2).
31. Ver, por exemplo, os trabalhos de Rosalind Krauss, "Notes on the index: seventies art in America", em *October*, nº 3 (parte I) e nº 4 (parte II), Nova York, MIT Press, 1977 (tradução francesa em *Macula*, nº 5-6, Paris, 1979), assim como "Marcel Duchamp, ou le champ de l'imaginaire", em *Degrés*, nº 26-27 (*Langage et ex-communication*), Bruxelas, primavera-verão de 1981. Ver por outro lado, mas com reservas importantes, o trabalho de Henri Van Lier, *Philosophie de la photographie*, pré-publicação de Jeunesses et Arts Plastiques, Bruxelas, 1981. Finalmente ver aqui mesmo o capítulo 2, consagrado por inteiro a esse problema.
32. Charles Sanders Peirce, *The art of reasoning*, cap. II, em *Collected papers*, vol. 2, § 281, Harvard University Press. Tradução francesa de Gérard Deledalle em *Écrits sur le signe*, *op. cit.* (cf. nota 4), p. 151.
33. Ver Denis Roche, *Dépôts de savoir & de technique*, Paris, Seuil, col. Fiction & Cie, 1980.
34. Roland Barthes, *La chambre claire*, *op. cit.* (cf. nota 2), p. 16.

Capítulo 2

O ATO FOTOGRÁFICO
Pragmática do índice e efeitos de ausência

...todo o mundo, ao falar de fotografia, dela fala como de uma outra pintura... Estamos ainda na querela deformada da imitação ou não da natureza, que faz ou não faz com que a fotografia seja uma arte, como a pintura, ou, bem ao contrário, de forma alguma como a pintura etc. Quando é necessário ir meter o nariz, ver de mais perto, no momento em que a ação ocorre, e não no produto dessa ação, ou então num híbrido ambíguo de ambos, num múltiplo extraviado de ambos, revelador louco que banha o vento que passa... num vasto negócio de enfoque e enquadramento (um "depósito de saber & de técnica"), no pavor do momento inelutável, quando o indicador recurvado e rijo vai se apoiar no disparador ou lançar ao mesmo tempo um relâmpago eletrônico (um "depósito de saber & de técnica"), na brutalidade do golpe de polegar que faz um filme progredir de uma foto a outra, o que é bem sentido pelos músculos da falange... no que pesa entre duas mãos, mantido na altura do olho ou na barriga, ou com os braços esticados; depósito de saber & de técnica, tiro cruzado... caso necessário de tempo e de morte, matéria-prima mais precisa do que qualquer teoria jamais o foi... A questão decerto não é mais "qual a questão que nos é colocada por uma foto?", nem "o que um filósofo pode fazer com uma foto?"..., mas antes "com o que uma fotografia pode ter algo a ver desde o momento em que se a faz?"

Denis Roche, 1978[1]

Proponho aqui uma espécie de síntese reflexiva sobre os *fundamentos* da fotografia, ao mesmo tempo sobre a *imagem* e sobre o *ato* que a definem, e sem que se possa dissociar a primeira do segundo. Porque a fotografia — teremos oportunidade de voltar a isso — não é apenas uma imagem produzida por um ato, é também, antes de qualquer outra coisa, um verdadeiro ato icônico "em si", é consubstancialmente uma *imagem-ato* (cf. em exergo, a citação de Denis Roche). Em outras palavras, a clivagem tradicional entre o produto (a mensagem rematada) e o processo (o ato gerador que está se fazendo) aqui deixa de ser pertinente. Com a fotografia, não nos é mais possível pensar a imagem fora de seu modo constitutivo, fora do que a faz ser como é, estando entendido por um lado que essa "gênese" pode ser tanto um ato de produção propriamente dito (a "tomada") quanto um ato de recepção ou de difusão e, por outro, que essa indistinção do ato e da imagem em nada exclui a necessidade de uma *distância* fundamental, de um recuo em seu próprio centro (voltaremos a falar disso). Vemos que em tal contexto, a *dimensão pragmática* aparece como o incontornável ponto de fuga de qualquer perspectiva sobre a fotografia.

É compreensível portanto que, ao ter como objetivo, nestas poucas páginas, interrogar "a fotografia", não pretendo tanto analisar *fotografias*, ou seja, a realidade empírica das mensagens visuais designadas por esse nome e obtidas pelo processo ótico-químico que se conhece. Pretendo antes atingir "a fotografia" no sentido de um dispositivo teórico, o *fotográfico*, se quisermos, mas numa apreensão mais ampla do que quando se fala do "poético" com relação à poesia. Aqui vai se tratar de conceber esse "fotográfico" como uma categoria que não é tanto estética, semiótica ou histórica quanto de imediato e fundamentalmente *epistêmica*, uma verdadeira categoria de pensamento, absolutamente singular e que introduz a uma relação específica com os signos, o tempo, o espaço, o real, o sujeito, o ser e o fazer.

*

* *

Partirei portanto da imagem fotográfica em seu modo constitutivo, no princípio do que André Bazin, em seu texto premonitório sobre "a ontologia da imagem fotográfica" (1945), chamava sua "*gênese automática*", que "provocou uma reviravolta radical na psicologia da imagem"[2].

No início da problemática, o coração do dispositivo: o traço. É decerto uma enorme evidência lembrar que, em seu nível mais elementar, a imagem fotográfica aparece *a princípio*, simples e unicamente, como uma *impressão* luminosa, mais precisamente como o *traço, fixado num suporte bidimensional sensibilizado por cristais de haleto de prata, de uma variação de luz emitida ou refletida por fontes situadas à distância num espaço de três dimensões.*

Eis, se é possível dizer, a definição mínima (e até minimalista) da fotografia, definição decerto com base técnica (encontramo-la mais ou menos sob essa forma na abertura de todos os manuais clássicos), mas inicial, incontornável, e da qual mal se começa a ver que compromete o dispositivo numa via teórica incomparável, a ponto de alguns nela conseguirem enxergar a definição da própria *natureza*, da *essência*, da *ontologia* etc., da fotografia "como tal". Sua noema, como dirá Roland Barthes:

> Dizem muitas vezes que foram os pintores que inventaram a fotografia (transmitindo-lhe o enquadramento, a perspectiva albertiana e a ótica da *camera obscura*). Eu digo: não, foram os químicos. Pois a noema "isso foi" só foi possível no dia em que uma circunstância científica (a descoberta da sensibilidade dos haletos de prata à luz) permitiu captar e imprimir diretamente os raios luminosos emitidos por um objeto iluminado de forma diversa. A foto é literalmente uma emanação do referente. De um corpo real que estava ali, são partes das radiações que vêm me tocar, eu que estou aqui; pouco importa a duração da transmissão; a foto do ser desaparecido vem me tocar como os raios atrasados de uma estrela."[3]

Se considerarmos de fato essa definição fundamental em toda a sua amplitude, podemos destacar com facilidade todo um conjunto de traços que exibem efetivamente os principais desafios teóricos do meio. Tratarei de detalhá-las, de organizá-las e de desenvolvê-las com precisão mais adiante. Por enquanto sublinharei apenas o seguinte: é que a fotografia, antes de qualquer outra consideração representativa, antes mesmo de ser uma imagem que reproduz as aparências de um objeto, de uma pessoa ou de um espetáculo do mundo, é em primeiro lugar, essencialmente, da ordem da *impressão*, do *traço*, da *marca* e do *registro* (marca registrada, diria Denis Roche). Nesse sentido, a fotografia pertence a toda uma categoria de "signos" (*sensu lato*) chamados pelo filósofo e semiótico americano Charles Sanders Peirce de "*índice*" por oposição a "*ícone*" e a "*símbolo*". Para me adiantar (muito), direi apenas que os índices são signos que mantêm ou mantiveram num determinado momento do tempo uma relação de conexão real, de contigüidade física, de co-presença imediata com seu referente (sua causa), enquanto os ícones se definem antes por uma simples relação de semelhança atemporal, e os símbolos por uma relação de convenção geral. Dentro de um instante veremos no que convém considerarmos mais matizes e sermos mais explícitos. Nesse estágio, devemos sobretudo observar que a fotografia, por seu princípio constitutivo, distingue-se fundamentalmente de sistemas de representação como a pintura ou o desenho (dos ícones), bem como dos sistemas propriamente lingüísticos (dos símbolos), enquanto se aparenta muito significativamente com signos como a fumaça (índice de fogo), a sombra (alcance), a poeira (depósito do tempo), a cicatriz (marca de um ferimento), o esperma (resíduo do gozo), as ruínas (vestígios do que estava ali) etc. Para permanecer na categoria dos índices, talvez um dos processos mais próximos da fotografia (uma das suas melhores metáforas?) seria o *bronzeamento dos corpos*, essa exposição da pele (superfície pelo menos tão sensível quanto a emulsão: problema de película) à ação dos raios solares que vêm ali depor sua marca dolorosa, avermelhada e depois mais escura, às vezes reservando em certos locais da anatomia zonas brancas, virgens, vestígios em negativo de algo que esteve ali e se interpôs na exposição.

Essa abordagem do fato fotográfico pretende portanto destacar a pertinência e sublinhar as implicações principais dessa *condição indicial da imagem fotográfica*. Enquanto impressão de fato — as teorizações de Peirce serão bem úteis para nós —, a fotografia possui características teóricas bastante precisas, ao mesmo tempo *genéricas* (válidas para todos os tipos de impressão) e *específicas* (concernentes apenas a esse tipo particular de impressão que é a fotografia). São essas duas séries de traços de definição que eu gostaria de apresentar sucessivamente.

*

* *

A famosa tricotomia peirciana *ícone/índice/símbolo* é apresentada várias vezes na obra vasta, prolixa e heterogênea do semiótico americano[4]. Não vou empreender aqui uma análise técnica detalhada dessas várias apresentações — isso nos levaria longe demais (tanto é sutil, e às vezes até incerta[5], a articulação fina desses três conceitos) —, e sobretudo meu objetivo não é levar em consideração as teorias de Peirce por elas mesmas: nelas não vejo de forma alguma um fim em si, mas antes um instrumento conceitual útil com relação ao meu objeto (o fotográfico). Nesse limite metodológico, considerando-se o conjunto das passagens em que Peirce precisa relativamente o que compreende por essa tríade, é claro que se pode definir a categoria dos índices a partir de um princípio fundador geral, absolutamente discriminador e ele próprio gerando três ordens de conseqüências teóricas muito vinculados (o número *três* funda quase todas as operações distintivas em Peirce, como o *dois* em Saussure): a relação que os signos indiciais mantêm com seu objeto referencial é sempre regida pelo princípio central de uma *conexão física,* o que implica necessariamente que essa relação seja da ordem da *singularidade,* da *atestação* e da *designação.* Abordarei sucessivamente esses diversos pontos.

O traço de base, o que fundamenta absolutamente a categoria, é portanto o da *conexão física* entre o índice e seu referente:

> "Chamo de *índice* o signo que significa seu objeto *somente* em virtude do fato de que está *realmente em conexão com ele*" (3.361).
> "Defino um *índice* como sendo um signo determinado por seu objeto dinâmico em virtude da *relação real* que ele mantém com o último" (8.335).
> "Um *índice* é um signo que remete ao objeto que denota porque é *realmente* afetado por esse objeto"(2.248).
> "Os *índices* são signos cuja relação com seus objetos consiste numa *correspondência de fato*" (1.558).

Entre os muitos exemplos de índices evocados por Peirce, tomemos o *catavento* que indica a direção do vento, o quadrante solar que marca a hora, o fio de prumo que mostra a direção vertical, o barômetro baixo e o ar úmido que são índices de chuva, a fumaça que assinala o fogo, o gesto de apontar com o dedo, o nome próprio etc. (ver 2.285 a 2.289). Todos os signos que não significam de fato por eles próprios, mas cuja significação é determinada por sua relação efetiva com o seu objeto real, que funciona dessa maneira como sua causa, tanto quanto como seu referente. Observaremos igualmente que com muita freqüência são as leis físicas que regem a conexão entre o signo e seu objeto: a mecânica, a projeção, a gravidade, a pressão atmosférica, a combustão etc.

Esse princípio de uma *ligação existencial* com o referente distingue radicalmente o índice das outras categorias de signos e, antes de mais nada, do ícone:

> Um *ícone* é um signo que remete ao objeto que ele denota *simplesmente em virtude das características que ele possui, quer esse objeto exista realmente, quer não* (2.247).

A existência física do referente não está portanto necessariamente implicada pelo signo icônico, que é autônomo, separado, independente[6]. Existe nele e por ele mesmo. Encontra seu sentido em sua própria plenitude. Essa autonomia do signo icônico com relação ao real significa que no ícone contam apenas as "características" que ele possui, na medida em que estas "remetem iconicamente", ou seja, assemelham-se, a um denotado, seja este real ou imaginário.("Chamo um signo que é colocado por alguma coisa simplesmente porque se parece com esta coisa de *ícone*" — 3.362). De acordo com o tipo de similaridade de características que o signo mantém com seu denotado, Peirce distingue (ainda) três tipos de ícone:

1. a *imagem* (se a característica similar é uma "qualidade" — *the phenomenal suchness*); 2. o *diagrama* (se a característica é uma analogia de relaçoes, de estrutura); 3. a *metáfora* (se a característica é estabelecida por um terceiro termo paralelo que serve de mediação) (ver 2.277). Vê-se assim que a categoria dos ícones de Peirce está longe de se limitar unicamente às representações figurativas (imagens, pinturas, desenhos), mas que engloba de fato todos os signos construídos a partir de uma simples *semelhança de princípio* com o que designam, de qualquer ordem que seja (não apenas visual).

Compreenderemos igualmente, por meio desses primeiros elementos de definição, que a oposição entre ícone e índice não é de forma alguma exclusiva: o importante no ícone é a semelhança com o objeto — quer este exista, quer não; o importante no índice é que o objeto exista realmente e que seja contíguo ao signo que dele emana — quer este se pareça, quer não, com seu objeto. Em outras palavras, é possível haver perfeitamente ícones indiciais ou índices icônicos[7]. Esse ponto é particularmente importante em nossa perspectiva, pois, como veremos, o estatuto do signo fotográfico depende disso.

Quanto ao *símbolo*, sua característica de base é ser convencional e geral:

> Um *símbolo* é um signo que remete ao objeto que ele denota em virtude de *uma lei*, normalmente *uma associação de idéias gerais*, que determina a interpretação do símbolo por referência a esse objeto. É portanto ele próprio um *tipo geral* ou *uma lei* (2.249).

Não mais que o ícone, o símbolo não está portanto ligado à existência real do objeto ao qual se refere. Nesse sentido, ambos, ícone e símbolo, devem ser considerados, diz Peirce, como signos "*mentais*" e "*gerais*" (porque "separados" das coisas), enquanto o índice será sempre "físico" e "particular" (porque "unido" às coisas). É num outro nível que símbolo e ícone se distinguem: é que em sua autonomia de signos mentais e gerais, um joga com a semelhança e a similaridade, o outro com a associação por convenção, a regra arbitrária, o contrato de idéias. Compreende-se de imediato que, na categoria dos símbolos, deve-se evidentemente alinhar a maioria das palavras da língua ("Qualquer palavra comum como 'dá', 'pássaro', 'casamento' é um exemplo de símbolo. Ele é aplicável a tudo o que pode realizar a idéia vinculada àquela palavra; ele não nos mostra um pássaro, nem realiza diante de nossos olhos uma doação ou um casamento, mas supõe que sejamos capazes de imaginar essas coisas e que lhes associemos a palavra" [2.298]).

Finalmente, da mesma maneira que índice e ícone não são exclusivos um do outro, o símbolo não o é com relação às duas outras categorias e inversamente. Em outras palavras, um mesmo signo pode depender das três categorias semióticas ao mesmo tempo. Assim, por exemplo, da expressão "Está chovendo", Peirce nos diz que "o *ícone* é a imagem mental compósita de todos os dias chuvosos que o sujeito viveu; o *índice* é tudo pelo que ele distingue aquele dia em seu lugar, em sua experiência; o *símbolo* é o ato mental pelo qual ele qualifica aquele dia de chuvoso" (2.438). As três categorias semióticas aparecem portanto tanto como funções teóricas distintas de uma mesma mensagem quanto como classes de signos opostos. É que de fato nenhuma dessas três categorias existe em estado puro — Peirce insiste nisso —, e cada uma delas se apóia sempre, de uma maneira ou de outra, de acordo com as mensagens, nas duas outras.

*

* *

Eis, apresentada esquematicamente no que tem de mais fundamental, a famosa tricotomia semiótica. Que o *signo fotográfico* agora, por seu modo constitutivo (a impressão luminosa), dependa plenamente da categoria dos índices (signos por conexão física), eis o que só pode parecer evidente, e isso mesmo se os *efeitos* da imagem foto acabam por ser da ordem da semelhança icônica e até, às vezes, da colocação em símbolo. Além disso, o próprio Peirce, numa passagem importante, não deixou de sublinhar explicitamente:

> As fotografias, e em particular as fotografias instantâneas, são muito instrutivas porque sabemos que sob certos aspectos elas *se parecem* exatamente com os objetos que representam. Porém, essa semelhança é devida às fotografias que foram *produzidas em circunstâncias* em que eram fisicamente forçadas a corresponder, ponto por ponto, à natureza. *Desse ponto de vista*, portanto, elas pertencem à segunda classe dos signos: os signos por conexão física"(2.281).

Não é com certeza um mérito menor de Ch. S. Peirce ter conseguido analisar, já em 1895, o estatuto teórico do signo fotográfico, superando a concepção primária e ofuscante da foto como mimese, ou seja, rejeitando esse verdadeiro obstáculo *epistemológico* da semelhança entre a imagem e seu referente. E, se ele conseguiu rejeitar esse obstáculo, foi porque levou em consideração não apenas a mensagem como tal, mas também e principalmente o próprio *modo de produção* do signo. Com Peirce, percebemos que não é possível definir o signo fotográfico fora de suas "circunstâncias": *não é possível pensar a fotografia fora de sua inscrição referencial e de sua eficácia pragmática.*

Trata-se aí de uma proposição totalmente fundamental, cujas implicações teóricas, como veremos, são extremas. Aliás, todas as reflexões importantes sobre o fato fotográfico, cada qual à sua maneira, não cessaram de sublinhar esse aspecto, quer se trate de R. Barthes com seu *punctum* (inscrição do sujeito) e seu *isso foi* (inscrição do referente), de Denis Roche com sua afirmação radical e existencial da foto como *imagem-ato*, quer de André Bazin que, numa fórmula famosa, declara que a característica essencial da imagem fotográfica deve ser procurada *"não no resultado, mas na gênese"*.

Expus acima os principais motivos que explicam o surgimento e a generalização, no campo dos discursos sobre a fotografia, dessas concepções "ontológicas" sobre o estatuto da fotografia como puro *traço físico de um real*. É claro que não apresentarei novamente aqui toda uma série de trabalhos que se comprometem nesse percurso (ver o capítulo precedente e as referências a Benjamin, Bazin, Barthes, Bonitzer, D. Roche, R. Krauss etc.).

Em compensação, gostaria de sublinhar por um breve momento que todas essas propostas insistem na "gênese" do dispositivo em detrimento do "resultado". Pois é bem aí, nesse deslocamento de "ponto de vista" (Peirce), nessa mudança de posição epistemológica que se situa a novidade teórica da relação moderna com a fotografia. Se quisermos compreender o que constitui a originalidade da imagem fotográfica, devemos obrigatoriamente *ver o processo* bem mais do que o produto e isso num sentido extensivo: devemos encarregar-nos não apenas, no nível mais elementar, das modalidades técnicas de constituição da imagem (a impressão luminosa), mas igualmente, por uma extensão progressiva, *do conjunto dos dados que definem, em todos os níveis, a relação desta com sua situação referencial*, tanto no momento da produção (relação com o referente e com o sujeito-operador: o gesto do olhar sobre o objeto: momento da "tomada") quanto no da recepção (relação com o sujeito-espectador: o gesto do olhar sobre o signo: momento da retomada — da surpresa ou do equívoco). Para cada imagem, portanto, entra em jogo *todo* o campo da referência. Nesse sentido, a fotografia é *a necessidade absoluta do ponto de vista pragmático*.

*

* *

O deslocamento epistemológico que essa atitude implica está repleto de conseqüências teóricas diversas. Antes de considerar o conjunto das *conseqüências positivas* que dele decorrem (como se sabe, haveria três principais: *singularidade, atestação, designação*), gostaria de evocar uma espécie de *conseqüência negativa* que se refere à questão da *mimese* e que já está presente por inteiro na passagem de Peirce citada acima. Como vimos, é porque é levado a considerar o próprio modo de constituição da imagem que Peirce pode, sob esse ponto de vista, rejeitar o obstáculo epistemológico da semelhança. O que finalmente nos diz é que a fotografia não é (necessariamente) analógica porque é (antes de mais nada) indiciária. É um ponto que merece ser desenvolvido.

De fato, a definição mínima que foi adiantada acima (a fotografia *antes* como impressão luminosa) implica diretamente pelo menos duas coisas. Por um lado, no plano técnico, isso significa que o aparelho de fotografar não é, em princípio, indispensável para que haja fotografia — como se todo o dispositivo *ótico* (a câmera obscura, o dispositivo de captação da imagem) interviesse apenas secundariamente, em segunda mão, com relação ao dispositivo *químico* (sensibilização, revelação e fixação), dado como único essencial e propriamente constitutivo. Por outro, na mesma ordem de conseqüência, mas num nível mais teórico, isso quer dizer que a imagem obtida nessas condições mínimas não é *a priori mimética*, não é necessariamente *à imagem* (à semelhança) do objeto do qual é o traço. É certo que *acontece* de as fotos se parecerem com objetos, pessoas, situações — é até mesmo o *efeito* geral —, mas justamente esse analogismo figurativo não passa de um *efeito*, não é primordial, resulta de uma certa organização dos cristais de haleto de prata da emulsão, que reagem ao impacto dos raios luminosos emitidos ou refletidos pelos objetos do mundo exterior constituindo *plagas* mais ou menos diferenciadas, que se estruturam aos poucos em imagens eventualmente reconhecíveis como tendo as mesmas aparências que as dos objetos dos quais emanam. São portanto leis físicas (as próprias para a projeção de raios luminosos numa superfície fotossensível) que determinam a relação entre os objetos de partida e seus efeitos no suporte fotográfico. Essa relação *pode* chegar, no final, à colocação de um efeito de representação mimético, mas este não é absolutamente dado de imediato como tal. Considerada no que tem de mais elementar, a foto-impressão não implica obrigatoriamente a idéia de semelhança. Como diz Max Kozloff em *Photography and fascination*: "teoricamente, é possível supor que um certo número de fotografias tem como único objetivo apreender a luz por si mesma"[8].

Além disso, existe um tipo de fotografia com toda uma tradição histórica que corresponde com bastante exatidão a essa definição elementar: é o que chamamos em geral de *fotograma*. Do ponto de vista

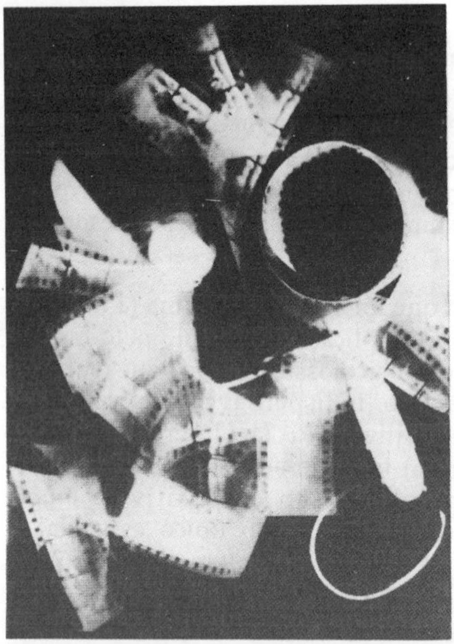

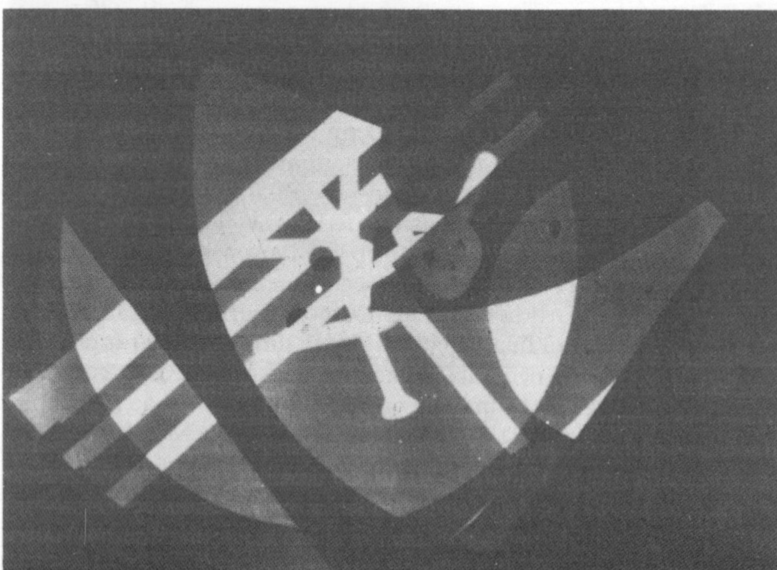

No alto: Man Ray, *Rayografia*. Acima:Làszlò Moholy-Nagy, *Fotogramas*.

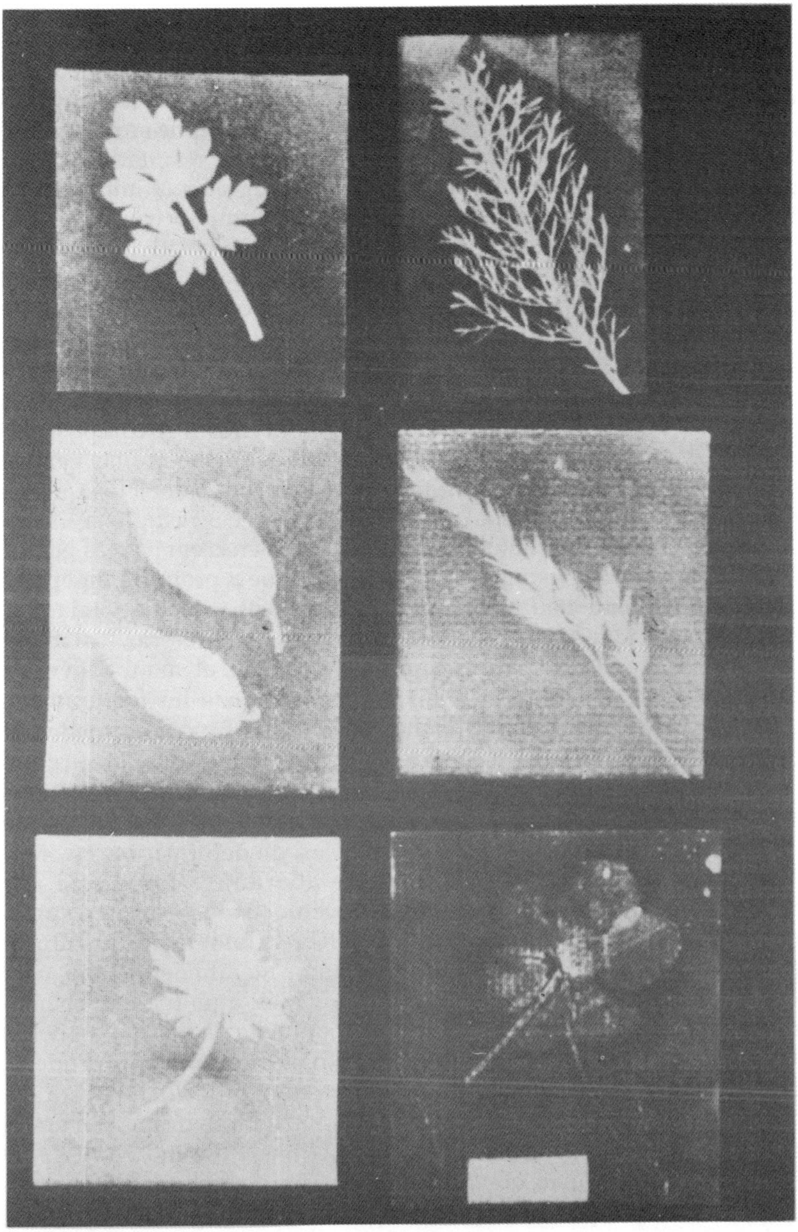

William H. Fox Talbot, *Photogenic Drawings*.

técnico, trata-se de fotografias obtidas sem aparelho fotográfico, por uma simples ação da luz: no quarto escuro, colocam-se objetos opacos ou translúcidos diretamente sobre papel sensível, expõe-se o conjunto assim composto a um raio luminoso e revela-se o resultado. Não se passa portanto por uma aparelhagem de fotografar (eliminação de toda a parte ótica do dispositivo fotográfico). Tampouco se passa por um intermediário (o negativo) antes de se tirar um positivo (resultado final); mas chega-se diretamente a uma prova negativa em papel (o que faz do fotograma uma peça única, não reproduzível). Finalmente e sobretudo a imagem final aparece na maioria das vezes como um simples jogo de sombra e luz, com densidades variáveis e contornos incertos. De forma alguma uma imagem mimética ou figurativa. Aliás, esses fotogramas muitas vezes foram qualificados de "composições abstratas", de "puros jogos formais", e é verdade que muitas vezes é difícil, senão impossível, identificar precisamente os objetos que foram colocados sobre o papel e dos quais só se vê o vestígio, a *sombra branca*, mais ou menos deformada, definível apenas em termos gerais: "círculo", "grade", "espiral", "barra" etc. É que a proposta da operação evidentemente nada tem a ver com a semelhança, a fidelidade, a reprodução. Trata-se antes de um trabalho (de laboratório, justamente) sobre os efeitos da matéria luminosa como tal, além ou aquém de qualquer idéia de mimese realista. Conta apenas no fotograma o princípio do depósito, da sedimentação, da cobertura das camadas de luz. Caso de sombra em negativo, a "imagem" fotogramática representa sempre apenas traços fantasmáticos de objetos desaparecidos que só subsistem com a forma imaterial de efeitos de texturas, de modulações, de *dégradés*, de transparências, de deformações etc. Moholy-Nagy, a princípio pintor e que abordou a fotografia *pelo* fotograma (converteram-no num dos inventores do gênero), resumia bem o procedimento com sua fórmula célebre: "fotografar é estruturar pela luz"[9]. O fotograma aparece, portanto, literalmente como uma verdadeira *impressão luminosa por contato* (aliás, aquilo a que chamamos de "cópia de contato" é obtido estritamente da mesma maneira: são de certa forma fotogramas de negativos). Por aí compreende-se que o fotograma é finalmente um gênero fotográfico que realiza em seu princípio a definição mínima da fotografia. Ele exprime, por assim dizer, a ontologia da mesma. Como sublinha Rosalind Krauss: "O fotograma não faz mais que estender até o limite ou tornar explícito o que é verdadeiro para qualquer fotografia: *toda* fotografia é o resultado de uma impressão física que foi transferida para uma superfície sensível pelas reflexões da luz."[10] Deve-se entender no mesmo sentido essa outra afirmação de Làszlò Moholy-Nagy: "o fotograma é a própria essência da fotografia"[11].

Compreender o fotograma nessa perspectiva reduz a quase nada todas as discussões históricas sobre a paternidade dessa prática. Sabe-se que se evoca a esse respeito ora Moholy-Nagy, que se envolveu nessa prática desde 1922, ora Man Ray (que os chama a partir de 1921, por extensão de seu próprio nome, de "raiografias", o que é bem adequado), ora, ainda, cita-se Christian Schad e suas ainda mais bem denominadas "schadografias" de 1918 (um dia será necessário problematizar esses jogos de palavras sobre as denominações). De fato, é claro que todo esse debate sobre a "invenção" do fotograma por volta dos anos 20 carece do essencial, ou seja, de sua dimensão teórica: o princípio do fotograma nasceu no dia em que a fotografia nasceu (e mesmo antes). Não há fotogramas autênticos já em 1834, com os famosos "photogenic drawings" de W. H. Fox Talbot, imagens únicas e negativas de folhas de árvores, de faixas, de rendas etc., obtidas por depósito direto desses objetos no papel sensibilizado por nitrato de prata? E mesmo ainda antes, as experiências de um Thomas Wedgwood em 1802, ou as "silhuetas automáticas" (obtidas sem a intervenção da mão) do francês Charles já em 1780 — ver capítulo seguinte — não seriam já com todo o direito fotogramas? Mais uma vez, o importante não está nessa corrida sempre vã às origens históricas, mas na consciência do jogo teórico que revela o próprio fundamento *do* fotográfico: a impressão luminosa por contato, isto é, por contigüidade real e física com o referente — bem antes de qualquer idéia de semelhança. A fotografia é a gênese por metonímia (a metáfora só intervém a título de efeito de sentido eventual).

*

* *

Tendo sido assim a questão da mimese, senão eliminada, pelo menos deslocada e situada em seu nível correto, uma vez levantada portanto a hipoteca da semelhança analógica, podemos agora abordar com maior serenidade as outras conseqüências teóricas, positivas, que decorrem desse estatuto de índice do signo fotográfico e que são de ordem resolutamente categórica (valem para qualquer tipo de índice). A fim de sistematizar um pouco essa apresentação, evocarei as seguintes conseqüências gerais a partir de três tipos de corolários: *a singularidade*, *a atestação* e *a designação*.

A partir do momento em que se considera que o índice (a imagem fotográfica, no caso) se define constitutivamente como a impressão física de um objeto real que estava ali num determinado momento do tempo, torna-se evidente que essa marca indiciária é *única* em seu princípio: remete apenas a um referente, o "seu", o mesmo que a causou. O traço (fotográfico) só pode ser, em seu fundo, *singular*, tão singular quanto seu próprio referente. Como representação por contato, *não significa a princípio um conceito; antes de qualquer outra coisa, designa um objeto ou um ser particular no que ele tem de absolutamente individual.*

Evidentemente, Peirce não deixou de sublinhar esse princípio de singularidade, ligado à gênese física do índice, pois é um dos traços que diferencia radicalmente os signos indiciais de todos os outros (vimos que ícones e símbolos são signos gerais e mentais):

> [Os índices] remetem a indivíduos, unidades singulares, coleções singulares de unidades ou de contínuos singulares (2.306).

Bem mais tarde, em *La chambre claire*, Roland Barthes não podia deixar de insistir, por sua vez e à sua maneira, nessa característica central, rica em implicações, principalmente filosóficas:

> O que a Fotografia reproduz ao infinito só ocorreu uma única vez: ela repete mecanicamente o que nunca mais vai poder se repetir existencialmente. Nela o acontecimento jamais se ultrapassa rumo a outra coisa: ela sempre remete o *corpus* de que preciso ao corpo que estou vendo; ela é o Particular absoluto, a Contingência soberana, fosca e como boba, o *Tal* (tal foto e não a Foto), em suma, a *Tuché*, a Oportunidade, o Encontro, o Real em sua expressão infatigável.[12]

Observaremos que esse princípio de singularidade indiciária encontra de fato sua origem na própria unicidade do referente. Por definição, este jamais pode se repetir existencialmente: jamais se atravessa duas vezes o mesmo rio. A partir de então, por extensão metonímica, de acordo com a lógica da contigüidade, esse traço de unicidade referencial vai caracterizar também *a relação* que se estabelece entre o signo e seu objeto. Contudo todos sabem que de uma imagem fotográfica é possível tirar centenas e até milhares de cópias. Não nos disseram o suficiente que a foto era por excelência a imagem multiplicável e serial, não foi sublinhado o suficiente que a fotografia abria a era da reprodutibilidade técnica das imagens? O que nos esquecemos com muita freqüência é que essa reprodutibilidade opera apenas *entre signos*. A unicidade não se refere a essa relação entre signos; refere-se à relação de cada um deles com o objeto denotado. Todas as provas são tiradas de um mesmo negativo, e esse negativo — que é *a* foto propriamente dita — é sempre único: só pode haver um único de um mesmo objeto num dado momento. As cópias em positivo são de fato apenas fotos de fotos, "metafotos", imagens em segundo grau, que testemunham simplesmente que em fotografia não existe reprodução ou re-produção. A fotografia como tal, captada em seu princípio — a impressão, o negativo, a foto polaróide, o daguerreótipo etc. — é sempre *necessariamente* singular. Eis a primeira e decerto uma das conseqüências teóricas mais importantes que constituem o objeto dessa categoria de índices.

Ao lado dela, outras funções, menos filosóficas talvez, mas tão notáveis quanto a primeira e muitas vezes mencionadas nos discursos sobre a foto — as funções de *atestação* e de *designação* — aparecem igualmente como conseqüências diretas do princípio de contigüidade referencial, cuja *força extensiva*, a *propensão à irradiação metonímica* elas sublinham particularmente.

Começaremos pelo *princípio de atestação*. Se de fato a imagem fotográfica é a impressão física de um referente único, isso quer dizer, por outro lado, que, no momento em que nos encontramos diante de uma fotografia, esta só pode *remeter* à existência do objeto do qual procede. É a própria evidência: por sua gênese, a fotografia testemunha necessariamente. Atesta ontologicamente a existência do que mostra. Aí está uma característica assinalada mil vezes: a foto certifica, ratifica, autentifica. Mas nem por isso esse fato implica que ela *significa*. Muitas anedotas, múltiplos usos poderiam ser evocados nessa perspectiva, desde a *foto-como-prova*

(provavelmente ela foi utilizada pela primeira vez pela polícia de Paris em junho de 1871 para identificar, perseguir e depois executar impiedosamente os adeptos da Comuna que haviam sido "pegos" nas barricadas; desde então, seu uso se espalhou em todas as direções, tanto *judiciária* — ver sua utilização nos processos, em que seu estatuto legal sempre constituiu um problema [cf. a obra de Ando Gilardi[13]] — quanto *policial* — ver seu papel nas investigações, ver também, por exemplo, o tema de *Blow up* de Antonioni[14] — ou ainda *terrorista* — ver o uso de prova feito pelas Brigadas Vermelhas da foto de Aldo Moro após o falso anúncio de sua morte[15].)

até a *foto de identidade*, em que o valor "testemunhal" do índice, como com a impressão digital que lhe é associada com tanta freqüência, alcança de certa forma uma eficácia absoluta porque *legalizada*.

> Evocando a travessia da alfândega da Friedrichstrasse quando se deixa Berlim Oriental, e que o homem de uniforme ausculta longa e meticulosamente a foto de nossos passaportes, Hervé Guibert observa com exatidão: "A foto é a prova absoluta: junto com números, datas, nomes, carimbos e assinaturas, ela designa seu direito a ficar de um lado ou do outro do muro."[16]

Esse poder de atestação da fotografia, embora apareça com o máximo de sua força quando faz o jogo da Lei, está de fato generalizado sob aspectos às vezes menos evidentes em todos os tipos de foto. Enquanto índice, a fotografia é *por natureza* um testemunho irrefutável da existência de certas realidades. Ela procede ontologicamente como o São João da Epístola, dizendo-nos: "eis o que vi, eis o que toquei. Agora cabe a vós, a vós, *tocar através dos olhos*."

Nesse caminho, quem provavelmente mais insistiu nesse princípio de atestação foi evidentemente o Barthes de *La chambre claire*. Todo o "*isso foi*", que Barthes identifica como a noema da Fotografia, não afirma outra coisa:

> Volto a pensar no retrato de William Casby, "nascido escravo", fotografado por Avedon. A noema é intensa aqui, pois aquele que vejo aí *foi* escravo: *certifica* que a escravidão existiu, não tão longe de nós; e certifica-o não por testemunhos históricos, mas por uma nova ordem de provas de certa forma experimentais: a prova-de-São-Tomé-querendo-tocar-no-Cristo-ressucitado.[17] A Fotografia não diz (forçosamente) *o que foi*. (...) Diante de uma foto, a consciência penetra na via da certeza: a essência da Fotografia é ratificar o que representa. (...) A Fotografia é indiferente a qualquer escala: não inventa, é a própria autentificação; jamais mente; ou melhor, pode mentir sobre *o sentido* da coisa, sendo tendenciosa por natureza, mas nunca sobre sua *existência*. Impotente com relação às idéias gerais, sua força é contudo superior a tudo o que o espírito humano pode e pôde conceber para nos assegurar da realidade. Qualquer fotografia é desse modo um certificado de presença. Esse certificado é o gene novo que sua invenção introduziu na família das imagens.[18]

Quanto ao *princípio de designação*, que também define o índice (fotográfico ou não), aparece como muito ligado ao princípio precedente. Por várias vezes, o próprio Peirce fez questão de sublinhar esse traço demonstrativo e sinalético.

> "[Os índices] dirigem a atenção sobre seus objetos por impulsão cega" (2.306).
> "O índice nada afirma; apenas diz: *Ali*. Apodera-se por assim dizer de seus olhos e força-os a olhar um objeto particular, e é tudo" (3.361).
> "Tudo o que chama a atenção é um índice. Tudo o que nos surpreende é um índice, na medida em que assinala a junção entre duas posições da experiência" (2.285).

Mais uma vez, é como emanação física de um referente único que o índice nos obriga literalmente, "por impulso cego", a levar nosso olhar e nossa atenção para *esse* referente e apenas para ele. O traço indiciário, por natureza, não apenas atesta, mas, mais dinamicamente ainda, designa. *Aponta* (é de fato todo o *punctum* barthesiano). *Mostra com o dedo* — é também *índice* nesse sentido. Até Peirce jogou várias vezes com essa ambigüidade da palavra tomada em suas acepções ao mesmo tempo semiótica e digital: "chamo de *índice* o signo que significa seu objeto apenas em virtude do fato de que está realmente em conexão com ele, o *indicador* da mão sendo o modelo dessa classe de signos" (3.361). Para levar mais longe a figura digital do índice, provavelmente não é insignificante lembrar a observação sintomática de Barthes:

> Para mim, o órgão do fotógrafo não é o olho (ele me aterroriza), é o dedo: o que está ligado ao disparador da objetiva, ao deslizar metálico das placas... Adoro esses ruídos [e esse gesto] de maneira quase voluptuosa.[19]

É inútil insistir na dimensão psicanalítica, explícita aqui, que vincula a noção de índice, em seus dois sentidos, à de desejo: órgão, deslizar, disparador, volúpia etc. Algo da mesma ordem trabalha, aliás, igualmente a relação amorosa — o corpo a corpo — que Denis Roche não cessa de manter com seu aparelho e com o gesto tão bem denominado de "tomada":

> No *temor* do momento inelutável em que o indicador *recurvado* e *rijo* vai se apoiar no disparador (...), na brutalidade do golpe de polegar que faz o filme progredir de chapa em chapa, o que é bem sentido pela falange (...), acorrentando desesperadamen-

te foto após foto, como nessa corrida sem cessar retida que faz com que, logo após ter tido prazer no amor, só se pense em voltar àquilo, já tenso com relação ao novo momento em que a plena carga mais uma vez estará em jogo...[20]

Portanto, por sua gênese, o índice fotográfico aponta com o dedo. Pode-se até considerar que o índice não passa desse poder de mostrar, pura força designadora "vazia" de qualquer conteúdo. Peirce bem dizia: "o índice nada afirma; só diz: *Ali*". Eis o que aproxima a foto dessa classe de palavras que chamamos em lingüística os dêiticos (Jakobson usa o termo de embreantes — *shifters*[21]). Trata-se, por exemplo, dos pronomes ou de certos adjetivos, principalmente demonstrativos (*esse, essas, aqueles, aquelas, isto, aquilo*), ou de apresentativos (*aqui está, ali está*), ou ainda de certos advérbios de lugar (*aqui, lá*), ou de tempo (*agora, anteriormente*): signos lingüísticos (Peirce menciona-os em todos os seus exemplos de índices — cf. 2.287 a 2.290) que não têm todo seu sentido neles mesmos, mas cujo significado completo depende da situação de enunciação na qual eles são utilizados, cada uso desses signos atribuindo-lhes um referente a cada vez específico, portanto variável em cada caso: sua semântica depende de sua pragmática. Seu sentido, se quisermos, é precisamente indicar, sublinhar, mostrar sua relação singular com uma situação referencial determinada. É com tais signos que se compreende a diferença entre *significar* e *designar*: sua significação no caso só se constitui de sua própria designação.

Esse poder designador do índice não deixou de ser evocado por muitos discursos sobre a fotografia, como por exemplo, no seguinte, de Guy Le Quérrec, repórter/fotógrafo, sempre atento em refletir sobre sua própria prática:

> Para mim, a fotografia serve para isso: apontar algo a alguém. Ela é um pouco irreverente. É :"Você viu?" Para a criança o *você viu* é tabu. Não se sente bem em apontar. Se fotografo, é talvez porque seja alguém que aponta contrariado![22]

É claro que alguns dirão que existem muitos graus e modalidades nas práticas de designação, que uma foto pode atrair *mais ou menos* nossa atenção para seu objeto e que pode fazê-lo de *muitas maneiras*: seja de forma relativamente informal e aleatória, como em certos instantâneos de reportagem (William Klein), seja pelo jogo de um posicionamento muito deliberado dos elementos na foto, que visam forçar nosso olhar a se focalizar neste ou naquele dado, as informações parasitas tendo sido cuidadosamente afastadas (a foto publicitária, por exemplo, já domina há muito tempo os códigos da disposição demonstradora e do exibicionismo do produto ou da marca). De fato, esse gênero de observações[23] testemunha uma confusão de níveis. A designação da qual estou falando não entra em jogo *na cena* fotográfica, na representação figurada da imagem; é uma designação bem mais essencial, que opera aquém de qualquer figuração, no nível ontológico da imagem. É uma designação constitutiva do próprio fotográfico. Ela pode decerto ser mais ou menos trabalhada, alterada, dublada, mimada, representada *nos* diversos tipos de mensagens, mas isso não nos interessa. O importante em primeiro lugar é o *princípio* de designação enquanto caracteriza necessariamente qualquer espécie de índice. A esse respeito, a atitude de Barthes, com sua perspectiva eidética, que jamais renegou, mesmo se proporciona toda a importância ao jogo dos afetos, continua sendo sempre absolutamente *justa*:

> Uma fotografia encontra-se sempre na ponta desse gesto; ela diz: *isso, é isso, é aquilo!*, mas não diz nada além disso. (...) Mostrem suas fotos para alguém; logo ele pegará as suas: "Olhe, este é meu irmão, aquele sou eu criança" etc.; a Fotografia jamais passa de um canto alternado de "Vejam", "Veja", "Olhe aqui"; aponta um certo *cara-a-cara* e não consegue sair dessa pura linguagem dêitica.[24]

De fato, examinando-se bem, esse poder de designaçao típico dos signos indiciários vem valorizar particularmente a *virtualidade extensiva*, o *poder de contaminação* do índice fotográfico, o que se poderia chamar, mais uma vez com Barthes, de sua "força de expansão metonímica":

> Por mais fulgurante que seja, o *punctum* tem, mais ou menos virtualmente, uma força de expansão. Essa força é muitas vezes metonímica.[25]

e que Jacques Derrida, em seu artigo sobre "As mortes de Roland Barthes", define nos seguintes termos:

> Lembramo-nos que o *punctum* está fora de campo e fora de código. Lugar da singularidade insubstituível do referencial único, o *punctum* irradia e, o que é mais surpreendente, presta-se para a metonímia. E, a partir do momento em que se deixa arrastar pelas escalas de substituição, pode invadir tudo, objetos e afetos. Esse singular que não está em parte alguma *no*

campo, eis que mobiliza tudo e por toda a parte, pluraliza-se (...) O *punctum* (...) induz à metonímia, é a sua *força*, ou mais que sua força, sua *dynamis*, em outras palavras, seu poder, sua virtualidade.[26]

Não é um dos efeitos menores dessa lógica da conexão física dotar a fotografia de tal força de *irradiação*. A unicidade referencial literalmente se propaga por contato, pelas escalas da metonímia, pelo jogo da contigüidade material, como um calor intenso que corre por *corpos condutores*, tocando-se um ao outro e chegando, por assim dizer, a *queimar* a imagem na incandescência de sua singularidade irredutível[27]. Tal é a *pulsão metonímica* e literalmente *mobilizadora* da fotografia: parte de quase nada, de um simples ponto (*punctum*), de um singular-único, e ei-la que se espalha, afeta, invade todo o campo. Corre. Veremos adiante que é essa *pulsão metonímica* que permite compreender um bom número de usos da foto, usos marcados em sua maioria pelo selo do desejo e do luto e que encontram singularmente com que se alimentar nessa virtualidade irradiante. Os valores de relíquia ou fetiche, com tanta freqüência atribuídos à imagem fotográfica, encontram aqui um de seus pontos de ancoragem mais nítidos.

*

* *

Antes de considerar alguns desses usos compulsivos ou sentimentais da foto, gostaria de sublinhar em poucas palavras que os diversos dados assinalados dessa noção de índice fotográfico — princípios de conexão física, de singularidade, de atestação, de designação — formam uma espécie de complexo conceitual, provavelmente constelado, mas bastante coerente e que, em sua globalidade, tem uma importância bem particular, não apenas porque fundamenta o estatuto do índice fotográfico, mas igualmente por aquilo que se pode considerar como sua conseqüência mais importante. De fato, vinculada por sua gênese à unicidade de uma situação referencial, atestando-a e designando-a, o efeito geral da imagem indiciária será *implicar plenamente o próprio sujeito na experiência*, no *experimentado* do processo fotográfico. A atitude do último Barthes, mais uma vez, é totalmente sintomática a esse respeito, ele que não consegue, em momento algum de seu percurso, pensar a fotografia fora da relação que mantém com ela, ou seja, fora de sua inscrição nela e por ela, de qualquer lado que esta se faça: inscrição pelo sujeito-*spectator* na maioria das vezes (o *punctum* é a força, a própria intensidade dessa inscrição), mas igualmente inscrição pelo sujeito-*spectrum* (a foto do Jardim de Inverno) e também — Barthes mal fala nisso, mas é evidente da mesma forma — inscrição pelo sujeito-*operator* (o gesto da "tomada", tão bem trabalhado pelos auto-retratos com disparador automático de Denis Roche[28]). Em suma, não é uma aposta menor dessa lógica do índice colocar radicalmente a imagem fotográfica *como impensável fora do próprio ato que a faz ser,* quer este passe pelo receptor, pelo produtor, quer pelo referente da imagem. Espécie de *imagem-ato absoluta,* inseparável de sua situação referencial, a fotografia afirma por aí *sua natureza fundamentalmente pragmática: encontra seu sentido, em primeiro lugar, em sua referência.* Trata-se aqui de um ponto incontornável. Por mais que se diga que esta ou aquela foto acaba por encontrar seu sentido nela mesma, que sua carga simbólica excede seu peso referencial, que seus valores plásticos, seus efeitos de composição ou de textura fazem dela uma mensagem auto-suficiente etc., jamais se poderá esquecer que essa autonomia e essa plenitude de significações só se instituem para virem revestir, transformar, preencher posteriormente, sob a forma de efeitos, uma singularidade existencial primitiva que, num determinado momento e num determinado local, veio se inscrever num papel tão bem qualificado de "sensível". Essa *necessidade absoluta de uma dimensão pragmática preliminar à constituição de qualquer semântica* distingue radicalmente a fotografia de todos os outros meios de representação.

*

* *

É essencialmente por aí que se explica um bom número de usos e de valores do meio — valores e usos mais ou menos pessoais, íntimos, sentimentais, amorosos, nostálgicos, mortíferos etc. —, usos sempre adotados nos jogos do desejo e da morte e que tendem todos a atribuir à foto uma força particular, algo que faça dela um verdadeiro *objeto de crença,* além de qualquer racionalidade, de qualquer princípio de realidade ou de qualquer estetismo. A foto, literalmente, como *objeto parcial* (no sentido freudiano), oscilando entre a *relíquia* e o *fetiche,* levando a "Revelação" até o *milagre.* Num modo mais trivial, toda a prática do álbum de família vai no mesmo sentido: além das poses congeladas, dos estereótipos, dos clichês, dos códigos fora de moda, além dos rituais de organização cronológica e da inevitável escansão dos eventos familiares (nascimento, batismo, comunhão, casamento, férias etc.), o álbum de família não cessa de ser um objeto de veneração, cuidado, cultivado, conservado como uma múmia, guardado numa caixinha (com os primeiros dentes de bebê, ou com a mecha de cabelos da vovó!); só se o abre com emoção, numa espécie de cerimonial vagamente religioso, como se se tratasse de convocar os espíritos. Com toda a certeza, o que confere tamanho valor a esses álbuns não são nem os conteúdos representados neles próprios, nem as qualidades plásticas ou estéticas da composição, nem o grau de semelhança ou de realismo das chapas, mas sua dimensão pragmática, seu estatuto de índice, seu peso irredutível de referência, o fato de se tratar de verdadeiros *traços* físicos de pessoas singulares que estiveram ali e que têm relações particulares com aqueles que olham as fotos. Só isso explica o culto de que as fotos de família são objeto e que converte esses álbuns em espécies de monumentos fúnebres, *kolossoi*[29], múmias do passado[30]. André Bazin captou esse fato muito bem:

> A imagem pode ser *flou*, deformada, descolorida, sem valor documentário, procede por sua gênese da ontologia do modelo; é o modelo. Daí o encanto dessas fotografias de álbuns. Essas sombras cinza ou sépia, fantasmáticas, quase ilegíveis, não são mais os retratos tradicionais de família, são a presença perturbadora de vidas detidas em sua duração, libertadas de seu destino, não pelos prestígios da arte, mas pela virtude de uma mecânica impassível; a fotografia não cria, como a arte, a eternidade, não embalsama o tempo, apenas o subtrai de sua própria corrupção; (...) a fotografia beneficia-se de uma transferência de realidade da coisa para sua reprodução. O desenho mais fiel pode dar-nos mais informações sobre o modelo, mas jamais possuirá, apesar de nosso espírito crítico, *o poder irracional da fotografia que domina nossa crença*. [Em nota:] seria preciso introduzir aqui uma psicologia da relíquia e da "lembrança", que se beneficiam igualmente de uma transferência de realidade que procede do complexo da múmia. Assinalemos apenas que o *Santo Sudário de Turim* realiza a síntese da relíquia e da fotografia.[31]

Henri Van Lier sublinhou do mesmo modo esse uso sentimental:

> Como impressão luminosa, a foto é a presença íntima de *algo* de uma pessoa, de um lugar, de um objeto. Ao mesmo tempo, dá a caução mais forte do *uma-vez-nunca-mais*. Data impiedosamente os seres que são para nós os mais vivos, mas fora de qualquer duração. Ela os coloca num espaço estritamente localizável, mas fora dos verdadeiros lugares. Cada um nela não passa de uma

fração de instante e um corte de espaço que não podemos viver nem reviver.(...) Vemos o proveito que o amor, o ódio, a espera, a desolação e o luto podem tirar da fotografia. Misturados ou no álbum de família. Ou ainda emoldurada na parede, sobre a lareira ou na mesa. Aqui o emolduramento é costume. Funciona como relicário, transformando a foto em relíquia, talismã ou amuleto. Em todo caso em mortalha ou túmulo que não precisa de inscrição porque é ela própria inscrição... *Scriptum, gegrammenon*, foi escrito, inscrito. Assim ele foi inscrito. Assim ela foi inscrita. Ele ou ela foram os impregnantes desaparecidos disso. *Sêma*, sinal e sepultura.[32]

O mesmo ainda pode ser dito da foto amorosa, dessas imagens caras que todos carregam em sua carteira ou num bolsinho, perto do coração, o desejo aí desempenhando a função de pulsão de morte. Continua sendo a lógica do índice que confere à imagem essa força incessantemente sentida com violência. O desejo nela continua nascendo por contigüidade bem mais do que por semelhança. Basta pensar, por exemplo, nas relações complexas que Kafka, em sua correspondência, mantinha com as fotografias de sua noiva, Felícia Bauer:

> A bolsinha que você me deu é *milagrosa*. Graças a ela, torno-me um outro homem (...). Quando olho sua pequena foto — ela está diante de mim — sempre me surpreendo com a *força* que nos une. Atrás de tudo o que há para contemplar, atrás do rosto querido, dos olhos serenos, do sorriso, dos ombros *que se gostaria de abraçar o mais depressa possível*, atrás de tudo isso, agem forças que me são próximas e tão indispensáveis, tudo isso é um mistério... (Carta a Felícia de 26 a 27 XII 12)[33]

Esse mistério, essa força que trabalha subterrânea na fotografia, além ("por trás") das aparências e que é a mesma que funda o desejo, é a força pragmática da ontologia indiciária, é o que Barthes chamava de "extensão metonímica do *punctum*", que torna a presença física do objeto ou do ser única até na imagem. Presença afirmando a ausência. Ausência afirmando a presença. Distância ao mesmo tempo colocada e abolida e que constitui o próprio desejo: o milagre. Uma outra carta sobre a fotografia amorosa (como por acaso, sempre uma carta: será necessário estudar as relações estreitas que unem o fotográfico ao epistolar[34]) testemunha com força esse conluio do desejo e do índice- foto, essa veneração por um tipo de imagem que procede mais por contato do que por mimese. Em 1843, Elizabeth Barret escreve à sua amiga Mary Russel Mitford:

> Desejaria tanto possuir algo que me lembrasse de tudo o que pode me ser caro nesse mundo. Não é simplesmente a semelhança que é preciosa nesse caso — mas as *associações e o sentimento de proximidade que esse objeto impõe* (...), o fato de que a própria sombra da pessoa esteja fixada aqui para sempre! Por isso os retratos me parecem de certa forma *santificados* — e não acredito ser absolutamente monstruoso dizer, enquanto meus irmãos protestam com veemência, que preferiria a tudo o que um artista conseguiu produzir de mais nobre, conservar uma *recordação* assim de alguém que eu tivesse amado com carinho.[35]

É inútil prolongar infinitamente a lista de exemplos. Todas essas práticas compulsivas da fotografia tiram o essencial de seu poder não, de forma alguma, da significação de sua representação ou de suas qualidades próprias (plásticas ou miméticas), mas de sua relação originária com sua situação referencial. É tudo o que a torna um índice que contribui para dotar a fotografia daquilo que Bazin chamava "um poder irracional que domina nossa crença". É este poder irracional, sem sombra de dúvida, que guiou Barthes em toda *La chambre claire*. É ele ainda que não cessa de fazer Denis Roche correr de um lado a outro da "câmara branca", atrás de sua sombra, como atrás de sua própria ausência, até a perda[36]. É unicamente a natureza pragmática do dispositivo fotográfico que autoriza e favorece esses desejos desmesurados e insaciáveis: *desejos de sujeitos ocupados, apaixonados, loucos de "real", de referência e de singularidade, irredutivelmente.* Eis de onde se origina o que poderíamos chamar de *pulsão fotográfica.*

*

* *

Assim percorremos quase por inteiro a noção de índice, precisando ao mesmo tempo seu princípio fundador e as conseqüências teóricas gerais. Tudo o que foi dito até aqui, mesmo se, pela força das coisas, nos apoiamos sistematicamente nesse tipo de índice particular que a fotografia constitui, vale de fato para *todos* os signos de caráter indiciário. Só tratamos aqui de características *genéricas*, definidoras da categoria. Por isso, para sermos completos e precisos, precisaríamos num segundo tempo considerar as características *particulares* do índice-foto que o diferenciam dos outros tipos de traços: uma fotografia não é de forma alguma semelhante a uma marca de passos na areia, a uma moldagem ou a uma cicatriz.

*

*   *

Todavia, antes de fazer o levantamento desses traços específicos, gostaria, para acabar com as considerações gerais, de insistir em três aspectos que são particularmente importantes na medida em que vêm marcar claramente *os limites da noção de índice fotográfico*. Existe com efeito um grande perigo que, a meu ver, desponta no horizonte dessa lógica, tal como ela foi apresentada até aqui, um perigo ao qual muitos teóricos nem sempre conseguiram escapar e que será preciso enfrentar sob a pena de ver a *doxa* falsear toda essa atitude diante da foto. Esse perigo, digamos, é o de uma *metafísica* e até de uma *epifania* da *Referência*. Poderíamos acreditar, lendo o que foi dito acima sobre o "peso de realidade" irredutível que recai sobre a imagem fotográfica — e que se encontra por assim dizer explicado semioticamente e justificado ontologicamente — que a fotografia é de certa forma *bloqueada* por sua inscrição referencial, como se qualquer fotografia só conseguisse vir tropeçar absolutamente sobre sua referência e não houvesse nada além disso a dizer a não ser constatar essa evidência insuperável. *Ora, a Referência não deve se tornar, depois da Mimese, o novo obstáculo epistemológico da teoria da fotografia.* As três observações que se seguem têm como único objetivo impedir esse gênero de absolutismo teórico. E é precisamente porque recorremos ao conceito de índice que vamos poder evitar tal ofuscamento. Com certeza não é um dos menores méritos da noção peirciana, ao mesmo tempo em que permite descrever com precisão a relação privilegiada que o signo fotográfico mantém com seu objeto, permitir igualmente, num mesmo movimento, *relativizar esse domínio do Real* no estatuto do meio.

O primeiro tipo de observação limitativa refere-se à distinção, aliás clássica, entre *sentido* e *existência* (que compararemos com a distinção lógica de G. Frege entre *Sinn* e *Bedeutung* ou com a distinção mais lingüística de Saussure entre *significado* e *referente*, ou ainda com aquela dos filósofos anglo-saxônicos da linguagem entre *sign-type* e *sign-token*). Mostramos à vontade nas páginas precedentes que a fotografia, como índice, designava com força o objeto real, único e singular, ao qual sua gênese a vinculava fisicamente, que atestava *a existência* desse objeto num momento e num lugar determinados. Ora, devemos tomar cuidado *para não confundir essa afirmação de existência com uma explicação de sentido.*

Quando determinada fotografia oferece a nossos olhos interrogadores a visão de determinada personagem, por exemplo, um homem de uniforme ao lado de um cavalo arreado, só temos certeza de uma coisa: esse homem, esse cavalo, esse arreio existiram, estiveram efetivamente ali, um dia, naquela posição. Mas é tudo o que a foto nos diz. Nada sabemos sobre a significação (geral ou particular) que se deve atribuir a essa existência.

Nesse sentido, podemos dizer que a foto não explica, não interpreta, não comenta. É muda e nua, plana e fosca. *Boba*, diriam alguns. Mostra, simplesmente, puramente, brutalmente, signos que são semanticamente vazios ou brancos. Permanece essencialmente *enigmática*. Este é o sentimento que todos aqueles que consideraram lúcida e honestamente uma fotografia experimentaram em maior ou menor medida. Como Henri Van Lier:

> A foto pode ser uma prova instrutiva e irrefutável. É tão evidente que não é preciso insistir nisso. Mas, ao mesmo tempo, ocorre com freqüência que não se sabe bem o que ela prova.[37]

Como, ainda, John Berger:

> Dessa fotografia, nada sei. Sua técnica permite situá-la entre 1900 e 1920. Não sei se ela foi tirada no Canadá, nos Alpes, na África do Sul ou em outro lugar. O que conseguimos ver nela é um homem de meia-idade, sorridente, com um cavalo. Por que alguém tirou essa fotografia? Que sentido ela tinha para o fotógrafo? Para o homem a cavalo? (...) Era uma foto para a imprensa? Uma lembrança de viagem? Foi tirada por causa do cavalo, mais do que do homem? E o homem era palafreneiro? Ou comerciante de cavalos? Ou ainda seria uma fotografia de um planalto tirada durante a filmagem de um dos primeiros *westerns* ?
> Podemos nos divertir atribuindo-lhe significados. "O último filme de Mountie": o sorriso do homem tinge-se de nostalgia. "O homem que incendiava as fazendas": esse mesmo sorriso muda de figura. "Antes da grande cavalgada": pode-se ler em seu sorriso uma certa apreensão. "Depois da grande cavalgada": e esse sorriso se torna uma mescla de timidez e satisfação (...).
> Qualquer que seja a história que inventarmos, qualquer que seja a interpretação que dermos, nada se imporá tanto quanto as *aparências puras* sob as quais essa fotografia se apresenta a nós. Essas aparências quase não nos fornecem sentido, mas *estão ali*.[38]

Vemos portanto que, se o índice fotográfico, mais do que qualquer outro meio de representação, implica de algum modo um peso, um poder, uma plenitude de real, este opera apenas na ordem da existência e em caso algum na ordem do sentido. O índice pára com o "isso foi". Não o preenche com um "isso quer dizer". A força referencial não se confunde com qualquer poder de verdade. A contingência ontológica não aumenta com uma hermenêutica.

Segundo tipo de considerações, sempre nessa perspectiva que visa frustrar os riscos de uma absolutização da Referência em Fotografia. O princípio da "gênese automática", que fundamenta o estatuto da fotografia como impressão, em que seria o "real" que viria por conta própria assinalar-se na placa sensível, esse princípio deve ser claramente delimitado e colocado em seu nível correto, ou seja, como *um simples momento* (mesmo que central) no conjunto do processo fotográfico. Jamais se deverá esquecer na análise, sob a pena de ser enganado por essa epifania da referência absolutizante, que *a jusante* e *a montante* desse momento da inscrição "natural" do mundo na superfície sensível (o momento da transferência automática de aparência), que, de ambos os lados, há gestos e processos, totalmente "culturais", que dependem por inteiro de escolhas e decisões humanas, tanto individuais quanto sociais.

Antes: o fotógrafo decide em primeiro lugar fotografar (isso já não ocorre por si), depois escolhe seu sujeito, o tipo de aparelho, o filme, procura sua melhor lente, determina o tempo de exposição, calcula seu diafragma, comanda sua regulagem, posiciona seu foco, todas operações — e muitas outras ainda — constitutivas do ato da tomada e que culminam na derradeira decisão do disparo no "momento decisivo", de acordo com a fórmula a partir de agora vinculada ao próprio nome de Cartier-Bresson[39].

Depois: quando da revelação e da tiragem, todas as escolhas se repetem (formato, papel, operações químicas, eventuais trucagens); em seguida, as provas tiradas irão se envolver em todos os tipos de redes e circuitos, todos sempre "culturais" (em vários níveis), que definirão os *usos* da foto (do álbum de família à foto de imprensa, da exposição em galeria de arte ao uso pornográfico, da foto de moda à foto judiciária etc.).

Em outras palavras, o princípio da impressão natural só funciona, em toda a sua "pureza", *entre* esse antes e esse depois, *entre* essas duas séries de códigos e de modelos, durante a única fração de segundo em que se opera a própria transferência luminosa. Aí está seu limite. É somente então, nesse momento infinitesimal, nesse recuo, nessa vacilação da duração que a foto é puro ato-traço, tem uma relação de imediato pleno, de co-presença real, de proximidade física com seu referente. E é somente então, durante esse relâmpago instantâneo, que a foto pode ser chamada de "mensagem sem código" (R. Barthes), porque é aí, e *somente aí*, entre a luz que emana do objeto e a impressão que deixa na película, que o homem não intervém e não pode intervir sob pena de modificar o caráter fundamental da fotografia. Mas afora isso, afora o próprio *ato* da *exposição*, a foto é imediatamente (re-)tomada, (re-)inscrita nos códigos. Em todos os tipos de códigos que nunca mais a abandonarão, que serão tanto mais poderosos, que nela colocarão tanto mais ardor quanto, durante um instante — o próprio instante de sua constituição —, ela lhes escapou. Essa falha, com certeza fundamental, não deixará de ter conseqüências, mas, repitamos, aí só existe uma falha (ou um ponto), um *instante de esquecimento dos códigos*. Em tudo o que precede, só falei desse instante de esquecimento (considerei o coração da fotografia). Será preciso porém ter em mente que esse instante constitutivo é literalmente delimitado, encerrado, apertado pelas formas culturais da representação cujo trabalho sempre terminará, afinal das contas, marcando mais ou menos a mensagem fotográfica. Eis uma segunda maneira de relativizar o domínio da Referência em fotografia.

Parênteses barthesiana. A insistência com que Barthes não cessou de afirmar que a fotografia era uma "mensagem sem código", desde seus primeiros textos sobre a foto (em 1961 e 1964) até seu último livro (1980)[40], deve evidentemente ser questionada. Trata-se aí de uma fórmula que fez correr muita tinta, principalmente em pleno período semio-estruturalista (só se via então o código!) e que não foi muito bem compreendida, justamente porque os semio-censores não entenderam bem o que fundamentava a fotografia irredutivelmente. Quando Barthes, em seu artigo de 1961, coloca pela primeira vez o paradoxo fotográfico da "mensagem sem código" (a formulação decerto não era muito bem-sucedida, mas os conceitos de então não tinham o pesado passado teórico que têm hoje), situa de fato seu discurso com muita clareza: é em seu princípio constitutivo ("a mensagem como tal") que a foto é dita "sem código", isto é, "pura denotação", ligada diretamente a seu "*analogon*". Mas, no momento em que se restitui essa mensagem a seu processo de produção e de recepção, Barthes sublinha abundantemente sua

> retomada e sua inscrição pelos e nos códigos de conotação. Todo o resto do artigo é aliás consagrado à análise desses "códigos culturais", os quais sempre foram, mas principalmente na época, a principal preocupação dos trabalhos de Barthes (cf. *Mitologias, Sistema da moda* etc.). Quando volta a essa questão, quase vinte anos depois, em *La chambre claire*, Barthes é tão claro como sempre foi: "É evidente", diz, "[que] os códigos vêm influenciar a leitura da foto" (p. 138); é o que chamará de *studium*. Mas "nada pode impedir" que a Fotografia seja em primeiro lugar "uma emanação do real passado". E é por aí que a foto *toca* o sujeito, é seu poder de contingência que faz com que ela "aponte" (*punctum*) o espectador. Já tive a oportunidade de indicar que no conjunto desse último livro será justamente enfatizada essa referencialização. É um pouco todo o trajeto de pensamento de Barthes que se marca aí e que, como sempre, se dá como tal. Nesse livro de Morte, a insistência sobre a presença referencial na fotografia e por ela é a tal ponto sistemática que existe nisso algo como que uma *fixação*, uma fixação cuja origem se encontra no momento único da gênese por impressão direta. Barthes, deliberadamente, no movimento da pulsão de morte, só pode se pegar no jogo da epifania do referente. E a Fotografia, justamente, *está lá para isso*. É ela que lhe permite essa insistência, é por ela, pelo "poder metonímico do *punctum*", que ele pode generalizar o instante da co-presença singular, mergulhar nessa "pura contingência" e nela se perder. *Absolutizar*, para melhor se apagar, uma relação de imediato com o único: morrer pela foto para por ela alcançar a imagem de *sua* mãe. Barthes não nos propõe uma reflexão teórica sobre a foto. Faz da foto um ato teórico e escreve um *texto fotográfico*.[41]

Finalmente, a terceira e última observação sobre os limites da noção de índice, decerto a mais importante, irá introduzir a necessidade de uma *distância* no próprio centro do dispositivo. De fato, o princípio fundador no qual tanto insisti — princípio da conexão física, da proximidade real, do contato efetivo entre o signo e seu referente —, esse princípio poderia fazer acreditar que o índice é trabalhado teleologicamente por uma espécie de *pulsão à identificação*, como se o cúmulo, o ideal, o absoluto do índice fosse atingido quando o objeto e sua representação se aproximassem a ponto de formarem um só, de serem confundidos indissociavelmente.

Ora, não é nada disso, e convém libertar bem o signo fotográfico desse *fantasma de uma fusão com o real*. Na fotografia, se existe necessidade (ontológica) de uma contigüidade referencial, nem por isso deixa de sempre existir (também ontologicamente) *necessidade de um recuo, de uma separação, de um corte.* Este é um dado absolutamente central. Não vou descrever sistematicamente todos os problemas ligados a esse princípio, mas apenas sublinhar aqui que tal princípio opera em vários níveis. A *distância interna,* inerente ao dispositivo fotográfico, funciona de fato tão bem *no espaço* quanto *no tempo.*

No espaço: ao mesmo tempo que é, por sua gênese, um signo unido às coisas, a imagem fotográfica tampouco deixa de estar, como signo, separada espacialmente do que representa. E essa separação, esse distanciamento, é totalmente constitutivo. A princípio, corresponde a dados técnicos: Qualquer aparelho não é munido de um anel de foco que mede essa distância? Um dos dados mais importantes a serem dominados quando do ato de fotografar não é a *profundidade de campo,* essa porção de espaço rigorosamente determinada que delimita um aquém e um além da "cena" (a distância correta) e cuja manipulação permite todos os tipos de jogo bem diferenciados na constituição da imagem? Por outro lado, se a fotografia tem algo a ver com a *Medusa,* se, semelhante à Górgona, ela petrifica, capta e imobiliza tudo o que recai sob o golpe (o corte) de seu olhar, não devemos esquecer que esse estupor só pode ser feito *graças à distância.* O referente que nos sidera é de fato o *intocável* da imagem fotográfica, mesmo que a última emane fisicamente do primeiro. Obrigatoriamente, qualquer chapa só mostra *em seu lugar* uma ausência existencial. O que se olha na película jamais está *ali.*

Toda foto implica portanto que haja, bem distintos um do outro, o *aqui* do signo e o *ali* do referente. É até possível considerar que tudo o que faz a eficácia da fotografia está no *movimento* que vai desse *aqui* até aquele *ali.* São essas passagens, esses deslocamentos, essas idas e vindas que constituem literalmente o *jogo,* de mil maneiras diferentes, do olhar do espectador sobre as fotografias. Isso se aplica à foto de viagem do amador, cuja lógica é elementar — "Eis uma foto minha e de minha família na frente da torre de Pisa: veja, nós que estamos *aqui* com você olhando essa imagem, fomos até *lá* " —, até a foto erótica ou pornográfica, cuja própria obscenidade finalmente se baseia no fato de revelar (o *aqui* do signo) o que não se pode tocar (o *ali* do referente): nela o imaginário do desejo nasce da tensão, da distância entre o visível e o intocável.[42]

Mesmo no caso do *fotograma,* onde o objeto real no entanto está o *mais perto possível* de sua representação, já que está literalmente pousado sobre o papel sensível, mesmo nesse caso, a extrema proximidade jamais é identificação. *Em nenhum momento no índice fotográfico, o signo é a coisa.*

> Aqui está tudo o que distingue a foto daquilo que se denomina, desde Marcel Duchamp, de *ready-made*. Os *ready-mades* ("já-feitos") são objetos manufaturados, escolhidos mais ou menos ao acaso — um urinol, um saca-rolha, uma roda de bicicleta, um esgotador de garrafa, uma pá de neve — pelo artista, assinados por ele, isolados de seu contexto, eventualmente datados e dotados de um título ("Fonte" para o urinol de "R. Mutt", em 1917) e expostos numa galeria ou num museu. Em outras palavras, no *ready-made*, qualquer distância é abolida, esmagada. *É o próprio referente que se torna signo*, é o objeto real que é promovido, tal qual, à categoria de obra de arte por inteiro, e isso apenas pelo gesto do artista — levantamento, fixação, relíquia. Nesse caso, sim, o objeto coincide com sua própria imagem; existe confusão e identificação das duas instâncias. E nesse sentido, ao contrário do que diz, por exemplo, um Franco Vaccari[43], a fotografia *não é* um *ready-made*, e nem mesmo tenho certeza de que se possa dizer que o *ready-made* é um resultado, uma radicalização, uma "fotografia total" (Vaccari), tanto é verdade que se perderia nessa operação todos os problemas que o princípio da distância precisamente implica, todos os valores que têm a ver com essa noção de separação, de fratura, de buraco central. Há um vazio aberto no próprio coração do fotográfico. Ele é indispensável.

Essa clivagem é igualmente manifesta *no tempo*. A distinção do *aqui* e do *lá* sobrepõe-se à do *agora* e do *então*. Todos sabem de fato que o que nos é dado a ver na imagem remete a uma realidade não apenas *exterior*, mas igualmente (e sobretudo) *anterior*. Qualquer foto só nos mostra por princípio o passado, seja este mais próximo ou distante. E essa distância temporal, que torna a fotografia uma representação sempre *atrasada*, adiada, em que qualquer simultaneidade entre o objeto e sua imagem não é possível (esta será uma das grandes diferenças das mídias eletrônicas: vídeo e circuito fechado de televisão autorizam o direto, o *feed-back* imediato, o autocontrole escópico naquele momento), essa distância temporal corresponde ao processo técnico da *revelação*, que é necessariamente inscrito na duração, com suas fases sucessivas obrigatórias, indo da imagem latente à imagem revelada e depois à imagem fixada. Mesmo no caso da Polaróide, em que o tempo da revelação foi consideravelmente acelerado, essa decalagem temporal subsiste, ainda que reduzida a poucos segundos. Como diz John Berger, "entre o momento recolhido na película e o momento presente do olhar que se leva à fotografia, *sempre existe um abismo*"[44].

Aqui também, é nesse abismo, nessa cisão do tempo, que muitos dos desafios da fotografia vêm se alojar, em particular tudo o que se refere à intensidade e à tensão que o próprio *ato fotográfico* suscita no operador: imagine você *no* ato, todos os sentidos à escuta, todo o seu ser concentrado ao mesmo tempo no controle dos parâmetros da tomada, na focalização sobre a cena e na espera do "momento decisivo". Observe sua situação: depois de ter, no lampejo de um único segundo, pressionado o disparador com o seu indicador e de ter ouvido o disparo, uma vez portanto marcada a película, certo de que a imagem está a partir de então aprisionada, você se encontra de fato na posição estranha e fascinante daquele que sabe que a imagem está ali, capturada, registrada, mas que ainda não pode vê-la, imagem ainda virtual, potencial, a acontecer ao olhar. Como se diz tão bem, *a imagem é latente*, e *você está à espera*. Toda a sua impaciência nada pode fazer contra essa fatalidade.

Passa o tempo. Aquilo que você fotografou desapareceu irremediavelmente. Aliás, falando em termos temporais estritos, *no próprio instante em que é tirada a fotografia, o objeto desaparece*. Aqui a fotografia evoca o *mito de Orfeu*[45]. Quando volta dos Infernos, Orfeu, que não agüenta mais, tendo chegado ao ápice de seu desejo, finalmente transgride o proibido: assumindo todos os riscos, volta-se para sua Eurídice, a vê e, na fração de segundo em que seu olhar a reconhece e capta, de uma só vez, ela desmaia. Assim, toda foto, logo que é feita, envia para sempre seu objeto ao reino das Trevas. *Morto por ter sido visto*. E mais tarde, quando a imagem revelada finalmente aparece para você, o referente já há muito não existe mais. Nada além de uma lembrança. O aparecimento (da imagem: sua "revelação") nunca poderá portanto satisfazer de fato sua espera. Pois como então saber se o que você está vendo no papel fotossensível é exatamente a mesma coisa que você viu? Além disso, o que você tinha visto exatamente? É sempre tarde demais. Você nunca chegará ao encontro. Só lhe resta a foto, frágil, incerta, quase estranha. É a foto que literalmente vai se tornar sua lembrança, substituir a ausência. E isso não deixará de lhe preocupar de maneira estranha. Afinal, você percebe, entre a imagem primitivamente captada, em estado de "latência" e a imagem finalmente "revelada" nesse lapso de tempo, nesse intervalo, nessa passagem, que muitas coisas podem com efeito ter ocorrido. A imagem latente, sempre imaginária, fantasma de imagem, não deixa de correr todos os riscos. Na espera da "Revelação", seu espírito sente-se tomado por temores e angústias — pouco importa se estes são fundamentados ou puramente fantasmáticos: neste momento você ainda não pode sabê-los, você está necessariamente na fantasia. E suas hesitações não são simplesmente técnicas (gênero:"Será que enquadrei como devia? Será que não me mexi? Será que captei bem aquele momento expressivo de um rosto? Será que a revelação vai dar certo, será que vou arranhar o negativo ou até destruí-lo por acidente?"). São flutuações mais essenciais que comprometem a questão da identidade. Você se diz: A imagem latente está de fato ali (que se leia a esse respeito a história muito perturbadora da "imagem fantasma" de Hervé Guibert[46])? Não houve de minha parte visão imaginária, sonho acordado? E principalmente: Será que o que vai ser revelado não será uma coisa bem diferente da que eu acreditava que seria?

É aqui, nesse estado de latência, nessa distância, no tempo desse vazio, que se manifesta toda *a relação da fotografia com a alucinação*. Como existe decalagem temporal entre o objeto e sua imagem, como esse objeto desapareceu necessariamente no momento em que olho para a imagem, não existe algo de fantas(má)tico que entra em jogo? A foto não aparece por aí como *uma imagem de sonho*, ou antes, para retomar uma determinada metáfora célebre apontada por Freud[47], não se poderia dizer aqui que a fotografia efetua, ao pé da letra, *o trabalho do inconsciente* ? Por mais certificante que seja — pois sabemos que o que ela mostra necessariamente existiu —, a foto, porque adiada, fendida, esburacada, nem por isso deixa de ser uma imagem *flutuante*: *flutua* exatamente *na certeza*. É daí que tira seu fascínio singular: numa foto, sei que o que vejo esteve efetivamente ali e, no entanto, nunca posso de fato verificar isso, só posso duvidar, só posso me dizer que talvez não fosse aquilo.

O princípio de distância espaço-temporal próprio do fato fotográfico vem portanto em contraponto ao princípio indiciário da proximidade física. Ali onde o índice vinha marcar um efeito de certeza, de plenitude, de convergência, o princípio de distância vem marcar um efeito de abalo, de defasagem, de vazio. Para dar um exemplo, essa distância que vem fazer a relação estabelecida da imagem com o mundo *tremer*, sabemos que é central num filme como *Blow up* de Antonioni[48]: a revelação revela algo diferente do que a latência nos fazia acreditar, *algo que não vimos e que está ali* — muito inquietante, porque índice de morte. O tema do filme é a impossibilidade de fazer o real coincidir com a sua representação *a posteriori*, justamente porque entre os dois, na distância, algo aconteceu — que não é apenas do tempo. A distância fotográfica funciona portanto aqui a todo vapor: confrontada com uma dificuldade, com um desacordo, com uma rachadura entre o signo e o que ele acredita ser o referente, o sujeito se coloca em movimento, começa a ir e vir sem parar, a princípio na própria imagem, depois entre as imagens, finalmente da imagem ao objeto, do objeto à imagem, como se corresse atrás de uma verificação hipotética do primeiro pela segunda. E essas idas e vindas ("na câmara clara", diria Denis Roche), longe de aproximarem a imagem do real, vão toda vez separar, afastar ainda mais as duas "realidades". A ponto destas, por serem assim transportadas, se tornarem cada vez mais incertas e acabarem literalmente *se perdendo*, diluindo ao mesmo tempo qualquer segurança de identidade do sujeito. Abalo generalizado: do real, do imaginário, da relação que o sujeito mantém com um e com outro. Eis esse sujeito em sua corrida louca entre dois mundos que não se adaptam, em sua compulsão em atravessar nos dois sentidos a inelutável distância fotográfica, ei-lo perdido nas aparências, preso no jogo dos fantasmas, das ficções, das miragens, caindo cada vez mais na fratura que acreditava estar preenchendo — *escavando seu próprio túmulo.*

Esse tipo de situação, com as intensas flutuações que implica, constitui de fato um verdadeiro terreno de fertilização da Ficção. A distância fotográfica, é aí o lugar de abalo de nossas certezas. Basta lembrar-nos, por exemplo, da frase de Peter Handke:

> Esperar uma foto diante de uma cabine de fotos automáticas; sairá uma outra com um outro rosto — assim começaria uma história.

Na mesma perspectiva, seria possível mencionar inúmeras declarações de fotógrafos para os quais o corte, o distanciamento no processo, revela-se de fato fonte de maravilhamento, de fascínio ou de angústia — algo que, para eles, sempre fundamenta, de uma maneira ou de outra, sua pulsão fotográfica. Citarei apenas, como exemplo, algumas frases de Diane Arbus:

> "Nada jamais é dado como se disse que era. É o que jamais vi antes que reconheço."

"Algo que me impressionou muito cedo foi o fato de que você não coloca numa fotografia o que vai sair nela. Ou, vice-versa, o que nela sai jamais é o que você nela colocou."
"Jamais tirei a foto que tencionava tirar. Elas são sempre melhores ou piores."[49]

A distância que está no centro da fotografia, por mais reduzida que seja, é portanto um abismo. Todos os poderes do imaginário conseguem nela se alojar. Ela permite todas as perturbações, todos os desvarios, todas as inquietações. Aliás, alguns fotógrafos, ou alguns apaixonados pela imagem, preferem às vezes *não correr o risco da revelação*: enquanto se divertem em "apertar o disparador", em "fazer a chapa", optam por *não* fotografar, como se quisessem deliberadamente "perder a oportunidade". Contentam-se, de acordo com sua fórmula, em "fotografar pelos olhos", registrar mentalmente a imagem. Nada além disso. Não querem ir mais longe. Recusa da revelação. Não querem que sua "visão" se atualize, se fixe, se inscreva para sempre, como se se tratasse de proteger essa visão privilegiada de qualquer violação, de qualquer impureza, de qualquer obliteração por meio da colocação efetiva em imagem. A partir de então, para eles, essa visão será tanto mais perfeita, bela ou pungente, quanto for para sempre imaginária. Semi-real, semi-sonhada. É de certa maneira a poesia da *latência perpetuada*. Encontraremos tais atitudes, por exemplo, num Raymond Depardon[50] ou num Hervé Guibert[51], ou ainda num Claude Nori[52]. Para eles, olhar apenas, não fotografar, é às vezes tão importante quanto fotografar. Sem dúvida, esse tipo de posição constitui de fato um *estiramento ao infinito*, literalmente *sem termo*, da distância temporal própria da fotografia. Aqui a distância é absoluta, tornada irrecuperável.

Como se vê, o princípio de uma separação simultânea no tempo e no espaço, de uma falha irredutível entre signo e referente é realmente fundamental. Vem sublinhar radicalmente que a fotografia, como índice, por mais vinculada fisicamente que seja, por mais próxima que esteja do objeto que ela representa e do qual ela emana, ainda assim permanece absolutamente separada dele. À ilusão de uma identificação com o Real, a fotografia opõe a necessidade de uma clivagem constitutiva, de uma distância que vem abalar a própria relação da imagem com seu objeto e conseqüentemente nossa própria relação com uma e com outro.

Numa análise que segue outros caminhos, Walter Benjamin percebera bem esse aspecto central. A meu ver, com efeito, a própria noção de *aura*, que é o núcleo das teorias benjaminianas da fotografia, baseia-se numa definição que explica com bastante exatidão nosso duplo princípio, que constitui todo *o jogo* do ato fotográfico: princípio de distância e de proximidade. Conexão e corte (do signo com seu referente). Daí a duplicidade dessa imagem, verdadeira "aparição" (nos dois sentidos do termo), ao mesmo tempo *visão espectral* (alucinatória) porque cortada, separada, e *traço único*, singular, porque indiciária. Cada palavra da definição de Benjamin deve ser avaliada: "O que é aura propriamente? Uma trama singular de espaço e de tempo: *a única aparição de um longínquo, por mais próximo que esteja.*"[53]

*

*   *

Recapitulemos: como todo índice, a fotografia procede de uma conexão física com seu referente: é constitutivamente um traço singular que atesta a existência de seu objeto e o designa com o dedo por seu poder de extensão metonímica. É portanto por natureza um objeto pragmático, inseparável de sua situação referencial. Isso implica que a foto não é necessariamente semelhante (mimética), nem *a priori* significante (portadora de significação nela própria) — mesmo se, é claro, efeitos de analogismo e efeitos de sentido, mais ou menos codificados, acabam na maioria das vezes por intervir posteriormente. Aqui concluímos o que diz respeito aos traços genéricos do índice.

Ao lado destes, como anunciado, há outros, dessa vez *específicos*, que diferenciam o índice fotográfico das outras espécies de signos indiciários. Serei bem mais rápido no exame desses traços particulares. Em primeiro lugar porque considero ser mais importante definir muito precisamente, em todas as suas dimensões e implicações teóricas, a categoria *geral* de signos dos quais a fotografia procede — o que, segundo sei, jamais foi feito até aqui — a fim de colocar bem em evidência o fato de que a fotografia define *uma verdadeira categoria epistêmica*, irredutível e singular, uma nova forma não somente de representação, mas mais fundamentalmente ainda de *pensamento*, que nos introduz numa nova relação com os signos, o tempo, o espaço, o real, o sujeito, o ser e o fazer. Em seguida, porque já se encontram, aqui e ali, análises que se esforçam por balizar mais ou menos precisamente essas características específicas da impressão fotoquímica, mesmo se em geral essas abordagens são feitas com certas confusões e quase sempre sem princípio diretor, sem conceito central que permita articular da melhor forma possível as diversas observações heterogêneas levantadas. A esse respeito, só posso remeter ao estudo recente de Henri Van Lier, *Filosofia da fotografia* [54], que, a meu ver, é hoje uma tentativa bastante boa (embora muitas vezes confusa) de delimitar esses traços específicos da impressão luminosa.

De maneira breve e sintética, passarei em revista quatro características que me parecem vir completar e precisar o "retrato" do índice fotográfico. Pode-se de fato considerar que a fotografia, no campo dos signos indiciários, é uma impressão ao mesmo tempo *separada, plana, luminosa* e *descontínua.*

Acabo de evocar o primeiro desses traços. Com efeito vimos que, se o signo fotográfico mantinha com seu referente uma relação de conexão física, essa conexão nem por isso deixava de operar *na distância,* uma distância necessariamente física também, ao mesmo tempo que *espacial* e *temporal.* Tivemos a oportunidade de sublinhar de passagem que esse traço diferenciava o índice fotográfico dessa outra espécie de índice que é o *ready-made,* onde o objeto real não mais se distingue de sua representação, pois é o próprio referente, em sua materialidade, que se transforma em signo. Porém, se a distância *física* desaparece em proveito de uma identificação com o objeto, isso não impede que haja uma separação de outra ordem, *de caráter unicamente conceitual,* entre o próprio *ready-made* (como "signo") e o objeto manufaturado que ele é (como "referente"). A distância é aqui interiorizada num objeto único: só se manifesta como distância simbólica.

Do mesmo modo, o critério da distância espaço-temporal especifica a foto com relação a essas outras formas de índice que são, por exemplo, o *happening,* a *performance,* ou a arte corporal ("*body art*"): o princípio dessas práticas artísticas contemporâneas é igualmente só oferecer como signo o seu referente; mais exatamente, elas não representam algo além delas mesmas, elas são por elas mesmas sua própria representação, como se a referência, a ação, o acontecimento, o *hic et nunc,* o corpo único — ao mesmo tempo objeto, sujeito e suporte da obra — viessem de certa forma *queimar* o caráter de signo de representação — é por isso que essas práticas (sempre em princípio) podem ser consideradas consumatórias, dilapidadoras ou sacrificiais: não há restos, traços, resíduos. Não existe produto que resulte do ato artístico, não existe obra autônoma, separada, não existe signo estável e fixo que possa circular posteriormente no lugar do que ocorreu naquele momento.

Ainda nessa perspectiva, mas menos radicalmente, esse critério de distância no espaço e no tempo permite assinalar a diferença de condição desses dois tipos de índice que são a *foto* e a *ruína*. Se eu disse em outra parte[55] que a fotografia é uma ruína do real, é preciso conceber que ela só o é na ordem temporal: se a ruína como vestígio é de fato o traço físico e material do que esteve ali, nem por isso é uma representação separada (espacial e objetualmente) de seu referente: ela *é* o último, mas num outro estado, que carrega sua marca, os estigmas do trabalho destruidor dos séculos e dos anos. Na ruína, a distância é apenas temporal.

> Parênteses de Borges. "*Do rigor das ciências...* nesse império, a Arte da Cartografia chegou a tal Perfeição que o Mapa de uma única Província ocupava toda uma cidade, e o Mapa do Império toda uma Província.
> Com o tempo, esses Mapas Desmesurados cessaram de proporcionar satisfação, e os Colégios dos Cartógrafos erigiram um Mapa do Império *que tinha o Formato do Império e que coincidia com ele ponto por ponto.*
> Menos apaixonadas pelo Estudo da Cartografia, as Gerações Seguintes refletiram que esse Mapa Dilatado era inútil e, não sem impiedade, abandonaram-no à Inclemência do Sol e dos Invernos.
> Nos Desertos do Oeste subsistem Ruínas muito estragadas do Mapa. É habitado por Animais e Mendigos.
> Em toda a região, não existem outros vestígios das disciplinas geográficas (Suarez Miranda, *Viajes de Varones Prudentes*, Lib. IV, cap. XIV, Lerida, 1658)."[56]
> Se esse texto tem em alguma parte valor exemplar com respeito a meu trabalho, é que, através dessa história de mapa arruinado, ou de ruínas cartográficas, o que se assinala é o trabalho sobre os jogos de distância e de proximidade no estatuto do signo cartográfico, aqui comparável ao índice fotográfico. Todos com efeito o perceberam: é seu desejo estar o mais próximo possível do real (eis o "rigor das ciências"!), é de seu *excesso* de contigüidade, de sua *demasiada* proximidade com o referente, que o Mapa borgesiano, "com o próprio Formato do Império e que coincide com ele ponto por ponto", exatamente como uma cópia de contato ou como um fotograma, acaba pela graça do paradoxo por se identificar completamente com o sítio e chega desse modo a perder sua distância de signo. É por se confundir,

por se fundir com seu objeto que o mapa se arruína literalmente: aqui a Ruína é a proximidade radicalizada até a sua própria dissolução; a Ruína está no fim do índice.

O segundo traço específico que caracteriza o índice fotográfico faz dele um objeto *plano*: ao mesmo tempo *chato, planário* e *achatado*. Como se sabe, a fotografia de um modo geral dispõe de um suporte *chato*, rijo e uniforme, no qual se distribuem em plano volumes situados à distância. Esse segundo traço é portanto estreitamente ligado ao precedente. Já tivemos a oportunidade de evocar as problemáticas técnicas da *focalização* e principalmente da *profundidade de campo*, que definem de fato as modalidades e as regras exatas da transposição dos objetos tridimensionais para a superfície sensível bidimensional. É de fato a profundidade de campo que constrói o espaço da representação, que institui na massa das informações luminosas decupagens que marcam o que será a cena e que eliminam, aquém e além, as zonas de fora da cena. Em outras palavras, existe na imagem-foto algo como um princípio de *esmagamento* dos volumes, ligado às leis da projeção luminosa em superfície plana; mas esse achatamento é também estratificado, modulado no plano pelo jogo de lentes óticas (enfoque) e sua focalização (profundidade de campo).

Ademais, essa *chateza* da imagem fotográfica (cf. sua "fosquidão", seu "mutismo", evocados por Barthes) encontra-se ainda mais reforçada pela natureza *monocular* do dispositivo ótico: visão com um *olho de ciclope*, a foto não compõe uma imagem estereoscópica como a visão humana geralmente binocular. Ela proporciona do objeto uma imagem de ponto de vista único, ou seja *planária* e *sem relevo*.

Finalmente, nessa perspectiva, de novo é possível afirmar que a foto é *achatada*. É o que Henri Van Lier chama de seu *isomorfismo*:

> A avaliação da posição das fontes luminosas na profundidade de campo só é possível se a emulsão sensível for disposta num suporte rígido e de forma regular. Em seguida, a escala deve ser mantida durante a tomada: plano geral, plano médio, plano afastado. Finalmente, é importante que a perspectiva criada pelas lentes (ângulo grande, médio, pequeno) seja homogênea. Convém a nós designar essas três condições pelo termo um pouco vago, mas suficiente, de isomorfismo... O isomorfismo assim concebido no sentido amplo é uma das características revolucionárias da fotografia e em particular a separa totalmente da pintura.[57]

O que Van Lier aponta confusamente aqui merece que insistamos nisso: de forma diferente da pintura, que é eminentemente polimórfica, em que cada traço do quadro constitui uma opção separada do pintor, em que este pode *a qualquer momento* corrigir o que já está inscrito, reorientar suas linhas de composição, acrescentar um toque de cor, fazer variar a cada pincelada, à vontade de sua imaginação, uma escala ou uma perspectiva (a visão dele é binocular), de forma diferente portanto da pintura que desse modo é regida por um princípio de *variação descontínua*, já a foto só pode ter uma variação *contínua*. É a grande diferença: *na foto, tudo é dado de uma só vez*. O ato do fotógrafo é *global* e *único*. Para ele, existe uma única opção a ser feita de uma vez por todas e para a imagem em sua totalidade. Decerto ele pode intervir antes e depois dessa opção, mas como já dissemos, não pode em caso algum intervir na constituição propriamente dita da imagem; a exposição da película faz-se por inteiro num único instante e escapa ao operador. Este portanto não pode fazer variar *durante o jogo* a superfície em cada centímetro seu; também não pode voltar atrás para melhorar ou corrigir a imagem — a não ser posteriormente e justamente agindo como pintor: por trucagens e manipulações quando da revelação e da elaboração da tiragem (vejam os pictorialistas). De fato, uma vez os dados da tomada fixados, a foto recebe *indiferentemente* todos os volumes luminosos que são suscetíveis de impressioná-la, colocando na mesma posição, sem discriminação, o importante e o acessório, o intencional e o aleatório, a forma e o informe etc. É nesse sentido uniformizador e isomórfico, nessa concepção de um esmagamento global e instantâneo na emulsão dos volumes luminosos situados à distância que a fotografia pode ser qualificada de *achatada*.

As terceira e quarta características particulares do índice fotográfico são muito ligadas: trata-se de insistir no fato de que a impressão é *luminosa* e que sua estrutura (sua trama) é *descontínua*. Decorre relativamente por conta própria o fato de a impressão fotográfica diferir por natureza dos restos de caça na areia ou de uma impressão digital; como seu nome indica, a própria matéria desse meio é a *luz*, o que introduz a questão do suporte fotossensível e de sua textura específica.

A luz, todos sabem, é um conjunto de ondas eletromagnéticas dotadas de propriedades particulares, essencialmente da ordem da *continuidade* e da *regularidade*. De fato, essas ondas — entre as quais o olho humano, relativamente imitado nisso pela sensibilidade do olho fotográfico, só percebe as mais centrais no eixo do comprimento — caracterizam-se sobretudo pelo fato de que, em estado de falta de peso, sua velocidade permanece *constante*, sua direção *linear* e suas franjas de interferência *contínuas* e calculáveis.

Ora, a partir do momento em que essas ondas luminosas homogêneas, emitidas ou refletidas pelo que constituirá o objeto fotografado (o espetáculo, a cena), atravessam as lentes da objetiva e vêm tocar com uniformidade, de uma só vez e num único instante, toda a superfície sensível da película, a partir desse momento, apesar da planitude e do isomorfismo do suporte, apesar da forma ondulatória regular e contínua da matéria luminosa, algumas descontinuidades, grãos, efeitos aleatórios, locais e pontuais, vão introduzir-se irredutivelmente, determinados pela própria estrutura da emulsão e repercutindo de estrato em estrato a cada etapa do processo fotográfico. Nesse ponto, acompanharemos a descrição bastante precisa de Henri Van Lier:

> Em primeiro lugar, por mais que os cristais de haleto estejam dispostos o mais regularmente possível na emulsão fixada no suporte rígido, sua disposição e orientação jamais têm a regularidade das ondas luminosas que os atingem. São afetados por elas de acordo com descontinuidades que dão lugar a um primeiro gênero de fracionamento ou de grão.
> Mais quimicamente, as ondas luminosas que operam a transformação dos sais de prata em prata (negra) obtêm esse efeito por contribuições de energia luminosa. Ora, a última não é um fenômeno contínuo, como as ondas; como qualquer energia... é granular, corpuscular, *quântica*... Os cristais são atingidos descontinuamente.
> Por outro lado, essas transformações... são tão fracas que só proporcionam, num primeiro tempo, uma *imagem latente*. Trabalha-se portanto de modo a que os cristais transformados induzam em seguida sua transformação aos cristais vizinhos ainda não transformados. Essa operação de colonização é a *revelação*. Como se trata de novo de modificações químicas, portanto de transferências de energia, essa ação dá lugar a uma imagem dessa vez visível, o negativo, mas onde as descontinuidades da imagem latente são aumentadas por novas descontinuidades, os grãos do filme.
> Finalmente, quando a imagem negativa da película é invertida em uma imagem positiva, aumentada ou não, no papel, como sempre se trata de modificações de haleto e portanto de ener-

gias químicas, estabelece-se uma quarta granulação que recolhe em si as três precedentes.
É o grão da prova, o grão no qual se pensa em primeiro lugar quando se fala de foto.[58]

Essa longa citação explica bem processos que definem a estrutura específica da imagem fotográfica; mostra com clareza o trabalho de transmutação fundamental do dispositivo fotográfico, que transforma as continuidades luminosas que emanam do objeto real em descontinuidades sucessivas a partir do momento em que elas se inscrevem no suporte e convertem-se em signos. O índice fotográfico aparece desse modo como um verdadeiro *objeto fractal*, e os grãos, ou melhor, os cristais de haleto que compõem a superfície sensível, podem ser considerados como a unidade última e mínima da fotografia. Várias observações devem vir precisar a condição dessas unidades minimais e suas modalidades de funcionamento na constituição de uma imagem "pontilhista", diferente de qualquer outra.

Em primeiro lugar, deve-se observar que esses grãos, esses cristais, esses pontos não formam, como por exemplo na pintura, a "tela de fundo", *sobre* a qual se acrescentarão, se depositarão, se inscreverão signos propriamente picturais (a pasta, os pigmentos, os vernizes...). O efeito de textura granular da fotografia é de uma outra ordem: os grãos nela não definem o *suporte*, são a *própria matéria* da imagem, a substância própria *na* representação e *pela* qual ela terá de se revelar e fixar.

Em seguida, os mesmos grãos, que constituem o corpo da imagem e que são distribuídos mais ou menos uniformemente sobre toda a superfície do suporte não têm neles mesmos qualquer relação formal com a "imagem", com a representação analógica dos objetos, com as figuras, a cena, o espetáculo que finalmente será reconhecido por aquele que olhar a foto. Não é uma das menores causas de fascínio da fotografia poder fazer passar assim a mensagem do *informe corpuscular*, que são os grãos da chapa, às *plagas identificáveis* da representação. Afinal, são mesmo esses grãos mínimos que, reagindo cada um em separado ao impacto dos raios luminosos, acabam, por sua organização aleatória e sua distribuição estatística (em termos de "sou tocado"/ "não sou tocado", ou seja, "escureço"/"permaneço branco"), por produzir efetivamente, por re-construir uma representação mimética. Em outras palavras, se uma imagem fotográfica parece, afinal, confrontar a um referente existencial contínuo uma representação icônica, ela também aparentemente contínua (a prova terminada e semelhante), deve-se observar que, para passar de uma continuidade a outra, foi preciso transitar por uma descontinuidade fundamental e constitutiva, foi preciso fracionar as massas luminosas em uma miríade aleatória de pontos e depois, a partir dessa análise pontual, lugar de passagem *obrigatória*, recompor uma síntese, uma unidade global e analógica. Ora, essa recomposição, por maior que seja a fineza dos pontos que garantiram a transferência, não pode deixar de conservar irredutivelmente a marca da difração. A continuidade reconstituída na percepção final é sempre ilusória, mesmo se o grão não é visível a olho nu (e *a fortiori* se o é). Pois é a própria *natureza* da impressão que é descontínua. E nada pode apagar esse princípio genético.

O fato de a natureza granular do índice fotográfico poder se tornar visível (por emulsões de alta sensibilidade, por cópias com efeito de grão ou por ampliações) é interessante não apenas porque isso tematiza e espetaculariza um princípio teórico constitutivo, mas igualmente porque faz entrar em jogo as relações de distância entre o observador e o plano da imagem, sublinhando dessa maneira as noções de turvação, de aleatório e de uniformidade próprias à natureza descontínua da imagem foto. Todos sabem de fato que, quanto mais o grão de uma prova é visível, mais a imagem é *flou* e mal definida, mais os contornos se esfumam, mais se instala uma *turvação* figurativa. Ver os grãos implica uma espécie de aproximação do olhar, como se estivéssemos aumentando excessivamente a textura, como se o observador mergulhasse na imagem, a tal ponto perto dela que só consegue perceber, além de um certo limiar, a própria *trama*, o pontilhismo puro, informe e aleatório bem aquém do motivo (um pouco como quando se olha perto demais uma tela impressionista — ver a última ampliação da foto em *Blow up*, aquela em que tudo se perde e se dilui, e que se compara com um quadro abstrato quando *talvez* seja a foto de um cadáver). Isso significa negativamente que, para "ler" uma imagem, para reconhecer um espetáculo, deve-se estar colocado *na distância correta*: longe o suficiente para que os grãos se apaguem em proveito das plagas significantes. E, quando a trama fotográfica se manifesta com brilho, quando a descontinuidade da textura emerge e se impõe, vemos ao mesmo tempo a aparente continuidade das figuras se pulverizar, diluir-se o analogismo icônico. E esse desvanecimento da cena, corolário do realce da própria substância do meio, traduz uma uniformização nítida da imagem que possui em toda a sua extensão a mesma estrutura estourada. O pontilhismo é global e indiferente. Recobre toda a superfície da chapa, sem discriminação figurativa, sem levar em conta as formas, amalgamando tudo o que é representado na mesma textura, que é a própria textura da impressão luminosa. Tal uniformização pelo material foi sublinhada, por exemplo, por Diane Arbus, num texto muito esclarecedor sobre a evolução de sua prática, em que se a vê passar de um extremo a outro:

> Quando comecei a fazer fotografia, fazia fotos muito granulosas. Ficava fascinada com as possibilidades desse processo, porque todos esses pontinhos formavam uma espécie de tapeçaria e se traduziam por intermédio de pontos. A pele tornava-se parecida com a água, que se tornava parecida com o céu, e só me preocupava com luz e sombra, muito pouco com carne e sangue. Mas, após ter trabalhado por algum tempo com todos esses pontinhos, senti um vivo desejo de abandoná-los. Queria ver as verdadeiras diferenças entre as coisas (...). Queria ver a diferença entre a carne e o tecido, a densidade dos diversos materiais, o ar, a água, o brilhante. Então, aos poucos, tive de aprender várias técnicas para tornar isso claro. Comecei a ficar terrivelmente obcecada com a nitidez.[59]

Finalmente, última observação a respeito dessa estrutura descontínua do traço fotográfico: trataremos de não confundir o fracionamento da imagem-foto com outros tipos de fragmentação e esfacelamento icônico, com outras espécie de estruturas descontínuas próprias de certos signos mediáticos. Em particular, evitaremos a assimilação da descontinuidade fotográfica com a que define o que chamamos de *trama eletrônica*. É certo que o vídeo e a televisão também procedem de representações constituídas por inteiro de pontinhos. Todos, aliás, são sensíveis ao efeito vibratório totalmente singular dessas imagens em virtude de sua textura pontilhista. Como, todavia, a química nada tem a ver com a eletrônica, as duas estruturas de imagem são bem diferentes: por um lado, enquanto os cristais de haleto de prata, como vimos, estão longe de ser absolutamente idênticos, enquanto estão dispostos na emulsão, por toda parte decerto, mas muito irregularmente, sem ordem precisa ou orientação fixa, os pontos da imagem eletrônica são todos similares em condição e espalhados muito regularmente de acordo com um modelo arbitrário, fixo e rigoroso, que é precisamente a *trama*. A trama eletrônica, que define uma "imagem" (há 25 tramas-imagens que aparecem a cada segundo numa tela de televisão), é um esquema composto, de acordo com as normas européias atuais, de 625 linhas horizontais, cada linha sendo constituída de cerca de 500 pontos. Um cálculo rápido arrasta-nos aos abismos da eletrônica: há portanto 625 x 500, ou seja, um pouco mais de 300 mil pontos numa única trama e, como há 25 por segundo, isso perfaz cerca de 7,5 milhões pontos por segundo.

Por outro lado, deve-se introduzir igualmente o fator *temporal*, que assinala ainda mais radicalmente a diferença da descontinuidade fotográfica. De fato, não apenas os pontos eletrônicos são dispostos regularmente de acordo com o modelo da trama, mas também, como o fator tempo intervém pelo jogo da *varredura* eletrônica dessa trama, cada ponto só se acende após o precedente e antes do seguinte, ou seja, um único ponto é acendido por vez. As conseqüências desse estado de fato são consideráveis para a apreensão precisa do que é uma imagem eletrônica, que se diferencia por inteiro da imagem fotoquímica. De fato se, no movimento de varredura, cada ponto da trama se acende e se apaga alternadamente (a cada 1/7.500.000 de segundo), isso significa, falando estritamente, que *"a imagem" — vídeo não existe como tal*, ou pelo menos que *não existe no espaço* (sempre há um único ponto por vez), *mas apenas no tempo*. Esse é um dado fundamental do qual se esquece com muita freqüência: a imagem de TV é exclusivamente um problema de tempo. A imagem tal como acreditamos vê-la é uma síntese temporal baseada numa sucessão, ou seja, numa descontinuidade espacial infinita (não há espaço real). Ao contrário, na fotografia, a imagem existe mesmo, plenamente, *tanto no espaço quanto no tempo*, pois cada um dos cristais de haleto espalhados por toda a superfície da emulsão reage *ao mesmo tempo* às informações luminosas que chegam a eles (Van Lier gosta de repetir que "em fotografia, tudo é sincrônico, ou seja, alinhado na passagem do último fóton"). É uma outra maneira de a foto ser *achatada*: no tempo. A foto é uma verdadeira *fatia* de espaço-tempo. Em outras palavras, a grande diferença válida entre foto e vídeo no ponto preciso de que tratamos é que a *descontinuidade fotoquímica* opera na *simultaneidade*, enquanto a *descontinuidade eletrônica* opera na *sucessividade*. Os efeitos que daí decorrem (não apenas no plano visual) não são insignificantes. Teremos a oportunidade de voltar a eles no capítulo 4 sobre o *corte* fotográfico.

NOTAS

1. Denis Roche, "Entrée des machines", prefácio a *Notre antéfixe*, Paris, Flammarion, col. Textes, 1978; retomado em *Dêpots de savoir & de technique*, Paris, Seuil, col. Fiction & Cie., 1980; retomado ainda em *La disparition des lucioles (réflexions sur l'acte photographique)*, Paris, Éd. de l'Étoile, col. Écrit sur l'image, 1982.
2. André Bazin, "Ontologie de l'image photographique" (1945), republicado no primeiro volume de *Qu'est-ce que le cinéma?*, Paris, Éd. du Cerf, 1975, pp. 11-19.
3. Roland Barthes, *La chambre claire. Note sur la photographie*, Paris, co-edição *Cahiers du Cinéma*, Gallimard-Seuil, 1980, p. 126.
4. Charles Sanders Peirce, *Collected papers*, Cambridge (Mass.), Harvard University Press, 8 vols., de 1931 a 1958. De acordo com o costume, as citações de Peirce que serão feitas adiante serão identificadas por um código numerado que dá o número do volume seguido pelo número do parágrafo no volume: por exemplo, 3.361 significa volume 3, parágrafo 361. No que diz respeito à tradução francesa, segui na maioria das vezes a de Gérard Deledalle em sua antologia de textos de Peirce, *Écrits sur le signe*, Paris, Seuil, col. L'ordre philosophique, 1978.
5. O pensamento de Peirce não cessou de evoluir, e a maioria de seus escritos, muitas vezes fragmentários, não foram publicados enquanto ele era vivo. Para uma apreensão rebuscada das concepções de Peirce, pode-se consultar, além dos comentários de Deledalle na antologia citada acima, os artigos de P. Weis e A.W. Burks: "Peirce sixty-six signs", em *The journal of philosophy*, 1945, pp. 383-388; de A.W.Burks: "Icon, index, symbol", em *Philosophy and phenomenological research*, 1949, pp. 673-689; etc.
6. Deve-se observar que, de um ponto de vista histórico, essa clivagem semiótica, operada a partir do critério de conexão ou não entre o signo e seu referente, não é nova. Bem antes de Peirce, uma distinção já havia sido colocada explicitamente, por exemplo, em *Logique de Port Royal* (cap. IV acrescentado quando da edição de 1683), em que Arnault e Nicole opõem por um lado "*signos unidos às coisas*, como o aspecto do rosto, que é sinal dos movimentos da alma, está unido a esses movimentos que ele expressa; como os sintomas, sinais de doenças, estão unidos a essas doenças; etc. [aqui estão exemplos estritos de índices]; e, por outro lado, *signos separados das coisas*, como os sacrifícios da lei antiga, sinais de Jesus imolado, eram separados do que representavam." Peirce, decerto, refinou essa divisão, principalmente subdividindo os "signos separados" em ícones e símbolos. Também forneceu uma descrição mais precisa e completa das categorias. Mas não as criou por inteiro.
7. Peirce afirma claramente: "O índice implica portanto uma espécie de ícone, embora seja um ícone de um gênero particular, e não é a semelhança que tem com o objeto, mesmo a esse respeito, que forma um signo, mas sua modificação real pelo objeto" (2.248).
8. Max Kozloff, *Photography and fascination. Essays*, Danbury, N.H., Addison House, 1979, p. 10.
9. Ver os escritos teóricos de Làszlò Moholy-Nagy, em particular, *Malerei fotografie film* (1ª ed. Munique, 1925) e *Vision in motion* (1ª ed. Chicago, 1947). Ver igualmente a monografia de Andreas Haus, *Moholy-Nagy; photographies, photogrammes*, Paris, Éd. du Chêne, 1979.
10. Rosalind Krauss, "Notes on the index: Seventies art in America", em *October* nº 3 (part I) e nº 4 (part II), Nova York, MIT Press, 1977 (tradução francesa em *Macula*, nº 5-6, Paris, 1979, p. 168).
11. Ver nota 9.

12. Roland Barthes, *La chambre claire. Note sur la photographie*, Paris, co-edição Cahiers du Cinéma/Gallimard/Seuil, 1980, p. 15.
13. Ando Gilardi, *Wanted! Storia, tecnica e estetica della fotografia criminale, signaletica e giudiziaria*, Milão, Ed. Mazzota, 1978.
14. Para uma análise do trabalho sobre a foto em *Blow up* de Antonioni e principalmente quanto à questão das relações entre foto e real, um sempre faltando ao outro em algum lugar, ver Richard Martin, "La (—), ou comment ce qui était en deçà est passé au-delà et ne s'y trouve plus", comunicação feita no colóquio de Liège, *De la photographie: pratiques, lectures, théories*, 12 de fevereiro de 1982, a ser publicada nas atas editadas por Philippe Dubois.
15. Ver, para uma análise precisa dessas fotos e de seu uso estratégico, Philippe Dubois, "Moro pris aux mots: une affaire de pragmatique discursive", em *Cahiers J.E.B.*, nº 1, 1979 (nº especial *Information et media*), pp. 125-142.
16. Hervé Guibert, *L'image fantôme*, Paris, Ed. de Minuit, 1981, p. 135.
17. Roland Barthes, *La chambre claire*, *op. cit.* (cf. nota 12), p. 125.
18. *Ibid.*, pp. 133-135.
19. *Ibid.*, p. 32.
20. Denis Roche, "Entrée des machines", em *Notre antéfixe*, *op. cit.* (cf. nota 1), pp. 15, 31-32.
21. Rosalind Krauss resume claramente a problemática: "*Embreante* é o termo utilizado por Jakobson para designar essa espécie de signo lingüístico 'vazio', que não pode ser 'preenchido de significação', a não ser na medida em que é 'vazio'. O termo 'essa' é um signo dessa espécie, esperando a cada uso que se lhe forneça o referente. (...) Os pronomes pessoais 'eu' e 'tu' são igualmente embreantes. Quando dialogamos, cada locutor utilizando 'eu' e 'tu', os referentes não cessam de mudar de lugar no espaço da conversa. Só sou o referente de 'eu' quando sou eu que estou falando. Quando é a sua vez, esse 'eu' pertence a você." (em "Notes sur l'index", *art. cit.* — cf. nota 10 — p. 165). O texto de referência a esse respeito é Roman Jakobson, "Les embrayeurs, les catégories verbales et le verbe russe", em *Essais de linguistique générale*, Paris, Éd. de Minuit, 1963. Ver igualmente Émile Benveniste, "La nature des pronoms", em *Problèmes de linguistique générale*, I, Paris, Gallimard, 1966.
22. Extraído de uma entrevista de Guy Le Querrec a Pierre Borhan, em *Voyons voir*, Paris, Éd. Créatis, 1980, p. 120.
23. Encontraremos, por exemplo, no texto de Henri Van Lier, *Philosophie de la photographie* (texto datilografado pré-publicado por "Jeunesses et arts plastiques asbl.", Bruxelas, Palais des Beaux-Arts, nov. 1981) que distingue, bem incorretamente a meu ver, *indício* e *índice* sem fazer distinção entre representação (encenação do objeto) e princípio ontológico do signo (ver em particular o capítulo 3: "A retórica dos índices").
24. Roland Barthes, *La chambre claire*, *op. cit.* (cf. nota 12), p. 16.
25. *Ibid.*, p. 74.
26. Jacques Derrida, "Les morts de Roland Barthes", em *Poétique* (especial: *Roland Barthes*), nº 47, Paris, Seuil, set. 1981, p. 286.
27. Para lembrar, a famosa passagem de Walter Benjamin: "A técnica mais exata [a fotografia] pode conferir a seus produtos um valor mágico que não poderia mais ter para nós qualquer imagem pintada. Apesar do domínio técnico do fotógrafo, apesar do caráter combinado da atitude imposta ao modelo, o espectador, contra a sua vontade, é obrigado a buscar em semelhante imagem a pequena faísca de acaso, de aqui e agora, graças à qual o real *queimou*, por assim dizer, o caráter de imagem..." ("Pequena história da fotografia" (1931), trad. francesa em W.B.,

L'homme, le langage et la culture, Paris, Denoël/Gonthier, col. Médiations, 1971, p. 61.)

28. Ver sobretudo Denis Roche, "Brève rencontre (L'autoportrait en photographie)", em catálogo de exposição *Autoportraits photographiques*, Paris, Centro Georges Pompidou/Herscher, 1981, pp. 7-11 (cf. cap. 4). Retomado em *La disparition des lucioles*, *op. cit.* (cf. nota 1), pp. 97-110.
29. "*Kolossoi*" no sentido grego original, tal como foi estudado, por exemplo, por Jean-Pierre Vernant em "Figuration de l'invisible et catégorie psychologique du double: le colossos" (em *Mythe et pensée chez les Grecs*, t. II, Paris, Maspéro, 1974, pp. 65-78). Os *Kolossoi* são "figurinhas de substituição" (Ch. Picard). Não são *imagens*, mas *duplos* não figurativos (p. 67). São "utilizados pela magia amorosa para evocar o ausente, como o são nos ritos funerários para evocar o morto" (p. 71). Os *Kolossoi* apresentam-se em geral sob a forma de pedras erguidas, meio plantadas no chão. "A fixação, a imobilidade [a petrificação e a ereção] definem, no princípio, o *colossos* " (p.66).
30. Pierre Bourdieu: "É porque, sob a aparência de evocar o passado, como se evoca os espíritos, a fotografia o exorciza lembrando-o como tal, que ela pôde se tornar um dos instrumentos privilegiados da memória social e receber a função normalizante que a sociedade confia aos ritos funerários, ou seja, reavivar indissociavelmente a memória dos desaparecidos e a memória de seu desaparecimento" (Em *Un art moyen. Essai sur les usages sociaux de la photographie*, Paris, Éd. de Minuit, col. Le sens commun, 1965, p. 54).
31. André Bazin, "Ontologie de l'image photographique", *art. cit.* (cf. nota 2).
32. Henri Van Lier, *Philosophie de la photographie*, *op. cit.* (cf. nota 23), p. 53.
33. Franz Kafka, *Lettres à Felice*, 2 vols., Paris, Gallimard, col. Du monde entier, 1972, t. I, p. 238. Encontraremos elementos de análise da relação de Kafka com a fotografia em Philippe Kaeppelin, "Photos d'amour. Une lecture de Franz Kafka", em *Education 2000* (especial: *L'expérience photographique*), nº 17, 1980, pp. 80-86. E sobretudo na análise de Jean Louis Cornille, "La faute aux lettres", comunicação feita no colóquio de Liège, *De la photographie: pratiques, lectures, théories*, 12 de fevereiro de 1982, a ser publicada nas atas editadas por Philippe Dubois.
34. Jean Louis Cornille tenta esse estudo, *ibid*.
35. Carta citada por Susan Sontag na breve antologia que encerra *La photographie*, Paris, Seuil, col. Fiction & Cie, 1979, p. 201.
36. Cf. nota 28. Esse ponto é desenvolvido no capítulo 4.
37. Henri Van Lier, *Philosophie de la photographie*, *op. cit.* (cf. nota 23), p. 21.
38. John Berger, "Apparences", em J. Berger e Jean Mohr, *Une autre façon de raconter*, Paris, Maspéro, col. Voix, pp. 86-87.
39. Lembremos a famosa definição de Henri Cartier-Bresson: "Fotografar é num mesmo instante e numa fração de segundo reconhecer um fato e a organização rigorosa das formas percebidas visualmente que exprimem e significam esse fato. É colocar na mesma linha de mira a cabeça, o olho e o coração" (em *Images à la sauvette*, Paris, Éd. Verve, 1952). Em exergo a esse texto, encontramos a seguinte citação do Cardeal de Retz: "Não há nada nesse mundo que não tenha um momento decisivo".
40. Trata-se, é claro, de "A mensagem fotográfica", em *Communications 1*, Paris, Seuil, 1961; de "Rhétorique de l'image", em *Communications 4*, 1964; e de *La chambre claire*, *op. cit.* (cf. nota 12).
41. Essa concepção, no mínimo paradoxal, de um Barthes "fotógrafo" foi desenvolvida em Marc-Em. Melon em "Le photog(r)apheur photographié", texto a ser

publicado nas atas do colóquio de Liège, *De la photographie: pratiques, lectures, théories*, editados por Philippe Dubois. Esse texto foi retomado e desenvolvido na tese de mestrado de M.E. Melon: D'une photographie, l'autre, Universidade de Liège, Section Information et Arts de Diffusion, outubro de 1982.

42. Sobre a relação entre a fotografia e o obsceno, ver Joseph Bya, "La Ph(r)otographie", comunicação feita no colóquio de Liège, *De la photographie: pratiques, lectures, théories*. A ser publicado nas atas.
43. "O que se disse para Duchamp pode ser repetido para a fotografia: no fundo, cada fotografia é um *ready made*. Vice-versa, seria possível chegar a dizer que um *ready-made* é um objeto que coincide com sua própria imagem: é uma *fotografia total*" (Franco Vaccari, *La photographie et l'inconscient technologique*, Paris, Éd. Créatis, 1981, p. 95).
44. John Berger, "Apparences", em *Une autre façon de raconter*, *op. cit.* (cf. nota 38), p. 87.
45. Nesse ponto, ver Denis Roche, "Le regard d'Orphée", em *Les Cahiers de la Photographie*, nº 4 (*Le corps regardé*), Paris, 1981, pp. 8-15; outras figuras mitológicas (Narciso, Medusa) serão evocadas em detalhe no capítulo 3 por tudo o que encerram de "fotográfico".
46. Hervé Guibert, *L'image fantôme*, Paris, Éd. de Minuit, 1981, pp. 11-18.
47. Ver, por exemplo, o capítulo VII da *Traumdeutung*. Encontraremos um estudo sobre a metáfora fotográfica nos textos de Freud em Sarah Kofman, *Camera obscura, de l'idéologie*, Paris, Galilée, 1973 (cap. 2).
48. Ver a análise de Richard Martin, citada na nota 14.
49. Frases tiradas do texto de introdução à monografia *Diane Arbus*, publicada em francês nas Éditions du Chêne em 1973.
50. Ver Raymond Depardon / *Correspondance new-yorkaise*, Alain Bergala / *Les absences du photographe*, Paris, co-edição Libération/Éd. de l'Étoile, 1981.
51. Ver a seqüência intitulada "L'image parfaite", em Hervé Guibert, *L'image fantôme*, *op.cit.* (cf. nota 46).
52. Ver Claude Nori, *Une fille instantanée*, Paris, Éd. du Seuil, col. Fiction & Cie, 1980.
53. Walter Benjamin, "Petite histoire de la photographie", *art. cit.* (cf. nota 27), p. 70. Essa definição será retomada palavra por palavra em "L'oeuvre d'art à l'ère de sa reproductibilité technique", *ibid.*, pp. 146-147.
54. Henri Van Lier, *Philosophie de la photographie*, *op. cit.* (cf. nota 23).
55. Philippe Dubois, "Figures de ruine. Note pour une esthétique de l'index", em *Rivista di Estetica* (especial: *Estetica delle Rovine*), nº 8, Turim, 1981, pp. 8-20.
56. Jorge Luis Borges, *Histoire de l'infamie. Histoire de l'éternité*, Paris, U.G.E., "10/18", 1951, pp. 129-130.
57. Henri Van Lier, *op. cit.* (cf. nota 23), p. 7.
58. *Ibid.*, p. 71.
59. Diane Arbus, *op. cit.* (cf. nota 49), p. 7.

Capítulo 3

HISTÓRIAS DE SOMBRA E MITOLOGIAS DE ESPELHOS
Os índices na história da arte

A noção atual de pluralismo estilístico um dos clichês mais resistentes da crítica americana moribunda — deve ser substituída por um modo de descrição mais eficaz da arte do presente: uma descrição que explique o determinismo histórico que nela atua. Para isso, abri uma nova rubrica: a arte do índice, *um termo que seria possível substituir facilmente por um outro:* o fotográfico.

Rosalind Krauss[1]

MISTÉRIOS DA SOMBRA E ENIGMAS DO ESPELHO

No capítulo precedente, a análise da fotografia como índice foi considerada na perspectiva de uma abordagem puramente teórica. Tratou-se de abordar o fato fotográfico em seu princípio, definir seu estatuto teórico particular a partir de suas condições de existência mais elementares. Isso nos deu a oportunidade de balizar bem tudo o que constituía a originalidade da relação do signo fotográfico com seu referente, destacando os traços característicos — ao mesmo tempo genéricos e específicos — da noçao de *índice* aplicada à foto, assinalando os limites e os perigos dessa concepção e insistindo particularmente nos jogos que esse fato revelava e que finalmente nos permitiram mostrar que a fotografia constitui uma verdadeira categoria epistêmica, uma categoria de pensamento por inteiro.

No capítulo que agora se inicia, gostaria de retomar a questão do índice fotográfico, mas colocando-a em perspectiva, ou seja, inscrevendo-a em uma *dimensão histórica,* não à maneira do primeiro capítulo, que apresentava uma rápida retrospectiva da questão do realismo *apenas no campo dos discursos sobre a foto,* mas, mais globalmente, saindo do campo da fotografia propriamente dita e interrogando o conjunto das práticas artísticas representativas (das grutas de Lascaux à arte-performance) sob o ângulo do índice. Este capítulo pretende portanto ampliar a problemática consideravelmente: se o aparecimento e o desenvolvimento do meio fotográfico a partir do século XIX permitiu destacar, após tantos séculos de pintura e desenho, uma nova relação da representação com o real, baseada no que chamei "a lógica do índice", a questão que se trata de colocar agora com respeito à história é: o que ocorre com essa lógica do índice revelada pela fotografia nas outras práticas artísticas representativas? O que deve ser entendido em duas direções diferentes, evolutiva ou *prospectiva*, regressiva ou *retrospectiva*.

Este capítulo se propõe a colocar duas questões. Por um lado, será que a lógica do índice, que emerge pela e na fotografia, vai influenciar (e até cercar) os outros meios de expressão artística que a ela se seguiram, digamos para esquematizar, desde o início do século XX? Não há dúvidas de que a resposta será amplamente positiva. Veremos de fato — outros já o sublinharam — que uma parte muito importante da arte contemporânea — toda a sua parte inovadora, tudo o que é experimentação e pesquisa de novas linguagens — pode ser considerada, em particular desde Marcel Duchamp, que com certeza é a personalidade que assinala a mudança, como uma evolução rumo a uma radicalização da lógica indiciária, como se a fotografia, passado o tempo de sua instalação e de sua generalização, uma vez bem enraizada a lógica profunda e "latente" que a definia, começasse a "revelar", a impregnar, a alimentar os artistas, explicitamente ou não, a ponto de favorecer finalmente uma espécie de renovação e de relançamento das outras práticas artísticas.

Por outro lado, a fim de evitar que a proposta tome uma direção demasiadamente projetiva, a fim de não cair na armadilha de um puro finalismo histórico, convém igualmente derrubar a perspectiva histórica e colocar a questão do índice de maneira retrospectiva: será que a lógica indiciária, da qual a fotografia parece ter sido o modelo detonador, já não está presente e ativa sob formas variadas nas práticas representativas *anteriores* à existência do meio fotoquímico? Aqui também será mostrado que se deve responder positivamente e mesmo de maneira muito singular, pois se verá que, *desde a origem*, no primeiro momento fundador da representação (ou seja, sobretudo no(s) *mito*(s) *da origem*), *a questão do índice, da conexão física singular do signo com seu referente, foi colocada e trabalhada ativamente.*

*

* *

Nas páginas seguintes, abordaremos essencialmente esse segundo aspecto (retrospectivo), dado que o primeiro — a emergência e a radicalização da lógica indiciária na arte contemporânea — já foi colocado em evidência e analisado admiravelmente nos trabalhos recentes de Rosalind Krauss, aos quais remeto para maiores detalhes[2]. Para dizer algo, apesar de tudo, sobre esse primeiro aspecto, apresentarei aqui *muito brevemente* o princípio geral, bem como alguns pontos de referência dessa visão histórica sobre *a arte do índice no século XX*.

Em primeiro lugar, digamos que, pelas implicações teóricas e pela abertura filosófica que autoriza, a categoria do índice aparece certamente como um instrumento conceitual privilegiado e eficaz de modo singular, a partir do momento em que se trata de explicar de maneira *positiva* (e não apenas negativa ou reativa, como foi muitas vezes o caso) o funcionamento de novas formas de representação na arte dita contemporânea. A utilização, a esse respeito, da noção peirciana inscreve-se de fato num projeto global, do qual uma das linhas de fundo repousa na idéia de uma *passagem* da categoria de ícone à de índice, passagem considerada não apenas um *marco histórico da modernidade*, mas também, mais geralmente, como um *deslocamento teórico*, onde uma estética (clássica) da mimese, da analogia e da semelhança (*a ordem da metáfora*) cederia espaço a uma estética do traço, do contato, da contigüidade referencial (*a ordem da metonímia*).

Os trabalhos de Rosalind Krauss citados acima, de maneira geral, inscrevem-se com nitidez nessa perspectiva. Krauss enfatiza em particular Marcel Duchamp, por um lado, — do qual mostra bem que quase toda obra, embora Duchamp jamais tenha praticado a fotografia de maneira direta, pode ser considerada como uma reflexão em torno da problemática do traço, do depósito, do contato, da proximidade, da inscrição referencial por intermédio de figuras sempre pragmáticas, como a moldagem, a sombra projetada, o transporte, o decalque, a transferência direta, o auto-retrato, o jogo de palavras, o *ready-made*, etc. — e, por outro, a arte americana, os anos 1970, desde a dança pós-moderna e o trabalho do corpo (Deborah Hay) até a instalação (trabalho sobre os anti-edifícios de Gordon Matta-Clark), passando por certas formas de pintura abstrata que só têm sentido se consideradas em sua situação contextual (por exemplo, diversos trabalhos de artistas concebidos para a exposição de maio de 1976 em P.S. 1 em Nova York, em particular Michelle Stuart e Lucio Pozzi).

A essas poucas referências evocadas por Krauss, poderíamos acrescentar muitas outras, que marcam praticamente toda a história da arte contemporânea. A fotografia e Marcel Duchamp são com certeza os pontos de partida e de referência permanentes. Em seguida, e sem entrar em detalhes, seria possível citar mil experiências. Em primeiro lugar, por exemplo, todos os artistas plásticos — Deus sabe como seu número é grande — que utilizaram a fotografia em seu trabalho justamente por seu valor de traço, de clichê, de lembrança ou de marca física (citemos ao acaso Robert Rauschenberg, Andy Warhol, David Hockney, Christian Boltanski, Paul Armand Gette, Annette Messager, Jacques Monory, Jochen Gerz, Arnulf Rainer, Dieter Appelt, Gloria Friedman, Roy Adzak etc.). Em seguida, todos aqueles que, sem operar com a fotografia propriamente dita, centram seus trabalhos em problemáticas tipicamente indiciárias: os *frottages* de Max Ernst, as moldagens no corpo de Segal, as impressões no corpo de Yves Klein, ou nas roupas de Manzoni, os decalques de Barbara Heinisch, todo o jogo com os traços de Denis Oppenheim etc. E, mais ainda, para ser mais geral, é claro que os princípios fundamentais da *land art*, assim como certas práticas da arte conceitual (da *minimal art* à *arte povera*), procedem diretamente da lógica indiciária, a partir do momento que se trata de "obras" (o termo, evidentemente, perde sua pertinência clássica, pois não existem realmente signos separados, autônomos, plenos, transportáveis, repetíveis, intercambiáveis etc.), de traços, portanto, sempre fisicamente inscritos em situações referenciais determinadas e singulares, que adquirem todo o seu sentido nessa relação de contigüidade existencial com seu meio. Finalmente, para concluir essas enumerações, só é possível lembrar do *ready-made*, depois da *body-art*, a *art-performance* e tudo o que depende da *instalação*, que devem ser considerados como formas cada vez mais radicalizadas dessa lógica do índice. Em tais tentativas, com efeito, já sublinhei, é o referente, em sua materialidade espaço-temporal, que se torna ele mesmo sua própria representação. A proximidade física entre o signo e seu objeto torna-se então identificação total. Em tais casos, o "conteúdo" da obra (como referente externo expresso numa mensagem) encontra-se completamente abandonado: "a obra" não nos diz então nada além do que a faz ser obra. Toda a semântica da mensagem está contida tão-somente em sua pragmática (não é o produto ou o resultado que importa, é o próprio ato pelo qual algo ocorre — ato do artista tanto quanto ato de espectador). Nesse sentido, foi possível falar de práticas consumatórias e dilapidadoras: como não existe nada de exterior àquilo que nos é mostrado e como aquilo que nos é mostrado ocorre aqui e agora, é porque *depois* (ou *antes*) e *em outra parte* não há (mais) nada. Nada de restos. Tudo foi consumido naquele instante e no local da referência. Unicamente *entre nós*. Aqui nos encontramos diante de experiências que realizam de certa maneira uma espécie de *absoluto* da *lógica indiciária*. Como se, desde que a fotografia fez surgir no campo da arte uma nova relação da representação com o real, todo o trabalho dos artistas inovadores tivesse consistido (deliberada ou inconscientemente) numa espécie de corrida desenfreada rumo ao absoluto dessa lógica, rumo à ativação de um "índice puro".

Ora, é aqui que convém ser particularmente prudente do ponto de vista epistemológico e é aqui, na relação da História com a Teoria, que minha perspectiva vai diferir de maneira notável da que guia as análises de Rosalind Krauss. Como se trata de evitar qualquer finalismo, proponho de fato inverter o evolucionismo, embasado na primeira abordagem, na própria história da representação, com o intuito de mostrar que, já em seu primeiro momento, em sua fase primitiva, a própria pintura, como dispositivo teórico, era inteiramente trabalhada pela questão do índice, ou seja, pela questão da presença e da contigüidade do referente, tanto quanto, senão mais, do que pela questão da semelhança. Por esse gesto de inversão, anulo de certa forma a dimensão teleológica da problemática.

Estou adiantando portanto a minha tese: a fotografia é um dispositivo teórico que se vincula, como prática indiciária, com o dispositivo teórico da pintura *captada em seu momento "originário" (no fantasma de sua origem)*. E essa afirmação trans-histórica de uma estética do índice, ao colocar como que entre parênteses a representação por analogia (a arte do ícone) — da qual já se pode dizer, para apontar referências, que só se inaugura com o Renascimento e a construção em perspectiva para terminar com a invenção da fotografia e a generalização atual das práticas indiciárias — marcaria na história e na teoria da arte a necessidade de uma inscrição referencial, isto é, *a pregnância irredutível da dimensão pragmática da obra de arte*.

*

* *

Ao longo dessas páginas, procederei por tomadas, flashes, enquadramentos de uma série de *textos*, bem conhecidos pelos historiadores da arte, que remetem todos à questão da "origem" da pintura, designando-lhe a cada vez uma relação explícita com a lógica do índice, sob a cobertura da impressão, do decalque e sobretudo da *sombra* e do *espelho*. Quer se trate de origem *histórica* (as grutas de Lascaux), *fabulosa* (as histórias de sombra de Plínio e de Vasari), quer *mitológica* (os espelhos de Narciso e de Medusa), em todos os casos, *a representação nasceu por contato.* É isso o que nos dizem essas imagens primitivas, essas fábulas instauradoras, esses mitos fundadores que quase não necessitam de comentários, tanto são *falantes* por si.

Lascaux ou o nascimento da arte

> Georges Bataille: *Os homens da Idade da Rena, em particular em Lascaux, certamente utilizaram um procedimento empregado pelos australianos de hoje, que consiste em introduzir um pó colorido num tubo oco e soprar. É assim que se procedeu para obter* as mãos em padrão, *que são em grande número para o conjunto das grutas: aplicava-se a mão na parede e soprava-se em torno. Em Lascaux, o uso desse procedimento era generalizado para as cores chapadas.*[3]

Em Lascaux, isto é, na "origem" histórica da pintura, procediase portanto, em geral, por essa técnica primitiva, aparentada ao decalque ou à impressão, o "padrão". A relação indiciária de proximidade e de contigüidade físicas entre o signo (a mão pintada) e seu objeto (sua causa: a mão a ser pintada) é aqui das mais estreitas, das mais diretas, das mais aplicadas ("*aplicava-se* a mão") possíveis. A imagem obtida é literalmente um traço, uma transposição, o vestígio de uma mão desaparecida *que estava ali.* Notaremos que em seu processo essa técnica implica ao mesmo tempo a presença de uma *tela* que sirva de *suporte* para a inscrição (a parede), assim como a *projeção* (que aqui opera pelo sopro), *originada* (o tubo como buraco e como foco), de uma matéria (o pó), que deverá ao mesmo tempo *colorir, desenhar* e *fixar* o todo. O resultado, imagem de um contorno por contato, aparece assim como uma *sombra* conduzida, mas uma sombra *em negativo,* figura em branco, em oco, esvaziada, pintura não pintada ("soprava-se *em torno*") obtida por subtração, por preservação de um espaço virgem correspondente à zona que era muito exatamente recoberta pelo referente. Podemos pressentir: já é, de uma certa maneira, todo o dispositivo da *fotografia* que está em ação aqui. As mãos de padrão de Lascaux são até bem exatamente comparáveis a essa espécie de foto (que só faz explicitar a ontologia de *qualquer* fotografia) que Man Ray chamou de "*Rayografias*" e Moholy-Nagy "*Fotogramas*" (cf. sua análise no capítulo anterior): fotografias realizadas sem máquina fotográfica, colocando objetos opacos e translúcidos diretamente sobre o papel sensível, expondo o conjunto assim composto à luz e revelando o resultado. A mimese não tem qualquer papel aqui (muitas vezes qualificaram-se essas fotos por contato de "composições abstratas"); importam apenas o princípio do *depósito* do objeto sobre o suporte e a *projeção* de uma luz que deixará virgem, à sua imagem, a parte do suporte coberta pelo objeto; a semelhança apaga-se diante da necessidade imperiosa da contigüidade.

Histórias de sombra

Plínio consagra o livro 35 de sua monumental *Historia naturalis* a uma "história" da pintura, uma história não tanto factual quanto de imediato articulada à fábula e a uma certa forma de imaginário. Inevitavelmente depara com a questão da origem e de sua impossibilidade: "a questão das origens da pintura", diz, "é *obscura*". Poderemos até dizer que ela está literalmente *na sombra*. De fato, além da grande variedade das interpretações (vinculando essa origem aos egípcios e depois aos gregos), quase todos os comentadores, prossegue Plínio, concordam ao menos num ponto, absolutamente determinante: a pintura nasceu do fato de se "*ter começado por delimitar o contorno da sombra humana*". Eis, muito classicamente, o dispositivo *princeps*, o (a) gesto(a) inaugural que coloca a pintura não somente em sua "origem", mas igualmente, como veremos, em sua "essência" e que será retomada como fábula instauradora, ao mesmo tempo em numerosíssimos textos sobre a pintura — e às vezes com variações singulares e interessantes (Quintiliano, Plutarco, Vasari, Alberti...) —, mas também na própria pintura, como tema ou motivo iconográfico (ver, por exemplo, a tela de Suvée, *Uitvindig tekenkunst*[4], ou a gravura de David Allan, *A origem da pintura*[5]).

Plínio, porém, não se contenta em lembrar esse princípio, aliás conhecido por todos, do desenho da sombra. Vai circunstanciar essa origem, dar corpo à fábula. Plínio conta-nos de fato a *história* da filha de um oleiro de Sícion, chamado Dibutades, apaixonada por um rapaz, que um dia tem de partir para uma longa viagem. Quando da *cena* de despedida (vê-se o quanto essa história já é de imediato da ordem da representação, da encenação, da narrativa, da ficção), os dois amantes estão num quarto iluminado por um fogo (ou por uma lâmpada) que projeta na parede a sombra dos jovens. A fim de conjurar a ausência futura de seu amante e conservar um traço físico de sua presença atual, nesse instante precioso, todo tenso de desejo e medo, à moça ocorre a idéia de representar na parede com carvão a silhueta do outro aí projetada: no instante derradeiro e flamejante, e para matar o tempo, fixar a sombra daquele que ainda está ali, mas logo estará ausente. (A história não pára por aí: segundo Plínio, Dibutades, a seguir, revestiu o desenho com argila, executando desse modo a imagem em relevo por uma espécie de moldagem de sombra. Colocando-a então no forno com os outros potes, obteve o primeiro "baixo-relevo" (*typum*) de terracota. Dessa maneira nasceu, na esteira da pintura, e como seu prolongamento[6], a escultura, pelo menos a escultura por moldagem[7].)

Dessa cena iniciadora, famosa demais, reteremos afinal alguns dados elementares aos quais não cessaremos de voltar. Em primeiro lugar, para que haja sombra projetada, portanto, para que a pintura exista, deve haver, como para as mãos de Lascaux, uma *tela*, uma parede, um plano receptor e de intersecção (muro, tela, papel...) que desempenhará o papel da superfície de inscrição. Ao mesmo tempo, é necessário que haja nessa tela, também aqui, uma *projeção*, mas dessa vez de *luz*, o que pressupõe uma *fonte* luminosa, um foco, algo como um ponto de origem do raio (o fogo, a lâmpada) e o que determine uma orientação e uma organização do espaço *pela* luz. Finalmente, essa figura de sombra projetada, puro índice, que só existe na presença de seu referente, deverá ainda ser *duplicada por um desenho* que virá fixá-la por decalque direto.

Vemos que todo um jogo de diferenças se institui com relação à técnica do padrão. Em primeiro lugar, a matéria projetada na tela muda de condição: o pó colorido aqui é substituído pela própria luz. O que tem principalmente como conseqüência limitar o cromatismo a um jogo puro de *branco e preto*, *imaterializar* essa própria matéria, que se tornou toda impalpável, e igualmente deixá-la propagar-se por ela própria, por *auto-irradiação*: a sombra é "natural", o "sopro" do homem como origem motriz da projeção não é mais necessária. Por outro lado, o próprio processo de surgimento da sombra é *instantâneo*, ocorre por inteiro de uma só vez sob o impulso luminoso (enquanto a projeção de pó era progressiva e fazia-se parte por parte). Esse jogo de modificações nos aproxima cada vez mais do dispositivo fotográfico: nele, a indicialidade opera pelo preto e pelo branco, no modo da instantaneidade da tomada, sem que o homem nele intervenha como emissor e sobretudo dá-se literalmente como *escrita pela luz* (*foto-grafia*).

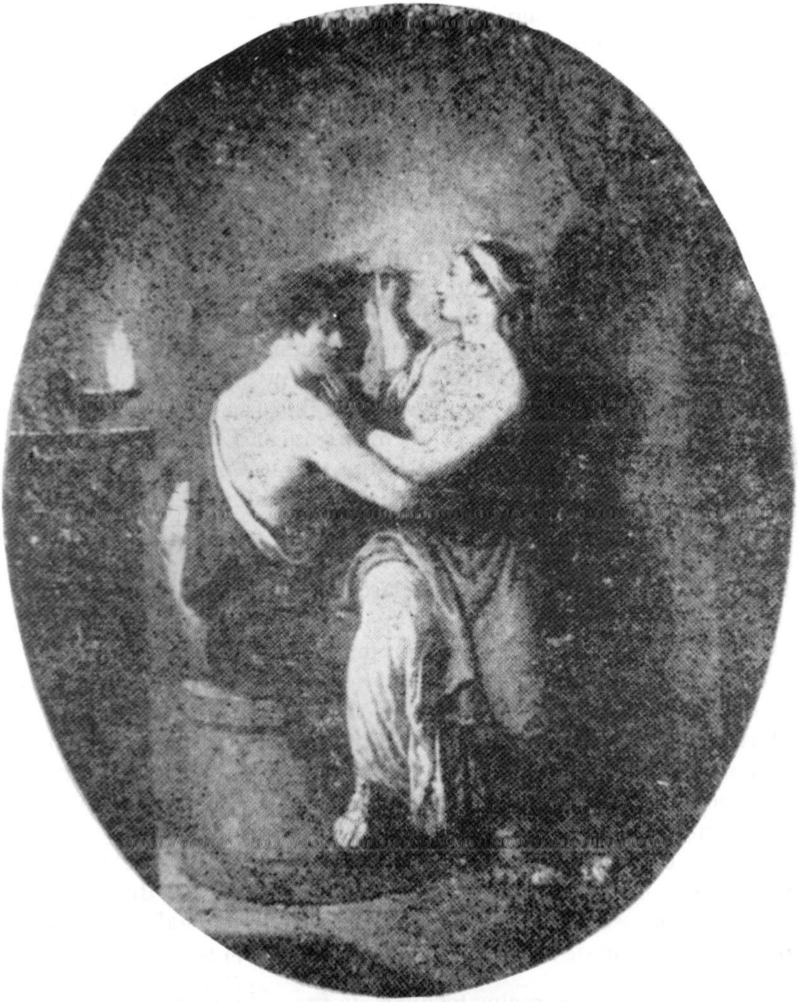

David Allan, *A origem da pintura.*

Resta o problema da *fixação*, problema crucial principalmente pelo fato de colocar a questão da relação do índice com a temporalidade. De fato, entre a própria sombra projetada e o desenho obtido por seu decalque, o que está em jogo, além da relação *espacial* da co-presença, é a relação *temporal* com a *duração*: a sombra como tal, já dissemos, não passa de fugacidade; o seu único tempo é o mesmo de seu referente. Nesse sentido, é um índice quase puro: o princípio da conexão física entre o signo e seu objeto aí funciona no espaço e no tempo. Como diz Leonardo da Vinci, que refletiu bastante sobre essa questão da sombra, "[as sombras] são sempre companhia, unidas aos corpos"[8]. A sombra afirma sempre um "isso *está* ali". Enquanto o *desenho* de sombra afirma sempre um "isso *esteve* ali". À pura presença referencial de uma se opõe a anterioridade necessária do outro. O desenho de sombra remete a representação a um antes, a uma causa preliminar que se trata de convocar aqui e agora pelo signo. Decerto o essencial é que o desenho do referente *passou* pela sombra, o que foi mediado por esse índice puro, que é sua cópia por contato. Mas ao mesmo tempo, essa passagem implica uma mudança de temporalidade completa: sombra, a imagem só vivia no momento; desenhada, inscreve-se na duração e num estado determinado de uma vez por todas. O desenho vem de certa forma arrancar a sombra ao tempo de seu referente para fixá-la e detê-la num tempo que lhe seja próprio. Por sua inscrição, a sombra perde sua indicialidade temporal e remete sua indicialidade espacial para o passado. E essa perda de indicialidade, essa conquista de iconização, essa autonomização temporal que, ao mesmo tempo que conserva uma relação de conexão real com o referente, o dá como anterior, como origem *ultrapassada*, vê-se bem que isso corresponde finalmente a um grande fantasma de qualquer representação indiciária: ao mesmo tempo afirmar a existência do referente como uma prova irrefutável do que ocorreu, e ao mesmo tempo, portanto, eternizá-lo, fixá-lo além de sua própria ausência; mas também, por esse mesmo caminho, designar esse referente mumificado como inelutavelmente perdido, doravante inacessível como tal para o presente: é, no mesmo movimento, estatuificá-lo para sempre como signo e remetê-lo como referente a uma ausência inexorável, ao esquecimento, à carência, à morte. Eis onde leva esse processo de fixação do índice, e pode-se considerar globalmente que isso é válido para todos os casos, no caso de fixação pelo desenho ou pela fotografia.

É certo que os meios técnicos de um e de outra não são exatamente os mesmos (aqui, o limite manual de um contorno em preto; ali, os jogos da revelação fotoquímica com revelador e fixador), mas, além da distância tecnológica, em ambos os casos, os traços que caracterizam o processo de fixação se reúnem na medida em que vão, na maioria das vezes, contra aqueles que definiam as condições de surgimento da imagem (a sombra), ou seja, não correspondem mais à lógica indiciária: *desenho* de sombra e *fixação* fotográfica usam não mais a luz, mas uma matéria concreta e palpável (carvão, banho de fixação); imagem a ser ancorada (a ser feita com tinta)* no suporte não surge de uma só vez por inteiro, mas procede de uma elaboração progressiva (o desenho, a revelação fotoquímica exigem um certo espaço de tempo, que pode até, no segundo caso, ser determinada muito imperativamente) etc. Em outras palavras, a fotografia, considerada no resultado visual que ela acaba por oferecer, assim como a representação da sombra que estaria na origem da pintura, só seriam estritamente indiciais em sua primeira fase constitutiva, nas *condições de produção* do signo (a transposição direta do referente numa tela contígua a partir de um jogo de ótica de projeção luminosa). Mas, a partir do momento em que a imagem-índice assim produzida pretende se inscrever a longo prazo, se fixar para memória, isto é, a partir do momento em que a imagem pretende ultrapassar seu referente, eternizá-lo, congelá-lo na representação, portanto substituir, como traço detido, sua ausência inelutável, então essa imagem perde parte do que constituía sua pureza indicial, perde sua conexão temporal. O índice torna-se parcialmente autônomo. Abre-se para a iconização, isto é, para a *morte*. Ao matar a indexação com o tempo referencial, a fixação iconizante assinala o início do trabalho de morte da representação. Mumifica.

Finalmente, uma última e breve observação a propósito da fábula de Plínio, que concerne à relação da imagem com o desejo e o papel do índice nessa relação. As *circunstâncias amorosas* nas quais se desenvolve essa história do nascimento da pintura e que a motivam diretamente, evidentemente não são inocentes. Em particular, fica claro que isso indica uma *congruência* evidente *entre desejo e índice*. O que finalmente a fábula coloca é que, aos olhos do desejo, a representação não vale tanto como semelhança quanto como traço.

---

* Aqui o autor faz um jogo de palavras com *ancrer* (ancorar) e *encrer* (fazer com tinta, espalhar tinta), impossível de se traduzir para o português (N.T.).

Para a apaixonada que tenta conjurar a ausência iminente do amado, o importante é encontrar um signo que emane diretamente dele, que seja o testemunho da presença *real* do corpo referencial. A proximidade física que define o estatuto específico do índice corresponde por inteiro às exigências da relação amorosa. A lição da fábula é bem essa: *a mimese vem após a contigüidade, o desejo passa em primeiro lugar pela metonímia, e a pintura nasce índice porque se baseia no desejo.*

Como eco a essa dimensão desejante da fábula primitiva da sombra pintada, poderíamos evocar tudo o que se refere aos usos sentimentais da fotografia (fotos de amor, fotos de morte, álbuns de família etc., cf. capítulo precedente). Vamos contentar-nos com um único texto, de 1843, extraído de uma carta escrita por Elizabeth Barrett à sua amiga Mary Russel Mitford[9]. Nela encontramos uma certa repercussão de tudo o que acabamos de dizer, como numa repetição da "cena primitiva".

> Eu queria tanto possuir algo que me lembrasse de tudo o que pode me ser caro nesse mundo. Não apenas a semelhança é preciosa nesse caso — mas as associações e o sentimento de proximidade imposto por esse objeto... o fato de que a *própria sombra da pessoa* esteja fixada aqui para sempre! Por isso os retratos parecem-me de certa forma santificados — e não acho absolutamente monstruoso dizê-lo, enquanto meus irmãos protestam com veemência, que preferiria a tudo o que um artista pôde produzir de mais nobre, conservar tal lembrança de alguém que eu tenha amado com carinho.

*

* *

Antes de terminar essas histórias de sombra, evocarei ainda uma variante interessante dessa fábula fundadora, que de fato define a outra grande versão da mesma história. Vasari, por exemplo, bem no início do *Proemio* de suas *Vite...*, torna-se o eco dessa variante:

> Na minha opinião, é o desenho que se encontra na base da escultura e da pintura, e a própria alma, que concebe e nela nutre todas as partes da inteligência, veio plenamente ao mundo nos tempos da origem de todas as coisas, quando o Altíssimo, após ter criado o mundo e ornado o céu de luzes resplandecentes, desceu pelo éter transparente para a terra firme e, *modelando o homem, revelou a primeira forma de escultura e*

pintura na admirável invenção de todas as coisas. Quem pode negar que do homem, como de um exemplo vivo, tomaram forma as idéias das estátuas esculpidas e tudo o que concerne ao contorno e à atitude? (...)
Segundo Plínio, a arte de pintar foi introduzida no Egito por Giges, o lídio que, estando junto a uma fogueira e olhando a *própria sombra* que se projetava na parede, desenhou de repente (*subito*) seu próprio contorno (*contorno se stesso*) com um pedaço de carvão...

Essa versão pelo menos introduz duas modificações notáveis com relação à narrativa precedente: em primeiro lugar, introduz a *referência a Deus* e à *criação do homem* como modelo original da representação; em segundo lugar, e referindo-se ao próprio texto de Plínio, transforma o retrato de sombra *do outro* em *auto-retrato* de sombra. Examinaremos as implicações sucessivas dessas duas mudanças.

Tomar como modelo da representação a Criação do homem por Deus é remeter, ao mesmo tempo, explicitamente o nascimento da pintura (e da escultura) à imemorialidade mítica de qualquer origem ("à época da origem de todas as coisas") e é igualmente colocar Deus como Grande Pintor Original. Por extensão, é tornar todo pintor não justamente um deus, um *creator ex nihilo*, mas um sujeito que já foi criado e que só faz imitar, copiar, reproduzir (imperfeitamente) a obra e o gesto do Grande Genitor, a partir dos próprios materiais que emanam da Criação Deste (*creatura non potest creare*, diz Santo Agostinho). Destinada a ser apenas repetição de origem, re-produção mais do que criação, retomada de um modelo inacessível e sempre já ali, é a própria atividade de representação que se encontra inscrita dessa maneira numa lógica de tipo indiciário. O índice não é mais o desenho, o signo pictural, mas é o próprio ato de pintar concebido como decalque e como memória, como escala e retomada da Criação divina, da qual procede *realmente* (na ordem da crença), pois o pintor é uma criatura de Deus e opera com o que Este lhe forneceu.

Quanto ao segundo ponto, que evoca também o famoso auto retrato de Apeles, observaremos em primeiro lugar que, ao auto-referencializar a representação, a fábula situa explicitamente a própria origem da pintura *no narcisismo* (o desejo do outro é aí o desejo de si) — o que não pode deixar de remeter ao primeiro ponto e a seu implícito: a esse auto-retrato absolutamente original que foi a criação do homem à *própria imagem de seu Criador*, como diz o Gênese[10].

Voltaremos com mais vagar dentro em breve a esse problema fundamental do narcisismo.

Por outro lado, esse deslizamento narcísico da "primeira" pintura para o auto-retrato de sombra abre também caminho rumo ao *paradoxo*. Sabe-se que qualquer auto-retrato condensa na mesma pessoa duas instâncias bem distintas do processo de representação: o objeto a ser pintado e o sujeito que pinta. No auto-retrato de *pintura*, essa condensação já coloca todos os tipos de problemas, teóricos e práticos, vinculados ao fato de o sujeito que se toma como objeto dever, em princípio, se quiser ser estrito, *se pintar enquanto pinta*, isto é, incluir em seu enunciado o próprio processo de enunciação deste. É a base do paradoxo, e qualquer auto-retrato terá de se ver com isso[11]. Ora, com o auto-retrato *de sombra*, esse problema da inclusão paradoxal da enunciação no enunciado, pelo fato da total conexão física que une signo e referente, torna-se praticamente insuperável. A representação é irrealizável em virtude da natureza de puro índice (espacial e *temporal*) da sombra. De fato, no próprio processo da fixação pelo carvão da forma sombreada (processo que, dissemos, efetua-se aos poucos, no tempo), o objeto a ser pintado, a própria sombra, modifica-se, desloca-se ligeiramente à medida que o desenho progride (porque, também já dissemos, a sombra adere temporalmente ao seu referente). O sujeito poderá limitar tanto quanto quiser os movimentos de seu corpo, sempre haverá algo (seu olho, seu braço) que escapará a essa fixidez se ele quiser que a inscrição se constitua. A mão que desenha, em particular, jamais poderá desenhar-se se desenhando: para isso, ela deveria parar, para imobilizar sua sombra, mas, ao mesmo tempo, também deteria o próprio ato do desenho. Ou, por mais que corra atrás de si mesma, o mais depressa possível, jamais conseguiria se alcançar. Em suma, como índice, essa mão jamais poderá realizar de fato a coincidência, a condensação, a sobreposição de instâncias que fundamenta a auto-representação teoricamente.

Dois artistas de vídeo da Suíça francesa, Jean Otth e Gérald Minkoff produziram separadamente várias experiências de vídeo que trabalhavam diretamente essa problemática do auto-retrato indiciário impossível com base nos recursos específicos do meio eletrônico, em particular, com base nessa possibilidade, exclusiva do vídeo, de *simultaneizar*, através do circuito fechado, a *gravação* com a câmera e a difusão numa tela — o que é exatamente a característica da conexão espacial e temporal da sombra: o vídeo permite dessa maneira, diferente-

mente da foto e do cinema, que não podem suprimir completamente seu traço, embora possam reduzi-lo (polaróide), *demonstrar em sua totalidade a lógica paradoxal do índice* (voltaremos a isso em detalhes).
Jean Otth, por exemplo, realizou um videoteipe, onde se o vê de costas diante de um quadro-negro no qual um projétil poderoso projeta sua sombra, tentando em vão delimitar com giz o contorno de sua sombra que nao cessa de fugir, que jamais se deixa circunscrever, afivelar. E esse esforço sem fim de representação de si enquanto está se representando só resulta finalmente num emaranhado de linhas intercaladas. Ademais, Otth executa essa tentativa de auto-retrato de sombra não olhando direta e frontalmente sua sombra no quadro com sua mão perseguindo-a, mas olhando essa mão, essa sombra e toda a cena numa tela de vídeo que está a seu lado e que difunde exatamente o que nós, espectadores, vemos de um ponto de vista situado atrás (o espectador e a câmera — o olhar sobre a cena — estão situados mais ou menos no próprio lugar de onde se origina a luz que projeta a sombra sobre o quadro-negro). Em outras palavras, usando esse meio escópico da tela de vídeo, ao mesmo tempo para controlar com o olhar o movimento de sua mão e também para se ver, espectador de si mesmo como pintor se representando, da mesma maneira que nós o vemos do lugar de onde nasce essa luz que permite à figura sombreada aparecer, usando portanto esse monitor de TV como um *intermediário generalizado do olhar*, a instalação imaginada por Otth complica com sabedoria o jogo da sobreposição das instâncias: nesse circuito, tão bem qualificado de *fechado*, como diz o artista, "o monitor, única referência, propõe num único espaço e num só tempo o sujeito (o modelo), o pintor (o operador), o suporte (o quadro), os signos (as intervenções de giz) e todo o meio (câmera e monitor)"[12]. Conjugando o poder indiciário da sombra e do vídeo, a condensação paradoxal transforma-se aqui em verdadeiro esmagamento de instâncias.
Gérald Minkoff, por sua vez, numa instalação como a realizada em 1971 na Galleria del Obelisco de Roma, ou como na faixa intitulada *Palindrome*, realiza um trabalho similar sobre o auto-retrato impossível, mas dessa vez brincando não com sua sombra propriamente dita — nem tampouco com seu reflexo num espelho, que possui as mesmas qualidades indiciárias que a sombra e que, ademais, inverte direita e esquerda —, mas substituindo essa sombra por sua imagem simultânea numa tela de vídeo. Essas obras apresentam-nos de fato "[sua] mão que tenta em vão, na tela do monitor, desenhar-se desenhando-se, dando-se as costas, pois, como a tela não é um espelho, ela

não pode nem refletir, nem enfrentar uma realidade que foge à vontade"[13]. É a queda em abismo, ou a regressão da referência na representação.

Vemos portanto que o que Vasari diz ser a Origem da pintura é de fato *a história de uma impossibilidade figurativa.* Não se pode representar teoricamente sua própria sombra, e toda a história da representação só se constituiu para preencher, disfarçar essa ausência e esse defeito original, desviá-los, alterá-los e ludibriá-los, encontrar substitutos para eles.

De fato, apenas uma coisa poderia tornar possível a condensação de instâncias do auto-retrato de sombra: seria que a representação se realizasse por inteiro *de uma só vez,* que a imagem da sombra fosse captada, enregelada e petrificada num único instante: congelada tal qual em seu suporte. É aliás nesse sentido que se deve compreender o

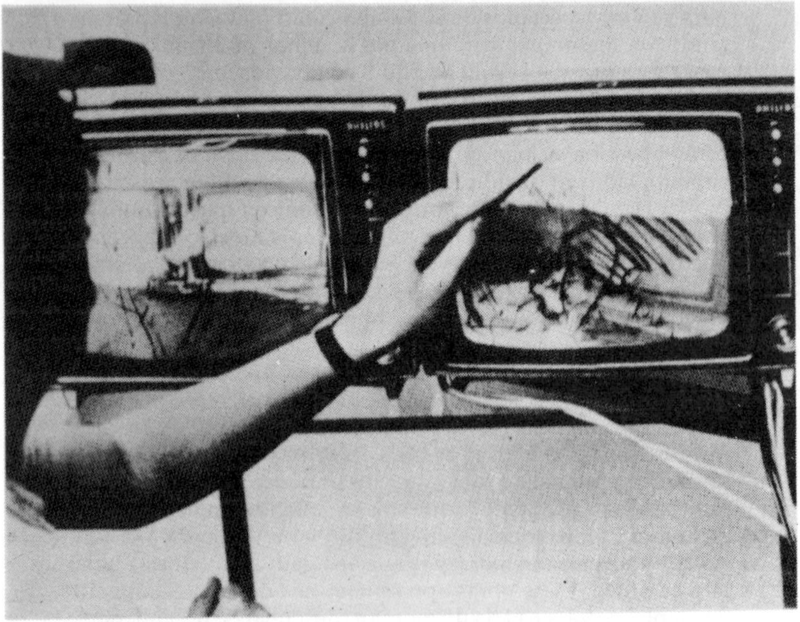

Gérald Minkoff, *Palindrome.*

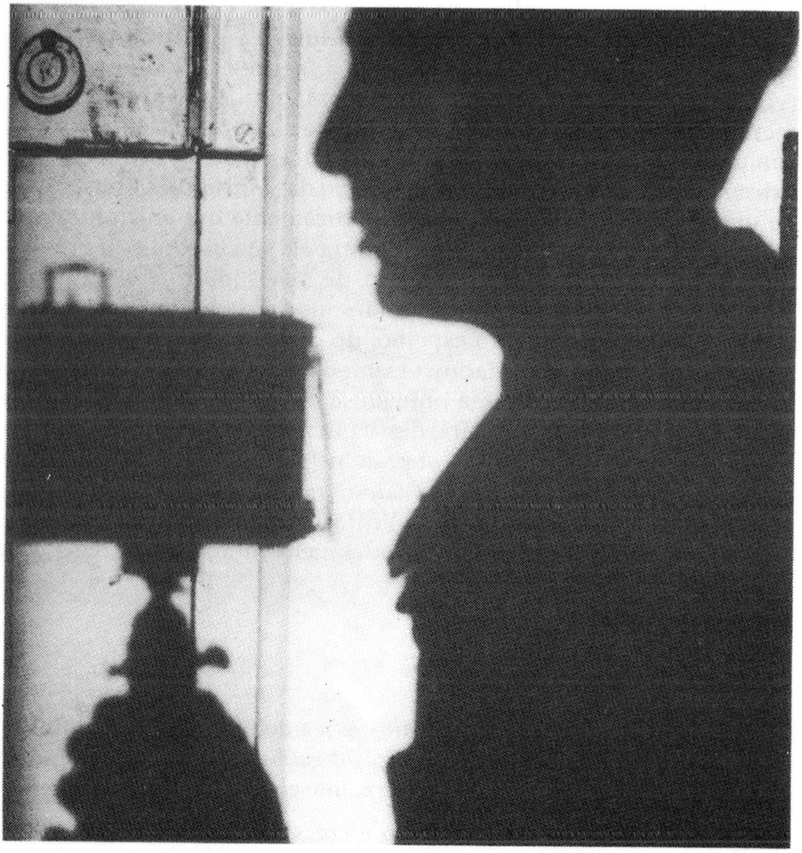

André Kertesz, *Auto-retrato.*

subito inesperado que se insinuou no texto de Vasari ("ele desenhou *de repente* seu próprio contorno"). É preciso que a duração do processo de inscrição seja reduzido a um gesto único de tomada e parada (captura de vida e decreto de morte*). A sombra deve ser *fulminada.* Ora, se essa instantaneidade é impossível para o desenho e sua condução manual, sabe-se que a *fotografia* poderia torná-la efetiva. O tempo — uma fração de segundo — de expor a película, congelar na emulsão a imagem com sua própria sombra (inclusive a própria imagem do aparelho de fotografar), e eis realizada a "representação impossível" (ver, por exemplo, o livro de Arthur Tress intitulado *Shadow*, inteiramente constituído desses auto-retratos de sombra[14]. Além disso, no conjunto da tradição dos auto-retratos fotográficos — uma tradição extremamente desenvolvida, ao contrário das afirmações precipitadas de um Michel Tournier; não existe praticamente um único fotógrafo importante que não tenha voltado contra ele sua caixinha negra —, a representação de si através da foto de sua sombra constitui com certeza uma das três ou quatro grandes modalidades do "fo(au)to-retrato"— ao lado do uso do espelho, do disparador automático e do disparador de efeito retardado). O tempo de um *flash*, de um relâmpago, de uma fulminação dessa impiedosa boca de sombra que captura e guarda tudo sobre o que mira, desse olhar negro que agride, absorve e sela qualquer referência, e a obra de petrificação da foto exibe seus efeitos. *O narcisismo indiciário do auto-retrato só pode se realizar teoricamente na petrificação fotográfica.* Voltaremos a essas duas outras representações de origem constituídas pelos mitos de Narciso e da Medusa.

As origens da fotografia

Contudo, antes de evocarmos esses dois mitos fundadores — que vão nos introduzir à *problemática do espelho*, outro grande modelo de índice —, apresentaremos rapidamente alguns aspectos do proces-

---

* Mais uma vez, o autor faz um jogo de palavras, dessa vez com *prise de vue*, que significa "tomada", e *prise de vie*, que seria uma captura (ou tomada) de vida, e, ainda, *arrêt*, que significa parada, mas também decreto, daí ele usar *arrêt de mort*, que traduzimos por "decreto de morte". Esse jogo de palavras será encontrado também nos capítulos seguintes (N.T.).

so fotográfico captado no momento de sua constituição e que se inscrevem de fato bem diretamente no prolongamento das histórias de sombra e de decalque que acabamos de evocar.

Qualquer manual de história da fotografia apresenta sua invenção como o resultado da conjunção de duas invenções preliminares e distintas: a primeira, puramente *ótica* (dispositivo de *captação* da imagem); a outra, essencialmente *química*, é a descoberta da sensibilização à luz de certas substâncias à base de sais de prata (dispositivo de *inscrição* automática). São esses dois aspectos do processo fotográfico em seu movimento de origem que eu gostaria de comentar brevemente para mostrar o quanto são próximos em seu princípio — principalmente o segundo — das fábulas analisadas anteriormente.

Serei muito breve sobre o próprio dispositivo ótico. Sabemos que é bem mais antigo do que a própria fotografia, que está ligado à visão perspectivista do Renascimento, que já o utilizava com freqüência no século XVII, sob a forma da "lanterna mágica" antes de ser a *camera obscura* (cf. Athanase Mircher, *Ars magna lucis et umbrae*, 1946, e Johannes Zahn, *Oculus artificialis...*, 1702[15]). Sabe-se também que o mesmo tipo de aparelho, que servia para *captar* imagens para pintá-las depois, servia igualmente para *projetar* sobre uma tela imagens preliminarmente pintadas ou desenhadas. Captura e difusão já estavam vinculadas, transitavam pela mesma "caixa", que assim desempenhava a função de bloco transformador, de permutador.

Observaremos que uma das formas mais comuns dessas maquinarias óticas é a câmara escura *portátil*, como por exemplo a desenhada por Kircher em sua *Ars magna...*, cujas dimensões são muito grandes, pois permite a um homem manter-se de pé dentro da câmara, de onde ele pode ver e desenhar com facilidade as imagens exteriores que nela se projetam invertendo-se-as. Afinal, esses dispositivos tinham bem essa função: permitir desenhar ou pintar por *transposição direta* do referente para a tela-suporte. Em sua caixa, o pintor só tinha de recopiar, reproduzir ou fazer o decalque da imagem que nela se projetava "naturalmente". E compreende-se porque essas máquinas tinham de ser portáteis: como a *presença física* do referente a ser pintado era necessária, nem sempre este podia ser deslocado diante do buraco (o olho) do dispositivo; era portanto, às vezes, a própria *instalação* que era necessário deslocar (por exemplo, diante de uma paisagem). Em suma, vemos que tais dispositivos também são regidos pelo princípio do índice, tanto no nível do surgimento da imagem na caixa, que só pode ser feita por contigüidade com seu referente, quanto no nível da fixação pelo desenho dessa imagem natural, que se faz por decalque, cópia por contato. Nesse sentido, a *camera obscura* não é nada além de um refinamento "mecânico" por decalque da sombra do amante no quarto iluminado pelo fogo. O princípio é o mesmo; só se o codificou, cubificou e melhorou um pouco. E não se cessará de fazer isso a partir das aquisições da ótica e da dióptrica (controle de nitidez da imagem com o auxílio de um jogo cada vez mais elaborado de lentes que se colocava no buraco; domínio das condições de luminosidade etc.). Nossas caixas modernas de aparelhos fotográficos estão no final de um percurso com sua célula acoplada e suas objetivas intercambiáveis.

Quanto à câmara clara, *camera lucida*, inventada em 1807 por W. H. Wollaston, embora não tenha muito a ver com a câmara escura, também não deixa de funcionar de acordo com a mesma lógica indi-

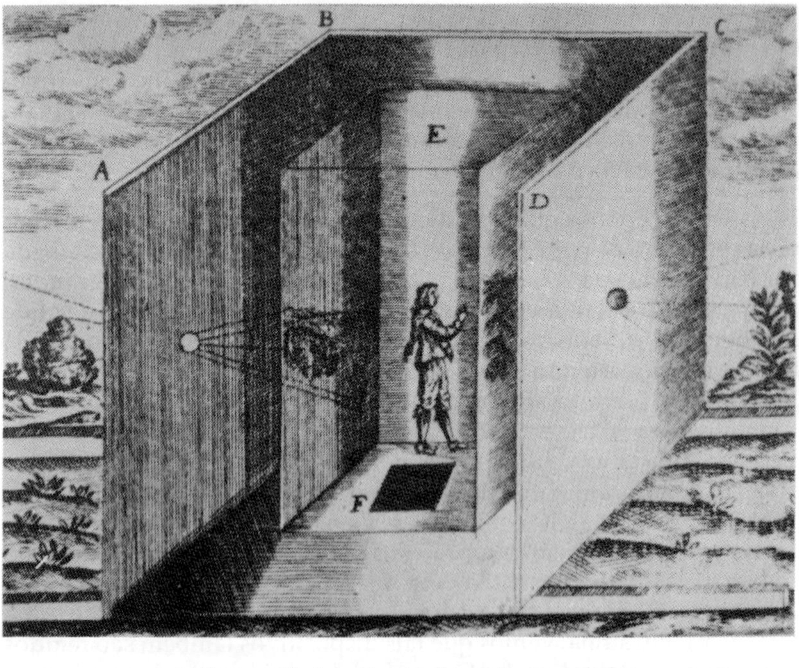

Athanase Kircher, *Camera obscura transportável.*

ciária, pois, como a outra, é um meio ótico de obter imagens por cópia direta. Seu princípio é ainda mais simples que o da sua irmã escura: não passa de um olhinho de telescópio munido de um prisma, de um jogo de espelho e de lente, fixado à extremidade de uma haste imóvel, ela própria presa a uma mesa de desenho. Basta que o "pintor" ajuste seu olho no visor, "enquadre" seu objeto e deixe sua mão correr pelo papel, trace simultaneamente na folha o que o olho vislumbra. Nada de tela, de projeção ou de decalque: nada de intermediário. Aquilo passa diretamente do olho à mão. É como se o próprio corpo do pintor, ou pelo menos seu cérebro, desempenhasse o papel de câmera (escura ou clara?), de caixa de ressonância visual. De fato, a *camera lucida*, embora não seja diretamente utilizada pela fotografia, não deixa de revelar dois procedimentos característicos do meio: por um lado, o dispositivo ótico como *prótese do olho*:

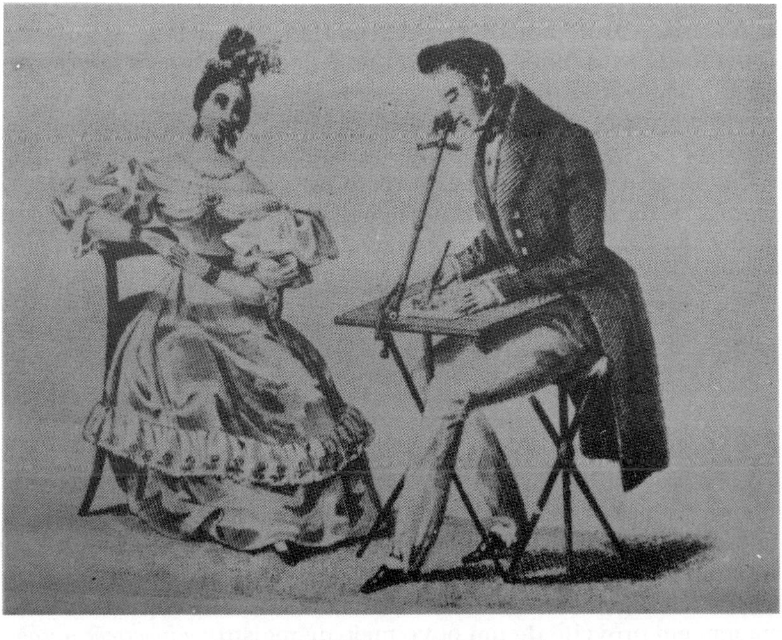

William H. Wollaston, *Camera lucida*.

Comparar o retratista que olha o modelo sentado diante dele unicamente pelo olhinho de sua câmara clara (como, por exemplo, figura na ilustração de capa do livro de Roland Barthes sobre a fotografia) com essas frases de Cartier-Bresson e Minor White e com essa publicidade da Minolta:

Henri Cartier-Bresson: "Eu acabara de descobrir a Leica. Ela tornou-se o prolongamento de meu olhar e, desde que a encontrei, nunca mais me separei dela."

Minor White: "Exercito-me mentalmente o tempo todo fotografando tudo o que vejo."

Publicidade da Minolta (1976): "Difícil dizer em que momento o aparelho não passa de um prolongamento seu. Com uma Minolta 53 mm SLR, você se assenhora do mundo que o cerca quase sem esforço... Tudo é tão fácil, que o aparelho se torna uma parte de você. O olho não tem de se afastar do visor para corrigir o foco. Você é o aparelho e o aparelho é você."[16]

Por outro lado e corolariamente, o dispositivo ótico como que *recorta do real* (a função de levantamento, de seleção, de enquadramento da foto, aquilo que os ingleses chamam de *cut*). Pois qual é o interesse para o desenhista de olhar por seu pequeno dispositivo o que ele poderia ver diretamente tão bem quanto e até melhor — o que está ali diante de seus olhos —, senão precisamente porque a intermediação do dispositivo lhe fornece um *quadro*, ou seja, um espaço de representação, eixos e relações, uma *composição*? É evidentemente inútil insistir na importância dessa problemática e nos inúmeros discursos suscitados por ela. Em suma, ao lado do *valor indiciário de traço*, de impressão, de testemunho do real, ao lado também da possibilidade da *reprodutibilidade técnica* da obra (cf. Benjamin), a função de *recorte* e de *enquadramento* do real constitui provavelmente uma terceira característica principal da fotografia, que será o objeto do capítulo 4.

*

* *

Voltemos ao essencial, à *dimensão química* desse dispositivo misto que a fotografia é. Já mostramos no capítulo precedente que era ela que diferenciava ontologicamente a foto da pintura. A *camera obscura*, simples meio de captar a imagem, pode servir tanto para uma como para outra. É a descoberta da sensibilidade dos sais de prata à luz que vai permitir abandonar o trabalho do decalque e da cópia manual da imagem em proveito de um novo meio de registro: *a inscrição automática*. É exatamente aqui que vamos encontrar nossas histórias de

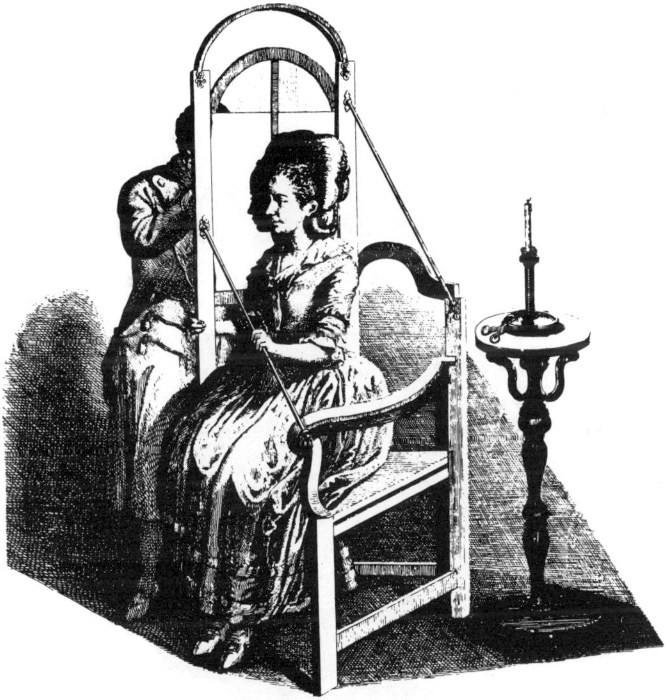

Máquina de retratar os perfis de sombra, século XVIII.

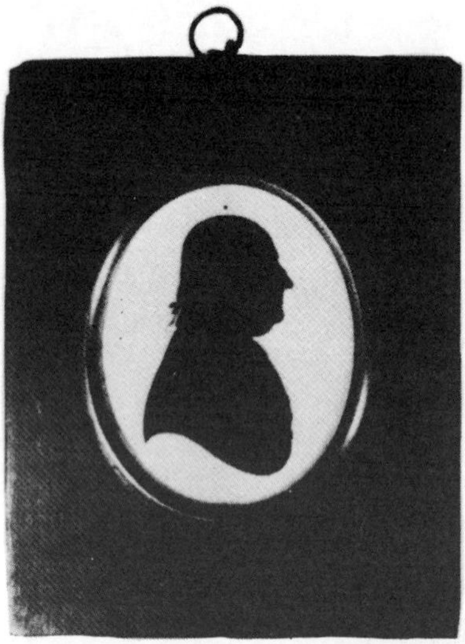
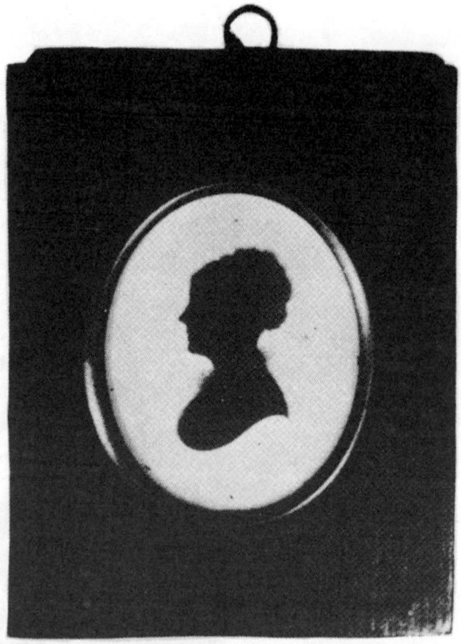
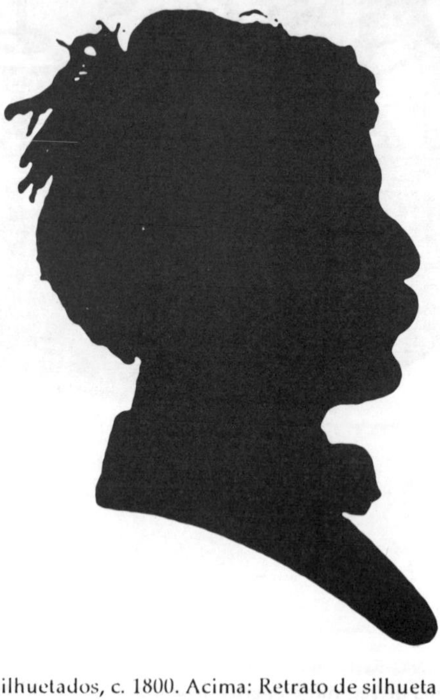

No alto: Perfis silhuetados, c. 1800. Acima: Retrato de silhueta de Alfred Stieglitz.

sombra originárias, é aqui que a foto, em seu princípio constitutivo, vai se vincular com as fábulas fundadoras da pintura.

Eu gostaria de apresentar duas ilustrações, aparentemente muito próximas, e, contudo, de uma a outra, está em jogo toda a passagem da pintura à fotografia.

A primeira dessas duas imagens representa um dispositivo particular que nos mostra como se fabricavam, a partir do século XVIII, os famosos retratos de sombra. A "instalação", muito codificada, apresenta-se assim: coloca-se o modelo do qual vai se fazer o retrato num assento. Recomenda-se-lhe a maior imobilidade. Sabe-se que a sessão vai demorar. Num dos lados do modelo, dispõe-se uma fonte luminosa (aqui uma simples vela). Orientada para o sujeito sentado, ela projetará seus raios numa tela que terá sido colocada perpendicularmente do outro lado do modelo (o lado de seu perfil que permaneceu à sombra). A distância respectiva da fonte luminosa e da tela com relação ao modelo terá sido determinada de tal maneira que a luz, afastada, mas sem perder demais seu poder, projeta sobre a tela uma sombra de um tamanho o mais próximo possível do tamanho do modelo (daí a grande proximidade dessa tela do rosto a ser retratado: a sombra é sempre maior que seu referente, mas torna-se tanto maior quanto o plano receptor se afasta do objeto — é uma lei elementar já formulada com clareza por Leonardo da Vinci[17]). Essa *tela* (de tecido ou papel) será também, em sua outra face, a *superfície de inscrição* da imagem. Esse suporte de intersecção deverá ser portanto relativamente transparente, ou melhor, translúcido[18], de modo que a sombra do modelo, projetada no verso da tela, possa transparecer *através* desta, e para que o pintor, colocado do outro lado, no anverso, só tenha de traçar, transportar, assinalar o perfil sombreado *ao contrário*. Encontramos nesse dispositivo todos os dados da experiência fundadora da pintura evocada por Plínio, a relação amorosa em menor escala (será mesmo?) e com uma diferença que não é insignificante: o pintor passou para o outro lado do suporte, não está mais do lado do referente, o que introduz uma modificação insidiosa na representação: fixando-se pelo desenho no anverso de seu verso, a sombra inverteu-se, *exatamente como o reflexo no espelho*. Teremos de voltar aos estranhos paradoxos teóricos decorrentes dessa inversão (Kant falava nisso como da propriedade de *incongruência* espelhada dos corpos no espaço[19]).

De fato, essa máquina de tirar retratos procede de toda uma tradição dita dos "*perfis em silhueta*" que, como sabemos, nasceu no século XVIII com o nome de seu inventor, Étienne de Silhouette, ministro de Luís XV. Émile Littré traz para seu *Dictionnaire* essa nota do *Journal Officiel* (29 de agosto de 1839):

> O castelo de Bry-sur-Marne foi construído em 1759 por Étienne de Silhouette... Uma das principais distrações desse senhor consistia em traçar uma linha em torno da sombra de um rosto a fim de ver seu perfil desenhado na parede; muitas salas de seu castelo tinham as paredes recobertas dessas espécies de desenhos que chamamos de silhuetas a partir do nome de seu autor, denominação que permaneceu para sempre.

Esses perfis, que não exigiam outra habilidade que não o decalque de uma sombra projetada, fizeram moda. Como a demanda desses retratos aumentasse, experimentou-se um meio de reproduzi-los com facilidade e em grande quantidade. Em 1783, Gilles-Louis Chrétien inventou o *Physionotrace*: dispositivo cujo princípio era, de início, bastante semelhante ao precedente, mas que, acoplado a um pantógrafo, permitia obter uma cópia do perfil gravada em cobre, da qual se podia então tirar uma boa quantidade de cópias. Em sua *História da fotografia*, Beaumont Newhall assinala:

> "Não se paga nada se o retrato não for parecido", proclamava uma publicidade de um êmulo de Chrétien. O instrumento fez furor e muitos rostos da Revolução Francesa foram conservados para nós graças a ele. Quase seiscentos desses perfis foram expostos no Salão de 1797.[20]

Vemos bem que toda essa tradição abria o caminho para a fotografia. Aliás, encontramos uma série dessas "silhuetas" na famosa revista de Alfred Stieglitz, *Camera work* (nº 8), em 1904, e até no porão de nossas avós encontramos ainda muitas vezes perfis de sombra recortados em papel preto e colados num fundo branco.

Isso nos conduz à segunda ilustração que eu gostaria de apresentar. À primeira vista, parece bastante com a cena precedente: um modelo sentado, uma luz direcionada, uma tela, uma sombra. Mas algo muito importante separa essa gravura da precedente, algo que fundamenta a fotografia e a distingue do desenho: aqui, a sombra projetada na tela-suporte *vai nela se imprimir por conta própria*; a "mão do pintor" não irá intervir em momento algum da inscrição, o que não faz com que o pintor deixe de sê-lo. Essa segunda ilustração evoca portanto a descoberta do princípio da *exposição fotográfica*: um papel,

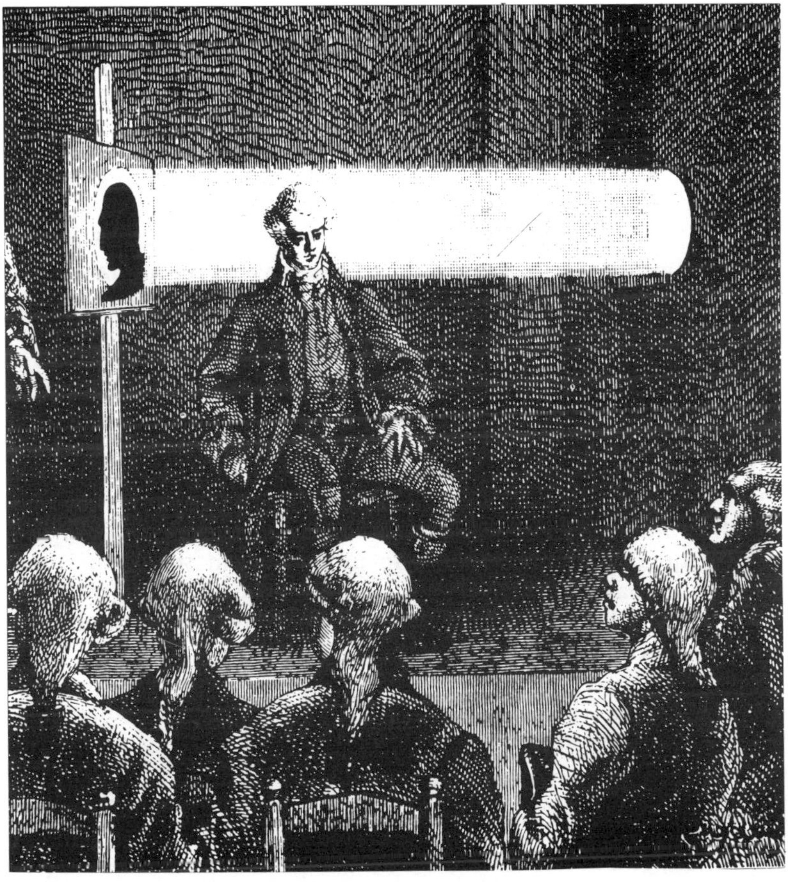

Experiência do físico francês Hippolyte Charles, 1780.

um suporte coberto de uma camada de nitrato de prata revela-se sensível à luz e às suas variações; registra-as ele próprio em sua própria matéria por gradações de preto e branco. A fotografia como impressão luminosa está fundada.

Assinalemos que essa auto-inscrição do referente possui seu "modelo": o rosto de Cristo imprimindo-se diretamente por conta própria no "véu de Verônica", imagem aqueiropoieta famosa (*sine manu facta*: feita sem intervenção da mão), que é, de certa forma, o protótipo da fotografia, seu arquétipo, seu mito de origem.

Esse princípio da impregnação automática de uma imagem luminosa numa matéria fotossensível, sabemos que todas as histórias da fotografia (e já desde o século XIX) nos entregaram a arqueologia precisa: desde as primeiras experiências balbuciantes do físico francês Charles em 1780 (é isso o que representa a gravura reproduzida acima) e as do inglês Thomas Wedgwood em 1802 — sem contar os precursores mais ou menos obscuros como J. H. Schulze em 1727, ou o alquimista Fabricius em 1556 com sua "lua córnea" — até a elaboração difícil e progressiva do processo por Niepce, Daguerre e W.H.F. Talbot. Não detalharei as tentativas técnicas.

Convém simplesmente assinalar que toda essa dimensão química do processo fotográfico recobre de fato várias operações distintas, que tiveram de ser resolvidas sucessivamente. Em particular, não se deve esquecer que a *formação* de uma imagem sobre um suporte coberto de sais de prata sensíveis à luz é uma coisa, mas que a *conservação* das impressões luminosas que surgem é outra. Há nesse ponto uma clivagem fundamental, que constitui, por exemplo, toda a diferença entre os "fracassos" de um Charles e de um Wedgwood e os "sucessos" dos Niepce, Daguerre e Talbot. Em suma, é todo o problema da passagem da *exposição* da emulsão à *fixação* da imagem. E é apenas esse último aspecto, o que permite registrar a imagem por um longo prazo, que faz com que se chegue de fato à fotografia. A foto é *uma sombra impressionada e fixada*. Num texto de 1839 com o título explícito[21], Talbot formulou muito bem a problemática: se conseguira, pela sensibilização de um suporte, "produzir uma espécie de imagem ou desenho de sombra parecido de certa maneira com o objeto do qual derivava", nem por isso deixava de ser ainda "necessário conservar essas imagens num fardo e vê-las à luz de uma vela, porque à luz do dia, o mesmo processo natural que formara a imagem a destruía enegrecendo todo o papel"[22]. Em outras palavras, aquilo por meio do que a imagem nos é revelada é igualmente aquilo por meio do que, no mesmo movimento, ela se destrói. O processo que faz a fotografia *ser* carrega em si mesmo sua própria *morte*. Se quisermos evitar essa autoconsumação, se quisermos que a imagem se conserve, é preciso parar, é preciso encontrar o meio de interromper o movimento antes de seu termo: *é preciso congelar o próprio processo*. Só após muitos testes, Talbot, assim como Niepce e Daguerre, por sua vez, acabarão por elaborar esse meio de *fixação* que detém o próprio processo da sensibilidade à luz. É somente quando esse último estágio tiver sido atingido que Talbot poderá exclamar:

> O fenômeno que acabo de descrever a meu ver participa do *maravilhoso*, quase tanto quanto qualquer fato que a pesquisa física trouxe ao nosso conhecimento. A coisa mais *transitória*, uma *sombra*, o emblema proverbial de tudo o que é *efêmero* e *momentâneo*, pode ser *acorrentado* pelo encanto de nossa "magia natural" e ser *fixado para sempre* na posição que ela parecia destinada a ocupar apenas por um curto instante.[23]

A fotografia jamais cessou de ser trabalhada pelo problema *do tempo*. Ela o fixa. Parada sobre a imagem. Sombra petrificada. Mumificação do índice. Foto-Medusa.

Mitologias com espelhos: Narciso, Medusa

Voltemos, como anunciado, à questão das "origens" da representação. Evoquei acima as grandes fábulas clássicas que nos contam histórias de sombra: a pintura, segundo elas, teria nascido no dia em que o homem teve a idéia de desenhar os contornos de uma sombra projetada numa parede. Sublinhou-se tudo o que aproximava essa representação dos princípios constitutivos da fotografia. Viu-se toda a parcela de índices que estava em jogo aí. Insistiu-se em toda uma série de dados: a relação amorosa e o desejo de conservar traços físicos de uma presença destinada a desaparecer, o trabalho sobre a temporalidade e o jogo complexo entre a duração e o instante, a presença marcada, numa das versões, do auto-retrato, com suas impossibilidades e seus paradoxos enunciativos etc.

Gostaria agora, para terminar o terceiro capítulo, de abordar duas grandes figuras mitológicas, *Narciso* e *Medusa*. Veremos no que se segue que não estamos abandonando as narrativas de "origem";

permaneceremos no campo do índice; jamais estaremos em outra parte, permaneceremos no auto-retrato e no paradoxo. Simplesmente à imagem por sombra sucederá a imagem por reflexo no espelho. A Plínio e Vasari sucederão Alberti, Filóstrato e Ovídio. E, se não falaremos mais direta e explicitamente da fotografia, esta não deixará de estar presente por um único instante, subterraneamente, de uma ponta a outra dessas páginas. Narciso e Medusa são igualmente as mitologias da fotografia. Seus espelhos. Seus fantasmas.

Narciso

No início de seu célebre *Della pittura*, como é tradicional em todos os tratados, Leone-Battista Alberti também questiona as origens da pintura, "essa pintura que, entre amigos, torna, por assim dizer presente a própria ausência". Como todo o mundo, ele indica a origem por desenho dos contornos da sombra transposta e lembra algumas referências vagamente históricas. No entanto, Alberti não será perseverante nesse caminho. Seu projeto não é de ordem histórico-filológica. Reside antes numa apreensão não factual da pintura como dispositivo teórico com suas apostas epistêmicas específicas. E é nessa perspectiva, evidentemente fundamental, que Alberti é levado, numa passagem célebre e citada com muita freqüência, a convocar a figura (e toda a fábula) de Narciso, na medida em que a mesma permite captar a Pintura não tanto em sua "origem", mas em sua "essência". Eis a famosa passagem:

> Sendo assim, tenho o hábito de dizer a meus amigos, de acordo com a fórmula dos poetas, que é Narciso, aquele que foi transformado em flor, que teria sido o inventor da pintura (*inventore della pittura*). E, aliás, se a pintura é a flor de qualquer arte (*la pittura fiori d'ogni arte*), toda a história de Narciso (*tutta la storia di N.*) cabe bem aqui. Dirás com efeito que pintar seja algo além de abraçar (*abbracciare*) desse modo, com arte, essa superfície, aqui, da fonte (*quella ivi superficie del fonte*)?[24]

Não vou com certeza propor um novo comentário desse texto difícil (a esse respeito é possível ler o belo artigo de Hubert Damisch: "D'un Narcisse, l'autre" — cf. nota 24). Vou me contentar em insistir sobre a última frase cujo sentido convém apreender bem para a seqüência de minha proposta. Apontarei em particular o importantíssimo *abbracciare*, que compreenderemos em todas as suas dimensões, ou seja, pelo

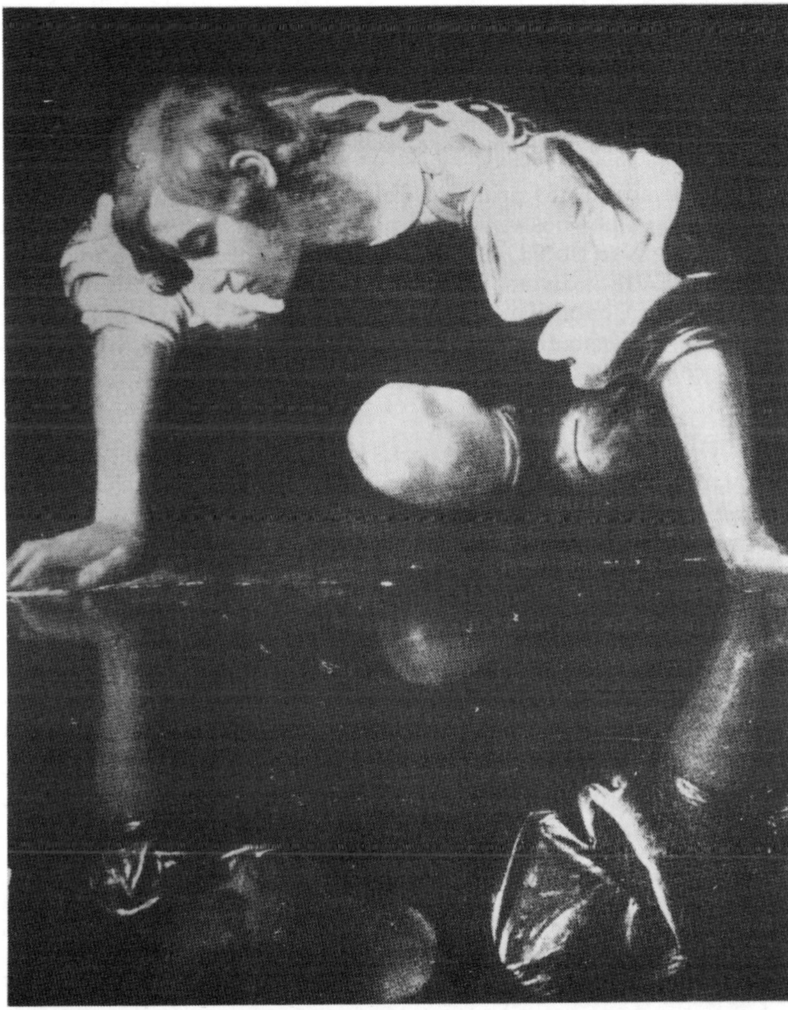

Caravaggio (atr.), *Narciso.*

menos com seu duplo sentido, espacial e amoroso: abraçar (uma superfície) com *o olhar*, isto é, envolver, circunscrever por completo: narcisismo e desejo de totalidade; e abraçar (um corpo) com os *braços* e com a *boca**: narcisismo e auto-erotismo. Podemos proporcionar uma imagem desse *abbracciare* polissêmico olhando, por exemplo, o *Narciso* atribuído a Caravaggio, amarrado por inteiro, construído numa circularidade — especularidade desejante. Por outro lado, sublinharei igualmente, no texto de Alberti, a insistência na superfície da última fórmula, uma superfície que parece de certa forma marcada por uma ambigüidade de estatuto, da qual se verá como é fundamental: *aqui, a fonte*, ou ainda, se quisermos, *a tábua-água***.

Colocadas essas primeiras referências e, como Alberti nos convida a isso, vamos nos voltar um pouco mais precisamente para essa "história de Narciso". Quais as relações da pintura com a mitologia narcísica? Entre as diversas "fontes" antigas da fábula (Ovídio, é claro, mas também Conon, Pausânias, Plotino, Plínio, Filóstrato...), vamos nos deter um instante na versão do último citado, provavelmente menos conhecida, mas particularmente interessante em nossa perspectiva.

O texto de Filóstrato (*Imagines* I, 23) nos diz respeito em primeiro lugar na medida em que é o único a evocar a história de Narciso *por intermédio da pintura*. A obra procede de fato por inteiro desse gênero literário, perfeitamente codificado e estabelecido que é a *ekphrasis*, ou descrição por textos em prosa de obras de arte que evocam em geral assuntos mitológicos. A questão da existência real ou não dos quadros descritos absolutamente não se coloca; o importante é a descrição como tal, como gênero de discurso. Em outras palavras, e é todo o interesse desse texto, que se apresenta como *uma galeria de retratos*, a evocação dos assuntos mitológicos nele é sempre trabalhada imaginariamente pela questão da representação pictural.

A 23ª das *Eikones* dessa Galeria apresenta-se portanto como um quadro que ilustra a lenda de Narciso. A descrição feita por Filóstrato

---

* Mais um jogo de palavras, desta vez com *embrasser*, que significa tanto abraçar quanto beijar em francês, daí o "abraçar com a boca" (N.T.).

** "Tábua-água" é a tradução literal de "tabl-eau", jogo de palavras possível em francês para formar a palavra "quadro" (N.T.).

inicia-se por uma frase absolutamente decisiva, que vai comprometer todo o dispositivo da pintura e da qual se compreende imediatamente como ela prolonga e explicita a fórmula final de Alberti sobre a duplicidade das superfícies: "Essa fonte pinta os traços de Narciso *como* a pintura pinta a fonte, o próprio Narciso e toda a sua história."[25]

Tal entrada no assunto, com toda a força, coloca de uma só vez toda a aposta da problemática: *há Narciso diante da fonte; há o espectador diante do quadro; e é a mesma relação que, em cada caso, une um ao outro.*

As conseqüências de tal afirmação são enormes. Se a imagem observada na fonte por Narciso é seu próprio reflexo "pintado" e se o quadro, como a fonte, é também uma pintura-"reflexo", então o que reflete será sempre a imagem do espectador que a observa, que nela se observa. Sou, portanto, sempre eu que me vejo no quadro que olho. Sou (*como*) Narciso: acredito ver um outro, mas é sempre uma imagem de mim mesmo. O que a proposta de Filóstrato nos revela finalmente é que *qualquer olhar para um quadro é narcísico.*

Vemos bem que o que autoriza essa formulação é de fato a sobreposição de duas instâncias, ou melhor, de dois níveis de representação, dos quais um inclui o outro. *Nível I* (intradiegético): Narciso olhando-se na fonte, jogo de espelho *no* universo da representação. A relação indiciária está aqui inteiramente integrada no enunciado, na história pintada. O *face a face* que o olhar para si no espelho implica está nesse nível totalmente amarrado nele mesmo, fechado sobre os dois protagonistas diegéticos que são Narciso e seu reflexo. Nós, espectadores, estamos excluídos dessa relação, fora do jogo, obscenos. Somos um terceiro termo ignorado, neutro; estamos posicionados num "ele" *voyeur* do casal "eu" / "tu". *Somos mantidos à distância (icônica) de sua relação de conexão (indiciária). Nível II* (extradiegético): o espectador olhando(-se) no quadro, jogo de espelho não mais no universo da representação, mas que é a própria representação, como processo pragmático. A relação narcísica opera aqui na enunciação, no discurso pictural; e não estamos mais cortados dessa relação; ao contrário, nela estamos plena e realmente implicados; o face a face com o quadro posiciona-nos como protagonistas por inteiro ("eu" diante de *nosso* "tu").

A manobra de Filóstrato, portanto, lembremos, é sobrepor esses dois níveis, colocar uma equivalência entre o narcisismo do enunciado e o da enunciação. Aqui encontramos, por intermédio do mito de

Narciso, todo o jogo (paradoxal) da sobreposição de instâncias que fundamentava o auto-retrato de sombra. Simplesmente aqui o espelho substituiu a sombra.

De um modo geral, o efeito da condensação de níveis operada por Filóstrato é lançar uma *turvação* sobre a representação que se vê por aí atingida por ambigüidades, autorizando insinuações e favorecendo confusões. Por exemplo, em seu discurso ekfrástico, Filóstrato esforça-se por descrever alguns detalhes ínfimos, aparentemente insignificantes e que só são interessantes na medida em que permitem justamente ao discurso descritivo jogar com os níveis de representação, introduzir a ambigüidade como se se tratasse de um *trompe-l'oeil**:

> Fiel à verdade, a pintura mostra-nos a gota de orvalho pendurada nas pétalas: uma abelha pousa na flor; não saberia dizer se ela é enganada pela pintura ou se somos nós que nos enganamos acreditando que ela existe de fato.

As coisas irão se complicar singularmente quando, parecendo resolver essas flutuações, Filóstrato volta a seu sujeito (Narciso) e finge denunciar os engodos e as ilusões da representação. Admoestando Narciso, pretende marcar bem as diferenças de nível:

> Quanto a ti, ó jovem, não é uma pintura que causa tua ilusão, não são as cores, nem uma cera enganadora que te mantêm acorrentado; tu não vês que a água te reproduz tal como tu te contemplas; não percebes o artifício dessa fonte, e contudo para isso bastaria inclinar-te, passar de uma expressão a uma outra, agitar a mão, mudar de atitude; mas como se acabasses de encontrar um companheiro, permaneces imóvel, esperando o que vai acontecer. Acreditas então que a fonte vai conversar contigo? Porém Narciso não nos ouve: a água cativou seus olhos e seus ouvidos...

Vemos a sutileza dos jogos de insinuação: ao mesmo tempo que reafirma indiretamente a equivalência de espelho entre o quadro e a fonte (da mesma maneira que podemos ser enganados pela imagem da abelha sobre a flor, Narciso é enganado por sua imagem reproduzida na água), Filóstrato parece querer dar uma lição de moral em

---

* Pintura que visa essencialmente criar, mediante artifícios de perspectiva, a ilusão de objetos reais em relevo. (N.T.)

Narciso fazendo-lhe o discurso do "não confunda", desempenhando o papel daquele que não se deixa cair na armadilha da representação. *Ora, todo esse discurso é feito numa linguagem familiar com seu personagem.* Durante toda a passagem, ele não cessa de admoestar, de dirigir-se a ele: "*tu* não vês que a água está *te* reproduzindo... *tu* não vês o artifício dessa fonte..., *tu* permaneces imóvel..." Em outras palavras, ao mesmo tempo que denuncia a ilusão de Narciso, que confunde seu reflexo com uma pessoa "real", Filóstrato, em seu próprio discurso, finge dirigir-se à *imagem* de Narciso como se esta fosse um personagem "real", tratando-a de forma familiar. O próprio espectador Filóstrato cai no jogo (na armadilha) que denuncia ao outro. Situação paradoxal de flutuação das categorias. Filóstrato, aliás, só pode deparar com esse paradoxo, pois chega inelutavelmente a essa pergunta, quase "mobiana" que faz a Narciso: "Acreditas então que a fonte vai conversar contigo?" (!) Essa frase sintetiza maravilhosamente toda a circularidade do dispositivo em que enunciado e enunciação se implicam especularmente na contradição. Para dela sair, só existe uma solução: o comentador deve voltar em sua narrativa à terceira pessoa, o que ele faz de imediato após sua questão muito paradoxal: "Mas Narciso não está nos ouvindo: a água...". Para sair do paradoxo, é preciso *sair do índice*, abandonar o jogo dos dêiticos puros para voltar ao narrativo. Permanecer nele é perder-se nele, como Narciso.

Observaremos que esse jogo de pronomes pessoais, que essa familiaridade com Narciso por parte do narrador como reflexo da familiaridade especular de Narciso consigo mesmo, é encontrado também, muito identicamente, na versão de Ovídio da fábula (*Metamorfoses* III, 430 e ss.). Como eco ao célebre monólogo de Narciso em que este desliza, na designação de seu reflexo, de um "ele" narrativo a um "tu" dialógico:

> "Estou seduzido, vejo (*video*), mas o que vejo e que me seduz, não posso pegar [assim é o narcisismo: Eu (me) vejo, portanto não sou, cesso de ser, renuncio — *video ergo non sum*]... E, para aumento da minha dor, nem a imensidão do mar nos separa, nem uma longa estrada, nem montanhas, nem muralhas com portões fechados: uma fina camada de água é tudo o que impede nossa união [onde vemos despontar, tematizada como tal, a lógica do *índice*, o princípio da *junção*, da proximidade física do signo e de seu objeto contra a idéia de um signo *separado*]. *Ele* aspira *ele* próprio a meu abraço; afinal toda vez que estendi os lábios a essas ondas límpidas, *ele*, a cada vez, com *sua* boca

invertida, *ele* tentou alcançar a minha. Acreditaríamos que podemos tocá-*lo*, tão frágil é o obstáculo entre nossos ardores [a parede, a tela, a superfície]. Quem quer que *tu sejas, sai, vem!* Por que, criança sem par, *brincas* comigo?" Etc. (O resto do "monólogo" prossegue com "eu" / "tu".)

Vemos que o próprio Ovídio, em seu texto, logo depois de ter dado, como narrador exterior à diegese, a "verdade" de seu personagem, que este só pode ignorar ("ele deseja-se, em sua ignorância, a si mesmo. Seus louvores, outorga-os a si mesmo. Os ardores que sente, ele os inspira..."), vemos que ele passa de repente desse "ele" da verdade a uma apóstrofe e a um "tu" da ilusão, e essa passagem corresponde com exatidão à *emergência da lógica indiciária* no dispositivo:

> O que *ele* vê? *Ele* o ignora. Mas o que vê o arrebata, e o mesmo erro que ilude seus olhos excita sua cobiça. *Crédula criança*, para que esses esforços vãos para prender uma ausência fugidia? O objeto de *teu* desejo não existe! O de *teu* amor, desvia-*te*, *tu* o farás desaparecer. Essa *sombra* que estás vendo [por mais de uma vez, Ovídio designa o reflexo como *sombra*[26]], é o reflexo de tua imagem. *Ela nada é por si mesma, é contigo que apareceu, que persiste, e tua partida a dissiparia*, se tivesses a coragem de partir!

Eis o fundamento da questão: *o narcisismo é o índice*, o princípio de uma aderência real do sujeito a si mesmo como representação, em que o sujeito só pode se perder, naufragar — *exceto se justamente sair do índice*, exceto se cortar essa relação circular e especular de co-presença a si mesmo como outro, exceto se renunciar aos dêiticos (o autodiálogo "eu" / "tu") para entrar no narrativo ("ele"). Encontramos aqui, é claro, no campo da representação indiciária (a pintura e sua fase do espelho), essa polaridade elementar do par dialógico (eu/tu), como própria a qualquer sujeito, ou seja, inscrita na própria constituição da subjetividade. Benvéniste: "A linguagem só é possível porque cada locutor se coloca como *sujeito* remetendo a si mesmo como *eu* em seu discurso. Por isso, *eu* coloca uma outra pessoa, aquela que, por mais exterior que seja a 'eu', torna-se um *eco* ao qual eu digo *tu* e que me diz *tu*."[27]

Medusa

Lembremos — através dessas notas sobre algumas figuras mitológicas, através dos desdobramentos de Narciso diante de seu reflexo, de nosso próprio olhar narcísico para qualquer quadro, através de todos os jogos de sobreposições de instâncias, todos os abismos e todas as perdas, através da história dos medos e temores suscitados pela cabeça de Medusa, desses congelamentos, dessas petrificações, dessas pequenas mortes, desses enrijecimentos e degolações — que só se trata de Fotografia, ainda, e sempre, e mais do que nunca. E mesmo do que a fundamenta essencialmente: o auto-retrato fotográfico, ou a fotografia voltando a ela mesma, voltada como um dedo que desafia (um indicador), como olhos transtornados. Eis a fotografia pega na vertigem do nó que a amarra e do buraco que a afasta.

A fim de desenvolver bem todo o dispositivo colocado pelo mito (e pela metáfora) da Medusa, seguiremos passo a passo o texto lendário.

Havia portanto três irmãs, três *Górgonas*, filhas de divindades marinhas, das quais duas eram imortais e a terceira não. O nome da última era Medusa, as outras chamavam-se Euríale e Esteno. Muitas vezes atribuiu-se apenas à Medusa o nome de Górgona, tanto ela foi *a* Górgona por excelência. *Gorgos* em grego é o próprio nome do medo: atemorizante, terrível, aterrorizante.

Antes de ser um monstro de horror e medo, a Medusa era, de acordo com a lenda (Ovídio, *Metamorfoses*, IV, 790-803), uma mulher "de beleza resplandecente, que fizera nascer as esperanças ciumentas de muitos pretendentes". Em particular, "em toda a sua pessoa, nada havia que mais atraísse os olhares do que seus cabelos." É portanto exatamente por aquilo que constituía todo o brilho de sua beleza que ela será punida por Atena-a-ciumenta: por ter seduzido Poseidon, que a violou no templo de Minerva — enquanto a deusa "desviava os olhos e cobria seu casto rosto com sua égide —, sua bela cabeleira seria transformada num magma fervilhante de serpentes, e qualquer um que se aproximasse e caísse sob o golpe de seus olhos sedutores seria de imediato transformado em pedra. Existem assim originalmente duas Medusas em uma: o fascínio e a repulsão, a sedução e o medo, ambos selados no gozo mortífero do contato impossível.

Homero nos conta no canto XI da *Odisséia* que a Medusa vigia a soleira do país de Hades. Ela é do domínio da Noite e das Trevas, habitando essas regiões desérticas do Extremo-Ocidente, às portas do Inferno, nos confins do Reino dos Mortos, cuja entrada guarda com ferocidade. Jean-Pierre Vernant escreve:

> *Gorgô* está em casa no país dos mortos cuja entrada proíbe a qualquer homem vivo. Seu papel é simétrico ao de Cérbero: ela impede que o vivo penetre na casa dos mortos (Cérbero impede o morto de retornar para junto dos vivos). (...) Do fundo do Hades, onde mora, a cabeça de *Gorgô* vigia. Sua máscara exprime e mantém a alteridade radical do mundo dos mortos do qual nenhum ser vivo pode se aproximar. Para transpor o limiar, é preciso enfrentar a face do terror e se transformar, sob seu olhar, à imagem de *Gorgô*, no que os mortos são: cabeças, cabeças vazias, despojadas de sua força, de seu ardor.[28]

E Vernant acrescenta:

> Na morte, essa cabeça à qual somos reduzidos, essa cabeça a partir de então inconsistente e sem força, é semelhante à *sombra* de um homem ou a *seu reflexo num espelho*.[29]

A Medusa portanto, tornada absolutamente inacessível — aquela que não é possível olhar sem morrer, sem ser petrificado em estátua, transformado em objeto de representação —, a Medusa era ela própria protegida por suas duas irmãs que vigiavam suas terras e, como diz ainda a fábula, "compartilhavam o uso de um olho único" para garantir a vigilância.

Todos sabem que Perseu foi o herói cuja missão era ir combater as Górgonas e trazer a cabeça cortada da Medusa. Amado pelos deuses, para sua expedição Perseu recebeu de Hermes tornozeleiras aladas que lhe permitiam voar, de Hades, seu capacete e sua espada afiada como uma navalha, e de Atena sobretudo o famoso escudo de superfície polida como um espelho. Aqui, para apreender bem todo o dispositivo, devemos acompanhar com precisão a narrativa da caminhada de Perseu em toda a sua dimensão simbólica. Como Perseu pode lutar contra essa arma absoluta do olhar que mata à distância? Como chegar ao *contato* com a Medusa? Como fazê-lo sem ser visto? Todos sabem que Perseu usará o ardil, um *ardil* singular: o da *retorsão*, por meio do reflexo no espelho. Ele, o fraco, que parece vencido de antemão, voltará literalmente contra seu adversário sua própria força assassina. Porém essa inversão ilustre é cercada no texto do mito por uma série de dados conexos, importantes principalmente porque vêm colocar em *perspectiva* o dispositivo-Medusa[30].

Assim, na narrativa ovidiana, Perseu conta as etapas de sua conquista. Um primeiro ardil para penetrar no território proibido.

> Ao pé do Atlas gelado, existe, protegido por uma fortaleza sólida e espessa, um lugar em cuja entrada moravam as duas irmãs, filhas de Forcis, que compartilhavam o uso de um único olho. Às escondidas, graças a um ardil hábil, no momento em que uma transmitia o olho à outra, colocando sua mão no lugar da mão estendida, ele apoderou-se...

Eis a primeira peça do dispositivo: o herói dispõe do olho, um olho único como na perspectiva, do qual se apoderou pelo ardil de uma *substituição* hábil — figura central que vai conduzir toda a *inversão* operada por Perseu —, aproveitando do instante vazio de uma passagem, só da fração de tempo vazio em que o olhar de vigilância das Górgonas não se exercia (o momento certo a ser aproveitado, como na foto, em que o olho é roubado).

Depois, a narrativa continua. Agora que transpôs a entrada proibida e que tem o olho, deve atravessar o espaço, realizar o percurso do olhar que o leva a seu objeto:

> Depois, por trilhas escondidas e desvios na estrada, através de rochedos eriçados de florestas escarpadas, alcançara a morada da Górgona; aqui e ali, por campos e estradas, vira figuras de homens e animais ferozes que haviam perdido sua aparência primitiva porque haviam sido petrificados por terem visto Medusa.

Munido do olho roubado, transpondo o espaço às avessas, como que remontando o curso do olhar de Medusa, Perseu cruza em seu caminho com todos os tipos de figuras, homens e animais, petrificados, imobilizados, mumificados, transformados em figuras, em máscaras, em estátuas, "petrificados por terem sido vistos". Perseu atravessa, portanto, impunemente o campo de morte da representação, juncado de corpos marmorizados, de restos e de ruínas humanas.

Uma vez cumprida sua trilhagem visual, ele encontra-se, se é possível dizer, ao pé da obra: *diante* do monstro de Olhar inacessível. Terceira etapa: como, para matar o adversário, ter contato com ele sem ser petrificado, imobilizado *no lugar*, ali onde se está, no lugar *do ponto de vista*, de onde se observa esse "mau-olhado"[31], que parece conseguir manter toda a sua distância no afastamento infinito e de imediato mortífero *do ponto de fuga*? Já dissemos, o ardil de Perseu será remontar o espaço do olhar protegendo-se atrás do escudo polido, portanto devolvendo para a Medusa seu próprio olhar mortal, que vai repercutir no espelho que o herói lhe estende para atingi-la na volta —

maneira de rebater o ponto de vista para o ponto de fuga, de fazer funcionar ao contrário a maquinaria do olhar. Assim é a retorsão: Perseu substitui seu próprio olho, frágil e suscetível de petrificação pelo olho de bronze de seu escudo-espelho, ou seja, pelo próprio olhar de Medusa, cuja força assassina se volta instantaneamente contra ela. Olho do temor literalmente *transtornado*. Medusa petrificada, captada *no próprio instante* em que (se) petrifica, em que ele congela e se congela de medo.

É bem aqui, no próprio centro da petrificação, que a figura mítica exibe todos os seus efeitos. Um dos menores não é aquele que se deve à reversibilidade essencial do dispositivo, à possibilidade de fazer agir na troca o terrível vaivém do face a face. Vernant não se enganou:

> Ver a Górgona, é olhar dentro de seus olhos e, por meio do cruzamento dos olhares, cessar de sermos nós mesmos, de estarmos vivos para nos tornarmos, como ela, poder de morte. (...) No face-a-face da frontalidade, o homem se estabelece em posição de simetria com relação ao deus. (...) Estabelece-se, conseqüentemente, entre o homem e o deus uma contigüidade, uma troca de condição que pode chegar até à confusão, à identificação, mas nessa própria proximidade instaura-se o desarraigamento de si, a projeção numa alteridade radical, a distância maior inscrevendo-se na intimidade e no contato. (...). *Quando você encara Gorgô, é ela que o transforma naquele espelho em que, transformando-o em pedra, mira sua face terrível e reconhece-se ela própria no duplo, no fantasma que você se tornou a partir do momento em que enfrenta seu olhar.*[32]

Outro efeito importante é aquele que se refere ao *tempo* próprio da petrificação. Todo o processo de vaivém do olhar se faz *no instante*. Essa noção de *instante*, com o vazio que constitui seu oco, é decerto importante. Basta refletir nisso: para que a espada de ouro de Perseu, cortante como uma navalha, possa decapitar efetivamente a Górgona, é necessário que a última ainda não tenha se transformado em estátua de pedra, sob a pena de a arma se estragar seriamente. Em outras palavras, deve-se levar bem em conta que a estocada do herói ocorre no instante preciso da autopetrificação, no próprio centro, infinitesimal, desse instante *que está se produzindo*, na *distância*, mesmo teórica, desse instante: enquanto a Medusa já não é mais de carne e ainda não é de pedra, nem uma coisa, nem outra, mas na *falha* que separa esses dois momentos, no interstício em que a violência agressiva que se

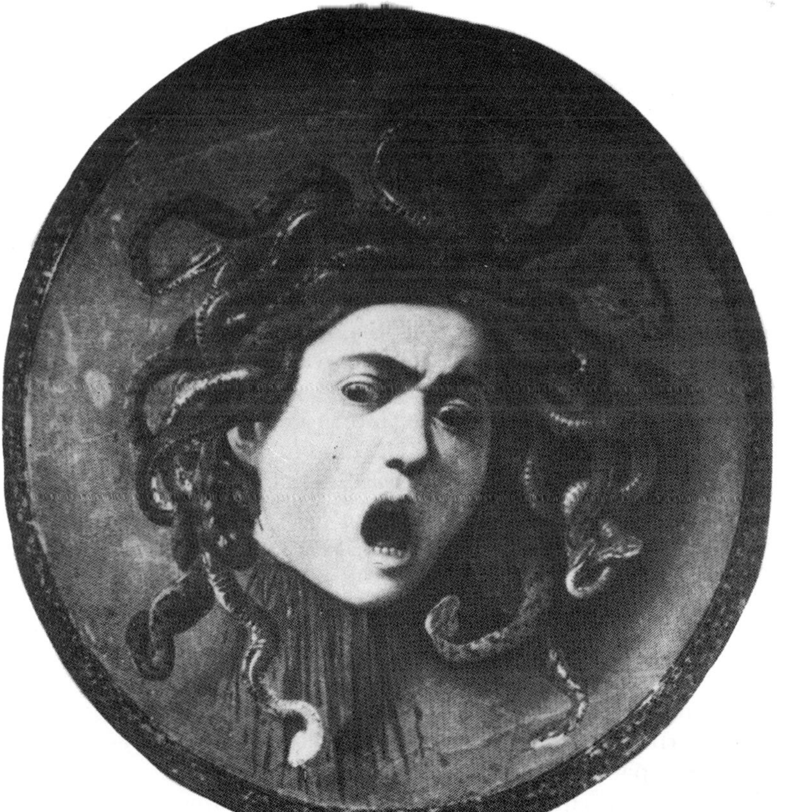

Caravaggio, *Cabeça de Medusa.*

lança para enregelar de terror aquele que ela acredita ser o Outro se transforma em pânico diante da visão instantânea desse outro que é ela mesma.

É exatamente essa *visão instantânea*, esse corte no tempo, bem como no espaço, que o quadro da "Cabeça de Medusa", pintada por Caravaggio, nos mostra. Vemos aqui toda a diferença com o "Narciso" do mesmo autor. Aqui, a representação frontal nos posiciona diretamente, espectadores do quadro, no jogo do face-a-face (auto)medusante (lembremos que, na Grécia arcaica, *todas* as representações de cabeça de Górgona, sem qualquer exceção, e ao contrário das convenções figurativas em uso, mostram-na igualmente *de frente* — cf. Vernant). Há nisso uma maneira de repetir na própria pragmática do quadro (a enunciação) o dispositivo-Medusa que nele está representado (o enunciado). Acrescentando-se, em Caravaggio, o fato de que esse *suporte* do quadro é ele próprio identificado com o objeto mítico do escudo-espelho — o todo intensificando-se ainda mais se soubermos que, de acordo com alguns historiadores da arte, tudo indica nos traços do rosto dessa Medusa caravagesca, um auto-retrato do pintor quando jovem! O face a face de Medusa com ela própria, *onde tudo se liga* (vaivém instantâneo do olhar mortífero, agressão *e* medo, enrijecimento *e* degolação, ereção *e* castração etc.), é assim não apenas da ordem do representado, da história pintada, mas também faz a própria representação. Como diz Louis Marin, que analisou magnificamente todo esse dispositivo (*Destruir a pintura*), "é um quadro *de decapitação*, não a princípio a narrativa icônica de uma decapitação, mas a própria decapitação, pois o próprio quadro é, ele mesmo uma cabeça cortada"[33]. Nesse sentido, essa obra de terror é o emblema de qualquer (auto-) representação.

Para concluir, voltemos à fábula. Uma vez dado o golpe — um raio invertido —, sabe-se o que aconteceu com a cabeça cortada: inscreve-se para sempre no escudo — o espelho, como o papel fotográfico, deixando que a imagem se imprima unicamente pela força do olhar petrificador —; e, sobretudo, continua a exercer sistematicamente seu poder além de sua própria morte. Atlas, Fineus, Polidectes e tantos outros adversários de Perseu tiveram a sua experiência siderante. Essa perpetuação da medusação *na representação* foi tal que a face da Górgona (pintada, esculpida, gravada etc.) tornou-se um símbolo terrível de poder guerreiro tanto ofensivo quanto defensivo: a partir de então, no mito e na maioria de suas representações, Atena carrega a cabeça da Medusa no centro de sua égide (ou em seu escudo), signo de que ela pode transformar dessa maneira em pedra todos os seus inimigos apenas pela aparição aterrorizante. Da mesma maneira, são inúmeras as representações da cabeça da Medusa em escudos ou couraças dos Príncipes, nas paradas tanto quanto nos combates. A figura desempenha aí plenamente seu papel de *apotropaion*: congelar de medo o adversário erigindo-se como força literalmente impossível de se olhar, obrigando o a desviar os olhos, a se afastar do Terror paralisante. (Ver por exemplo o escudo e a couraça ornadas da cabeça apotropaica que estão no museu do Bargello em Florença, que são os de Cosme I de Médicis, precisamente aquele que recebeu de presente (de casamento!), o quadro-escudo pintado por Caravaggio.

Erigida assim em figura de proa, essa máscara petrificante, sempre colocada à frente, como sendo nosso próprio espelho, designa, no próprio centro de qualquer figuração, a angústia absoluta e fascinante de nela vermos nossa própria imagem, de morrermos por isso e com isso usufruirmos — nossa própria imagem sempre mascarada em sua própria exibição e sempre exibida atrás de sua própria máscara e por meio dela.

> Vernant: "a face de *Gorgô* é uma máscara; mas, em vez de a usarmos para imitar o deus, essa figura produz o efeito de máscara simplesmente olhando em nossos olhos. Como se essa máscara não tivesse abandonado o seu rosto, não se tivesse separado de você senão para se fixar diante de você, como sua sombra ou seu reflexo no espelho, sem que você possa se desprender dela. É o seu olhar que é aprisionado na máscara."[34]

A ambivalência da figura é a esse respeito total e constitui todo o seu poder de nó e buraco: atração *e* repulsão, violência *e* temor, vida *e* morte, ereção *e* castração, masculino *e* feminino...

Na leitura que fez do mito (*Das Medusenhaupt*), Freud apontou especialmente essa ambivalência sistemática:

> Se a cabeça de Medusa é um substituto da representação do sexo feminino, ou melhor, se ela isola seu efeito de abalo, de medo, do que ele desperta de prazer, é possível então lembrar-se que mostrar o sexo é, aliás, conhecido como um ato apotropaico. (...) Da mesma maneira o membro viril exerce a função de *apotropaion*, mas de acordo com um outro mecanismo. (...) Decapitar = castrar. O medo da Medusa é portanto o medo da castração ligado à visão de algo. (...) Nas obras de arte, o

tosão da cabeça de Medusa é representado com freqüência sob a forma de serpentes, as quais, por sua vez, derivam do complexo de castração; e, fato notável, por mais aterrorizantes que sejam por si mesmas, contribuem para mitigar o horror, pois são substitutos do pênis, cuja carência é a causa do horror. Uma regra técnica: aqui está confirmado que a multiplicação dos símbolos do pênis significa a castração. A visão da cabeça da Medusa congela o espectador de medo, petrifica-o. A mesma origem que no complexo de castração e a mesma transformação do afeto! Pois enrijecer significa a ereção; assim, na situação original, o espectador consola-se por se garantir de que tem ainda um pênis, por seu enrijecimento.[35]

Portanto: eis não uma foto (uma chapa), mas a própria *fotografia*, tal como nela mesma, o absoluto do olhar, seu espelho, sua máscara.

Não existe nada
A não ser um sexo. A não ser uma única foto do sexo de uma mulher.
Portanto: a não ser um único sexo. (...)
onde está aquele que pode fazer algo se sustentar, em suma fazer qualquer sentido se exprimir *diante disso*? (...)
Observar o sexo de uma mulher nua, coxas abertas, *olhá*-lo é estar diante de um proibido absoluto: diante do que não pode ser visto. Pena incorrida, danação, perigo imanente, nada explica; nada pode ser pensado ou imaginado nesse instante de *caos opaco absoluto*. (...)
No fundo, quem olha o sexo de uma mulher nua, coxas abertas, está diante da Medusa, da efígie terrível, da cabeleira de serpentes, desse rosto que é uma boca sem mentira e sem verdade, boca de sombra mortal, "rosto" em abismo, olhar encarado. Não se agüenta mais: fica-se mudo e morre-se.

Denis Roche
O olhar de Orfeu.

Em seguida, levantei-me e, afastando as coxas de Simone, que se deitara de lado, encontrei-me diante daquilo que, imagino-o assim, esperava desde sempre da mesma maneira que uma guilhotina espera um pescoço para cortar. Parecia-me até que meus olhos saíam da cabeça como se tivessem se tornado eréteis de horror; vi exatamente, na vagina felpuda de Simone, o olho azul pálido de Marcelle, que me olhava chorando lágrimas de urina.

Georges Bataille
História do olho.

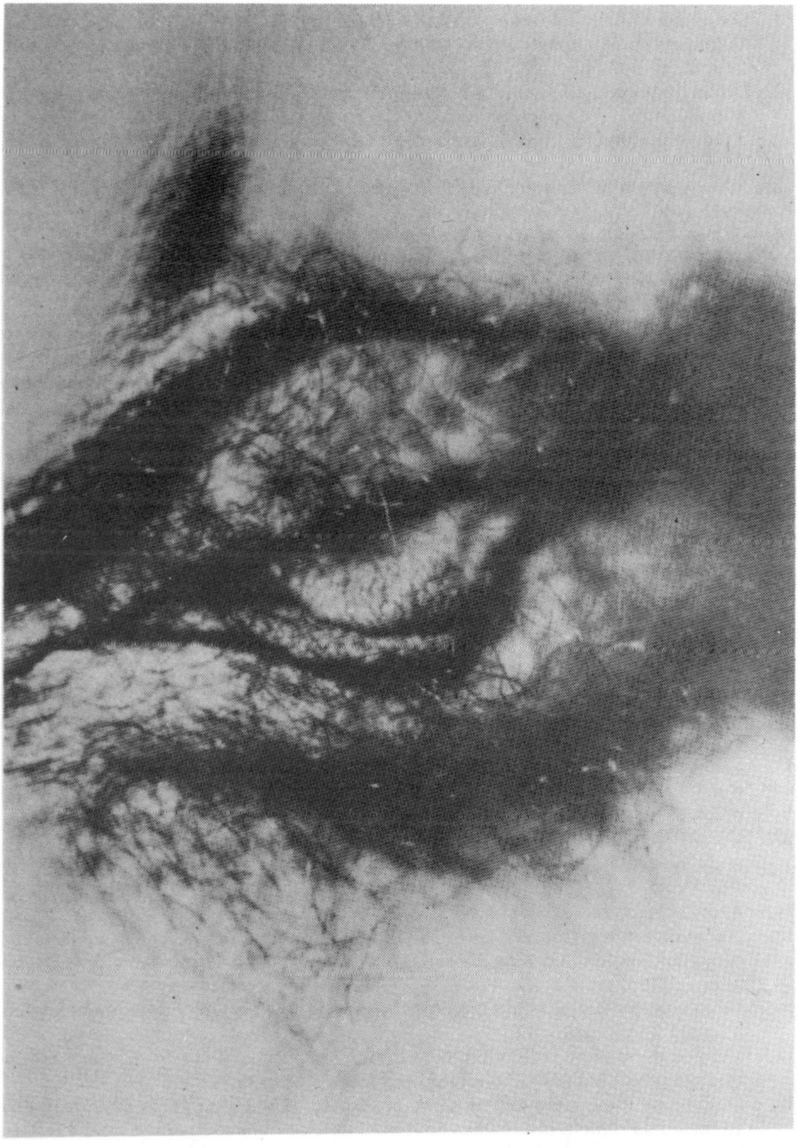

Henry Maccheroni, *Uma das "duas mil fotos do sexo de uma mulher".*

NOTAS

1. Rosalind Krauss, "Notes on the index: Seventies arts in America", em *October*, nº 3 (parte I) e nº 4 (parte II), Nova York, MIT Press, 1977. Tradução francesa em *Macula*, nº 5-6, Paris, 1979, p. 175.
2. Além do texto citado na nota 1, ver igualmente "Marcel Duchamp ou le champ de l'imaginaire", em *Langage et ex-communication I*, atas do colóquio internacional de Liège editados por Philippe Dubois e Yves Winkin em *Degrés*, nº 26-27, Bruxelas, 1981.
3. Georges Bataille, *Lascaux ou la naissance de l'art* (apêndice), Paris-Genebra, Skira, 1955.
4. Suvee, *Uitvinding Tekenkunst*, Bruges, Groeningenmuseum (cota 0.132.1).
5. David Allan, *L'origine de la peinture*, 1745, Edimburgo, National Galleries of Scotland.
6. A escultura passaria portanto *pela* pintura.
7. Plínio precisa ainda que esse *typum*, essa "escultura" foi conservada em Corinto no templo dos Ninfeus, até o dia em que Mummius tomou e arrasou a cidade. Ou seja, mais uma vez: *o protótipo desapareceu.* Apenas textos, descrições e fábulas designam-nos ainda sua existência (Real? Fictícia?).
8. Leonardo da Vinci, Ms 2038 da Biblioteca Nacional da França (folhas 21, 22, 29, 30).
9. Essa carta de E. Barrett é citada por Susan Sontag na breve antologia que conclui *La photographie* (Paris, Seuil, col. Fiction & Cie, 1979).
10. "Pois quando a Bíblia nos diz que Deus fez o homem à sua imagem, o que diz senão que o homem é o auto-retrato de Jeová? O homem, imagem de Deus. De que Deus? De Deus modelando sua própria imagem no limo, ou seja, a imagem de um *criador se criando.* Tocamos aí na essência do auto-retrato: é o único retrato que reflete um criador no próprio momento do ato da criação." (Michel Tournier, *Des clefs et des serrures. Images et proses*, Paris, Chêne/Hachette, 1979, p. 99).
11. Remeto para esses problemas de auto-retratos em pintura aos trabalhos atuais de René Payant, principalmente à "Picturalité et autoportrait: la fiction de l'autobiographie", em *Degrés (Langage et ex-communication I)*, nº 26-27, 1981 (atas do colóquio de Liège, editados por Philippe Dubois e Yves Winkin).
12. Jean Otth, "Le portillon de Dürer", em *Vidéo-corpus (La vidéographie dans tous ses états)*, Lausanne, Institut d'Études et de Recherches en Information Visuel, dossiê nº 10, 1979, pp. 48-49.
13. Gérald Minkoff, "Copernic = ciné corp", em *Vidéo-corpus, ibid.*, pp. 43-44. Ver também o catálogo da retrospectiva *Gérald Minkoff — vidéo 1970-1975* na I.C.C. de Antuérpia.
14. Arthur Tress, *Shadow*, Nova York, Avon Publisher, 1975.
15. Há muitas obras sobre a questão. Entre as publicações recentes, poderíamos consultar Jacques Perriault, *Mémoires de l'ombre et du son. Une archéologie de l'audio-visuel*, Paris, Flammarion, 1981.
16. Essas citações (Cartier-Bresson, White, Minolta) provêm de Susan Sontag, *op. cit.* (cf. nota 9), pp. 203 e 217.
17. Ver por exemplo a nota "Comment l'ombre projetée n'a jamais même grandeur que sa cause", Ms 2038, Biblioteca Nacional da França, 29 v.
18. De fato, se fosse completamente transparente (como uma placa de vidro), esse suporte-tela remeteria a instalação descrita a algo bem comparável com a famosa técnica descrita principalmente por Leonardo da Vinci: "Para representar uma cena corretamente, pegue um copo do tamanho de meia folha de papel folio real

e fixe-o bem diante de seus olhos, ou seja, *entre seu olho e o que você quiser representar.* Depois afaste seu olho em dois terços de braça do vidro e *fixe* a cabeça por meio de um instrumento de modo a impedi-lo de fazer qualquer movimento; feche ou abra um olho e, com um pincel ou um lápis apontado fino, *marque no vidro o que é visível além dele; reproduza-o* em seguida *decalcando* o vidro num papel, depois *transporte-o* para um papel de qualidade superior e pinte-o se quiser." Ms 2038, Biblioteca Nacional da França, 24 r.

19. O texto de referência é de E. Kant, *Du premier fondement de la différenciation des régions dans l'espace* (1768), publicado em *Opuscules précritiques*, Paris, Vrin, 1970.
20. Beaumont Newhall, *L'histoire de la photographie depuis 1839 et jusqu'à nos jours*, Paris, Ed. Bélier-Prisma, 1967, p. 12.
21. William Henry Fox Talbot, "Algumas observações sobre a arte do *'Photogenic drawing'*, ou o processo pelo qual objetos naturais podem ser reproduzidos por si mesmos sem o lápis do artista", em *Bulletin de la Royal Society of Great Britain*, 31 de janeiro de 1839; texto retomado na antologia editada por Beaumont Newhall, *Photography: essays & images. Illustrated readings in the history of photography*, Londres, Secker and Warburg, 1980.
22. *Ibid.*
23. *Ibid.*
24. Citado a partir da tradução de Hubert Damisch, "D'un Narcisse, l'autre", em *Nouvelle Revue de psychanalyse (Narcisses)*, nº 13, 1976, pp. 113-114.
25. Citado a partir da tradução francesa de A. Bougot em *Philostrate l'ancien, une Galerie antique*, Paris, 1881. Encontraremos o texto grego nos Clássicos Loeb. As outras citações que se seguirão serão tiradas dessa mesma edição Bougot.
26. Por exemplo: "Enquanto bebe, seduzido pela imagem de sua beleza, que vê, apaixona-se por um reflexo sem consistência, confunde com um corpo o que não passa de *uma sombra*" (Ovídio, *Metamorfoses* III, 420 e ss.).
27. Émile Benvéniste, "De la subjectivité dans le langage" (1958), em *Problèmes de linguistique générale*, I, Paris, Gallimard, 1966.
28. Jean-Pierre Vernant, "L'autre de l'homme: la face de *Gorgô*", em *Le racisme, mythes et sciences. Pour Léon Poliakov*, sob a direção de Maurice Olender, Bruxelas, Ed. Complexe, 1981, pp. 141-155 (cit. p. 144).
29. *Ibid.*, p. 144.
30. Só posso remeter para uma análise detalhada ao estudo notável de Louis Marin sobre o mito de Medusa e sobre sua representação no célebre quadro de Caravaggio (*Testa di Medusa*) em *Détruire la peinture*, Paris, Galilée, 1977.
31. Jacques Lacan: "O mau-olhado é o *fascinum*, é aquilo cujo efeito detém o movimento e literalmente mata a vida. No momento em que o sujeito pára suspendendo seu gesto, está mortificado." (em *Les quatre concepts fondamentaux de la psychanalyse, Séminaire XI*, Paris, Seuil, 1973, p. 107).
32. Jean-Pierre Vernant, "L'autre de l'homme: la face de *Gorgô*", *art. cit.* (cf. nota 28), p. 153.
33. Louis Marin, *Détruire la peinture, op. cit.* (cf. nota 30), p.133.
34. Jean-Pierre Vernant, "L'autre de l'homme: la face de *Gorgô*", *art. cit.* (cf. nota 28), p. 153.
35. Sigmund Freud, *Das Medusenhaupt* (14 de maio de 1922), em G.W., XVII (1941), 47. Tradução francesa de J.D. Nasio e G. Taillander em *Ornicar*, nº 5, Paris, inverno de 1975-1976, pp. 86-87.

Capítulo 4

O GOLPE DO CORTE
A questão do espaço e do tempo no ato fotográfico

Depois do *índice*, o *corte*. Depois da questão da relação da imagem com o real, a questão de sua relação com o *espaço* e com o *tempo*. Aqui tudo vai girar em torno da noção de *corte*. Como tal, indissociável do ato que a faz ser, a imagem fotográfica não é apenas uma impressão luminosa, é igualmente uma impressão trabalhada por um gesto radical que a faz por inteiro de uma só vez, o gesto do corte, do *cut*, que faz seus golpes recaírem ao mesmo tempo sobre o fio da duração e sobre o contínuo da extensão. Temporalmente de fato — repetiram-nos o suficiente — a imagem-ato fotográfica interrompe, detém, fixa, imobiliza, destaca, separa a duração, captando dela um único instante. Espacialmente, da mesma maneira, fraciona, levanta, isola, capta, recorta uma porção de extensão. A foto aparece dessa maneira, no sentido forte, como uma *fatia*, uma fatia única e singular de espaço-tempo, literalmente *cortada ao vivo*. Marca tomada de empréstimo, subtraída de uma continuidade dupla. Pequeno bloco de *estando-lá*, pequena comoção de aqui-agora, furtada de um duplo infinito. Pode-se dizer que o fotógrafo, no extremo oposto do pintor, trabalha sempre *com o cinzel*, passando, em cada enfocamento, em cada tomada, em cada disparo, passando o mundo que o cerca pelo fio de sua navalha.

É esse trabalho do corte fotográfico, sob seus diversos aspectos e com suas apostas essenciais, que quero questionar. Abordarei sucessivamente a questão do *corte temporal* em primeiro lugar, em seguida a do *corte espacial*, sabendo, é claro, que os dois cortes têm pelo menos partes vinculadas e que se fazem absolutamente no mesmo movimento — justamente o do *ato* fotográfico.

Devemos observar, antes de começar, que o princípio geral da *imagem-ato*, que guiou todo esse trabalho, conduz logicamente a considerar que *qualquer fotografia é um golpe* (uma jogada), qualquer ato (de tomada ou de olhar para a imagem) é uma tentativa de "fazer uma jogada" (dar um golpe) — exatamente como numa partida de xadrez: temos objetivos (mais ou menos nítidos), passamos ao ato, e vemos o que ocorre depois do golpe (da jogada) (do corte). Eis *o jogo*. Não se coloca a questão da Verdade ou do Sentido — pelo menos no absoluto. A única questão é a da pertinência ou da eficácia contingente: fracassa-se ou obtém-se sucesso enquanto golpe (jogada). Nesse sentido, a fotografia é uma partida sempre em andamento, onde cada um dos parceiros (o fotógrafo, o observador, o referente) vem *arriscar-se* tentando fazer a jogada certa. Todas as artimanhas são válidas. Todas as oportunidades devem ser aproveitadas. E, logo após cada jogada, passa-se à seguinte (a *compulsão da repetição* é algo essencial ao ato fotográfico: não se tira *uma* foto, a não ser por frustração; tira-se sempre uma série — metralhemos em primeiro lugar, a seleção vem depois —; só há satisfação em fotografar a esse preço: repetir não esse ou aquele assunto, mas *repetir a tomada* desse assunto, repetir o próprio ato, recomeçar todo o tempo, recuperar, como justamente na paixão do jogo, ou como no ato sexual: não conseguir se dispensar de acertar seu tiro[1]). E a cada jogada, todos os dados podem ser mudados, todos os cálculos devem eventualmente ser refeitos. Em foto, tudo é um problema de *sucessividade*. É a lógica do ato: local, transitória, singular. O tempo todo *refeita*, a foto, em seu princípio, é da ordem do performativo — na acepção lingüística do termo (quando dizer é fazer), bem como em seu significado artístico (a "*performance*").

É claro que numa tal perspectiva do ato fotográfico como jogada (golpe), há um certo número de regras, implícitas ou não, que funcionam, um certo número de códigos que atuam, que são aceitos ou não pelos parceiros. São as jogadas (os golpes) de apenas um desses códigos que nos deterão nesse último capítulo: os *golpes do corte*. Estão no centro do ato e constituem indiscutivelmente uma questão teórica.

O corte temporal

Vou começar por três pequenas narrativas, que correspondem a pequenos *flashes*, pequenos clichês, pequenas anamneses. Três reflexões sobre a descontinuidade da temporalidade fotográfica.

1. Minha memória detida

Eis, muito banalmente, uma historinha, uma lembrança pessoal despertada por uma fotografia. Aos cinco anos, em férias na costa belga, em Oostende, encontrei-me num dia de julho envolvido num desses passatempos de praia rituais organizados para as crianças com o intuito de ocupá-las, ou seja, a fim de fazê-las, de certa maneira, *matar o tempo*. O concurso não passava de uma trivial corrida a pé sobre o dique: cobrir 300 metros por prêmios irrisórios. Acontece que naquele dia, por acaso, eu liderava com folga a corrida a 25 metros da linha de chegada. No momento em que estava quase vencendo, vejo atrás das barreiras em que ficavam os pais e as famílias, meu próprio pai, que imagino estivesse contente e que mira em minha direção sua máquina fotográfica para fixar o feito para a posteridade. Ao ver o aparelho, ao pensar provavelmente que eu seria "preso" pela película, *paro de uma vez* e fixo meu pai que me fixa. Recuperando-se de sua surpresa — mas feita a foto —, este cansou-se de berrar para que eu continuasse, para que eu voltasse à corrida, tornasse a correr. De nada adiantou. Eu permaneceria imóvel em meio aos gritos, completamente petrificado — *a foto está aí para mostrar*. Todos os outros participantes do concurso que haviam ficado para trás, acabariam por desfilar *às minhas costas*. Nem mesmo atravessaria a linha de chegada.

Por mais insignificante que pareça, essa historia não deixa de ter hoje para mim um valor exemplar: *a foto (me) detém*. O curso do tempo, sob a forma de corrida (que é sempre contra o tempo), continua a desenrolar seu fluxo, mas atrás de mim, "às minhas costas". E eu o ignoro, alienado desse tempo, desse tempo que corre. Eu parei, a foto imobilizou-me de uma vez por todas. O curso, a corrida, o Tempo não têm validade *aos olhos* da fotografia. O ato fotográfico corta, o obturador guilhotina a duração, instala uma espécie de fora-do-tempo (fora-da-corrida, *hors-concours* [fora do concurso]). E como sujeito pego nesse fora-do-tempo, pego na tomada, no golpe fotográfico e por ele, torno-me como suspenso, enregelado, fixado numa imagem que hoje me aparece, quando a olho, não como uma *lembrança de corrida* (a-corrida-que-eu-poderia-ter-vencido), mas como uma *lembrança de parada,* de congelamento, de escapada do mundo que continua sem mim. Essa foto não me restitui a memória de um percurso temporal, mas antes a memória de uma experiência de corte radical da continuidade, corte que fundamenta o próprio ato fotográfico. Nesse sentido, sem negar totalmente a existência de uma temporalidade contínua, portanto, a possibilidade de uma memória do mundo, a fotografia torna-me totalmente alheio a essa memória que se desenvolve em outra parte, fora de mim. Minha própria memória fotográfica — minha memória como fotografia e minha fotografia como memória — coloca-me numa espécie de instante vazio, num *buraco do tempo.* E, caso se pretenda preencher esse buraco, ou seja, restituir essa lembrança parada ao movimento de seu percurso, recolocar-me no contexto, reinscrever-me no tempo da história, só é possível fazê-lo de fora, *tirando-me da minha fotografia,* tirando-me de meu corte e mergulhando-me numa memória que não é mais a minha, recosturando de fora e depois o tempo cortado, isto é, fazendo dessa reconstituição uma ficção, um metafantasma. Considero que me era absolutamente impossível, uma vez *pego,* voltar a correr para atravessar a linha de chegada: passei para o outro lado de uma vez por todas.

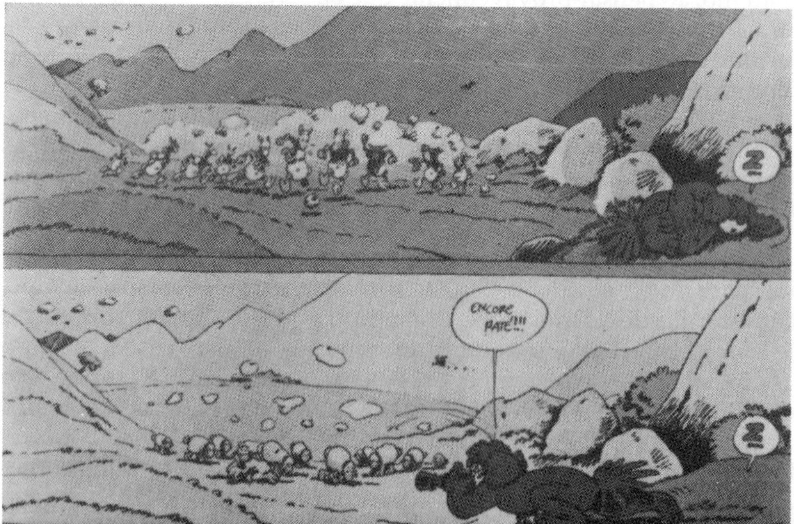

F'Murr, *Deu errado de novo.*

2. O olhar intermitente: estátua!

Trata-se de uma brincadeira de crianças. Lembre-se. O sorteio designou-o condutor da brincadeira. Você vira-se para a parede, de costas para seus companheiros, que se mantêm a uma boa distância numa linha demarcada. Começa o jogo. Você bate três vezes na parede dizendo algo como "um, dois, três, eu vi", depois vira-se bruscamente para os seus parceiros. Estes, durante o curto lapso de tempo em que você contava de costas, avançaram ao máximo em sua direção. No momento em que você se vira, eles devem estar numa postura rigorosamente imóvel. Os surpreendidos em flagrante delito de movimento são eliminados. *Do ponto de vista do jogo, estão mortos.* O que conseguir chegar primeiro à parede sem que você perceba que ele se mexeu, ou seja, *aquele que conseguir se deslocar sem ser visto de outro modo que não imóvel,* este ganhou efetivamente. Ele vai substituí-lo e a brincadeira recomeça.

Mais uma história de corrida, olhar e imobilidade. Nesse jogo, o movimento, tal como aparece aos olhos do que conta, não passa de uma série de posições fixas, recortadas, fora do fio da duração. O deslocamento como tal não existe para ele, e pode-se dizer que sua memória é, nesse sentido, puramente fotográfica: suas viradas para seus parceiros *detêm* sua corrida; Orfeu cuja Eurídice é o próprio movimento; sob seu *corte,* só se pode estar imóvel, petrificado; seus olhares dão o ritmo de tomadas petrificantes por todo o percurso daqueles que brincam. Ele recorta o movimento em imobilizações, e são essas poses fixas que fundamentam o movimento por "brancos". Espécie de epilepsia ao contrário ("o pequeno mal ausência")[2]. As elipses do sujeito, esses momentos de ausência de seu olhar, eis toda a brincadeira da foto: *estátua!*

3. A flecha partida ou o pensamento do descontínuo

As duas experiências que acabamos de evocar lembram-nos evidentemente de maneira imediata a famosa concepção instantaneísta e descontínua do movimento na filosofia eleata. O ilustre Zenão, Zenão de Eléia, de fato, pretendia provar que o movimento não existe. Argumento: você diz que o movimento existe pois, se atiro uma flecha com meu arco, esta irá do ponto A (o arco) ao ponto B (o alvo). E isso é movimento. Eu respondo que de fato essa flecha não deixa de estar imóvel, que ela só pode na realidade, como tal, ocupar uma posição diferente no espaço a cada instante. Em outras palavras, em cada fragmento do tempo, por mais infinitesimal e até teórico que seja, a flecha *está* fixa. Jamais se pode dizer estritamente *aqui-agora* que *está se mexendo*. Imóvel no presente e sempre pega entre duas imobilidades, uma que a precedeu e a outra que se seguirá a ela. O movimento portanto é uma ilusão, não existe *nesse* tempo. Isso só é concebível na ficção de um tempo memorial, ou seja, se nos deixarmos levar pela ilusão que resulta da adição dos diversos momentos de imobilidade, se nos construirmos uma síntese falsa por colocação em continuidade dos instantes de não-movimento.

Tal pensamento que explica a seu modo um grande número de experiências nos campos mais diversos[3] está evidentemente no centro do propósito presente: a temporalidade tal como a pensa Zenão implica uma cronologia que não acumula, não inscreve, não totaliza, não se capitaliza numa memória plena e contínua; é, ao contrário, uma temporalidade do *passo a passo*, do instante, do esquecimento, um tempo sem antecedente nem posteridade, um tempo da singularidade em que cada tomada forma um buraco, um tempo do próprio batimento temporal, uma memória desamarrada da qual mais uma vez a fotografia, a meu ver, é realmente um modelo teórico. (E, além da foto, mais ainda o cinema. Zenão foi o primeiro a pensar todo o dispositivo-cinema.)

A partir dessas três pequenas narrativas, podemos destacar um certo número de observações mais globais quanto à condição e às implicações desse princípio do corte temporal. Toda a relação do ato fotográfico com a temporalidade vai começar a atuar aqui em sua extrema complexidade, e veremos que a noção de *instante* (único, pontual etc.), tantas vezes dada como consubstancial à própria idéia que se tem do ato fotográfico, é de fato uma noção menos evidente e menos simples do que parece, em particular porque não exclui nem uma certa relação com a *duração*, nem a existência de uma grande *mobilidade* interior. O instante fotográfico é um instante eminentemente *paradoxal*. Vamos desenvolver rapidamente e segundo uma lógica progressiva três dessas reflexões gerais, que estão longe de ser limitativas ou exclusivas.

a) Tudo de uma vez

Na direção do procedimento técnico e da reação química, podemos dizer, para começar, que a emulsão fotográfica, essa superfície tão sensível, reage *por inteiro de uma só vez* à informação luminosa que a *atinge* literalmente. Como assinala Henri Van Lier:

Na película, depois no papel de prova, todos os momentos da tomada estão alinhados àquele no qual o obturador se fechou, em outras palavras, à passagem do último fóton. Assim, o negativo marcado é uma marca datável numa ínfima fração de segundo, mas sem duração interna do impacto.[4]

É nesse sentido que a impressão fotoquímica pode ser dita *sincrônica*. Todos os cristais de haleto que compõem a trama pontilhista da superfície sensível são atingidos simultaneamente e sobretudo, ao mesmo tempo, são *cortados de sua fonte luminosa*. Quase não insistirei aqui nesse aspecto principal e em suas implicações: já falei disso anteriormente (no final do capítulo 2) quando analisei as características específicas de isomorfismo (a impressão achatada) e de simultaneidade (a impressão descontínua) do traço fotográfico.

Lembrarei apenas que esse traço de sincronismo distingue radicalmente a fotografia da pintura. Ali onde o fotógrafo *corta*, o pintor *compõe*; ali onde a película fotossensível recebe a imagem (mesmo que seja latente) *de uma só vez* por *toda* a superfície e sem que o operador nada possa mudar durante o processo (apenas no tempo da exposição), a tela a ser pintada só pode receber *progressivamente* a imagem que vem lentamente nela se construir, toque por toque e linha por linha, com paradas, movimentos de recuo e aproximação, no controle centímetro por centímetro da superfície, com esboços, rascunhos, correções, retomadas, retoques, em suma, com a possibilidade de o pintor intervir e modificar *a cada instante* o processo de inscrição da imagem. Para o fotógrafo, há apenas uma opção a fazer, opção única, global e que é irremediável. Pois uma vez dado o golpe (o corte), tudo está dito, inscrito, fixado. Ou seja, não é mais possível intervir na imagem que se *está fazendo*. Se são possíveis manipulações — cf. os pictorialistas —, estas ocorrerão depois do golpe (do corte) e justamente tratando a foto *como uma pintura*. O pintor estende de maneira bem diferente sua relação com o tempo: a qualquer momento de sua execução, ele pode fazer suas escolhas variarem separadamente. A pintura capta o tempo a cada pincelada, e o quadro, teoricamente, nunca está acabado, detido, imobilizado, num estado determinado. Interminável trabalho da pintura. Surpresa instantânea e cortante da fotografia. Eis um primeiro traço, simples, senão evidente. Mas convém pelo menos não *parar* aqui. É a partir daqui que o paradoxo do instante fotográfico vai começar a se desdobrar.

b) De uma vez por todas, o morto capta o vivo (a foto como tanatografia)

Se o ato fotográfico reduz o fio do tempo a um ponto, se faz da duração que escoa infinitamente um simples instante detido, não é menos claro que esse simples ponto, esse lapso curto, esse momento único, levantado do contínuo do tempo referencial, torna-se, uma vez pego, um instante *perpétuo*: uma fração de segundo, decerto, mas "*eternizada*", captada *de uma vez por todas*, destinada (também) a durar, mas no próprio estado em que ela foi captada e cortada. Para retomar a fórmula lapidar de Denis Roche: "O tempo da foto não é o do Tempo". Em outras palavras, o fragmento de tempo isolado pelo gesto fotográfico, a partir do momento em que é capturado pelo dispositivo, tragado pelo buraco (pela caixa) negro(a), passa de uma só vez, definitivamente, para o "outro mundo". E começa a jogar uma temporalidade contra uma outra. Abandona o tempo crônico, real, evolutivo, o tempo que passa como um rio, *nosso* tempo de seres humanos inscritos na duração, para entrar numa temporalidade nova, separada e simbólica, a da foto: temporalidade que também *dura*, tão infinita (em princípio) quanto a primeira, mas infinita na imobilidade total, congelada na interminável duração das estátuas. A pequena porção de tempo, uma vez saída do mundo, instala-se para sempre no além a-crônico e imutável da imagem, penetra para sempre em algo como o *fora-de-tempo da morte*. Parada (definitiva) em imagem.

O ato fotográfico implica portanto não apenas um gesto de *corte* na continuidade do real, mas também a idéia de uma *passagem*, de uma transposição irredutível. Ao cortar, o ato fotográfico faz passar para o outro lado (da fatia); de um tempo evolutivo a um tempo petrificado, do instante à perpetuação, do movimento à imobilidade, do mundo dos vivos ao reino dos mortos, da luz às trevas, da carne à pedra.

E essa travessia, decerto, não é feita sem medo ou angústia. O mesmo ocorre, pode-se dizer, com o pavor absoluto. A foto literalmente *gela de medo*[5]. Encontramos aí, mais uma vez, a famosa figura da Medusa. É preciso lembrar (ver final do capítulo 3) que a siderante Górgona vigia precisamente as fronteiras do Hades (Reino da Noite e País dos Mortos), cujo acesso ela proíbe a qualquer ser humano, e que assinala por aí o corte absoluto, o que Vernant chama "alteridade radical" entre dois mundos[6]? Mas, ao mesmo tempo (e é aí que o ato da petrificação produz seu efeito), todo vivo que se coloca no campo cego, em posição de ser pego pelo corte do olhar que não se pode olhar e mortífero, só pode, muito exatamente, *passar por ele*, ou seja, ser ele mesmo, de uma só vez (com uma só olhada) e de uma vez por todas, transformado, *à imagem da Medusa,* naquilo que os mortos são: petrificado, congelado, estatuificado por ter sido visto — por ter visto a si mesmo como outro. A petrificação fotográfica não é nada além dessa passagem, infernal e especular.

Deve-se observar também que nessa passagem não existe, longe disso, uma perda. A transposição deve ser entendida num sentido positivo, como na mumificação, no congelamento ou na vitrificação, em que existe finalmente uma outra forma de sobrevida, pelo corte e pela fixação das aparências (uma vez descolada, a cabeça de Medusa não cessa de exercer seu poder estupefaciente, até em suas representações simbólicas. E é precisamente ser decapitada no próprio ato da petrificação que garante à cabeça de Górgona a perpetuação ativa de seu poder apotropaico[7]). É, portanto, disso que se trata em qualquer fotografia: *cortar o vivo para perpetuar o morto.* Com um golpe de bisturi, decapitar o tempo, levantar o instante e embalsamá-lo sob (sobre) faixas de película transparente, bem achatado e bem à vista a fim de conservá-lo e protegê-lo *de sua própria perda.* Furtá-lo para o revestir melhor e exibi-lo para sempre. Arrancá-lo à fuga ininterrupta que o conduziria à dissolução para petrificá-lo de uma vez por todas em suas aparências detidas. E assim, de certa maneira, — eis o jogo paradoxal — *salvá-lo do desaparecimento fazendo-o desaparecer.* Como esses animais dos tempos imemoriais que hoje conhecemos porque foram fossilizados. Como esses insetos gelados no âmbar que foram pegos vivos e transformados literalmente em "naturezas mortas". Como esses cortes para microscópio, sob o vidro, qualquer vida detida, cortada, mas oferecida a partir de então a nosso olhar atento.

Quão sintomáticas, nessa perspectiva, podem parecer essas frases, plenas de uma ingenuidade que funciona literalmente *a contrario,* de Adolphe-Eugène Disdéri, o inventor do famoso retrato "Cartão de visita" (1854), que evoca assim sua experiência do *Retrato após falecimento*:

> Por nosso lado, fizemos uma grande quantidade de retratos após falecimentos; mas confessamos francamente, com uma certa repugnância. Por que, aliás, para ter o retrato de um parente, de um amigo, de uma criança, aguardar que a morte venha arrancá-los de nossa afeição? Nossos olhos não repousam mais de bom grado em traços cheios de vida e de animação do que em traços contraídos pelas convulsões da agonia.(...)

> Toda vez que fomos chamados para fazer um retrato após falecimento, vestimos o morto com as roupas que usava normalmente. Recomendamos que lhe deixassem os olhos abertos, sentamo-lo perto de uma mesa, e, para operar, esperamos sete ou oito horas. Desse modo, conseguimos captar o momento em que, desaparecidas as contrações da agonia, foi possível reproduzir uma aparência de vida. É o único meio de obter um retrato conveniente e que não lembra à pessoa para a qual ele era querido o momento tão doloroso que lhe arrebatou aquele a quem amava.[8]

Eis, exatamente *invertida*, literalmente pega num discurso de inversão por denegação, uma narrativa que testemunha pelo outro lado o poder de morte do gesto fotográfico: a imagem só é mostrada aqui como *visando* "reproduzir as aparências de vida" porque é destinada, em seu próprio ato, a produzir (a fazer) o morto. Se Disdéri (como a maioria dos retratistas) insiste tanto na necessidade de tornar "vivo" os traços do rosto na tomada fotográfica, no fato, como diz de uma maneira bonita, de que "é necessário que o fotógrafo faça mais do que *fotografar*: ele deve *biografar*" (*ibid.*), é bem claro e exato que aponta aqui inconscientemente, invertendo uma angústia subterrânea, o fato de que o fotógrafo, na realidade, sempre, quer queira, quer não, *tanatografa* tudo o que capta. O desejo de vida manifestado por Disdéri e tantos outros não passa da marca *a contrario*, invertida, de seu medo do poder mortífero do ato fotográfico.

Em seu poder de sideração, o ato fotográfico lança no mundo em cada um de seus golpes, em cada uma de suas tomadas, um véu transparente e paralisante. Exercendo a função de banho de fixação, não cessa de fato de congelá-lo em seus enrijecimentos e contrações, dando a qualquer figura viva a imobilidade das pedras, mesmo que essas pedras sejam de papel: *papel congelado*, nem é preciso dizer, congelado de medo, enregelado, literalmente *peliculado* para toda a eternidade. Deitando em todas as coisas uma fina película impressionante.

Encontraremos uma ilustração interessante — quase literal — de toda essa "tanatografia" no filme *The mystery of the Wax Museum* (título em português: *Os crimes do museu*), dirigido em 1933 por Michael Curtiz — cineasta hollywoodiano especializado no gênero de filme *noir* e fantástico. O papel de heroína nesse filme cabe à atriz americana Fay Wray (um nome que em inglês não deixa de evocar seu duplo: *fey wraith*, o espectro da morte).

É o rosto petrificado dessa atriz que vemos na foto adiante, detalhe de um fotograma em plano geral extraído de *Os crimes do museu*.
Fay Wray é com certeza uma das grandes figuras do medo cinematográfico. Seu grito de terror, seu olhar estupefato, seu corpo enrijecido congelaram-se nas películas de muitos filmes de terror dos anos 30. Lembrem-se por exemplo do único personagem feminino de *The most dangerous game*. E sobretudo lembrem-se, voltem a ver a inesquecível heroína do fabuloso *King Kong*: era ela também, urrando de medo, enregelada, aterrorizada pelo monstro e, ao mesmo tempo, acariciada, esquadrinhada, levada por ele para o alto do Empire State Building, toda pavor e êxtase mesclados, desmaiada, arrebatada.
O rosto petrificado de Fay Wray é, portanto, um pouco a máscara de todos os medos cinematográficos, congelados em seu código expressivo e seus enrijecimentos repetidos. Pura *imagem* do medo. O fóssil imemorial do medo. Ora, no filme de Curtiz, nessa história justamente de máscaras e de cera, essa figura adquire um sentido bem particular: ela se torna a metáfora exemplar na *diegese* da petrificação operada pelo próprio ato da *tomada* (enquanto ele se revela literalmente *tomada de vida*).
Qual a história de fato do *The mystery of the Wax Museum*? O filme desdobra-se a partir da figura matricial, emblemática, de um "escultor" singular, um fazedor de figuras, chamado Ivan Gregor. De *Gregor* a *Górgona*, a história construirá seu caminho. Depois do incêndio de seu museu de cera que o mutilou terrivelmente e fez com que perdesse o movimento de suas mãos e usando a partir de então uma *máscara* que dissimula seus traços desfigurados, Ivan Gregor decidiu reconstruir seu museu e prosseguir à sua maneira, louca e assassina, sua obra de escultor; operará doravante diretamente em corpos vivos; suas "esculturas" serão como múmias literalmente *agarradas ao vivo*, pois, após atrair à sua casa suas vítimas (sedução), mata-as e coloca sobre a pele de seus corpos uma fina camada de cera que as transforma instantaneamente em estátuas. Desse modo reconstitui seu fúnebre museu com efígies "mais parecidas do que o natural". Fay Wray será, é claro, sua vítima predileta. Sua beleza a predestina a tornar-se a pérola do Wax Museum (Gregor nela vê a sósia perfeita da Mulher Perdida: sua Maria Antonieta destruída no incêndio). A grande cena do filme será a do arrebatamento de Fay Wray. Seduzida, fascinada, cativada pela beleza (a máscara) do escultor, mas logo descobrindo que caiu numa armadilha, a heroína vai se debater e, em sua defesa obstinada, com um movimento brusco, vai arrancar a máscara de seu carrasco. Nesse instante, o fascínio converte-se de uma

só vez em repulsa. *Eis a foto.* Fay Wray, se podemos dizer, *não cairá em contradição.* O medo substituirá a cera. O medo a congelará na película. Estou dizendo: *eis a foto.* A foto representa o rosto de Fay Wray de frente justamente no instante em que ela descobre, siderada, o horror do rosto mutilado de Gregor/Górgona, que a fixa de maneira insuportável. Olhar de medo, hipnotizado, paralisado no intercâmbio especular com o olhar mortífero do terror. Petrificada (peliculada, fotografada) e, por aí mesmo, no jogo pragmático da frontalidade da imagem, por sua vez petrificante, imagem peliculada de nossa própria petrificação. Irredutível circularidade/especularidade do efeito-Medusa, instituído pela reciprocidade do face a face e na própria fatia do olhar cortante/cortado. Eis, é claro, a própria imagem do cinema (não somente de terror), de todo o cinema, e portanto, também (principalmente) a própria imagem da fotografia. A parada na imagem, peliculada, mostrada, mostrada no terror, *como um olho transtornado.* O decreto de (pequena) morte.

Compararemos esse tema e tudo o que constitui a aposta de *Os crimes do museu* com esse outro tema eminentemente simbólico e não menos siderante: *Peeping Tom,* dirigido em 1960 por Michael Powell. Trata-se da história de um outro "tomador de imagens" singular, loucamente apaixonado por figuras de terror congeladas e peliculadas. A esse cineasta demente agrada, de fato, matar as mulheres exatamente enquanto as filma (problema de corte), com uma arma (fálica: um punhal telescópico) dissimulada em sua câmera (encontramos lá, *literalmente,* ao mesmo tempo uma realidade histórica técnica — houve um tempo não tão distante em que existiam muitos aparelhos fotográficos "disfarçados" de revólveres, fuzis etc. — e uma metáfora recebida da linguagem fotográfica, onde só é o caso de "*shoot*", de "carregar", "mirar", "disparar", de "caçador de imagens", de "safári fotográfico" etc.). Caso, portanto, de morte e de inscrição fílmica estritamente concomitantes. Mulheres "mortas diretamente", se quisermos, mas mortas justamente por aquilo que as congela na película. Pior ainda: mulheres mortas também por *se verem* morrer. Afinal, perversidade suprema, o cineasta assassino fixou em sua câmera um espelho no qual suas vítimas podem ver-se presas do terror mais total e ler em seu rosto a própria realização de sua morte. O *voyeur* grava, portanto, não apenas a morte diretamente com uma câmera que mata, mas também (e sobretudo: é nisso que reside seu prazer), capta o próprio *olhar* de suas vítimas sobre a sua própria morte, capta os efeitos de terror que se marcam nos rostos com o próprio espetáculo da morte que os está atingindo. Em suma, mulheres mortas pelo menos três vezes: pelo punhal, pela câ-

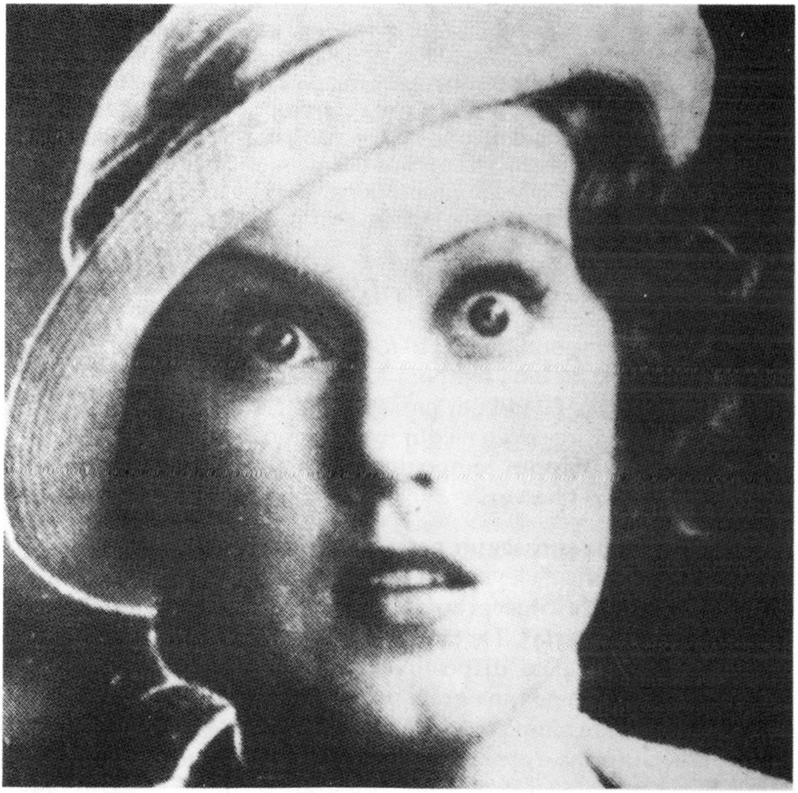

O rosto petrificado de Fay Wray.

mera, pelo espelho. Mulheres mortas *por terem passado por lá*. E, de certa maneira, para o autor da obra, mulheres ressuscitadas pelo mesmo processo, que se tornaram desejáveis pelo registro e no registro de sua própria morte vista em seus próprios olhos. Pois, deve-se dizer, aquele que realiza as tomadas (também de vida) não está nada interessado na existência real, carnal, de seus "modelos": não os toca; seu corpo, seu grito, sua vida não existem para ele. A seus olhos (olhos justamente de *voyeur*, e não existe melhor definição de *voyeurismo* que esse filme), conta apenas, definitivamente intocável, sua imagem peliculada na medida em que ela restitui, perpetuada e repetível à vontade, sua experiência da morte, vivida no próprio instante de seu congelamento definitivo: o *voyeur* não pára de projetar seus filmes assassinos em sua casa na tela de seus fantasmas. Repetição mortífera que lhe proporciona, evidentemente, o maior dos prazeres.

c) No próprio corte, isso não cessa de correr

O corte temporal que o ato fotográfico implica não é, portanto, somente redução de uma temporalidade decorrida num simples ponto (o instantâneo), é também passagem (até superação) desse ponto rumo a uma nova inscrição na duração: tempo de parada, decerto, mas também, e por aí mesmo, tempo de perpetuação (no outro mundo) do que só aconteceu uma vez.

Gostaria de prosseguir nesse caminho dando maior atenção ao "instante fotográfico", levar mais adiante o paradoxo temporal e *dinamizar* mais o que a concepção de uma parada definitiva na imagem poderia ter de "fixista". De fato, gostaria de mostrar que no instante captado e fixado pelo dispositivo, nessa fração de tempo ínfima, insinua-se e instala-se uma greta, uma fenda, um abismo irredutível, ou seja, que nesse simples ponto fixo abre-se e desdobra-se todo um espaço que autoriza e até suscita um movimento interno, uma *corrida* que não cessa de fazer o "sujeito" fotográfico correr. O vazio imóvel instituído pelo corte será assim, paradoxalmente, atravessado por inteiro de intensos vaivéns, de idas e vindas no próprio interior do *ato* fotográfico.

Denis Roche, em ato: "No auto-retrato, é preciso armar o aparelho, colocar-se diante dele, aguardar o disparo, voltar, rearmar, tornar a se colocar etc. Mas uma foto com disparador automático em 1/125 ou 1/500 de segundo, engloba de qualquer forma magicamente todo o tempo da operação de cada foto. Como se o instantâneo tivesse captado o tempo bastante longo do enquadramento, o deslocamento, os trinta segundos do disparador. Tudo isso é captado.(...) Provavelmente nesse tipo de fotos sente-se mais a duração e o movimento, o vaivém. Nesse momento, estou fazendo uma série de fotos para uma revista, com auto-retratos de frente e de costas. Ou seja, registro a ida ao lugar onde faço a foto, a foto que se faz no momento em que nela estou, depois a foto que se faz quando volto. Tento captar o conjunto tempo e espaço." ("Photographies. Entretien avec Gilles Delavaud", *art. cit.* — cf. nota 1.)

No capítulo 2, já tive a oportunidade de insistir na *distância* fundamental (espacial e temporal) que está no centro do dispositivo fotográfico e que introduz na lógica indiciária da conexão física o princípio de uma distância, de um afastamento, de um desligamento tal com relação ao real que não apenas qualquer idéia de identificação ou de fusão do signo com seu referente é arruinada, como também a própria vacilação que tal separação implica vem abalar a certeza representativa da imagem (daí a alucinação) e literalmente *põe* o sujeito *em movimento*. É, se é possível dizer, o *efeito Blow-up* da fotografia: o fato de a revelação revelar algo além do que a latência nos deixava acreditar, algo que não vimos e que estava necessariamente ali. E essa dificuldade, essa falha, essa decalagem (amplificada pelo atraso temporal em virtude da revelação da imagem) induz inelutavelmente o sujeito ao movimento, ao deslocamento, à travessia: confrontado com dois universos que não aderem um ao outro, o sujeito, a princípio surpreso, intrigado e depois inquieto, angustiado, finalmente transformado, cada vez mais aprisionado numa espiral vertiginosa, começar a ir e vir incessantemente a princípio na imagem, depois entre as imagens, depois da imagem ao objeto, do objeto à imagem *no dispositivo*, como se corresse atrás de uma adequação impossível, como se tratasse de recuperar um atraso por princípio irrecuperável. Pois, evidentemente, quanto mais ele for e vier para tentar juntar as duas pontas, mais a distância aumenta, mais a fenda abre-se e aprofunda-se, a ponto de o sujeito só vir literalmente a naufragar e se perder para sempre nela — absorvido, engolido por seu turbilhão louco, imergindo cada vez mais na fratura que acreditava estar enchendo: escavando seu próprio túmulo, qualquer realidade desvanecida dos dois lados, flutuando, suspenso apenas no movimento de suas idas e vindas infinitas.

Acho que não há uma maneira melhor de explicar essa corrida louca dentro do corte fotográfico do que citando aqui, para concluir, a narrativa fascinante que Denis Roche propõe da experiência de seus "auto-retratos com disparador automático". Pelo *jogo* (não apenas técnico) do *atraso* introduzido no dispositivo, o *acontecimento* que é o ato fotográfico, encontra-se, por assim dizer, estirado, alongado, estendido, o que permitirá manifestar com muita precisão *literalmente* o princípio da corrida, da "ida e volta na câmara branca"[10], na medida em que está absolutamente no próprio centro do ato e do corte. Jamais talvez ninguém tenha especificado tanto o *poder de mobilização do pequeno bloco de aqui-agora*. Eis o "breve encontro" de Denis Roche:

> O auto-retrato mais antigo a dois de que me lembro foi feito no claustro do pequeno convento de San Onofrio em Roma, nos declives do Janículo, no dia de Ascensão de 1971. Duas coisas constituíram a jogada desse auto-retrato — falo justamente em "jogada" em virtude da sensação experimentada com muita freqüência de que o auto-retrato fotográfico é o nascimento e o desaparecimento de um *acontecimento* em jogo —, em primeiro lugar, uma certa idéia do mundo-tempo e do mundo-espaço como continente único, simbolizada pelo retângulo muito fechado, colunas e arcadas finas nos dois andares, encerrando-nos a princípio a nós mesmos e, concluindo, à idéia também, redobrando-a ainda mais: enclausurando-nos no espaço do visor que nos olhava contidos no claustro, fazendo-nos estar, *ali e então*, no que chamei muito depois de "câmara clara".
> (...)
> O auto-retrato no claustro de San Onofrio dissera ainda o seguinte: considerei evidentemente o claustro em sua maior dimensão, pois era retangular, e disse a F. que iríamos sentar num canto, no intercolúnio central, e que disporia minha máquina fotográfica no outro canto, bem na nossa frente. Na época eu tinha uma Zeiss 24 x 36, do tipo Icarex, cujo disparador automático era o que era, ou seja, operava num lapso de tempo de cerca de 15 segundos, o que era bem pouco. Instalados F. e o aparelho em cada um dos cantos do recinto e um visando ao outro como no momento em que os dois adversários num torneio, que pode acabar mal, se preparam para se precipitar um contra o outro, armei o disparador, disparei e corri o mais depressa possível rumo ao lugar "vazio e mudo" que eu me destinara alguns segundos antes (ah, essa "ausência" delimitada no visor!) ao lado de F., fugindo em suma desse acontecimento que nascia às minhas costas e que se extinguiria tão inexoravelmente diante de mim. Só verificou-se o seguinte:

que o lapso de tempo que o disparador me autorizava era justamente o lapso de tempo necessário a um campeão de corrida para transpor o comprimento do tal claustro a pé. Ouvi o disparo então ao final da minha corrida, quando estava dando a virada que me permitiria encontrar-me serenamente sentado ao lado de minha companheira. A toda velocidade, *acertou em mim*. F. dava gargalhadas. Tive de repetir várias vezes a foto, o jogo entre os dois lapsos fazendo-se em vários tempos. E eu era obrigado a fazer algo, pois só dispunha de um disparador, de tipo não variável e de um único claustro cujo comprimento eu não poderia reduzir. Tentei dar um jeito, estendendo meu braço ao máximo, o corpo já projetado rumo ao final da pista, os pés como escorados em *starting-blocks*, em suma, trabalhar de fato, cobrir o espaço da foto num determinado tempo, o que parecerá a vocês um simples jogo de palavras, quando se trata da própria definição do imperativo fotográfico, e há dez anos exatamente, nunca me foi dado encontrar-me em condições de auto-retrato nas quais eu possa me dizer: eis-me bem próximo de vencer, o tempo de que disponho e o espaço que tenho de percorrer são exatamente a mesma coisa. O espaço-tempo reduzido ao *estando-lá* de um cubo de luz, ou antes de um paralelepípedo retângulo de luz: na câmara clara.[11]

O corte espacial

Uma parcela não negligenciável do que acabou de ser dito do corte temporal poderia ser repetido quase que por inteiro a respeito do corte espacial. Mas devem ser evocados também outros dados, vinculados mais especificamente à noção de *espaço* em fotografia. Se o gesto é o mesmo (o corte) — e só pode ser o mesmo, pois o ato é único e global, recortando no mesmo movimento o espaço *e* o tempo, indissociáveis com relação ao ato —, em compensação o eixo (espacial) sobre o qual ele exerce seus golpes (cortes) é diferente do eixo temporal por natureza. As conseqüências teóricas que se seguem merecem um maior detalhamento.

Retomemos as coisas por seu início: por exemplo, o espaço fotográfico com relação ao espaço pictural. Por um lado, *o recorte*, por outro, *o quadro*. *O espaço pictural* corresponde de fato a um *determinado quadro*, é um espaço fornecido de antemão, uma superfície mais ou menos virgem que o pintor encherá mais ou menos de signos. Estando esse espaço ali de início, o pintor só tem de introduzir seu sujeito nele: de imediato está na *adjunção*. E de imediato, ele *compõe* em função dos limites que lhe são dados, esboça a organização das formas, distribui a superfície, reserva zonas, dispõe suas camadas coloridas, insinua toques de amarelo ou vermelho etc. Ou seja, o quadro pictural é um universo fechado, que basta a si mesmo, sem abertura — André Bazin já percebera bem isso: "o quadro [de pintura] polariza o espaço para dentro... é centrípeta"[12]. Espaço fechado, autônomo, completo logo de início, onde o pintor pode progredir aos poucos, onde pode construir conforme sua vontade, fabricar progressivamente sua imagem no enclausuramento do campo. O pintor faz mancha de óleo, diz Denis Roche[13], a partir de algo ao redor do que nada há. E nada é amputado do mundo por sua construção.

Já o espaço fotográfico não é determinado, assim como não se constrói. Ao contrário, é um espaço que deve ser capturado (ou deixado de lado), um levantamento no mundo, uma *subtração* que opera *em bloco*. O fotógrafo não está em condições de preencher aos poucos um quadro vazio e virgem, que já está ali. Seu gesto consiste antes em subtrair de uma vez todo um espaço "pleno", já cheio, de um contínuo. Para ele, a questão do espaço não é *colocar dentro*, mas *arrancar* tudo de uma vez. Problema de extração, de saída de uma contigüidade infinita, e isso — temos de insistir — qualquer que seja a construção preliminar da qual a "cena" foi o objeto e quaisquer que sejam os arranjos e manipulações depois do golpe (corte) (reenquadramento, ampliação, montagem etc.). Em outras palavras, bem aquém de qualquer intenção ou de qualquer efeito de composição, em primeiro lugar o fotógrafo sempre recorta, separa, inicia o visível. Cada objetivo, cada tomada é inelutavelmente uma machadada (golpe de machado) que retém um plano do real e exclui, rejeita, renega a ambiência (o fora-de-quadro, o fora-de-campo, de que voltaremos a falar daqui a pouco). Sem sombra de dúvida, toda a *violência*[14] (e a predação) do ato fotográfico procede essencialmente desse gesto do *cut*. Ele é irremediável. É ele e só ele que determina a imagem, toda a imagem, a imagem como todo. No espaço literalmente talhado de uma vez e ao vivo pelo ato fotográfico, haja ou não encenação, tudo acontece por inteiro de uma só vez. Em sua condição de princípio, esse é de fato o golpe do corte. Não voltarei a isso.

Em compensação, insistirei nas páginas seguintes nas conseqüências teóricas desse gesto do corte quanto à definição de um *espaço* propriamente fotográfico. Essas conseqüências serão de três tipos, mostrando sucessivamente, em primeiro lugar, a relação do recorte com o *fora-do-quadro* (o espaço-foto e sua exterioridade no momento da produção da imagem), em seguida sua relação com o *quadro* propriamente dito e com a *composição* (o espaço-foto em si mesmo, em sua autonomia de mensagem visual), finalmente sua relação com o *espaço topológico* do sujeito que vê (o espaço-foto e sua exterioridade no momento de recepção da imagem). Ao fazer isso, serei levado a articular minha proposta a partir de quatro grandes categorias: *espaço referencial, espaço representado, espaço de representação* e *espaço topológico*. É uma articulação entre esses quatro espaços que cada fotografia sempre coloca em jogo no próprio gesto da tomada e com efeitos extraordinariamente variáveis.

Como corte, extração, seleção, desprendimento, levantamento, isolamento, enclausuramento, ou seja, como espaço sempre necessariamente *parcial* (com relação ao infinito do espaço referencial), o espaço fotográfico implica, portanto, *constitutivamente* um resto, um resíduo, um outro: o fora-de-campo, ou espaço "*off*". É a condição dessa porção de espaço excluída do quadro e ausente do visível fotográfico que eu gostaria de evocar brevemente *em sua relação* com o espaço retido que constitui o "campo" da foto.

Em primeiro lugar, sublinhar esse ponto que tem a ver com a extrema importância desse espaço *off* para o próprio campo e que o esteta americano Stanley Cavell não hesita em considerar como definidor da própria essência da experiência *fotográfica*:

> O que acontece numa fotografia é que *isso* tem um fim. (...) Quando uma fotografia é recortada, o resto do mundo é afastado. A presença virtual do resto do mundo e sua evicção explícita são tão essenciais para a experiência de uma fotografia quanto o que ela apresenta explicitamente.[15]

Em outras palavras, o que uma fotografia não mostra é tão importante quanto o que ela revela. Mais exatamente, existe uma *relação* — dada como inevitável, existencial, irresistível — do fora com o dentro, que faz com que toda fotografia se leia como portadora de uma "presença virtual", como ligada consubstancialmente a algo que não está ali, sob nossos olhos, que foi afastado, mas que se assinala ali *como excluído*. O espaço *off*, não retido pelo recorte, ao mesmo tempo que ausente do campo da representação, nem por isso deixa de estar sempre marcado originariamente por sua relação de contigüidade com o espaço inscrito no quadro: *sabe-se que esse ausente está presente, mas fora-de-campo*, sabe-se que esteve ali no momento da tomada, mas ao lado. A lógica do índice (cf.acima) trabalha, portanto, também a relação do campo com o fora-de-quadro. É ele que faz com que diante de qualquer foto experimentemos esse sentimento de um além da imagem perfeitamente existencial. Qualquer fotografia, pela visão parcial que nos apresenta, duplica-se assim necessariamente de uma *presença invisível*, de uma *exterioridade* de princípio, *significada* pelo próprio gesto de recorte que o ato fotográfico implica.

Deve-se evitar todavia confundir a relação campo/fora-de-campo em fotografia com seu demasiado famoso homólogo cinematográfico. É claro que existe um certo número de dados comparáveis (voltaremos a isso), mas a maneira como *estatutariamente* cada um desses meios faz sua exterioridade virtual funcionar é radicalmente diferente. Comecemos pelo cinema. O cinema estabelece seu fora-de-campo pela *continuidade* e pela *narratividade* e, conseqüentemente, confere a este uma dinâmica e uma densidade explicitamente imaginárias; aloja-o de imediato por inteiro no campo da ficção que ele é e constrói.

> A. Bazin: "Quando um personagem sai do campo da câmera, admitimos que escapa do campo visual, mas *continua* a existir, idêntico a si mesmo, num outro ponto do cenário que é escondido de nós."[16]
> P. Bonitzer: "O campo visual no cinema é dobrado por um campo cego. (...) O cinema quer simplesmente que aquilo que ocorre na contigüidade do fora-de-campo tenha tanta importância *do ponto de vista dramático* quanto aquilo que ocorre dentro do quadro. *Todo o campo visual é dramatizado.*"[17]

O fora-de-campo cinematográfico, porque se inscreve no movimento e é capturado na duração — afinal é tudo o que estará no princípio da montagem — é um espaço sempre ativo diegeticamente, investido pelo jogo da narrativa: um personagem que se vê sair do campo à direita é seguido imaginariamente em seu espaço *off*, pode nele realizar uma ação e voltar ulteriormente para o campo visual.

Ao contrário, o fora-de-campo fotográfico, longe de operar por continuidade e narratividade, sempre se dá na parada, num corte temporal estrito, qualquer continuidade apartada, numa convulsão instantânea. Um "personagem" (noção completamente inadequado em fotografia, precisamente porque a parte essencial de um personagem é constituída pelo imaginário do fora-de-campo narrativo) jamais poderá *sair* do espaço fotográfico, nem *a fortiori*, a ele voltar "depois".

Quando está no campo, ali está, capturado de uma vez por todas, como os insetos no âmbar, fora de qualquer duração, de qualquer movimento, de qualquer consistência ficcional. *Corpo literal.* A partir de então, o fora-de-campo fotográfico não tem esse valor de dinamização (narrativo, psicológico etc.), não é um local de relançamento e de etapa da narrativa, não faz parte de um conjunto mais vasto onde teria um estatuto funcional, como uma peça que articula uma estrutura que a subsumiria e lhe atribuiria uma finalidade em outra parte que não nela mesma. Em fotografia, o fora-de-campo é sempre o excluído singular, imediato e parado de um estando-lá visível. Então temos como *estatuto fundamentalmente diferente dos dois tipos de espaço off*: em foto, o fora-de-campo é *literal*, no cinema é *metafórico*.

Dito isso, não deixa de ser verdade que alguns dos *signos* que asseguram a ancoragem do fora-de-campo no espaço representado podem ser da mesma ordem nos dois meios, embora não funcionem exatamente da mesma maneira. Desse modo é possível distinguir, a meu ver, pelo menos três ou quatro categorias correntes de indícios embreantes de fora-de-campo, três ou quatro tipos usuais de signos que marcam no espaço do quadro a presença mais ou menos ativa de uma exterioridade virtual: trata-se, em primeiro lugar, dos *indicadores de movimento e deslocamento*, principalmente dos "personagens". Essas marcas são, é claro, muito mais funcionais no cinema, pois ali o imaginário sempre *corre* de antemão, porque ali a representação do deslocamento é mostrada *em seu próprio desenrolar* (de imediato, caímos na ilusão da continuidade e do movimento — 24 vezes por segundo).

Em fotografia, as coisas a esse respeito acontecem de maneira bem diferente: sem querer entrar em detalhes (em geral complexos) de uma reflexão sobre a representação do movimento em fotografia, é possível dizer, de maneira muito banal e para esquematizar, que existem duas posições *extremas*, cujo efeito quanto ao fora-de-campo será o mesmo (insisto nos extremos: existem inúmeros casos intermediários); ou então — basta pensar aqui no início da fotografia — o tempo de pose é tão longo que os deslocamentos, pura e simplesmente, *não* se inscrevem na superfície sensível, ou se esfumam, diluem, apagam relativamente. O movimento é rápido demais e a película demasiado lenta. Nada subsiste do tempo que passa, senão às vezes um halo, uma aura singular. Ou, ao contrário — e é a emergência do instantâneo, o aperfeiçoamento crescente das emulsões cada vez mais rápidas —, a foto *detém* o movimento, detém o movimento *de uma vez*,

ou a foto desfez o movimento, pois não o capta

se é possível dizê-lo, e às vezes com uma acuidade que supera de longe os limiares de nossa percepção. Em outras palavras, o instantâneo só nos restitui um único instante do movimento, imobilizado, na maioria das vezes capturado no apogeu de seu percurso. Ora, nos dois casos (extremos, lembremos), pode-se dizer que a representação fotográfica do movimento gera um fora-de-campo muito particular: *coloca fora-de-campo o próprio tempo* (a duração crônica). Isso é evidente no primeiro caso: o movimento apaga-se por si mesmo, tudo o que se mexe, justamente, *passa*, passa além para a inscrição, desliza na película, aflora-a sem nela deixar vestígios, ou deixando poucos. O tempo resvala, desaparece. Resta apenas o imóvel, o petrificado de antemão, o que já está de certa forma fora do tempo. No segundo caso, o instantâneo também coloca o tempo fora-de-campo, mas de outra maneira: não pela ausência, mas pela parada, não pelo excesso de *flou*, que vai até a dissolução, mas pelo excesso de nitidez que congela e suspende. Para se convencer disso, basta pensar em todos os gêneros da "foto de movimento": por exemplo, nas fotos de dança que quase sempre nos mostram corpos *aéreos*, erguidos, livres, libertos do peso que os prendia ao chão, literalmente flutuantes no espaço. Reviravoltas peliculadas de corpos que parecem "fora do tempo", como se diz normalmente. Corpos realmente *suspensos*. Literalmente: "ó tempo, suspende teu vôo". A foto de movimento jamais nos diz nada além disso. De fato, exaspera dessa maneira, tornando-o mais manifesto, um traço (o fato de colocar fora-de-campo o tempo crônico) que caracteriza qualquer fotografia — isso foi sublinhado o suficiente a respeito do corte temporal.

A segunda categoria de índice de fora-de-campo são *os jogos de olhar* dos personagens, tão importantes na organização de qualquer espaço representativo. Aqui também cinema e foto funcionam de modo diferente, e sobretudo fazem com que percebamos tipos bem distintos de espaço fora-de-campo. Todos sabem de fato que no cinema o que se chama de "olhar para a câmera" quase foi banido dos usos tradicionais: um personagem não deve, salvo em casos particulares e efeitos deliberados, olhar em direção à câmera. O olhar para a câmera, invisível, pois é a condição de existência da própria imagem, é uma ida sem volta. Se esse olhar fundamental cruza um outro, que o remonta, se é enviado de volta para si por um olhar (visível) emanando do próprio interior da cena que ele faz existir, então será literalmente *seu inverso*. O risco é de fato romper o universo fechado da ficção, marcar no campo a presença do operador — isto é, do próprio cinema —, quando justamente a ficção tradicional se constrói na ausência ou no apagamento do que constitui sua origem (daí certos filmes, ditos "modernistas", visando esconder essa ocultação, restituírem explicitamente a presença da situação de enunciação do filme, mesmo à custa de uma nova ficção[18]). Portanto, tradicionalmente no cinema, os olhares embreantes de fora-de-campo voltam-se antes para os *espaços laterais* do campo: para a direita ou para a esquerda na maioria das vezes (a panorâmica é seu prolongamento atualizador) e às vezes para o alto ou para baixo (daí os *travellings* verticais e os jogos de *plongée* e de *contre-plongée* nas cenas de escada, de montanhas etc.). O espaço *off* do cinema estende-se em geral além das bordas do quadro; é uma extensão lateral do plano recortado pela câmera; o imaginário ultrapassa o corte pelos lados.

Ao contrário, em fotografia, sabemos que o "olhar para a câmera" é uma coisa totalmente normal, ensinada e até instituída. Quase todo retrato (individual ou coletivo) — e aqui também apesar das inúmeras exceções — funciona a partir do princípio fundamental do *cara a cara* entre o fotógrafo e o modelo. Decerto o olhar nem sempre está exatamente no eixo ótico do aparelho, mas pelo menos é *frontal*. Na hora, é um espaço fora-de-campo bem diferente que se coloca no lugar, um fora-de-campo que não é mais lateral, que não se prolonga mais além dos bordos do quadro, mas um fora-de-campo que trabalha *na profundidade da imagem*, ou melhor, *em seu avanço*, que não transborda mais pelos lados, mas pela frente, pelo que está de fato na origem do corte. Um fora-de-campo, portanto, que posiciona o operador explicitamente, que o integra mais ou menos como parceiro invisível, que *designa seu lugar*, que é o próprio lugar do olhar constitutivo da cena e do próprio campo. À lateralidade do fora-de-campo cinematográfico voltado sobre si mesmo, em seu encerramento ficcional, na ausência simulada de qualquer instância enunciadora, a fotografia opõe desse modo um fora-de-campo que opera na frontalidade, ou seja, um fora-de-campo *aberto*, que marca mais ou menos a presença do sujeito da enunciação.

Encontraremos um belo exemplo dessa designação pelo olhar frontal da posição fora-de-campo da enunciação fotográfica nas fotografias de *mulheres argelinas* que Marc Garanger realizou em 1960 e que foram publicadas recentemente. Conhecemos a história dessas imagens, a "situação fotográfica extrema" de onde nasceram: como o exército francês na Argélia decidiu constituir uma ficha sistemática de cada autóctone dotando-o de uma "carteira de identidade *francesa*",

Marc Garanger viu-se na obrigação de fazer desfilar diante de sua pequena câmara escura cerca de duzentas pessoas por dia. Entre a população assim filtrada, esquadrinhada, devorada, havia evidentemente grande número de mulheres argelinas, que o dispositivo obrigava a *baixar o véu* diante da objetiva. Terrível desnudamento dos rostos de mulher, desprezando todas as tradições locais. É fácil adivinhar a relação de força, o esmagamento, a agressão e a humilhação que tal situação implicava. Em suma, toda a violência e a cegueira do colonialismo. E, contudo, quando olhamos essas fotos de mulheres argelinas sem véu, literalmente expostas ao *voyeurismo* policialesco do ocupante, quando se as observa na nudez de seu rosto e sobretudo na frontalidade firme e total de seu olhar — direto no eixo, em *nosso* olho —, temos de convir: jamais o menor sinal de vergonha, de fuga ou de derrota. Ao contrário, só a certeza, a força tranqüila, o brilho inabalável. De fato, o "milagre" dessas fotos deve-se por inteiro à *inversão* que se opera no face-a-face estrito. Porque focalizam seu olhar na própria objetiva que as viola e pretende roubar-lhes a identidade, porque em nenhum momento o olhar foge, todas essas mulheres, em sua absoluta retidão, não apenas assumem plenamente o olhar que o ocupante faz pesar sobre elas, com tudo o que ele veicula de ignomínia, mas sobretudo, elas *no-lo mandam de volta,* elas devolvem-no a ele (a nós) mesmo(s). Posicionando o operador em seu ato e perante ele, apontando todo o dispositivo do qual ele não passa de um ator, cada uma dessas mulheres parece dizer-nos: "vocês quiseram me ver, me impor seu olhar, vocês me obrigaram a tirar o véu do rosto. Bem, olhem agora, olhem nos meus olhos, e de uma certa maneira verão vocês mesmos, descobrirão neles de que é feito seu próprio olhar". O olhar estritamente frontal dessas mulheres, ao designar com o mais nítido dos vigores, como uma flecha que alcança seu alvo direto, a posição do enunciador fotográfico que se acreditava protegido em seu fora-de-campo, funciona desse modo como a melhor e mais implacável resposta à coerção da qual são objeto: obriga-nos, por sua vez, a aí reconhecer o desprezo que tiveram de agüentar. Inversão do fora-de-campo pelo campo no jogo da frontalidade do olhar. Transformação da *tomada* fotográfico-militar que visa instituir uma "identidade francesa", numa espécie de afirmação de independência pelo olhar que produz um efeito inverso: uma *retomada* de identidade. As mulheres argelinas de Garanger, nesse sentido, recolocando a enunciação policialesca em seu lugar, enchem nossos olhos, ousamos dizer.

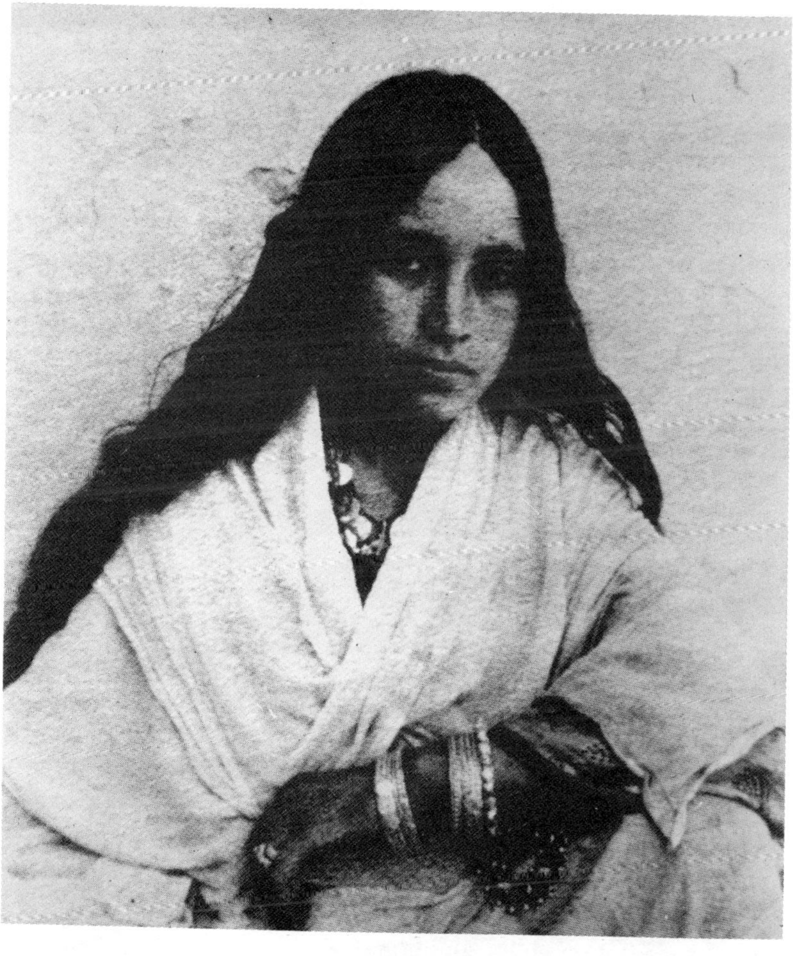

Marc Garanger, *Mulher argelina.*

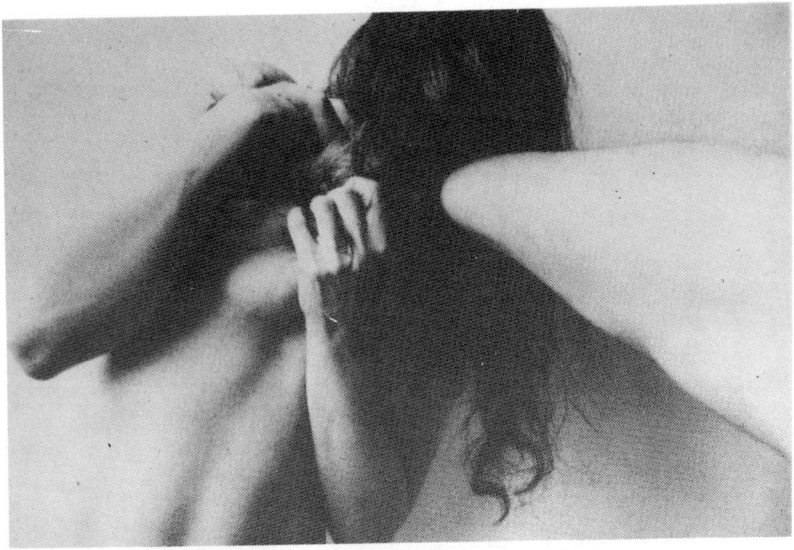

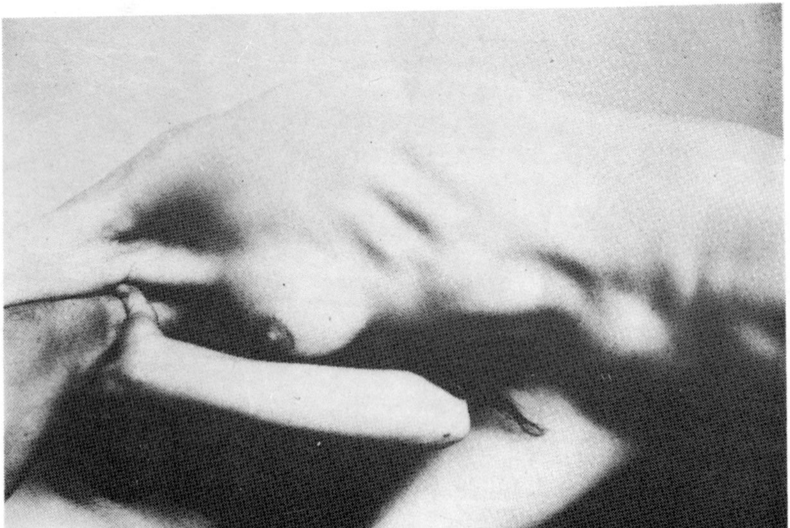

François Hers, *Reportagem nº9 com Evelyne Feingold*. (No alto e acima)

Deve-se observar que essa maneira de manifestar, pelo olhar frontal dos sujeitos fotografados, a presença invisível do olhar constitutivo da própria imagem pode às vezes ser julgado insuficiente por certos fotógrafos. Estou pensando, por exemplo, em certos trabalhos de François Hers com Evelyne Feingold[20]: para ele, o olhar frontal não marca com *força* suficiente a relação do modelo com o fora-de-campo enunciativo e principalmente não dá uma idéia nítida suficiente da relação de *violência* e de *resistência* que se instala entre modelo e fotógrafo na situação fechada da tomada. Daí sua idéia de intervir *fisicamente* no campo como fotógrafo: Hers introduz no quadro fragmentos de seu corpo, em particular, um de seus braços, enquanto o outro segura o aparelho, que vem capturar, agarrar a modelo (violência) e com o qual a modelo luta e briga (resistência). Observaremos que nessa experiência, em que o próprio ato da tomada se torna o objeto principal da foto, que nesse antagonismo, em que a distância do olhar cede lugar a um contato direto e físico (o fotógrafo toca finalmente o corpo da modelo), que nesse dispositivo portanto, no qual o fora-de-campo enunciativo é mais diretamente ativo que em outra parte, o jogo do olhar justamente *não funciona*. Em nenhum momento, em toda a série de chapas de Hers, os olhos da modelo agarram-se à câmera. A presença do corpo fotografante nela só se inscreve a partir da ausência de olhar do corpo fotografado.

Finalmente, a terceira grande categoria de signos embreantes de fora-de-campo, após os movimentos e deslocamentos de personagens no campo, após os jogos de olhar para o exterior e as intervenções de fragmentos de corpo, é toda uma série de elementos ligados ao que chamamos de "*cenário*": portas ou janelas, mais ou menos entreabertas; fundos, ou fundos duplos, de cena; espelhos; quadros; recortes de todos os tipos; em suma tudo o que pode indicar ou introduzir dentro do espaço homogêneo e fechado do campo fragmentos de outros espaços, em princípio contíguos e mais ou menos exteriores ao espaço principal. Tais fora-de-campo, produzidos por dispositivos de (re)enquadramentos internos, podem assinalar ou relacionar com o interior do quadro espaços situados indiferentemente na lateralidade ou no avanço frontal (papel tradicional dos espelhos e de qualquer superfície que reflete sobretudo quando está situada perpendicularmente ao eixo ótico — é uma das grandes modalidades do auto-retrato), mas também espaços, ainda, situados no eixo da profundidade, porém *atrás* e não mais à frente "da imagem", que surgem, por assim dizer, *às suas costas*, perante elas. Conjunto muito diverso de espaços *off*, que todos supõem um enclausuramento, uma circunscrição tridimensional, uma espécie de *aprisionamento* da cena primitiva, e depois uma penetração nessa prisão, uma abertura (mesmo que virtual), uma *fuga* (em todos os sentidos do termo), que nos revela espaços suplementares, mais ou menos escondidos ou mostrados.

Vemos que aqui se aborda toda a problemática da arquitetura espacial do campo fotográfico com sua extrema complexidade potencial, seu poder de heterogeneidade, seus buracos e suas aberturas, a multiplicação de seus *cuts*, seus muitos efeitos composicionais de *trompe-l'oeil*, de espaço trucado, de perspectiva falsa etc., e mais particularmente que se toca na velha questão do *recorte no recorte* (ou quadro no quadro). Não é o caso de detalhar aqui toda essa problemática. Para isso seria necessário lançar-se num sem número de análises precisas que adquiririam proporções desmesuradas com respeito a meu objeto. Vou contentar-me portanto aqui, de forma mais ilustrativa do que analítica e mais tipológica do que teórica, em passar em revista, muito sumariamente, uma série de casos, cada um exemplar de uma modalidade particular dessa multiplicação dos recortes no próprio interior do quadro. Esses exemplos serão organizados em cerca de quatro séries sucessivas.

Antes de enumerá-las, convém todavia sublinhar bem o seguinte: que, ao final desse percurso, seremos levados a constatar que a questão *real* do fora-de-campo não foi colocada, em seu princípio *primordial*, por *nenhuma* das quatro séries. Tudo o que veremos serão tentativas de interiorizar a questão. Mas, ao fazer isso, a cada vez, só teremos *brincado* com o problema, em segundo grau, o teremos mergulhado um pouco mais na ficção, sem jamais examiná-lo em particular por inteiro. Integrando pouco ou muito, segundo as modalidades que veremos, algumas zonas de fora-de-campo no campo, esses trabalhos não podem fazer esquecer que seu próprio campo geral, sempre e necessariamente, procede de um recorte de princípio, externo, que subsume todos os outros e que é propriamente irrepresentável, pois ele é a condição de possibilidade da própria representação. Fingir encená-la *no* quadro é apenas, evidentemente, recuar em um nível o verdadeiro recorte. É proceder por regressão. Sempre haverá um novo recorte para "dizer" o outro (é um problema que os lingüistas e os lógicos conhecem bem). Por isso, após ter passado em revista essas quatro séries de fora-de-campo representados e introduzidos pelos jogos de cenário, abordaremos finalmente, para terminar, um caso em que a questão das relações entre recorte e fora de quadro se coloca de maneira absoluta e existencial no primeiro grau, na "pureza" do ato fotográfico: trata-se das *Equivalências* de Alfred Stieglitz. Dito isso, comecemos a evocar nossas quatro séries.

A primeira é a dos *fora-de-campo por efeito de (re)centramento* e define-se pela inserção de um quadro representado no próprio quadro (principal) da representação — mas *nada além de um quadro*, quadro *vazio*, sem suporte interno próprio, desprovido de qualquer "conteúdo" representativo novo, não veiculando nem mesmo um fora-de-campo particular propriamente dito, contentando-se finalmente com exercer uma função de localização enquadrante de uma parte do espaço do campo. Essa categoria minimalista pode ser ilustrada pela famosa série de "quadros" fotografados por Christian Vogt. Haveria muitas observações válidas a respeito dessas composições. Assinalaremos aqui simplesmente que não é possível olhar esses trabalhos tão elaborados sem questionar, em primeiro lugar, as relações que se estabelecem entre o recorte principal, inelutável, pois constitutivo, e o quadro em segundo grau, bruto e vazio, interiorizado, encenado dentro do primeiro. De fato essas relações não são concebidas, como poderíamos acreditar, no modo da homologia, da analogia ou da identificação (a queda em abismo tradicional) quanto no modo da *oposição* sistemática: quanto mais o segundo quadro, figurado, aparece como um "verdadeiro" quadro, fechado, próprio, com limites bem definidos, pura circunscrição, o recorte principal, o que faz a foto, é esfumado, turvo, flutuante, fundido em *dégradés* que caminham para o branco do papel, sem clausura claramente marcada — como se o efeito-lucarna do quadro interior só se instituísse plenamente sobre o apagamento aparente e ilusório da função de recorte da foto. Por outro lado, todo o espaço que o quadro representado delimita em seu interior corresponde em geral a um campo de nitidez, enquanto o fora-de-campo desse segundo quadro constitui uma zona de *flou* maior ou menor. O efeito de focalização num plano de espaço privilegiado no campo geral é evidente aqui. Ademais, toda uma série de características mais pontuais vêm, de acordo com os casos, reforçar a construção oposicional entre os dois espaços/quadros: zona mais clara *versus* zona mais escura (cf. as nuvens), jogo sobre o direito e o oblíquo com relação aos bordos do quadro (cf. a torre de Pisa), jogo sobre a frente e a parte de trás, sobre o fora e o dentro, sobre a lateralidade e a profundidade etc. Vê-se, portanto, que não é possível aqui considerar que o quadro representado funcione simplesmente como uma citação, um duplo, uma metáfora interiorizada do quadro

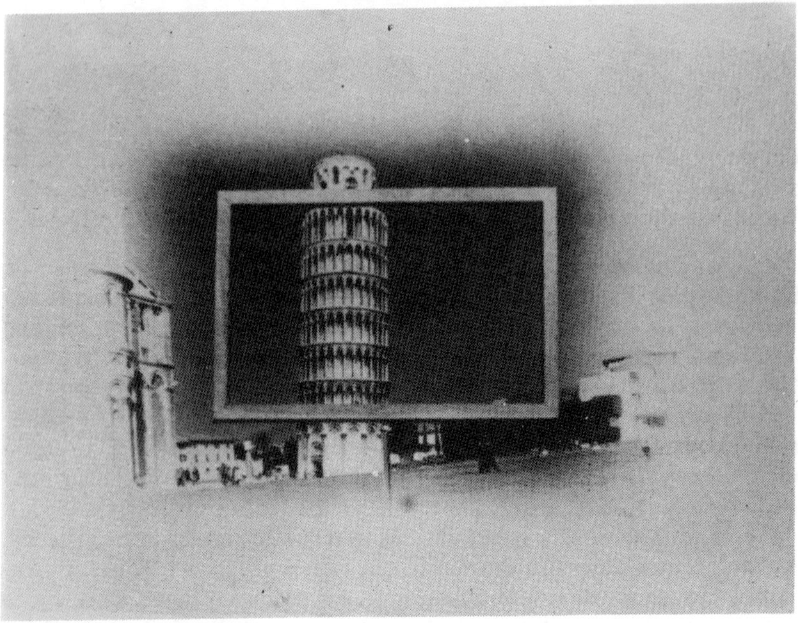

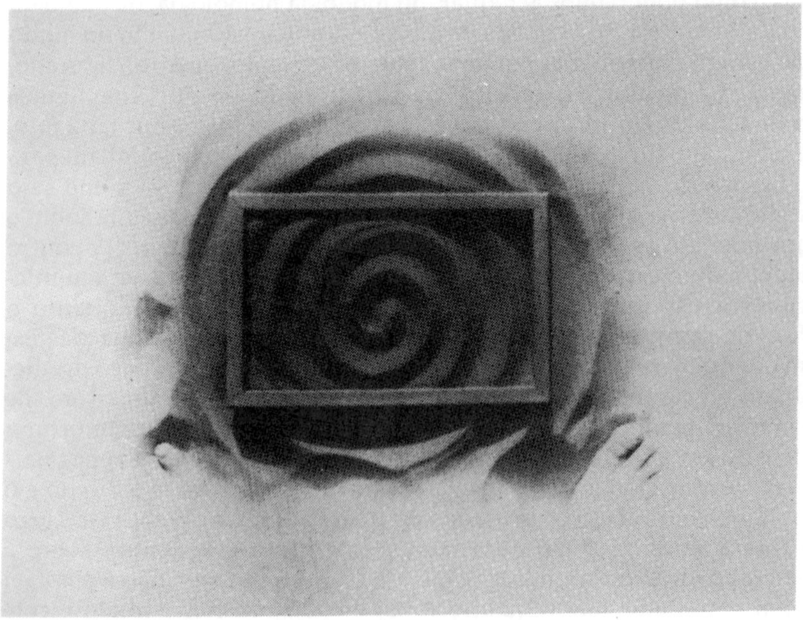

Christian Vogt, *Série de "quadros"*. (No alto e acima)

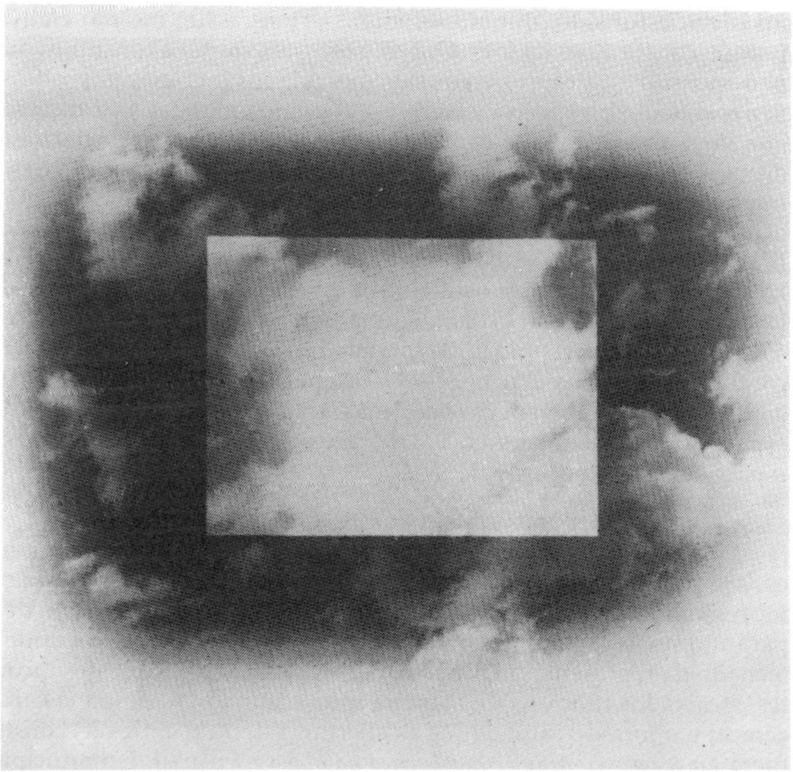

Christian Vogt, *Série de "quadros"*.

da própria representação fotográfica: se existem efeitos de representação no campo global do "fora-de-campo" do quadro interior e de representação do (re)centramento no campo (o espaço enquadrado no quadro), nem por isso deixa de ser verdade que os dois "quadros", o enquadrado e o enquadrante, permanecem totalmente heterogêneos um em relação ao outro: aqui um quadro, no sentido estrito do termo, visível, assumido e sublinhado como tal, e ali um simples recorte, invisível, esfumado, diluído, fundido — mas assim mesmo efetivo, porque constitutivo da foto. Ora esse recorte externo e constitutivo só pode possuir ele próprio, como sabemos, alguns fora-de-campo, dessa vez realmente invisíveis e exteriores, fugindo em todas as direções, e que Vogt absolutamente não tenta esconder (vejam esses pedacinhos de pés, essas mãos que seguram o quadro, espaços abertos, todos fragmentos que se prolongam virtualmente além da foto). Isso quer dizer que o dispositivo vogtiano do quadro no quadro não coloca finalmente a questão *real* do fora-de-campo, mesmo que finja tematizá-la. Se o quadro representado introduz no campo geral um efeito de localização-focalização (isolando uma porção de espaço, colocando-a em evidência como unidade e totalidade), esse *efeito* quase não tem continuidade: não vem nem *quebrar*, romper, deslocar a homogeneidade do campo geral, nem *esconder*, mascarar, obliterar uma porção do espaço global, nem mesmo *inserir*, acrescentar, incrustar um novo espaço no quadro principal.

Quanto à segunda série, a que denominarei de *fora-de-campo por fuga*, define-se antes pelo jogo dos recortes "naturais", inscritos no espaço referencial e que podem vir multiplicar, esburacando, o espaço representado: portas, janelas, postigos e diversas aberturas que dão para um novo campo, inesperado ou não, situado "atrás" do campo fechado da representação. De fato, nesses casos, o princípio dos recortes encaixados funciona de maneira muito simples: o campo (a caixa cênica) e o fora-de-campo (que as aberturas deixam entrever) constituem *um espaço contínuo e homogêneo no plano referencial*. Em princípio não existem trucagem, nem manipulação a não ser da escolha do *ponto de vista*, que deverá ser atentamente determinado, pois é dele que dependerá o encaixe e, portanto, tudo o que deverá ser visto pelos buracos da cena. Além dessa escolha do ângulo de visão, só existe aqui um único *cut* para constituir sem interrupção *todo* o espaço fotográfico, campo e fora-de-campo *em série*, se ousarmos dizê-lo (às vezes justamente com jogos visuais sobre esse efeito de série, sobre essas perspectivas que correm através de uma série de aberturas sucessivas,

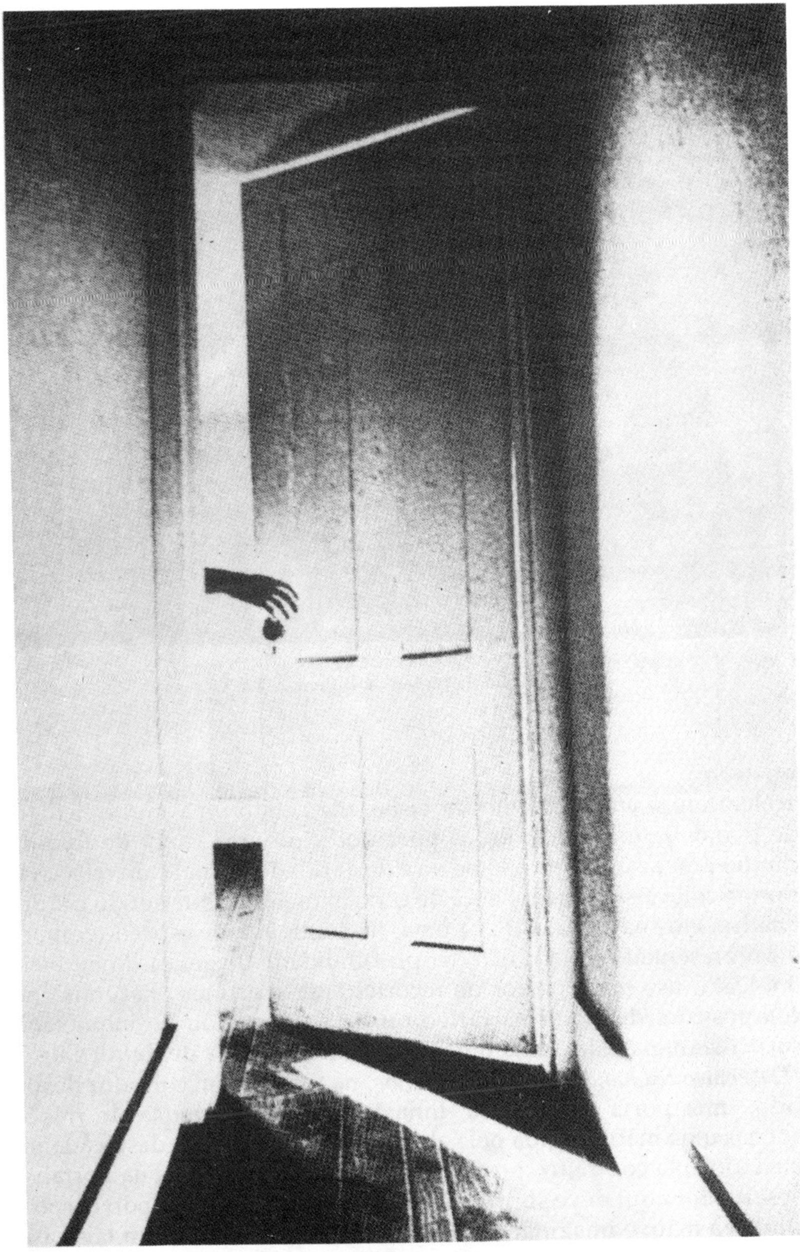

Ralph Gibson, *The enchanted hand.*

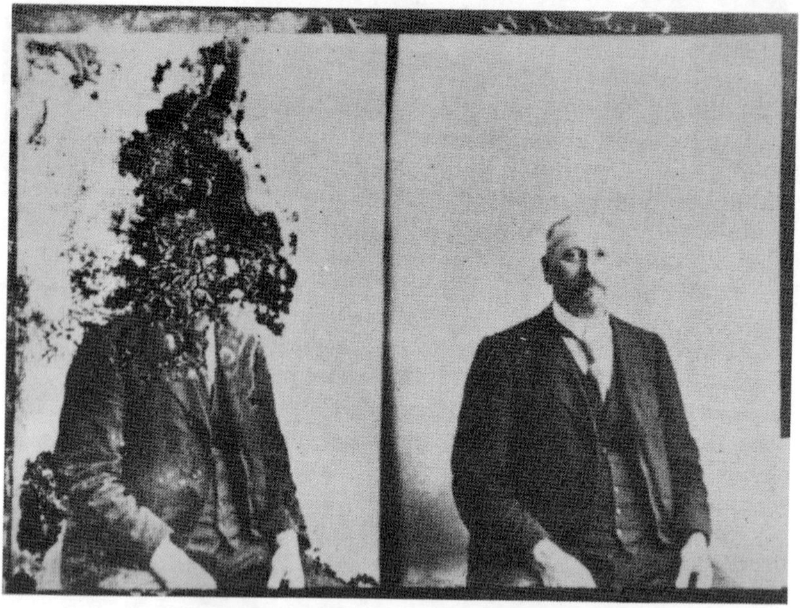

Anônimo da região de Rouen, c. 1900.

acelerando o encolhimento da visão, marcando uma multiplicidade de planos intercalados, todos portadores de uma carga de fora-de-campo potencial). O problema da exterioridade virtual com relação ao campo coloca-se portanto aqui de certa maneira no interior do próprio quadro, em sua fieira, em sua fuga, na contigüidade espaço-temporal do representado fotográfico, na profundidade diegética do enunciado. Daí o uso desses jogos de recortes e de aberturas "naturais" nas composições de efeito narrativo ou de suspense ou de inquietação surrealizante. Assim, uma determinada foto famosa de Ralph Gibson (*The enchanted hand*, 1969) mostra-nos, no final de um corredor despojado, uma porta entreaberta, uma luz estranha, vinda "de trás" e apenas uma mão, surgida pela abertura da porta, muito destacada por uma violenta contraluz, pronta para pousar na maçaneta da porta... O observador aqui deve suprir a carência do que não vê dando corpo (e alma?) à mão: o imaginário do fora-de-campo funciona em tais casos de maneira totalmente cinematográfica. Ele tem de construir sua(s) ficção (ficções).

Uma terceira série que opera ao contrário da precedente, em que o fora-de-campo vai remeter não à diegese (o espaço do enunciado), mas ao próprio espaço da enunciação, poderia ser a dos *fora-de-campo por obliteração* (pura e simples): trata-se de tudo o que vem introduzir, no campo de base enquadrado pela tomada, espaços neutralizantes de todas as formas, de todas as cores e de todas as naturezas (por exemplo, quadrados negros ou retângulos brancos ou coraçõezinhos vermelhos, ou halos fantasmáticos gerados pela imprevisível alquimia da emulsão etc.), esconderijos ou véus, de certa forma, que vêm cobrir certas porções do campo e produzir efeitos de *mascaragem* pontual, de apagamento, de eliminação parcial. Enquanto Vogt só introduzia no campo do *representado* um quadro vazio, uma lucarna transparente, ou seja, finalmente, quatro *linhas* fechadas em si mesmas, aqui se trata de fazer surgir, no campo da *representação*, *superfícies*, cheias como superfícies (opacas), mas vazias de qualquer conteúdo representativo. Conhecem-se muitos trabalhos de artistas fotógrafos que procedem assim a mascaragens parciais da superfície fotográfica através das mais diversas manipulações (pintura, papel, adesivo, raspagem, borrões etc.) e com efeitos e apostas muito variáveis (ver, por exemplo, alguns trabalhos — sobretudo seus auto-retratos — de Arnulf Rainer, Erik Dietman, Gloria Friedman, Marcel Broodthaers, Robert Rauschenberg, Christian Vogt de novo etc.). Conhece-se também alguns usos fetichistas da foto, nos quais esta é tratada literalmente como o substituto exato do que representa (assim, por exemplo, a história de uma determinada mulher ciumenta que, no álbum de família, arranhou e raspou minuciosamente, em todas as fotos em que seu marido figurava em companhia de outras mulheres, os rostos destas para torná-las irreconhecíveis, apagá-las com raiva, desfigurá-las, como se tivesse jogado nelas vitríolo). Às vezes até, esses efeitos de ocultação e apagamento, longe de serem deliberados, são puros produtos do acaso, das marcas do Tempo que vêm corromper certas zonas de uma chapa, dissolver, comer, corroer por dentro, em estranhas eflorescências químicas, os traços de um rosto ou de um cenário (ver a chapa anônima da região de Rouen por volta de 1900 publicada por Denis Roche, ver sobretudo a série de 89 chapas sobre as prostitutas de Storyville-Nova Orleans tiradas por E. J. Bellocq por volta de 1912 e que foram descobertas após sua morte numa gaveta de seu escritório todas estragadas, furadas, arranhadas, corroídas por misteriosas reações químicas). Ainda num outro registro, todos os dispositivos de censura que operam na foto pornográfica (ou em algumas fotos sensacionalistas) procedem igualmente acrescentando pequenas superfícies obliterantes que ora dissimulam o sexo, ora o olhar e os traços do rosto. Em todos os casos, o espaço global do campo fotográfico é desestruturado, quebrado, despedaçado por ausências, vazios, buracos, dos negativos, das chapas: *uma ausência representativa*. E sobretudo, em todos esses casos, essas ausências, essas rasuras, esses apagamentos remetem de maneira absolutamente nítida a tudo o que constitui a foto à sua condição material de objeto, bem como à sua instância de enunciação. O fora-de-campo designado por essas manipulações relativas ao próprio clichê só pode ser o *sujeito* da representação. Ao contrário dos fora-de-campo que se acrescentam na profundidade do espaço representado através de recortes e aberturas inscritos no enunciado, essa nova categoria de fora-de-campo institui-se antes por simples subtração de um plano do espaço de representação que funciona assim, pela negativa, à maneira de um espelho negro, referindo-se a princípio à enunciação geral da figura. Desse modo, nas fotos pornográficas expostas nas vitrinas de cinema, em que as partes sexuais e suas manipulações, foram cobertas muito minuciosamente com um adesivo vermelho, o que se vê em primeiro lugar, antes mesmo dos corpos e seus entrelaçamentos, é o próprio *gesto* da censura, devoradora e castradora. Olhar tais chapas é imaginar a bilheteira ou o gerente da sala com seu rolo de durex recobrindo de maneira ao mesmo tempo cerrada (milímetro por milímetro) e sugestiva, numa indiferença apressada, as partes delicadas da foto, mascarando (e, portanto, ao mesmo tempo sublinhando) zonas literalmente impossíveis de olhar.

Finalmente, com a quarta série aparentemente aborda-se o problema de forma mais completa. Dessa vez trata-se de *fora-de-campo por incrustação*. No caso, o modelo são todas as *fotos com espelho* (ou pelo menos com uma superfície refletora): em todos os casos, trata-se de inserir, pelo jogo do reflexo, dentro do espaço "real" enquadrado pelo aparelho (o campo), um (ou alguns) fragmento(s) de espaços "virtuais", exteriores ao primeiro quadro, mas contíguos e contemporâneos a ele. Essa integração de uma imagem na imagem pelo espelho produz uma série de efeitos que encontramos agrupados, os destacados nas categorias precedentes: em primeiro lugar, o fragmento de fora-de-campo constituído pelo reflexo ocupa ele próprio um espaço no campo, ou seja, vem mascarar, apagar, apropriar-se de uma porção deste, como no caso de obliteração. Só que, de forma diferente deste, a superfície obliterante aqui não é neutra ou indiferenciada, manifesta não uma máscara, um buraco, uma ausência, mas, ao contrário, uma

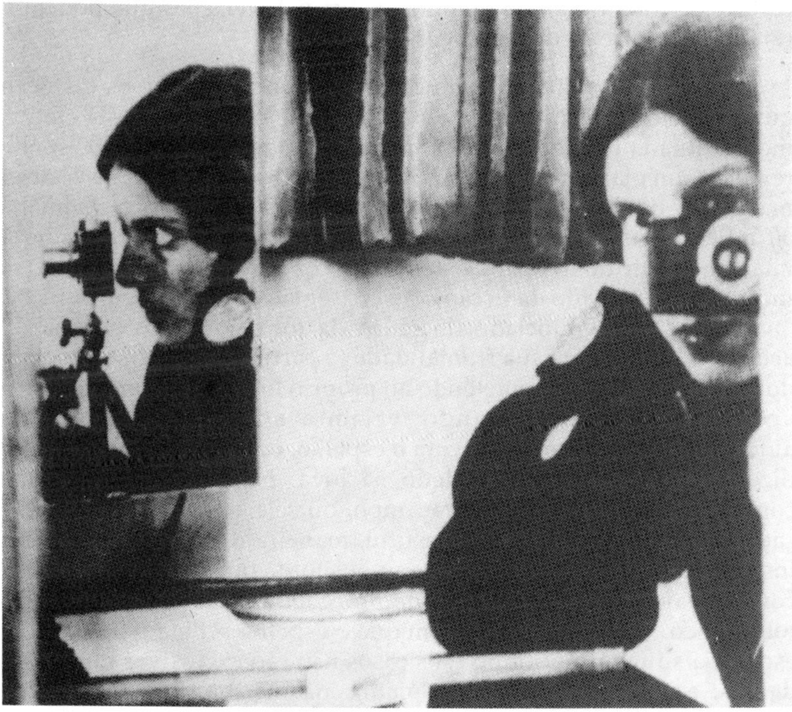

Ilse Bing, *Auto-retrato com espelhos.*

presença representativa nova e suplementar. Em outras palavras, o fora-de-campo do espelho, na medida em que é uma representação total e não apenas uma pura opacidade, não se contenta com ocultar uma parte do espaço do campo (supressão), ele funciona aí também por adjunção, adição, inscrição de um espaço figurativo em um outro. E esse efeito, que é a incrustação propriamente dita, comporta todos os tipos de conseqüências, principalmente quanto à função de focalização-recentramento no campo: questão do recorte do espelho no recorte da foto; ou ainda quanto aos tipos de relações que podem se estabelecer entre os dois espaços.

A esse respeito, convém distinguir, por um lado, os casos em que o espelho interno reflete uma porção de espaço que está efetivamente situada fora-de-campo e, por outro, aqueles em que o espelho remete a um plano de espaço *já* situado no campo, mas que se vê dessa maneira sob um novo ângulo. No primeiro caso, o espaço realmente *off* refletido no espelho pode se encontrar tanto na lateralidade da imagem (além dos bordos externos do quadro), nos bastidores, no universo prolongado da ficção — exerce então essencialmente funções "narrativas" no enunciado diegético da foto, como no cinema (cf. acima) —, quanto em sua frontalidade (a partir do modelo do espelho dos Arnolfini), isto é, remetendo ao próprio lugar do olhar constitutivo do que estamos olhando: vejam a esse respeito todos os auto-retratos por face-a-face com o espelho, onde o campo, por assim dizer, inverte-se como um dedo na luva, pois nos proporciona à contemplação seu exato contracampo, ou seja, sua própria enunciação, captada na ação que a constitui, maneira de operar, no mesmo instante, a ida e volta do sujeito ao objeto — que aqui são a mesma coisa —, maneira, literalmente, de proceder a uma *revulsão* do olhar fotográfico. Quanto aos casos em que o espelho reflete uma parte de espaço já situada no campo (tais casos não são exclusivos dos precedentes; ambos podem ser acoplados na mesma chapa, como no interessante *Auto-retrato nos espelhos* de Ilse Bing — 1931), a aposta é evidentemente revelar-nos elementos do campo que, ou não podiam ser vistos diretamente do lugar de onde a foto foi tirada, ou eram visíveis, mas não sob o novo ângulo que o espelho nos permite. Nos dois casos, vemos bem que se trata principalmente de *multiplicar os olhares* dentro do campo, de evitar a planura da visão monocular do aparelho (regida pelos princípios da projeção de volumes luminosos num plano),não imitando o efeito estereoscópico do olhar humano (que é sempre centralizador), mas marcando muito mais radicalmente em toda a sua heterogeneidade uma visão estourada e polimórfica do espaço fotográfico.

Aliás, é possível considerar que se trata nesse ponto de um dos efeitos gerais próprios de qualquer categoria de fora-de-campo por incrustação: introduzindo-se no campo por meio dos reflexos, o fora-de-campo especular faz eclodir a unidade e a homogeneidade do quadro: há (pelo menos) dois espaços em um e nem sempre é fácil situá-los espacialmente e defini-los estruturalmente um com relação ao outro, tanto pode ser complexo o jogo dos eixos óticos e dos ângulos de reflexão. Ademais, quando multiplicamos os espelhos no campo, se os dispomos de acordo com diversos ângulos, chega-se bem depressa a um despedaçamento completo do espaço representado — a ponto de, às vezes, não mais conseguir nele se encontrar na arquitetônica da foto, de não mais se conseguir distinguir o que é reflexo ou reflexo de reflexo (etc.) do que não é, ou seja, chegar a tal ponto na organização dos fragmentos de espaço no quadro que não é mais possível diferenciar os vários graus (de zero ao infinito) de representação, e portanto entre o que depende do *campo* fotográfico propriamente dito do que é da ordem de seus *fora-de-campo*, reunidos pelas imbricações de reflexos. Então o espaço fotográfico, como num quadro cubista, não passa de um labirinto, de um palácio de espelhos, de uma feira de ilusões. A questão do campo e do fora-de-campo dilui-se por conta própria, perde sua pertinência na vertigem da multiplicação dos recortes e dos quadros implicando-se uns nos outros infinitamente.

Com essa quarta e última categoria, que leva a problemática ao extremo (indecidível) de sua lógica, termino com os fora-de-campo que procedem por elementos do "cenário" (depois daqueles ligados aos movimentos no campo e os determinados pelos olhares dos personagens). Pareceria, portanto, ao final desse percurso, que cercamos a questão do fora-de-campo em fotografia quase que por inteiro. Contudo, eu gostaria de dizer que finalmente só falamos até agora dos dispositivos periféricos, de sucedâneos, de epifenômenos. Resta, com efeito, um último aspecto a ser abordado e que tem grande importância (de fato, é o aspecto principal, decerto o único verdadeiramente pertinente) e que conservei para o final, para deixar um sabor agradável na boca (negra). Até aqui, de uma certa maneira, só tratamos de fora-de-campo assinalados no campo (por embreantes de todos os tipos). Ora, a característica do fora-de-campo não é precisamente ser *absolutamente* exterior ao campo, não estar presente nele de forma alguma — nem por indícios, tampouco *a fortiori* por porções mais vastas (espelhos)? Por isso, a categoria que eu gostaria de abordar agora — e que é a única a colocar realmente a problemática, a meu ver — compromete o fora-de-campo no que ele tem de mais essencial e elementar. Trata-se de uma categoria que constitui praticamente a antítese total das fotos de arquitetura espacial complexa e compósita, o próprio contrário das fotos em abismo ou quadro no quadro, ou jogo de espelhos etc.

Quero falar aqui das fotos em que o gesto do corte funciona, por assim dizer, *"em estado puro"*, onde não existe nada para construir a foto além de um *cut* único, primeiro, constitutivo. Nesse tipo de foto, também a questão do fora-de-campo (e não só ela, como veremos) se coloca no que tem de mais agudo e essencial, pois *não existem* indícios particulares, marcas específicas, embreantes observáveis, que permitiriam vincular determinado espaço *off*, mais ou menos claramente designado, ao espaço representado. Nada de movimento de personagem como vetor direcional suscetível de se prolongar além dos bordos do quadro; nada de olhar orientado para fora do campo e para ali transportando nosso imaginário; nada de fuga em perspectiva; nada de obliteração castradora; nada de incrustação e de ecos que repercutem à vontade. *Nada além de um recorte* — o próprio recorte da fotografia. Recorte bruto e brutal, não vazio, mas virgem de qualquer signo especial e explícito de uma exterioridade precisa. E, no entanto, mesmo nessa virgindade, nessa aparente neutralidade do espaço fotográfico, mesmo nesse enclausuramento da representação nela mesma, o fora-de-campo está ali, irredutível, e provavelmente está mais intensamente presente ali, mais constitutivo da foto, do que em qualquer outra parte.

O caso que me interessa na circunstância e que para mim representa um modelo é a série de chapas de nuvens de Alfred Stieglitz feitas durante quase uma década (de 1923 a 1932), após 40 anos de prática fotográfica, e que estão reunidos sob o nome genérico de *Equivalências* (em inglês, *Equivalents*). Haveria muitas reflexões a serem feitas sobre essas fotos de nuvens. Aliás, não se deixou de fazer, desde o próprio Stieglitz ("How I came to photograph clouds", 1923[21]) até Rosalind Krauss, por exemplo (cujo texto "Stieglitz/*Equivalents*"[22] alcança no essencial o ponto de vista que conduz este estudo). Sem pretender de forma alguma fazer uma análise completa (será que alguma vez ela foi de fato feita, aqui menos do que em outra parte?) dessas *Equivalências* nebulosas, gostaria contudo de me demorar em alguns aspectos dessas chapas e torná-las uma forma de emblema final, ou seja, fechar com nuvens esse livrinho, da mesma forma que o abri com o auto-retrato de Michael Snow. Entre *Authorization* e *Equivalents* estão de certa maneira todas as apostas do ato fotográfico que serão reveladas.

Veremos de fato que os céus fotográficos de Stieglitz colocam em seu próprio princípio *toda* a questão do espaço em fotografia: não apenas as questões do corte e do fora-de-campo (que remetem ao espaço referencial no momento da produção da imagem), mas igualmente as do enquadramento e dos efeitos de composição interna que se seguem necessariamente, como também as da relação entre o espaço fotográfico propriamente dito e do espaço topológico do sujeito que vê no momento da contemplação da imagem. Detalharei esses diversos pontos daqui a um momento.

Convém, porém, dizer que essas fotos, depois de uma certa reflexão, vão ainda mais longe: as *Equivalências* de Stieglitz podem ser compreendidas não apenas como colocando teoricamente a questão do espaço sob todas as suas formas, mas até, mais geralmente, como definindo em todos os seus aspectos a imagem-ato fotográfico como tal. A série das nuvens não como um conjunto de fotos (de chapas), mas como a *própria fotografia*. É o que parecia claro para Stieglitz em pessoa, pois ele escrevia em 1923:

> Quis fotografar as nuvens para descobrir o que me haviam ensinado quarenta anos de fotografia. Através das nuvens, deitar no papel minha filosofia de vida — mostrar que as minhas fotografias não se deviam ao conteúdo e aos sujeitos — a árvores singulares, a rostos, a interiores, nem a dons particulares — as nuvens estão ali para todos — não se cobra taxas sobre elas até o presente — são livres.[23]

E adiante, com mais nitidez ainda:

> Meu objetivo é cada vez mais que *minhas fotografias se pareçam com fotografias*, que não serão vistas a menos que se tenha *olhos* para *ver*, e, contudo, quem as vir, não as esquecerá mais.[24]

Um dos motivos que torna essas *Equivalências* fotos que finalmente não têm outro assunto que não a própria fotografia, deve-se evidentemente à natureza particular do objeto fotografado (as nuvens) e às suas relações, não desprovidas de analogia, com a natureza indiciária da imagem fotográfica. Sabe-se com efeito, e o livro de Hubert Damisch sobre a *Teoria da nuvem*[25] destacou bem as apostas desse dispositivo, principalmente para a história da pintura cujos céus não cessou de obsedar, que a nuvem é antes de mais nada uma substância corpuscular sem contorno, sem forma definida, sem corpo próprio, uma espécie de véu, de cortina, um lençol de vapores, um condensado de auras — e sobretudo algo que não existe por si só. Ou seja, a nuvem só aparece como objeto visual (visível e portanto figurável — na pintura, bem como na fotografia) porque funciona como *traço*, como *reflexo*, como *revelador* de algo além daquilo a que está fisicamente ligada: por exemplo, a nuvem, ela própria incolor, é aquilo que, pela graça da reflexão, proporciona matéria à luz, a atualiza, a torna visível: como assinala Aristóteles (*Meteorológicas*, III, 2-6), as nuvens têm a propriedade que faz com que elas funcionem em sua massa "como espelhos, mas como espelhos que só devolvem as cores" — o efeito-pôr-do-sol, se quisermos. Ou a nuvem é vista como *traço meteorológico*, como um efeito visível que manifesta para nosso olhar a ação de uma série de fenômenos atmosféricos invisíveis por eles mesmos (e portanto irrepresentáveis), tais como o vento, a tempestade, a tormenta, o dilúvio etc. (ver os muitos conselhos de Leonardo da Vinci em seus *Cadernos*: "Para representar o vento, além do arqueamento dos galhos, representarás as nuvens...", "Se quiseres representar adequadamente a tempestade, considera e inscreve exatamente seus efeitos...; para representar bem a tormenta, em primeiro lugar farás as nuvens, dispersas e quebradas, arrastadas pela corrida dos ventos" etc.)[26]. Em suma, vemos que a nuvem, diretamente conectada à sua ambiência natural, é de fato um verdadeiro *signo-índice* e que, por aí, sua natureza reúne-se precisamente à do signo fotográfico (cf. cap. 2): assim como a nuvem com suas miríades de pontos de vapor de água suspensos, a fotografia, com suas miríades de cristais de haleto, capta e reflete em sua própria matéria, na descontinuidade de seus grãos, as variações luminosas que a cercam. Ambos, nuvem e fotografia, são, portanto, autênticas *máquinas de luz*, véus, tramas, armadilhas, reveladores, telas, cortinas, espectros, fantasmas de luz. O fotograma (Moholy-Nagy, Man Ray etc.) provavelmente é a esse respeito a "*nuvem fotográfica*" padrão: nele se distingue menos as formas dos objetos do que jogos de sombra e luz, claros-escuros, traços fantasmáticos semelhantes a velas flutuantes. Como nessas visões de semi-sonho, onde se assinala nas nuvens figuras mais ou menos antropomórficas (cf. Leonardo, Plínio, Filóstrato etc.), as formas eventuais aqui só podem ser projetadas, reconstituídas e até imaginadas. Só existe de

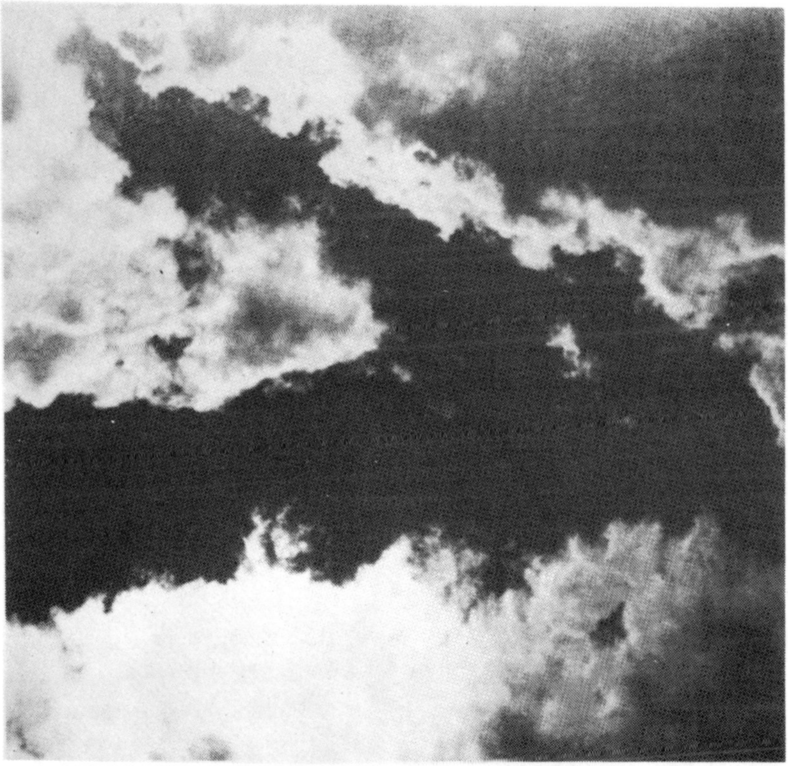

Alfred Stieglitz, *Equivalências.*

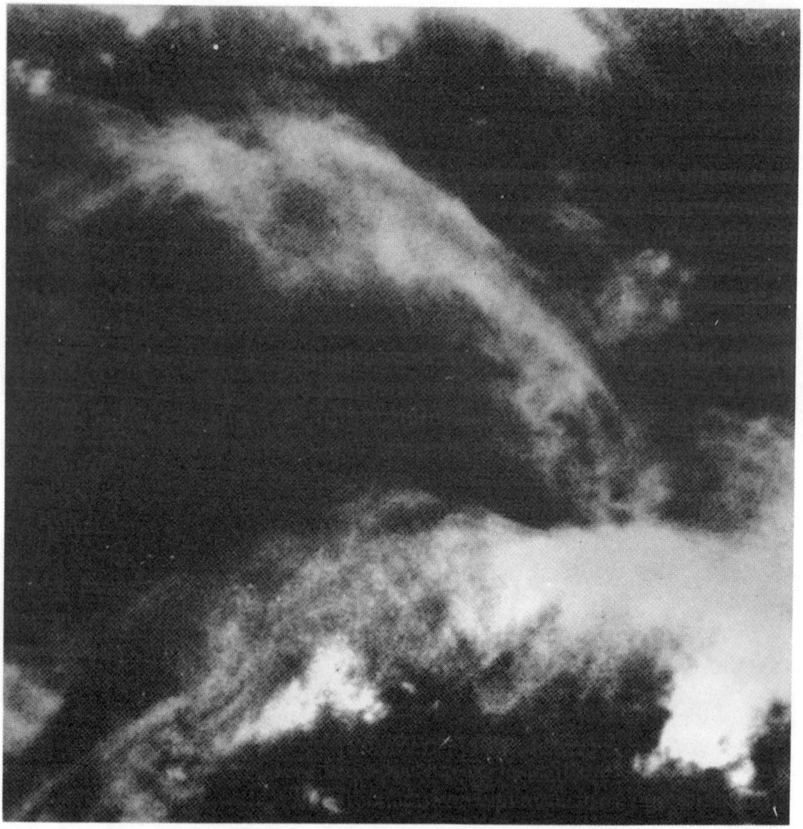

Alfred Stieglitz, *Equivalências.*

fato um jogo de manchas, pontos, grãos, diversamente coloridos, que apenas a percepção pode organizar em motivos. Isso quer dizer que o fotograma (a foto em seu princípio indiciário de traço, aquém de qualquer reconhecimento por um sujeito) é antes de mais nada, como uma nuvem, um puro jogo com a própria matéria luminosa, sem forma *a priori*, sem linha, nem contorno, nem figura. A foto como nebulosa, onde as figuras só se formam num segundo momento e quase que só com essa diferença (importante), que a primeira fixa, detém, imobiliza a luz num lugar e num determinado tempo, enquanto a outra passa, sempre sem movimento, mudando, fazendo a chuva e o bom tempo em cada lugar que passa.

Compreende-se melhor então o sentido que as *Equivalências* de Stieglitz podem adquirir e compreende-se claramente ao mesmo tempo o título que subsume a série: fotografando sistematicamente durante quase nove anos todos os tipos de nuvens sobre o fundo do céu, Stieglitz estudava e instituía de fato, com sua tenacidade, *equivalentes*. Como ele próprio diz, fazia de tudo para que "[suas] fotografias parecessem com fotografias". Afinal, quando a fotografia se põe a representar as nuvens (sabe-se que existe aí um motivo de predileção, que fascinou inúmeros fotógrafos na história), de fato, ela representa seu próprio processo representativo, representa (não é apenas uma metáfora) seu modo constitutivo, ela se mostra emblematicamente como índice. *Nuvem de papel* e *nebulosas fotoquímicas: auto-retratos da fotografia por ela mesma*. Tais são, em toda a sua amplidão, as *Equivalências* de Stieglitz.

Voltemos à questão mais particular do corte *espacial*, tal como o revela essa série de chapas. Eu disse acima que as nuvens de Stieglitz colocavam teoricamente a questão do espaço em fotografia *em todas as suas dimensões*. Abordarei sucessivamente os três aspectos dessa questão: 1) a relação com o espaço referencial da tomada, ou do fora-de-campo com a produção; 2) o enquadramento e a composição interna; 3) a relação com o espaço topológico daquele que olha, ou do fora-de-campo com a recepção.

No primeiro ponto, o caso das *Equivalências* é dos mais límpidos. Como não ver de fato nessa série o gesto praticamente *absoluto* do recorte, o ato sistemático (já dura nove anos) do levantamento e do *cut*? E, se essa prática do *cut* adquire aqui, mais do que em qualquer outra parte, um valor absoluto é justamente porque se refere ao espaço celeste: é evidente que o sentido do gesto de Stieglitz (não cessar de visar, enquadrar, assestar nas nuvens) deve-se fundamentalmente à relação entre o próprio *espaço fotográfico*, sempre necessariamente *finito*, cercado, fechado, limitado, e um *espaço referencial* no caso e por definição completamente *infinito*, ilimitado, sem fronteiras e sem ponto de parada (não há bordo no céu, e o horizonte, como se sabe, só é horizonte por jamais poder ser atingido). Toda a intensidade dessas fotos reside no afastamento extremo, na oposição radical (aqui sublinhada e assumida, mas que é de fato a de qualquer ato fotográfico) entre a finitude espacial da imagem e o infinito referencial do qual procede (por subtração), que é aqui o Infinito por excelência: o Céu. Estamos assim diante de algo que é a antítese do quadro de pintura, que nada tem a ver em seu princípio com a ideologia do microcosmo completo nele mesmo e à *imagem* do mundo. Stieglitz oferece-nos apenas, como diamantes brutos, verdadeiros pequenos *fragmentos de infinito*, talhados da própria matéria luminosa. É a imagem do gesto de recorte no estado puro. E o fora-de-campo (a idéia de infinito) é aqui mais claro e mais irredutível que em qualquer outro lugar, espantosamente presente e ativo a partir do momento em que se mergulha por inteiro nessas chapas. Com essas fotos, a frase de Denis Roche que proclama que "*o quadro em foto é um horizonte dobrado em quatro, que morde a sua cauda*" adquire todo o seu sentido. Literal.

Quanto ao segundo aspecto, que se refere aos efeitos de enquadramento e de composição interna gerados pelo corte, é colocado pelas *Equivalências* com não menos rigor e pureza. É até de certa forma o que a história da arte fotográfica mais viu e reteve dessas chapas. A dimensão plástica nelas é com efeito mais do que evidente: basta folhear o conjunto das fotos (a idéia de *série* é aqui essencial) para ser tomado pela amplitude dos efeitos, extraordinariamente variados, densidades, texturas, *dégradés*, configurações etc... Tudo aqui parece uma questão de composição formal com a própria matéria luminosa (foto igual nuvem)[27]. O importante não é, contudo, dar voltas com esse discurso em torno da plasticidade do trabalho de Stieglitz. Em primeiro lugar, porque seria, mais uma vez, reconduzi-lo apenas às suas origens pictorialistas e manter um discurso de pintura sobre a foto. Em segundo lugar e sobretudo, porque seria pressupor em Stieglitz um *projeto* composicional para cada golpe (corte) operado na massa celeste, quando todo o interesse das *Equivalências* se deve precisamente ao fato de que elas nos mostram que a composição é essencialmente um *efeito* do recorte, tanto mais inevitável porque não é deliberado. Como diz com correção Rosalind Krauss:

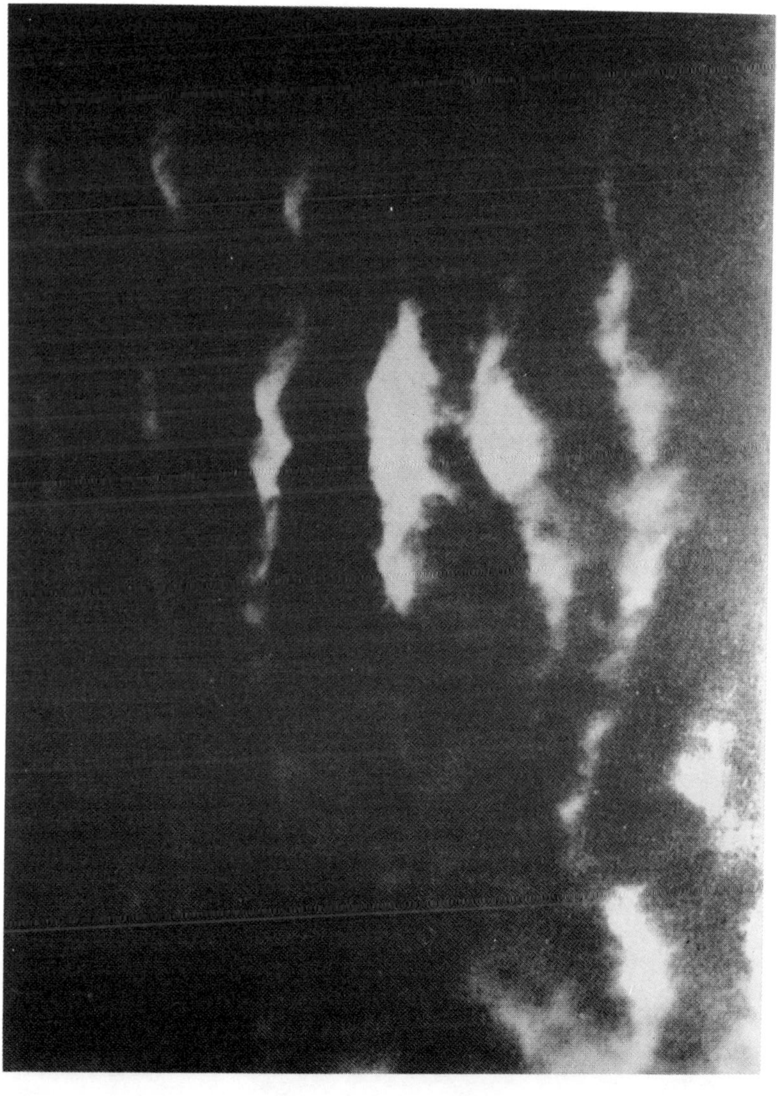

Alfred Stieglitz, *Equivalências.*

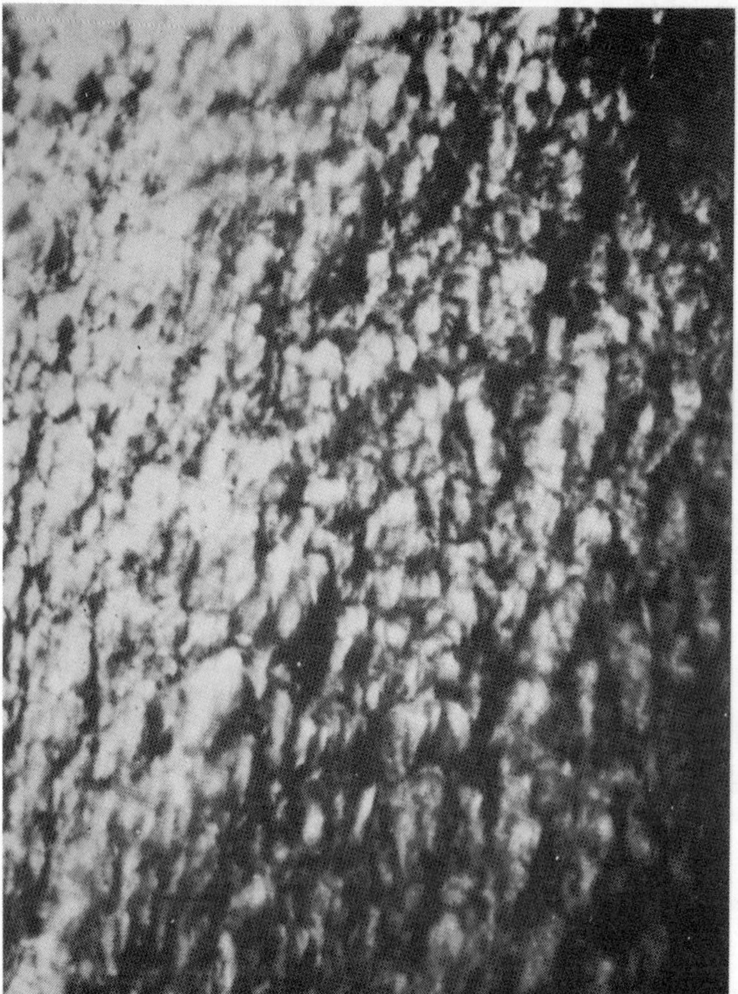

Alfred Stieglitz, *Equivalências.*

nessas fotografias de nuvens revela-se não tanto o sentido de uma composição encontrada ou fortuita, o acaso de algum arranjo acidental, mas antes um sentido da resistência do objeto ao arranjo interno, um postulado da irrelevância composicional.[28]

É porque o céu é essencialmente não composto que o papel de organização do recorte é particularmente realçado pelas *Equivalências*. Não existe aqui uma encenação do objeto em função de um projeto de criação estética (a vontade do fotógrafo de entregar este ou aquele valor plástico). Existe apenas um gesto de recorte, de despedaçamento do tecido contínuo do espaço celeste. E é unicamente esse gesto que, quaisquer que sejam as intenções, gera sempre efeitos de composição — quer os dominemos, quer não. O que é necessário sublinhar aqui é essencialmente a condição e o modo constitutivo desses *efeitos* composicionais, *como conseqüência do próprio ato do recorte espacial.*

A partir do momento em que o ato fotográfico opera um recorte na continuidade do espaço referencial, essa porção de espaço levantada, transposta para a película e depois para o papel, começa a organizar-se de maneira autônoma. O recorte forneceu-lhe um quadro, e esse quadro vai se tornar enquadramento, organização interna do campo a partir da referência das bordas do quadro. Qualquer quadro institui necessariamente um sistema de posicionamento dos elementos presentes em seu espaço com relação aos limites que o circunscrevem. Em outras palavras, qualquer recorte fotográfico situa uma articulação entre um *espaço representado* (o interior da imagem, o espaço de seu conteúdo, que é o plano de espaço referencial transferido para a foto) e um *espaço de representação* (a imagem como suporte de inscrição, o espaço do continente, que é construído arbitrariamente pelos bordos do quadro). É essa articulação entre espaço representado e espaço de representação que define o *espaço fotográfico* propriamente dito.

Observaremos que é sempre com relação ao espaço de representação que são organizadas dentro do campo as figuras do espaço representado. É com base nos eixos ortogonais de enquadramento que se determinam o sistema das posições (esquerda, direta, alto, baixo, centro) e o das proporções (a proporção áurea em comprimento ou em altura). É claro que tal organização de posição compromete todo um jogo de valores plásticos extremamente complexo, sutil, variável, impressivo e cultural: é a *composição*. Um mesmo motivo não terá o mesmo "valor plástico", ou seja, não produzirá o mesmo efeito se estiver colocado plenamente no centro do espaço ou num canto, no alto à esquerda, ou em baixo à direita, conforme as linhas que o estruturam forem ou não paralelas aos bordos do quadro, conforme as massas escuras ou claras se distribuam uniformemente sobre toda a superfície ou se amontoem em alguns locais, gerando eventuais dinamismos nas configurações etc. A esse respeito existe até toda uma *codificação* dos valores em função da distribuição dos motivos no espaço de representação. As "regras" da composição acadêmica (por exemplo, a regra da proporção áurea para o horizonte e para as verticais no primeiro plano) são uma das atualizações possíveis, embora antiquadas (encontra-se-a nos manuais), dessas codificações. Ao lado delas, existem muitos outros efeitos, mais ou menos convencionais, mais ou menos implícitos, mais ou menos flutuantes, que não cessam de trabalhar a plasticidade das imagens. A série das *Equivalências*, com todos os seus jogos de texturas, de gradações, de dinamizações formais, oferece-nos uma bela amostragem desses códigos e desses valores flutuantes. Outra regra, mais essencial, porque compromete a relação do espaço fotográfico com o espaço referencial (do fotógrafo tanto quanto do observador) é a da *homologia de estrutura entre espaço representado e espaço de representação*. É ela que exige que o horizonte na foto seja horizontal, que as torres de uma catedral ou o tronco de um choupo sejam bem verticais — ou seja, paralelos aos bordos do quadro. Voltaremos em detalhe a esse princípio fundamental evocando a questão do espaço topológico do sujeito que olha. O que não se deve perder de vista, em momento algum, é que de fato todas essas estratégias de composição, qualquer que seja sua eficácia ou seu valor exato, são *inerentes a qualquer recorte*. Não são (apenas) o produto de um projeto estético, de uma intenção artística preliminar, de uma encenação deliberada do real, são (também e em primeiro lugar) uma conseqüência inelutável do próprio princípio do corte espacial na medida em que este proporciona um quadro para a representação. Os instantâneos, as fotos de reportagem, feitas mais ou menos a olho, são tão trabalhadas pelos efeitos de composição quanto as fotos justamente chamadas "de composição", preparadas, minuciosamente organizadas antes do disparo. Uma boa parte da obra de Cartier-Bresson está aí para mostrar-nos isso. O essencial é que, ao arrancar do mundo um pedaço de espaço, o ato fotográfico faça dele um mundo novo (espaço representado), cuja organização interna se elabora a partir da própria forma gerada pelo recorte. O espaço de representação é, portanto, o operador principal do ato fotográfico (tanto na produção quanto na recepção). É através dele que tudo passa (para a imagem). Convém especificarmos esses detalhes.

O que se deve captar de fato a esse respeito é que o espaço de representação fotográfica (o quadro da imagem) se define, em quase todos os casos (existem algumas exceções, raras e marginalizadas[29]), por uma *estruturação ortogonal* estrita (retangular ou quadrada dependendo do caso e de formato variável, mas sempre feita de um circuito de horizontais e de verticais). Todos sabem que essa "*quadrificação*" do espaço de inscrição (quadro e quadrado procedem etimologicamente do mesmo termo: *quadrum*) nada tem de um dado natural, mas que é, ao contrário, totalmente arbitrária, predeterminada, construída e modelada por inteiro a partir de um esquema espacial tão velho quanto o mundo. Na realidade, a imagem, tal como é constituída diretamente ao sair das lentes da objetiva, é a princípio circular (cf. as antigas *camera obscura* sem lente, onde a imagem que aparecia filtrada por um simples buraco era redonda) — parecida em suma àquela que se forma no fundo de nossa retina quando vemos normalmente o mundo. Portanto, não é aparentemente por um mimetismo naturalista, para se insinuar no modelo de nossa percepção ordinária, que o espaço de representação fotográfica se corta a partir do padrão ortogonal. Um corte, aliás, literal, pois esse padrão implica um novo gesto de recorte, que age no próprio interior do espaço selecionado apenas pela objetiva e que, nessa representação circular original, isola um retângulo ou um quadrado central que irá se tornar a imagem tal como a veremos (a objetiva sendo ela própria concebida em função dessa seleção, pois o que é perdido nesse segundo recorte, os bordos abandonados da imagem circular, são aqueles em que se manifestam todas as distorções e todas as perturbações óticas: só retemos, para concluir, como espaço representado, o que pode ser efetivamente reconhecido como homólogo do espaço referencial — realismo ótico que só as grandes angulares e a "*fish eye*" com seus efeitos periféricos de incurvação vêm transgredir, mas de acordo com o estetismo instituído que conhecemos). A operação de (re)enquadramento interno, que vem inscrever o recorte quadrangular na figura circular, faz-se de início por um dispositivo mecânico, funcional, totalmente simples, que foi introduzido com esse intuito na caixa entre a objetiva e a película sensível: é o que chamamos, não por acaso, *a janela*. É ela que é o verdadeiro embreante da relação entre espaço representado e espaço de representação. Ela é um operador central que define, por sua circunscrição quadrangular, uma estruturação espacial absolutamente fundamental. Ela se encontra, aliás, por toda a parte na prática fotográfica, em que não cessa, sob todos os tipos de formas, de repetir o gesto do enquadramento (ou do retangulamento) em todas as etapas do processo: janela na câmara com telêmetro, espelho e visor nas câmeras reflex, janela nos ampliadores, marginadores para os papéis e até nas molduras nos emolduramentos para exposição: nada além de retângulos e quadrados que se duplicam ao infinito.

Esse modelo quadrado, modelo instalado deliberadamente para forçar o espaço de representação a se dobrar a ele, modelo eminentemente cultural, é claro (não vamos reconstruir aqui toda a história da figura quadrangular, com seus inúmeros valores e lances; nem mesmo insistiremos na pregnância exercida pelos códigos dominantes da representação, como a pintura e todo o jogo de suas janelas, cancelas, *tavoletta* etc.), esse modelo, convém nem tanto explicá-lo histórica e culturalmente quanto bem compreender as razões *com relação à questão do sujeito*. É aqui que veremos se desenvolver a questão importante e negligenciada com muita freqüência das relações *entre espaço fotográfico* e *espaço topológico* do sujeito que olha. É aqui que veremos até que ponto as *Equivalências* de Stieglitz levaram longe — até seu limite teórico — a problemática do espaço em fotografia. É aqui que as fotos de nuvens vão revelar seu poder de ação singular.

Em primeiro lugar, lembro que chamo de *espaço topológico* o espaço referencial do sujeito que olha no momento em que examina uma foto e na relação que mantém com o espaço da mesma. De maneira geral, de fato, a topologia — utilizarei aqui o termo nesse sentido —, é o que define espacialmente nossa presença no mundo. É algo de completamente decisivo para nós no plano existencial (cf. os trabalhos de Piaget), pois fundamenta toda a consciência que temos da presença no mundo de nosso próprio corpo. Globalmente, parece que nossa inscrição topológica no universo terrestre é definida por uma estruturação tão simples quanto constitutiva: somos seres eretos, verticais, erguidos na perpendicular com relação à horizontalidade do solo. Essa é nossa ortogonalidade fundamental. Esse tipo de definição espacial de nossa existência terrestre entra em jogo a cada vez que olhamos uma imagem, pois ela coloca em correspondência a ortogonalidade do espaço fotográfico e a ortogonalidade de nossa inscrição topológica. Em outras palavras, da mesma maneira que, quando se tira uma foto, todo um jogo de relações se instala entre o espaço referencial de onde se extrai a foto e de que se faz um levantamento, e o espaço finalmente dominado que constituirá o espaço fotográfico, da mesma forma, mas no outro extremo do ato, qualquer contemplação de uma fotografia situa um sistema de relações entre o espaço fotográfico como tal e o espaço topológico de quem olha[30]. Tal é, em toda a sua amplitude, a cadeia de articulações espaciais que constitui a imagem-ato fotográfica: ela faz funcionar uma na outra quatro categorias de espaços (referencial, representado, de representação, topológico), as duas medianas que formam juntas o espaço fotográfico propriamente dito, os dois extremos se alcançando por sua condição em seu princípio de exterioridade com relação à própria imagem.

O que convém examinar são precisamente as *articulações* que se estabelecem entre esses diferentes espaços. Tomemos o caso mais habitual (antes de chegar às *Equivalências*). Uma fotografia "normal" — feita normalmente e olhada normalmente —, isto é, uma fotografia *harmoniosa* (por exemplo, uma paisagem tradicional), tira sua "harmonia" justamente da *adequação*, da *homologia*, do que chamarei de *congruência* entre a organização interna de cada um de seus quatro espaços: o espaço referencial é o que é, ordenado ortogonalmente como se sabe, pois assim estamos; quando um fotógrafo vem nele recortar um plano de espaço, ele o faz de tal maneira — permanecendo de pé e levando um olhar horizontal sobre as coisas — que o espaço representado na foto esteja em perfeito acordo estrutural com o espaço de representação que o capta (o horizonte estará bem paralelo às horizontais do quadro, a vertical das árvores, as casas, pessoas etc., corresponderá o mais exatamente possível à verticalidade dos bordos direito e esquerdo do quadro); finalmente essa foto normal e equilibrada, vamos olhá-la como de hábito: mantendo-a bem de pé diante de nossos olhos, sem desequilibrá-la, fazendo as ortogonais do espaço representado e do espaço da representação — já homogêneos entre si — corresponder à nossa própria posição (topológica) no espaço. Eis como, na contemplação "normal" de uma chapa "normal", que foi feita "normalmente", os espaços articulam-se entre si, entre todos há total convergência de estruturação interna: todas as horizontais (todas as verticais) permanecem horizontais (verticais) — isto é, paralelas umas às outras — em todos os espaços. E é essa adequação axial entre todos os espaços, essa congruência geral que organiza de fato todo nosso acordo espacial com a imagem. Ela é obtida essencialmente com base no ponto de vista de onde a foto é feita e pelo jogo desses embreantes de congruência que são os bordos do quadro. É o próprio ato da tomada que, por intermédio de um operador de representação estruturado ortogonalmente (o retângulo da janela), gera a homologia estruturante entre os quatro espaços. Isso quer dizer que se tira uma foto *exatamente* como se olha o mundo. Porque a tomada se identifica com o nosso olhar (aqui está todo o ato fotográfico), o espaço da foto parece "*naturalmente*" congruente com o espaço real, tal como a nossa percepção corrente capta.

Ora, as fotografias de nuvens de Stieglitz vêm problematizar exatamente essa pretensa *naturalidade* da congruência. O que acontece de fato com as *Equivalências* quando questionamos o tipo de relação espacial que o observador mantém com essas imagens? Bem, isso, que é ao mesmo tempo elementar e terrivelmente perturbador: as relações entre o espaço fotográfico dessas chapas e o espaço propriamente topológico do sujeito que olha são totalmente *flutuantes*, incertos, cada um deles sendo entregue à sua total independência. Para aquele que olha, as *Equivalências* de Stieglitz não têm literalmente *sentido* (ou seja, têm todos os sentidos: todos os sentidos se equivalem — ainda equivalências). O observador pode, sem problemas de visão ou de reconhecimento, colocar as chapas *de cabeça para baixo*; pode desequilibrá-las, fazê-las repousar em qualquer um de seus lados, virá-las em todas as posições. Sempre serão fotos de nuvens. Sempre serão plausíveis estética e espacialmente, qualquer que seja sua orientação com relação ao espaço existencial do observador. Aliás, o próprio Stieglitz brincou muitas vezes com essa polivalência espacial expondo ou publicando várias vezes as mesmas chapas em orientações diferentes.

Em outras palavras, o espaço fotográfico das chapas de Stieglitz é um espaço *não determinado* com relação a nosso posicionamento topológico; é um espaço que não tem direita ou esquerda, em que não compreendemos o que está em cima e o que está em baixo. Um espaço móvel e independente do mundo. Uma imagem inteiramente liberada, radicalmente *cortada* de suas amarras, flutuando no céu, exatamente como uma nuvem.

Vemos bem que o que autoriza a autonomia espacial absoluta dessas fotos de nuvens é que nelas *só* se vêem justamente nuvens, é que no campo do representado não figura qualquer elemento que permita ancorar as nuvens com relação aos eixos estruturadores de nosso espaço terrestre. As *Equivalências* são imagens sem fundamentos, "*without grounds*" para retomar a fórmula de R. Krauss[31] (pelo menos a maioria delas, pois existem exceções). Stieglitz exclui do campo fotográfico qualquer indicação que vincule a imagem à terra firme; colocou fora de representação tudo o que nos permitiria situar-*nos* com relação ao espaço representado: nenhum vestígio de chão, de horizonte, de montanhas, de galhos de árvores etc. Nossos meios usuais de reconhecimento espacial — tudo o que se determina aqui embaixo com relação ao horizonte e à nossa verticalidade de indivíduos presos ao chão pelo peso da atração terrestre e da gravidade — tudo o que nos permitiria organizar e confirmar no espaço da foto nossa presença topológica — tudo isso foi radicalmente eliminado por Stieglitz. Nossa necessidade de orientação nessa obra é sistematicamente insatisfeita. Cada imagem da série faz-nos experimentar uma ausência fundamental: embora participe tanto do contínuo do universo (a foto como levantamento etc.), falta-lhe totalmente esse elemento mais primário de nossa relação com o mundo que constitui nossa orientação com relação à terra firme. Nesse sentido, e para citar uma última vez o estudo de R. Krauss, o corte praticado por Stieglitz é realmente radical, recorta não apenas a massa das nuvens, mas separa-nos também das próprias imagens.

> Vai além do simples fato de arrancar algo de um contínuo mais vasto, carrega a imagem de tal maneira que a percebemos como algo que é arrancado *de nós* como não sendo mais a possível extensão da experiência de nossa ocupação física própria do mundo, enquanto as fotografias sempre pareceram sê-lo de maneira crível.[32]

Em outras palavras, eis porque as chapas de Stieglitz têm um valor exemplar para mim: demonstram pela imagem que não existe qualquer correlação de princípio, qualquer adequação obrigatória, qualquer homologia "natural" entre os diversos espaços que se articulam para constituir a fotografia e, mais particularmente, entre o espaço da foto como tal e o espaço de nosso olhar sobre a mesma. Ao suprimir, no espaço representado dessas chapas, qualquer indicador de ortogonalidade que permitiria engrenar um efeito de congruência com o espaço topológico do sujeito que vê, Stieglitz autonomiza o espaço da própria representação, liberta-o de qualquer laço, ele o restitui à sua independência e à sua própria mobilidade. Diante das *Equivalências*, somos *despojados* de nosso domínio sobre o espaço fotográfico. É por esse motivo que tais imagens, quando nelas mergulhamos, produzem em nós essa extraordinária sensação de instabilidade, de perda de equilíbrio — a ponto de podermos sentir literalmente *vertigens*. Imagens que giram, que giram, que dão reviravoltas. As *Equivalências* são de fato verdadeiras *fotografias aéreas invertidas*. Ao despojá-las de qualquer eixo de referência interior, Stieglitz as libera de seus sapatos de chumbo: Stieglitz proporciona asas à fotografia.

NOTAS

1. Denis Roche é provavelmente um dos que mais insistiram nesse aspecto repetitivo (e em seu caso imediato, instantâneo) do ato da tomada: "A partir do momento em que um instante é captado, deve-se de imediato captar o instante seguinte. É o que distingue fundamentalmente a fotografia de qualquer outra arte...: a fotografia parece desempenhar a função principal de *instantâneo repetitivo*, que deve ser imediatamente repetido assim que ocorre... isso tem relação imediata com o sexo", "Photographier. Entretien avec Gilles Delavaud", em *Education 2000*, nº 10, setembro de 1978; retomado em D. R., *La disparition des lucioles (réflexions sur l'acte photographique)*, Paris, Éd. de l'Étoile, col. Écrit sur l'image, 1982, p. 71. Ler igualmente sua entrevista com Alain Pomarède ("Le rideau déchiré", em *Art Présent*, nº 8, primavera de 1979; também retomado em *La disparition des lucioles*, sobretudo pp. 114-115).
2. Ver as análises de Paul Virilio em sua *Esthétique de la disparition*, Paris, Balland, 1980.
3. Ver, entre outros, Philippe Dubois, "L'invitation au voyage (Marcher ou la fin des temps modernes)" em *Plus Moins Zéro* (revista de arte contemporânea), nº 32-33, Genval, s/lac, maio de 1981, pp. 36-38, assim como "Clichés: les mythologies sont devenues photographiques" a ser publicada nas atas do colóquio de Nimègue: *Au grain du mythe*, em *C.R.I.N*, nº 5, Groeningen, 1983.
4. Henri Van Lier, *Philosophie de la photographie*, *op. cit.* (cf. cap. 2, nota 23), p. 9.
5. Ver Philippe Dubois, "Glacé d'effroi. Les figures de la peur, ou les passions, de l'expression à la représentation (Mythologies de la Photographie I)", em *Carré Magazine*, nº2 (especial: *Peur*), Liège, abril de 1982, pp. 34-39; versão modificada publicada em *Traverses* nº 25 (especial: *La peur*), Paris, Centre Georges Pompidou, junho de 1982, pp. 136-147.
6. Jean-Pierre Vernant, "L'autre de l'homme: la face de *Gorgô*", em *Le racisme, mythes et sciences. Pour Léon Poliakov*. Sob a direção de Maurice Olender, Bruxelas, Ed. Complexe, 1981, pp. 141-155.
7. Ver aqui mesmo, fim do capítulo 3.
8. Adolphe-Eugène Disdéri, *Renseignements photographiques indispensables à tous*, Paris, 1855, pp. 25-26.
9. Denis Roche, "Photographier. Entretien avec Gilles Delavaud", *art. cit.* (cf. nota 1), p. 79.
10. Denis Roche, "Aller et retour dans la chambre blanche", em *Créatis*, nº 11, 1979, s.p.; retomada em *La disparition des lucioles*, *op. cit.* (cf. nota 1), pp. 11-24.
11. Denis Roche, "Brève rencontre (L'autoportrait en photographie)", em catálogo de exposição *Autoportraits photographiques*, Paris, Centre Georges Pompidou / Herscher, 1981, pp. 7-11; retomado em *La disparition des lucioles*, *op. cit.* (cf. nota 1), pp. 97-110.
12. André Bazin, "Peinture et cinéma", em *Que'est-ce que le cinéma?*, t. II (*Le cinéma et les autres arts*), Paris, Éd. du Cerf, 1959, p. 128.
13. Denis Roche, "Vers la table de montage", texto introdutivo à coletânea *John Heartfield. Photomontages antinazis*, Paris, Éd. du Chêne, 1978, pp. 7-13; retomado em *La disparition des lucioles*, *op. cit.* (cf. nota 1), pp. 123-130.
14. "Sabe, fala-se sempre da violência do rio que transborda em suas margens. Mas jamais se fala da violência das margens que encerram o rio" (Jean-Luc Godard, em *Numéro deux*).
15. Stanley Cavell, *The world viewed*, Nova York, Viking Press, 1971, p. 24. Citado por Rosalind Krauss, "Stieglitz/*Equivalents*", em *October*, nº 11, Nova York, 1979, pp. 133-134. Tradução minha.

16. André Bazin, "Théâtre et cinéma", em *Qu'est-ce que le cinéma?*, t. II (*Le cinéma et les autres arts*), *op. cit.* (cf. nota 12), p. 100.
17. Pascal Bonitzer, *Le champ aveugle. Essais sur le cinéma*, Paris, co-edição Cahiers du Cinéma/Gallimard, 1982, pp. 96-97.
18. Ver toda a tradição dos "filmes no filme" e de quedas em abismo cinematográficos, em que é o próprio cinema em seu ato que nos é mostrado. Por exemplo, para se limitar a alguns clássicos: *O homem da câmera* (Dziga Vertov), *O cameraman* (Buster Keaton), *Oito e meio* (Fellini), *O homem de mármore* (A. Wadja), *A noite americana* (Fr. Truffaut), *Le mépris et la passion* (Jean-Luc Godard), *O estado das coisas* (Wim Wenders), *Identificação de uma mulher* (Antonioni).
19. Marc Garanger, *Femmes algériennes*, Paris, Éd. Contrejour, 1982.
20. Ver François Hers, "Reportage nº 9 avec Evelyne Feingold", em *Education 2000*, nº 17 (*L'expérience photographique*), Paris, 1980, pp. 32-35.
21. Alfred Stieglitz, "How I came to photograph clouds", em *The Amateur Photographes and Photography*, vol. 56, nº 1.819, 1923, p. 255; reeditado na antologia de Nathan Lyons, *Photographers and Photography*, Englewood Cliffs, Prentice Hall, 1966, pp. 110-112.
22. Rosalind Krauss, "Stieglitz/*Equivalents*", em *October*, nº 11, Nova York, MIT-Press, inverno de 1979, pp. 129-140.
23. Alfred Stieglitz, "How I came to photograph clouds", *art. cit.* (cf. nota 21), pp. 111-112. Tradução minha.
24. *Ibid.*
25. Hubert Damisch, *Théorie du nuage. Pour une histoire de la peinture*, Paris, Seuil, 1972.
26. As citações de Leonardo e de Aristóteles são citadas por Hubert Damisch, *Théorie du nuage*, *op. cit.*, pp. 56, 192-193.
27. É, sem dúvida, esse trabalho de composição que o próprio Stieglitz designava através de sua longa comparação com a música: "Eu sabia exatamente o que estava procurando. Eu dissera a Melle O'Keeffe que desejava fazer uma série de fotografias diante das quais Ernst Bloch (o grande compositor) poderia exclamar: Música! Música! Imagine, é música! Como você fez isso? E ele designaria os violinos, as flautas, os oboés, os metais, cheio de entusiasmo, e diria que escreveria uma sinfonia chamada 'Nuvens'. Não como a de Debussy, algo *mais forte, bem mais forte...*" ("How I came to photograph clouds", *art. cit.* (cf. nota 21), p. 112. Tradução minha).
28. Rosalind Krauss, "Stieglitz/*Equivalents*", *art. cit.* (cf. nota 22), p. 134. Tradução minha.
29. Por exemplo, nos pictorialistas que gostavam muito das formas e dos formatos estranhos: triangulares, hexagonais, muito alongados vertical ou horizontalmente etc.
30. Vê-se que tal problemática que coloca a questão do lugar do olhar e da relação de espaço que ocorre no confronto entre a foto e o espectador pode revelar-se particularmente pertinente, por exemplo, nas situaçoes de pendurar a foto nos locais de exposição: a maneira como a imagem será disposta na parede da galeria não é neutra ou indiferente, compromete até toda a nossa relação com a obra. Aliás alguns artistas — estou pensando aqui em gente como Jan Dibbets, H. P. Mol, Michael Snow etc. — souberam jogar com muita sutileza com essa relação espacial — a ponto de integrar muitas vezes o lugar e o modo de exposição, inclusive o lugar do espectador *na* própria obra. Aí está o que eu chamaria de *foto-instalação* (ver na introdução as observações sobre *Authorization* de Michael Snow).
31. Rosalind Krauss, "Stieglitz/*Equivalents*", *art. cit.* (cf. nota 22), p. 135.
32. Rosalind Krauss, *ibid.*, p. 135. Tradução minha.

OUTROS ENSAIOS

Capítulo 5

O CORPO E SEUS FANTASMAS*
Observações sobre algumas ficções fotográficas na iconografia científica da segunda metade do século XIX

---

* Este capítulo é uma versão modificada do artigo com o mesmo título publicado em *La recherche photographique*, nº 1, Paris, outubro de 1986, pp. 41-50. Meus agradecimentos à revista e ao seu redator-chefe, André Rouille, por terem me autorizado a reutilizar o material desse texto.

Corpo de luz, corpo de trevas

A fotografia é de qualquer modo uma curiosa questão de luz, ou melhor, de circulação de luz com tudo o que isso implica de tenebroso. Acho que hoje é necessário repensar toda a fotografia no contexto de uma economia geral da luz, que concerne não apenas à fotografia, mas também, ao cinema, ao vídeo e à pintura. Partamos do mais banal. Para fazer um retrato, é claro que é necessário ter luz para iluminar o sujeito; é necessário que o mesmo *irradie*, que a luz emane dele para atingir e *queimar* essa "película tão sensível", tão reativa às suas emanações que ela conservará sua impressão. Ao mesmo tempo e paradoxalmente, também é necessário que essa luz deixe de ser, se quisermos que a imagem apareça finalmente: a revelação faz-se na câmara escura.

A luz é, portanto, o que é necessário ao surgimento da imagem, mas é também o que pode fazê-la desaparecer, apagá-la, eliminá-la por inteiro: é preciso se proteger dela tanto quanto procurá-la. Em suma, o corpo fotográfico nasce e morre na luz e pela luz. Aqui existe uma passagem fundamental. Questão de transferência, de transmutação. Uma vez captada e engolida a irradiação luminosa originária, a caixa negra volta a se fechar com solidez e a luz captada vai se transformar aos poucos em imagem. A *alquimia* fotográfica vai metamorfosear a luz em cor. É isso, o tráfego, o intercâmbio, o desprendimento, o "milagre da transubstanciação".

E isso pode continuar a trafegar, pode ser válido de uma imagem à outra, por exemplo, da imagem latente à imagem revelada, de um negativo a um positivo, de uma fotografia à outra, ou de uma pintura a uma fotografia. Alain Fleischer observa a esse respeito: "Quando, apesar da proibição, a *Gioconda* é fotografada com *flash*, perde-se, separa-se um pouco de luz-pintura, de imediato captada, arrebatada, transformada em luz-fotografia. O mesmo relâmpago que fornece a quantidade de luz necessária para sensibilizar a película fotográfica e para registrar um traço no quadro faz com que a própria pintura, seus pigmentos, seus colorantes, além de seus vernizes protetores e até de seus vidros, percam um pouco de seu brilho e coloração: num instante a luz dá à fotografia o que ela toma da pintura".

Nessa perspectiva, acho que se deve levar muito a sério todos esses mitos e todas essas histórias, todas essas crenças sobre o roubo da alma pela fotografia, sobre os temores ou as recusas manifestadas de deixar se fotografar sob o pretexto de que uma parte de seu ser (ou de seu parecer, mas onde está a diferença?) vai ser roubada, devorada pela máquina. Essa crença está longe de ser simplesmente a das sociedades tradicionais, ditas "primitivas". Seria antes o que há de mais primário, ou seja, de mais essencial à fotografia. O que faz da fotografia um verdadeiro processo de "fantasmização" dos corpos. Neste capítulo seguiremos com alguns detalhes diversas ocorrências históricas muito particulares desse processo. Todas têm, indireta ou muito diretamente, uma relação precisa com a fotografia científica do final do século XIX. Não deixam de estar entre as mais fantás(má)ticas máquinas de ficção que a história da fotografia nos deixou. E, evidentemente, não é por um acaso que surgiram, com uma bela convergência, no centro dessa época do cientificismo mais positivista.

Uma outra observação importante antes de começar nosso exame: esses casos singulares têm em comum proceder de uma espécie de perspectiva global que poderia caber na seguinte fórmula: *video ergo non sum* ("vejo, portanto não sou"), que merece uma breve explicação preliminar. Tal preceito é evidentemente elaborado por duas outras fórmulas infinitamente célebres e aqui filosoficamente desviadas para um terreno que não é o seu: o *cogito* cartesiano e o *percept* [objeto da percepção] de Berkeley. O primeiro coloca a existência do sujeito na atividade de pensar: o ser é uma questão de conceito, de concepção e de conceitualização. O segundo já coloca o ser do lado do *percept*, da percepção — e isso sob uma forma quase negativa ou invertida (passiva): ser é ser percebido (e não perceber).

A aposta essencial das práticas aqui convocadas ocorre e combina-se exatamente entre esses dois preceitos-pretextos, em seu afastamento incontornável. E a tese que atravessará meu discurso será de que o dispositivo fotográfico (como todos os outros dispositivos tecnológicos do olhar — cinema e vídeo, por exemplo) é uma tentativa teórica e técnica de realizar essa articulação dos dois grandes princípios metafísicos: a fotografia seria a conciliação do *pensar* e do *ser visto* como definidor (pela negativa) da categoria do *sujeito*.

Finalmente, para nada deixarmos de lado, a esse jogo do pensar e do ver-ser visto, deve-se acrescentar um terceiro termo: o do *acreditar* e do *fazer acreditar*: a questão da crença como tal liga-se à questão do ver. Aqui também existem preceitos já elaborados: "É preciso ver para crer", "só acredito no que vejo" etc., todas maneiras de instituir a visibilidade como fundamento da credibilidade. Essa nova dimensão, essencial, vem se acoplar às duas precedentes para nela introduzir, após o trabalho da percepção e da conceitualização, o trabalho de ficcionalização.

Ver, pensar, acreditar. Eis os três operadores fundamentais, a partir do momento em que nos questionamos sobre os meios e os efeitos da representação. Veremos em seguida que esses três operadores, no campo particular da representação visual tecnológica, não funcionam simplesmente em sua positividade inicial, mas igualmente (e até freqüentemente) de modo invertido, negativo ou passivo: ser visto, não pensar, fazer acreditar. Como se a fotografia, o cinema e o vídeo em alguns de seus usos (os mais sintomáticos?) fossem fundamentalmente aspirados por um pensamento do negativo, pelos vazios de sua ontologia.

A primeira "fotografia" de crime

O Santo Sudário, esse pedaço de pano, objeto de tantos comentários, de análises, de polêmicas, de crenças, de desejos, essa mortalha que teria revestido o corpo mártir do Cristo agonizante e teria conservado sua marca, o Santo Sudário é, no fundo, a primeira "fotografia" de crime. Conhecemos sua história, não é inútil lembrar um ou outro aspecto seu muito parcial.

O Sudário, com efeito, é de fato, se é que é isso mesmo, o objeto fantasma por excelência, fonte das ficções científico-teológicas mais vertiginosas e protótipo quase mítico da fotografia. E, no entanto, sabemos, esse objeto importante, supervalorizado, não é quase nada. É um lençol (atributo dos fantasmas), um simples pedaço de linho manchado. Um caso de tela e véu, de textura e de mácula: vestígios numa trama e que desenham um drama.

O próprio objeto é singularmente apagado. Enrolado num relicário, ele próprio escondido num altar monumental sob a cúpula dos Guarini em Turim. Os peregrinos só podem portanto ajoelhar-se diante de um *slide* (em negativo, veremos por quê) encaixado no altar e iluminado de dentro.

Às vezes, é claro, mas muito poucas vezes, e de propósito, procede-se com magnificência à exibição do *linzuolo*. Finalmente, acredita-se conseguir *ver*, ver com seus próprios olhos, a imagem santa impregnada na tela branca do pano. Decepção. Perturbação. Interrogação dos fiéis e das testemunhas. O Padre Vignon (1902): "Não se vê nada. *Non se vede niente*, ouvi todos dizerem."[1] Por mais que se perscrute, por mais que se arregale os olhos, por mais que tentemos nos aproximar (sempre a uma distância respeitosa), não há nada a ver, ou *quase nada*. No máximo, algumas manchas disformes, pouco perceptíveis. Nenhuma imagem. Mas essa decepção, essa perturbação diante da invisibilidade inicial já coloca a máquina em movimento. Vignon: "Procuramos, procuramos algo mais naquele pano... e aos poucos fomos descobrindo."[2] Didi-Huberman: "Não se via quase nada, isto é: já se via algo além de um nada nesse quase. Via-se, portanto, de fato algo."[3] De tanto desejar e pré-ver, trata-se de fazer aparecer algo nesse quase nada, de transformar o arquipélago de manchas em forma, em figura, em corpo. A história do Sudário nesse sentido é exatamente a história de um *advento ao olhar* pela força de ver. Trata-se, de tanto ver, de acreditar. Toda a lógica do Sudário é a seguinte: não "só acredito no que vejo", mas, ao contrário, "só vejo o que acredito ver"; com esse corolário, para o fiel, o crente, a visão daquilo em que acredita faz o objeto ser. É essa a condição da relíquia.

Dito isso, convém lembrar pelo menos um dos aspectos dessa descoberta progressiva da Aparição. O desejo de ver, aplicado ao Sudário, por mais incrivelmente múltiplo e refinado que tenha sido, nem por isso deixou de ser desencadeado por uma operação de ordem estritamente fotográfica.

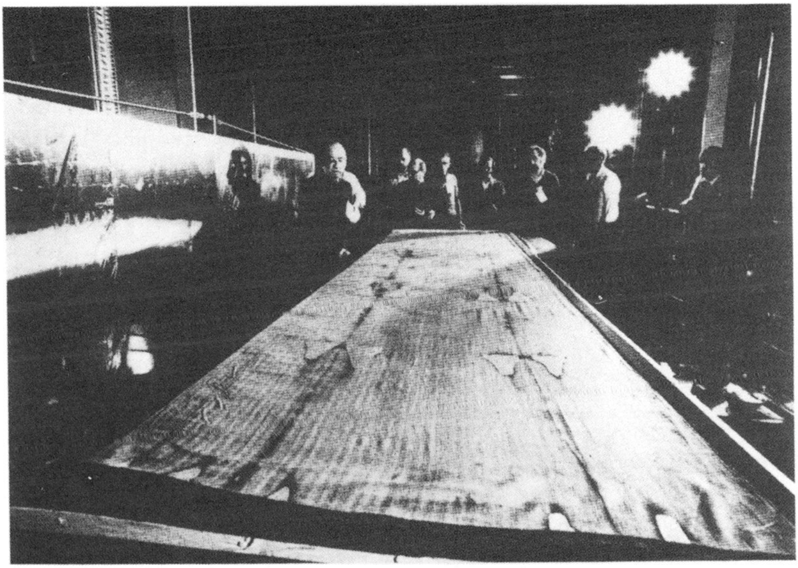

O Sudário de Turim: um grande pedaço de pano, vazio
("Não há nada a ver ou quase nada. Algumas manchas...").

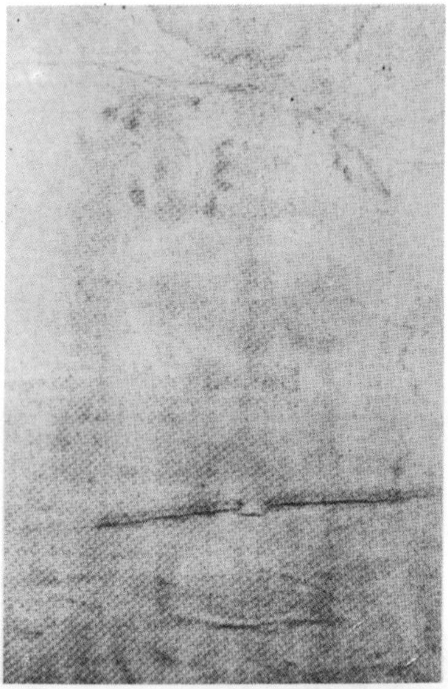

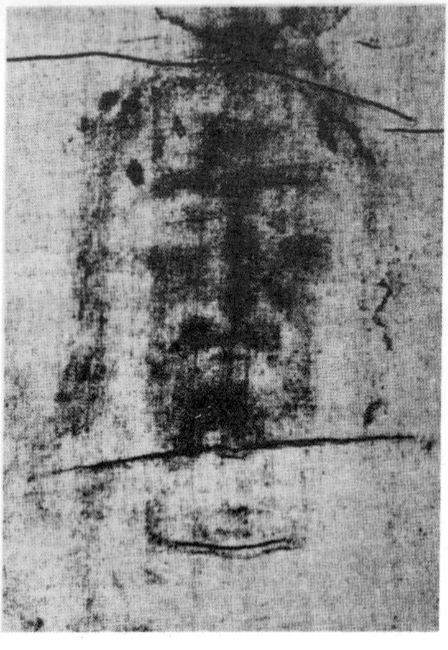

No alto: *O Sudário de Turim*: o "rosto" em positivo, ou a figura do invisível.
Acima: *O Sudário de Turim*: a "revelação" pelo negativo.

Relíquia até então muito discreta, "muito avara de milagre", o Sudário, uma vez "revelado", tornou-se a própria Paixão com todo o seu cortejo incrível de polêmicas, de hermenêuticas e de pesquisas de todos os gêneros. Em 1898, portanto, o cavaleiro Secondo Pia é encarregado da missão de fotografar o Sudário para poder dele oferecer uma representação permanente aos fiéis. Muito exatamente na noite de 28 a 29 de maio, o cavaleiro-fotógrafo colocava em seu banho revelador a última de suas tentativas para obter uma prova adequada da mortalha, todas as precedentes tendo-se reveladas subexpostas.

Vejam o que aconteceu: no momento da revelação no quarto escuro, no fundo da cuba cheia de água, Pia viu o que ninguém até então jamais vira. Olhada inaugural, histórica: um rosto, do fundo da água, apareceu no próprio lençol. Um rosto que o encarava. O próprio Pia escreveu: "um rosto inesperado" que quase o fez desmaiar.

Eis o milagre, a Aparição do Invisível. E esse milagre é a fotografia, mais exatamente a passagem pelo negativo (o fantasma é o negativo) que é seu único operador. Pia via (com seus olhos) no negativo fotográfico o que jamais se tinha esperado ver no próprio objeto. A revelação fotográfica gerava uma nova Ressurreição de Cristo. Ou melhor: o corpo de Cristo era finalmente Revelado (o véu erguera-se sobre o rosto do véu) por uma *Ressurreição a partir de então pensada em termos fotográficos*. O milagre fotográfico conquistou então todo o próprio Santo Sudário: essa relíquia, essa mortalha manchada, esse pano impregnado de uma presença desaparecida tornou-se ele próprio a marca *negativa* do corpo de Cristo que nele foi deposto. É o Sudário que se fizera fotografia. Sua história começa aí.

Nadar, Balzac, Hugo: da teoria dos espectros à pose mortuária

No primeiro capítulo de *Quando eu era fotógrafo* (1900), Nadar narra a curiosa "teoria dos espectros" que, segundo ele, assombrava Honoré de Balzac[4]. Para o último, o corpo humano era de certa forma constituído como a cebola: apenas um envelope feito unicamente de muitas camadas sucessivas.

> Portanto, segundo Balzac (diz-nos Nadar), cada corpo na natureza é composto de séries de espectros em camadas sobrepostas ao infinito, folheadas em películas infinitesimais (...) E, é claro, cada operação daguerriana, cada fotografia vem surpreender,

> destacar e reter aplicando-se nela uma das camadas do corpo revelado. Daí, para o tal corpo, e a cada operação repetida, perda evidente de um de seus espectros, isto é, de parte de sua essência constitutiva.[5]

Como se vê, haveria no final, com essa transferência, um certo perigo em fotografar infinitamente o mesmo corpo: ele passaria por inteiro, camada por camada, para a fotografia. E Nadar insiste no assunto evocando "o terror de Balzac diante do Daguerreótipo"[6] (só se possui dele uma única chapa, de Gavarni) e até dos discípulos de sua teoria dos espectros, como Théophile Gautier e Gérard de Nerval. Em suma, aí estamos diante de um velho fantasma, que teve mil variantes (entre elas, a do bom selvagem, que teme que se venha roubar-lhe a alma, seu ser ou seu ter); sou visto, portanto não sou mais — cesso de ser tornando-me imagem. É o devir-fantasma dos corpos fotografados.

Um dos lugares e momentos privilegiados desse devir-fantasma, desse sentimento angustiante de *passar* (para o outro lado), é evidentemente o da *pose* fotográfica, cujo ritual, no estúdio comparável a *uma câmara de tortura ou de execução,* suscita em todos os modelos "ondas de medo". A prova do tempo é o que se sente com mais força. "Eles esperam", diz Nadar de seus clientes, "mas não sabem *o que* esperar." A luz? O momento certo? O gesto do fotógrafo (que ele próprio espera que aconteça)?

De qualquer modo, a angústia encontra-se sempre no centro dessa espera. É nessa latência que nascem todas as ficções e surgem todos os espectros. O sujeito que posa é assombrado por todos os fantasmas de uma presença, incerta para ele próprio, flutuante, ainda virtual. Daí, o irresistível sentimento de estranheza que invade qualquer indivíduo da primeira vez que olha para sua imagem fotográfica: "eu" começa sempre por ser um outro; eu (me) vejo, portanto não sou (aquele lá). Tal decalagem, às vezes, é assimilada depressa, às vezes resiste com solidez a qualquer reconhecimento de identificação. Barthes soube descrever isso muito bem nas célebres páginas de *La chambre claire*[7]. Essa falha é em todo caso o local de origem da ficção, dos dramas e dos fantasmas.

> Peter Handke: "Esperar uma fotografia diante das máquinas de fotografar automáticas; sairia uma outra, com um outro rosto — assim começaria uma história."

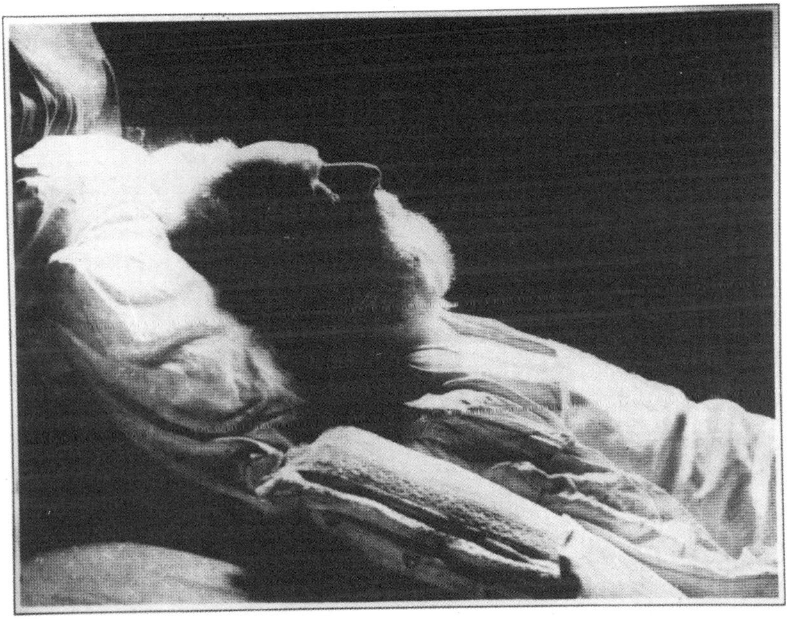

Nadar, *Victor Hugo em seu leito de morte.*

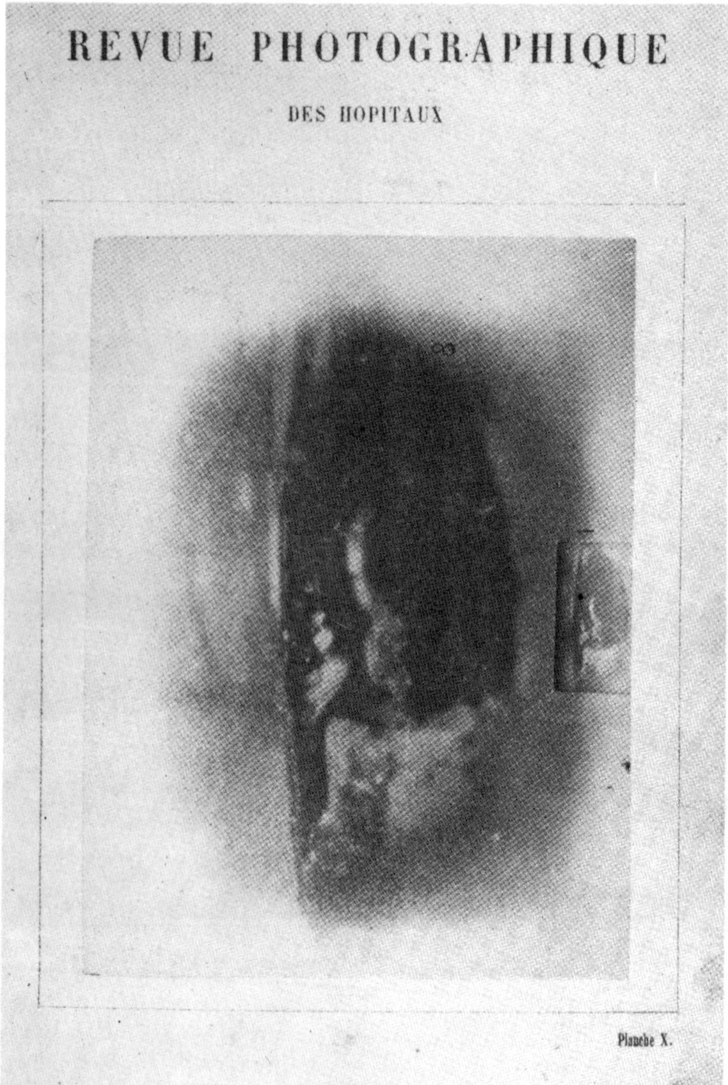

O *Optograma* do Doutor Vernois.

Sabe-se, por outro lado e para passar mais perto ainda dos fantasmas, que Nadar praticou pouco o retrato mortuário, gênero contudo muito em voga na época. Só raramente fez exceção a essa recusa: para o retrato mortuário de Marceline em 1859, para o de Gustave Doré em 1883 e para o de Victor Hugo em 1885. A questão da pose nesse caso aparece de maneira ainda mais nítida: a espera, a expectativa aí são absolutas; o repouso é eterno. E os fantasmas estão ali, evidentes. É até possível ler essas fotografias de corpos estendidos em seu leito de morte como encenações pela luz e pelo cenário da "fantasmização". Tudo está nelas: contraluz, nimbo, auréola, aura, véu, lençol, brancura etc.

Em contraponto exato a essas fotografias de Nadar e como o negativo explícito de tudo o que acabo de dizer, leremos o texto de Adolphe Eugène Disdéri que, em 1885, exprime, por assim dizer, uma atitude de *recalcamento* sistemático de todos os espectros que Nadar solicita:

> Por nosso lado fizemos uma multidão de retratos após o falecimento; mas confessamos com franqueza, com uma certa repugnância (...) Toda vez que fomos chamados para fazer um retrato após falecimento, vestimos o morto com as roupas que ele usava habitualmente. Recomendamos que lhe deixassem os olhos abertos, sentamo-lo junto a uma mesa e, para operar, aguardamos sete ou oito horas. Dessa maneira, conseguimos captar o momento em que, tendo as contrações da agonia desaparecido, era-nos possível reproduzir uma aparência de vida.[8]

O optograma ou os fantasmas da última imagem

O optograma foi um outro grande fantasma científico que assombrou a segunda metade do século XIX. É a história, muito criminal, de uma fotografia de qualquer forma extraordinária divulgada principalmente por Georges Didi-Huberman[9]. Em 1870, o doutor Vernois, membro da Sociedade de Medicina Legal de Paris apresenta a questão do optograma num artigo da *Revue Photographique des Hôpitaux de Paris* intitulado "Estudo fotográfico da retina dos sujeitos assassinados"[10] com o objetivo de nela encontrar a imagem dos assassinos: "Em janeiro de 1869, o Sr. Dr. Bourion, de Darney (Vosges), enviou a nosso secretário geral uma prova fotográfica com a seguinte menção: Essa fotografia, oferecida pelo Dr. Bourion, foi tirada da retina de uma mulher assassinada a 14 de junho de 1868. Representa o momento em que o assassino, após ter derrubado a mãe, mata a criança, enquanto o cão da casa corre até a pobre vitimazinha."[11]

Temos, portanto, aqui uma nova máquina de fantasmas, uma ficção científica extrema, uma encenação irresistível do ver e do ser visto, do acreditar e fazer acreditar, do ser e do não ser.

Aliás, temos precisões relativamente técnicas dessa experiência e dessa imagem singular do próprio punho do Dr. Bourion:

> "O assassinato", anota, "foi cometido no domingo, 14 de junho de 1868, entre o meio-dia e as quatro horas da tarde. A extração dos olhos das órbitas foi praticada a 16 de junho, por volta das dez horas da manhã. A prova fotográfica foi obtida no mesmo dia, por volta das seis horas da tarde. Operei nos dois olhos da criança e nos dois olhos da mãe. Os olhos da criança revelaram apenas *nuvens* (...). A peça anatômica foi submetida à operação fotográfica de imediato; mal eu terminara de colocar a peça anatômica em seu ponto de apoio, o fotógrafo operou: alguns instantes de atraso e não haveria imagem, pois o corpo vítreo murcharia. Tendo quatro olhos à minha disposição, a princípio operei no da criança, nos quais tinha *a certeza de nada encontrar*. Fiz uma secção circular atrás da íris, após ter tirado o cristalino. O resultado foi *nada*. Do mesmo olho eu extraíra o humor vítreo, mantendo a esclerótica afastada com érinas. Nenhum resultado mais satisfatório, ou melhor, *ainda menos*. No segundo olho do mesmo sujeito, operei da mesma maneira para chegar ao mesmo resultado. No olho esquerdo da mãe, mesma secção, extração do corpo vítreo. Obtive uma imagem pouco marcada: só se via a cabeça do cão e de maneira pouco compreensível; pois só após ter operado no olho do lado direito e obtido a imagem da qual vocês têm uma cópia que consegui perceber as coisas. No olho direito, mesma secção. Mas, conservando o cristalino, apertei minha pinça com um pouco de força, o que a quebrou, e várias partes foram projetadas no corpo vítreo produzindo essas manchas brancas, das quais três formam, por assim dizer, a espinha do cão; três outras, mais acima e mais à esquerda, estão justamente ao nível do cotovelo do assassino etc."[12]

Tal texto é por si só de uma evidência notável. Sem analisá-lo em detalhes, apontaremos simplesmente alguns de seus desafios.

A mancha, a trama, o drama. Como no Santo Sudário, a princípio, não há "nada a ver", ou melhor ainda, há "menos do que nada": "nuvens". Dessa informalidade, dessa mancha, dessas nuvens, desse menos do que nada, vem apoderar-se o desejo de ver para constituir algo, um mais, uma figura: transformação da mancha em drama. Nela se lerá, portanto, a imagem de um assassinato: o teatro do crime optografado, captado ao vivo (ou também na morte). E essa cenarização, esse efeito de encenação, essa dramatização da mancha institui-se por meio de um operador que chamaremos a trama[13].

O órgão fotográfico. A intensidade particular do dispositivo optográfico deve-se provavelmente ao fato de levar ao pé da letra a metáfora tradicional do olho e da fotografia: o olho humano — o da vítima — aqui é considerado efetivamente como um aparelho de tomada, e a retina como uma película sensível, como uma superfície de impressão. Encontramos aqui uma figura antiga que remonta ao menos à célebre experiência contada por Descartes em sua *Dióptrica*: tratando-se de verificar a analogia entre o olho e a *camera obscura*, "podereis ainda ter mais certeza se, tomando o olho de um homem morto há pouco tempo (...), cortardes com habilidade em direção ao fundo as três peles que o envolvem(...). Pois, feito isso, se olhardes para esse corpo branco (...), nele vereis, não talvez sem admiração e prazer, uma *pintura*, que representará com muita ingenuidade em perspectiva todos os objetos de fora"[14]. Por outro lado, deve-se ver igualmente que essa intimidade quase fisiológica entre o órgão e o dispositivo técnico encontra-se de certa maneira redobrada na experiência do Dr. Bourion: o olho "fotografa" o real decerto, mas é a fotografia que revela a imagem do olho. Efeito de tomada dupla: surpresa, retomada.

Ver e não ser. Por duas vezes, de fato, o optograma revela explicitamente o sentido do preceito do *video ergo non sum*. Em primeiro lugar, do ponto de vista (se é possível dizer) da vítima, ver significa sua própria morte; a fotografia ocular é um ato derradeiro, é a *parada na última imagem*, o advento ao olhar de sua própria morte, a inscrição extrema de seu próprio desaparecimento. Em seguida, para o Dr. Bourion, ver significa a morte do olho do outro. Para ver (e fotografar o que o olho da vítima viu e fotografou), é preciso furar literalmente esse olho. É a exorbitação e a incisão, é o olho cortado e aberto, é a terrível extração dupla, extração do olho pelo médico e extração da imagem pelo fotógrafo — com os fantasmas de castração que isso implica. Tomadas de vista e de vida estritamente identificadas.

A impossível representação de um irrepresentável. Toda essa pesquisa optográfica, com seus protocolos e ficções, suas fantasias e fantasmas, aparecem de fato como uma tentativa impossível: a de entregar ao visível o próprio instante do apagamento do olhar. Todo o texto de Bourion é marcado por essa busca do "momento certo" impossível, do momento certo com relação à vítima (o que ela viu *exatamente* no momento de morrer) e com relação ao fotógrafo (a fotografia da imagem da retina deve ser feita no momento certo, nem cedo, nem tarde demais — senão, só aparecem "nuvens"). Todo o problema do optograma é tentar encontrar esse instante único, essa falha (impossível, sonhada) entre a vida e a morte, entre o visível e o invisível, ou seja, finalmente, entre o ver e o não ser. Vejo, portanto não sou. Entre os dois, não há como escapar — nada além de um sonho, de fantasmas: a fotografia, isto é, a ficção do fundo do olho.

A prova pelo olho, ou a mancha de identidade. A observar que o optograma, se provocou os fantasmas científicos da segunda metade do século XIX, nem por isso deixou de suscitar um real interesse nos meios policiais e judiciários. Estes viam nele uma marca, um vestígio a mais em sua panóplia, mas não das menores: a possibilidade de uma imagem "irrefutável" do assassino realizando seu ato, a revelação absoluta do ponto de *vista* da vítima (finalismo da identidade judiciária pelo flagrante delito/delírio ótico). O optograma é a prova pelo olho.

Fotografar o invisível, ou as auras da alma humana

Para terminar, detalharemos um quarto caso de representação, pelo menos tão extraordinário quanto o precedente, mas mais organizado e sistemático e mais uma vez inspirado no universo da fotografia científica do final do século XIX: trata-se das experiências muito singulares do Dr. Hippolyte Baraduc.

O Dr. Baraduc foi um dos grandes especialistas de doenças nervosas, contemporâneo de Charcot e um dos membros mais eminentes da famosa Escola da Salpêtrière. Seus estudos sobre a histeria e seus métodos terapêuticos tiveram grande autoridade até o dia em que conheceu a fotografia, quando as coisas oscilaram, quando os fantasmas vieram ao seu encontro. Mas jamais se deve esquecer que mesmo em suas interpretações mais delirantes, Baraduc era e continuava sendo um cientista. Rigor e sistematização, como veremos, são essenciais ao seu trabalho.

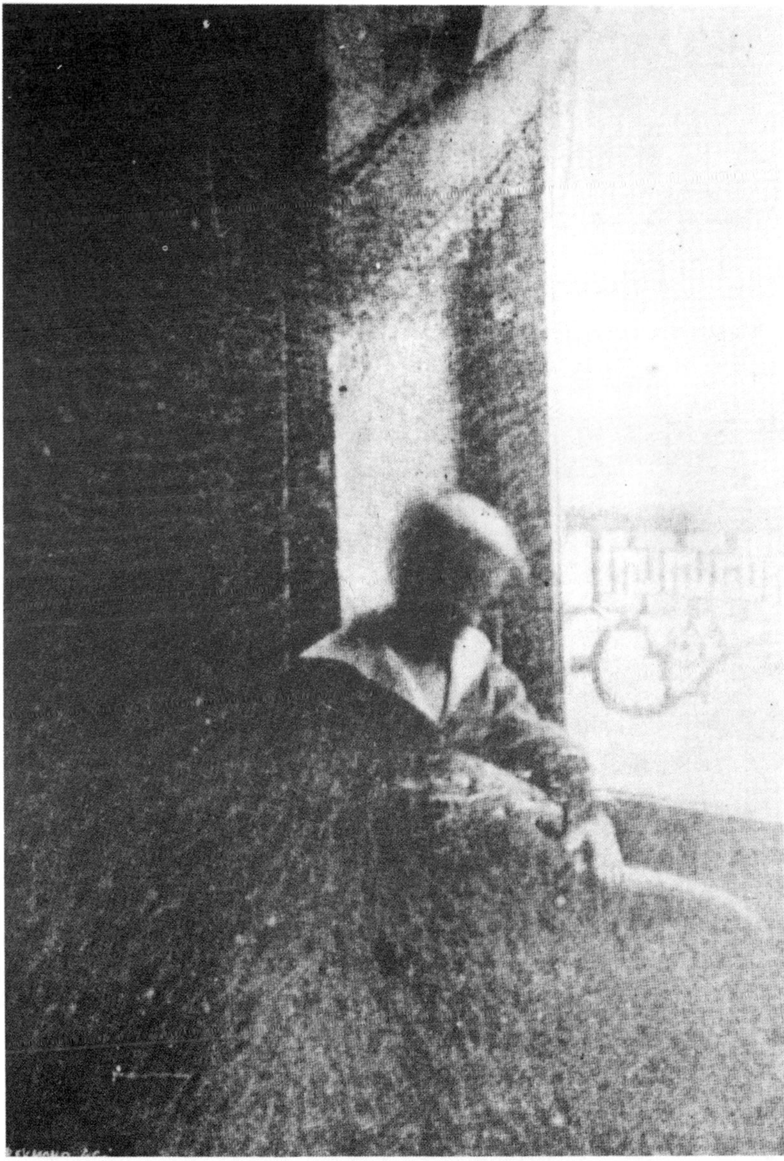

Dr Hippolyte Baraduc, *A alma humana...*

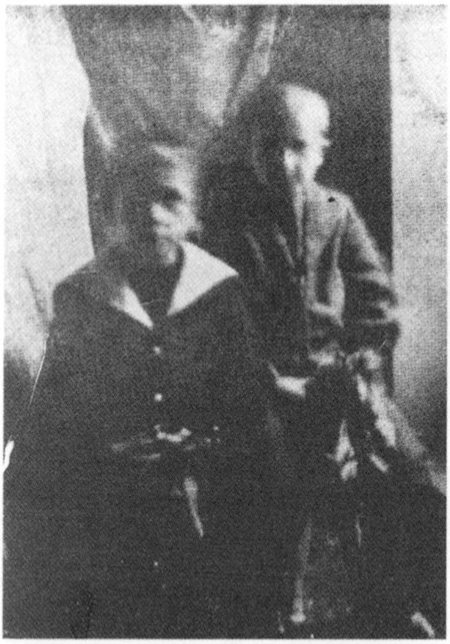

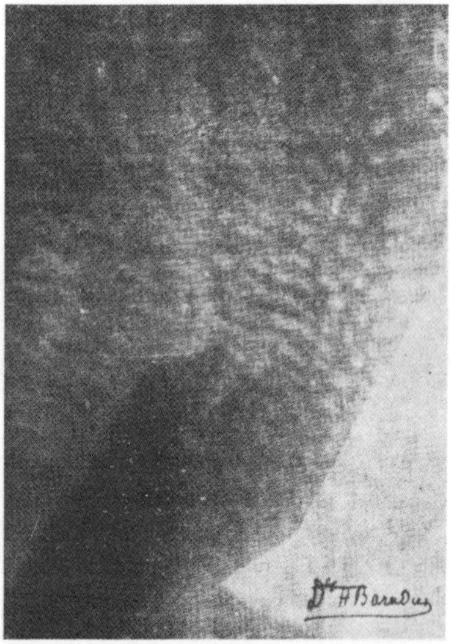

Dr Hippolyte Baraduc, *A alma humana...*

Em nossa perspectiva, o interesse de Baraduc é constituir um caso exemplar de passagem de um discurso estritamente científico a um discurso totalmente delirante, ou mais exatamente, oferecer uma situação em que a distinção entre esses dois discursos se torne caduca, inconstante, indiscernível. Baraduc representa um momento em que uma prática médica completamente instituída (os estudos sobre a histeria) se revele igualmente, sob certos aspectos, pura ficção, obra fantasmática, sem o saber e contra a sua vontade. Tudo isso graças a esse dispositivo diabólico que é a fotografia.

O Dr. Baraduc escreveu muito no decorrer de sua vida. Meu interesse recai apenas em suas duas obras relativas às suas experiências fotográficas: *A alma humana, seus movimentos, suas luzes e a iconografia do invisível fluídico* (1896) e *Método de radiografia humana. A Força curva cósmica. Fotografia das vibrações do éter. Lei das auras* (1897)[15].

Especialista em histéricos, o Dr. Baraduc elaborou métodos de estudos e terapêuticas muito diversos utilizando a hipnose, a auto-sugestão, o magnetismo, a eletricidade localizada etc. Em suma, nada além do que era comum na época.

Um dia, fotografou junto a uma janela seu próprio filho que segurava um faisão morto há pouco. A fotografia revelada mostrou-se velada. Uma espécie de nuvem vaporosa, curva, desdobrava-se em leque ao redor da criança com o faisão e parecia fugir pela janela. O psiquiatra Hippolyte Baraduc viu ali pela primeira vez a *aura* de uma alma *sensível* (como uma placa) — a de uma criança *impressionável* (como os histéricos), cujos estados de alma podem se inscrever na placa fotográfica. Esse véu, essa velação, esse espectro, Baraduc decidiu lê-lo como a marca na imagem de uma "graça", como o traço de uma "luz invisível", como o fantasma de um pensamento e de um sentimento experimentado por um indivíduo em um dado momento. Eis a experiência inaugural. E eis o postulado de base que fundamenta a elaboração de todo o sistema ulterior.

Afinal, o véu dessa luz invisível, que é a "luz da alma", Baraduc vai, a partir de então, persegui sistematicamente, tentar o tempo todo suscitá-lo e reproduzi-lo experimentalmente. Depois vai descrever e tipologizar as auras provocadas e fotografadas dessa maneira, de acordo com sua forma, sua textura, sua densidade, sua distribuição etc. Análise formal conduzida com rigor e espírito de sistema. Em suma, o Dr. Baraduc vai elaborar aos poucos uma "teoria dos espectros" à sua maneira, inventando e denominando mil conceitos diferentes: "força curva", "força vital", "impressões conscientes", "nimbos", "invisíveis fluídicos", "éter", "vibrações", "emanações da alma" etc.

Para tudo isso, ele procede "experimentalmente". Por exemplo, coloca duas crianças diante da câmera, faz com que esperem por muito tempo. Quando, exasperadas, estas começam a se mexer ou a gritar, ele as detém com uma ordem seca e cortante. Fotografia. Resultado imediato: "produz-se um véu que esconde e cobre a chapa". Esse véu, ele o estuda à vontade, como um tecido luminoso, como um tricô, com seus nós e malhas próprias. Mais um problema de trama. Ele atribui valores (significações) a cada um dos elementos formais identificados. Para concluir que se trata da aura do medo.

Desse modo, por meio de repetições, aproximações e recortes sucessivos, pode constituir-se uma espécie de tipologia dos espectros de afetos, dos fantasmas de paixão. É esse o trabalho da "fotografia supra-sensível das forças vitais".

Como a intenção de Baraduc é apenas apreender melhor a própria essência das forças "invisíveis", tudo o que se refere às condições de visibilidade "normal" vai desaparecer aos poucos de seu trabalho. Em primeiro lugar, ele aprende a dispensar a luz do dia. Por exemplo, após os histéricos e as crianças, pôs-se a fotografar um abade. Fotografa-o durante o sono, no escuro, colocando o aparelho acima da cabeça. Resultado: uma "nuvem negra" complexa, um fantasma da noite, que interpretou com seus critérios como "a aura de um pesadelo". Seguiram-se outros fantasmas auraculares noturnos, que assinalam o recolhimento (branco, horizontal), a vontade (cintilação perolada) etc.

Baraduc chegou a dispensar não apenas a luz visível, mas a própria câmera fotográfica. Segundo ele, bastava apresentar no escuro placas sensíveis totalmente simples diante da testa (sede da alma) de seus "modelos-pacientes" (às vezes, também diante das mãos, outro local privilegiado). E a transferência do invisível fazia-se diretamente sobre a placa. As forças mentais inscreviam os traços fantasmáticos de seu movimento sobre as placas de Baraduc para dar o que ele chamava de "psiquicones".

Finalmente, e isso constitui, acredito, um ponto duplo de resultado de todo esse trabalho de delírio científico, por um lado Baraduc começou a fotografar *corpos mortos*, "ainda quentes", para que a força vital transmitisse suas irradiações. Procurava com isso algo como a assinatura de alguns fantasmas "verdadeiros".

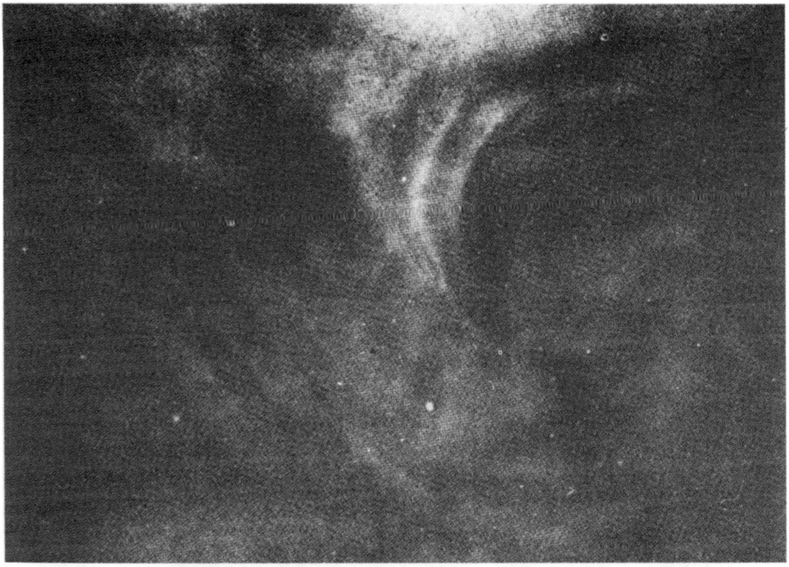

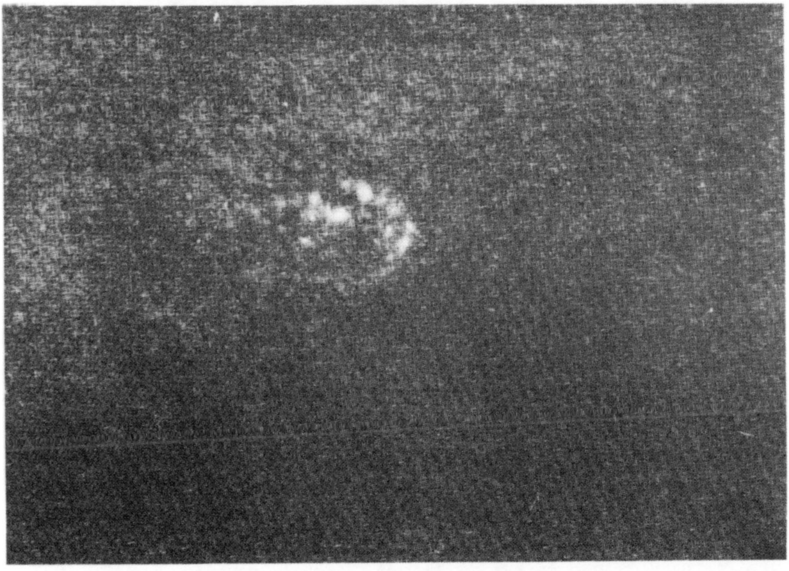

Dr Hippolyte Baraduc, *A alma humana...* (No alto e acima)

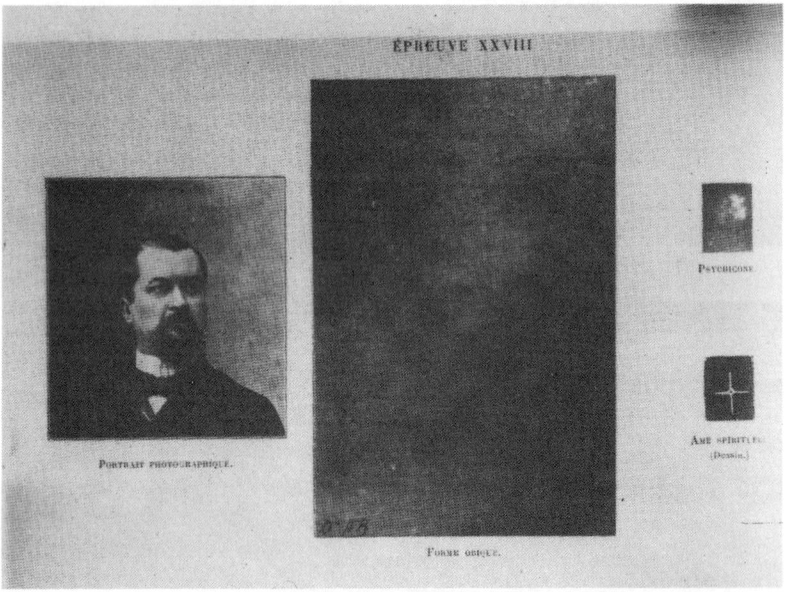

Dr Hippolyte Baraduc, *A alma humana...*

Por outro lado, ele acabará por instituir a si mesmo como objeto de suas captações de "eflúvios luminosos", por se auto-retratar fantasma, por buscar captar seu próprio tornar-se espectro. A prancha XXVIII de *A alma humana* reúne assim quatro representações fantasmáticas de Baraduc: 1. seu retrato clássico (por Paul Nadar); 2. a obografia de seu corpo fluídico (fantasma do precedente); 3. o psiquicone de sua cabeça ("imagem de seu pensamento pensando nele mesmo"); 4. o desenho de sua "alma espiritual — fina pérola estrelada de quatro ramos (com imantação) — no centro, o ninho do raio divino, ao redor, quatro raios comunicando-se com os quatro sopros do Espírito..."

O importante, num caso como o do Dr. Hippolyte Baraduc, é assinalar que a fotografia é exatamente o lugar e o meio pelo qual a ciência (medicina, psiquiatria) faz ficção, que ela é o lugar de passagem, de abertura a um espaço de invenção total, onde o corpo fotografado ao mesmo tempo se entrega a fundo e se perde nos abismos: é a própria definição da "fantasmização" dos corpos fotografados. Corpo de luz, corpo de trevas.

A fotografia de identidade judiciária

Não devemos esquecer que exatamente na mesma época — a época do optograma e da fotografia das auras da alma humana —, o célebre Alphonse Bertillon, chefe do Serviço de Identidade Judiciária da Polícia de Paris, elabora todo seu sistema, chamado de *identificação antropométrica*. Esse sistema movimenta três operações complementares cuja conjunção institui a *identidade* individual de maneira infalível: trata-se da *fotografia* (o doravante absoluto face/perfil, muito rigorosamente fotografado), da *mensuração antropométrica* (a medida em números de cada parte fixa do corpo: nariz, olhos, queixo, dedos, pés, orelhas etc.) e da *sinalética do "retrato falado"* (a descrição verbal dos elementos fisionômicos e das marcas corporais de todos os tipos). Em suma, pegos em tal sistema cruzado, todos os componentes de um corpo individual que foi fragmentado — os "invariantes morfológicos" e as "marcas particulares" — são dessa maneira precisamente fotografados, medidos e descritos, isto é, identificados de maneira "irrefutável".

A síntese disso será fornecida pela famosa "ficha" de polícia à qual se acrescentará depois (1902) a inevitável impressão digital. Em seguida, partindo desses "elementos de base" do corpo criminal, vai se tratar de generalizar, de estender as referências: enumerar os elementos de base, classificá-los, compará-los, reagrupá-los, fazer grandes "quadros sinópticos dos traços fisionômicos", que serão reproduzidos em muito exemplares, distribuídos pelas delegacias do interior por todo o território francês (e até no exterior), em suma, que vão amplificar e estender o esquadrinhamento do corpo numa verdadeira rede sóciocoercitiva, uma rede administrativo-policial jogada no mundo e nos seres e que sempre trará alguma "caça".

O próprio Bertillon expôs abundantemente seu "sistema" em várias obras[16]. Mais recentemente, mostrou-se muito suas imagens de identidade judiciária e muito se publicou a respeito dele[17]. Não insistiremos, portanto, nesse caso, só sublinharemos que Bertillon, afinal de contas, não está muito longe de Baraduc: com a preocupação exacerbada da sistematização (a "bertillonagem", como se diz esquadrinhamento), na lógica absoluta (porque legalista) da tipologização, das aproximações, dos recortes, dos reagrupamentos dos "elementos de base", trata-se decerto, à primeira vista, de uma atenção extrema apenas às *aparências morfológicas*, de um investimento enorme apenas na parte formal (mensurável e portanto objetiva) do corpo. Mas, de fato, no contexto estritamente policial e criminal que finaliza tal sistema por um lado e, por outro, com, no fundo, toda a tradição da fisiognomonia e suas inúmeras transformações (patognomonia, frenologia, metoscopia, quirologia etc., todas "disciplinas" herdadas de uma longa tradição trans-histórica e multidisciplinar[18], e ainda particularmente em moda nesse final de século XIX, todas disciplinas que pretendiam compreender e codificar as relações que a morfologia corporal mantém com os caracteres, os temperamentos e as outras paixões humanas), em tal contexto, é bem evidente que o "sistema Bertillon" é de fato obsedado pela idéia implícita de *ascender do corpo à alma*, de aproximar, de ligar, de explicar uma pelo outro (todos os parricidas teriam testa em perspectiva e orelhas de abano?). Em outras palavras, subjacente à bertillonagem, mas bem real, havia essa inferência dos corpos rumo às "disposições do espírito". Indução de um efeito de crença, às vezes delirante, no princípio de uma tipologia formal, isto é, de uma exacerbação de ver. Aqui também o desejo de ver — ver completamente, totalmente, medir, classificar, esquadrinhar (panoptismo da vigilância) — abre para uma espécie de ficção. O tratado de Bertillon, nesse sentido, seria algo como o *primeiro romance policial* (o nascimento desse último lhe é, aliás, contemporâneo).

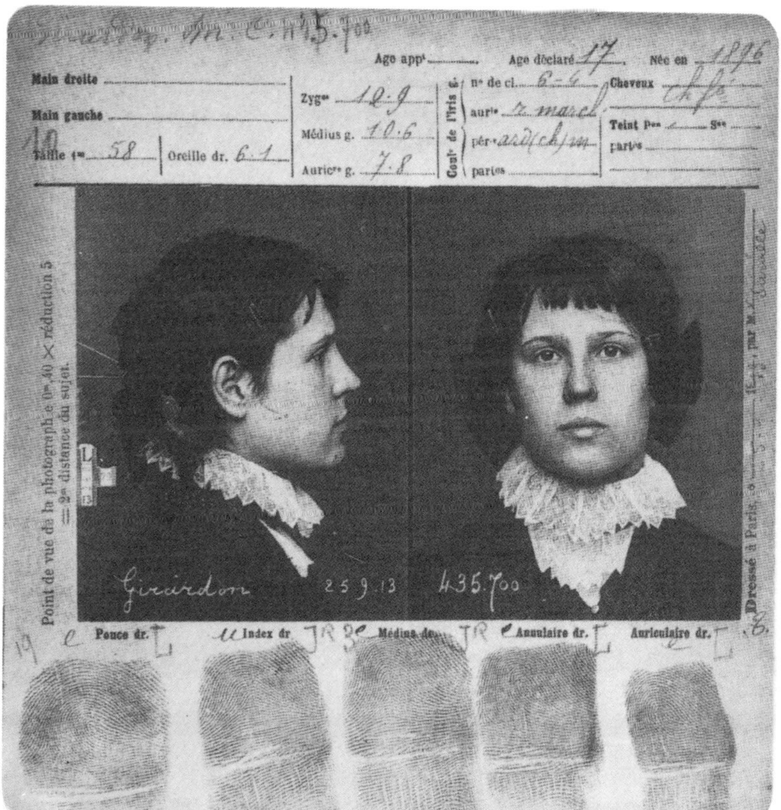

Alphonse Bertillon.

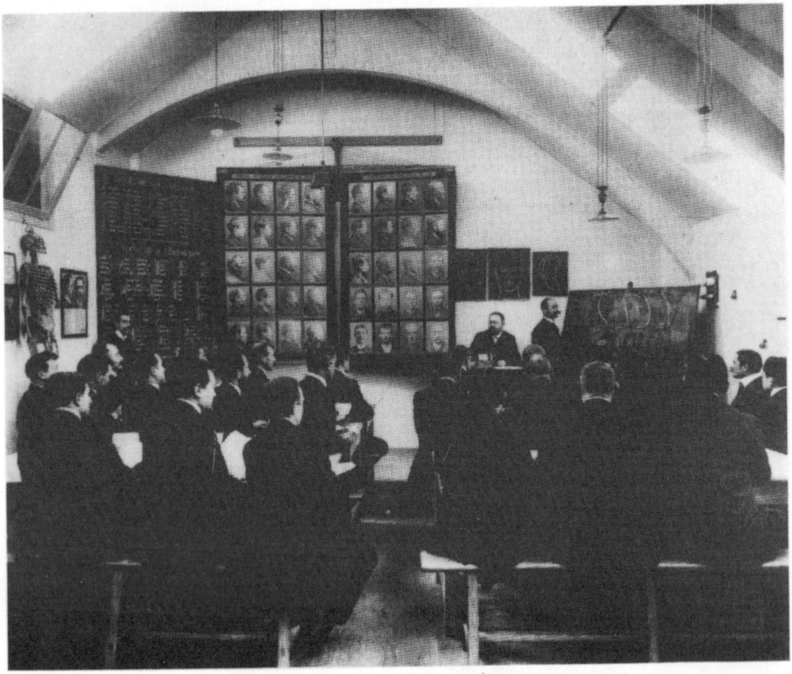

Alphonse Bertillon.

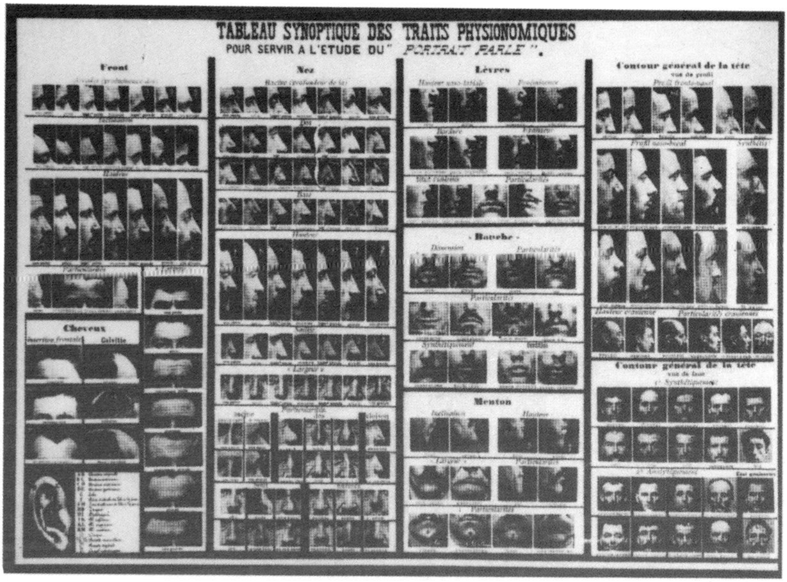

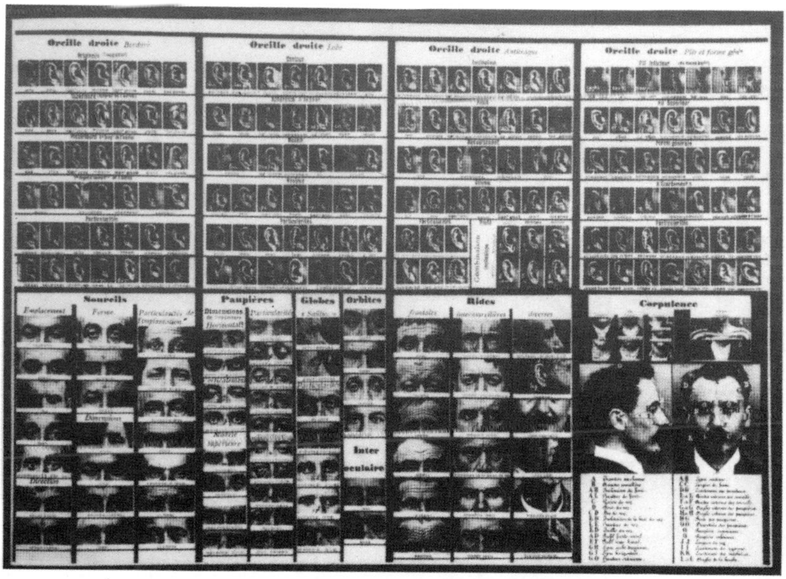

Alphonse Bertillon.

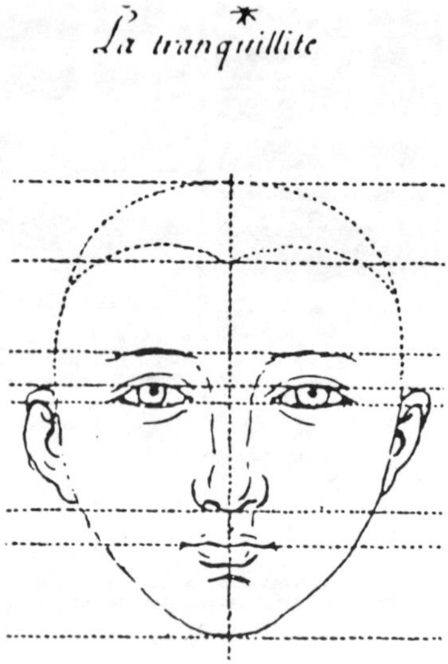

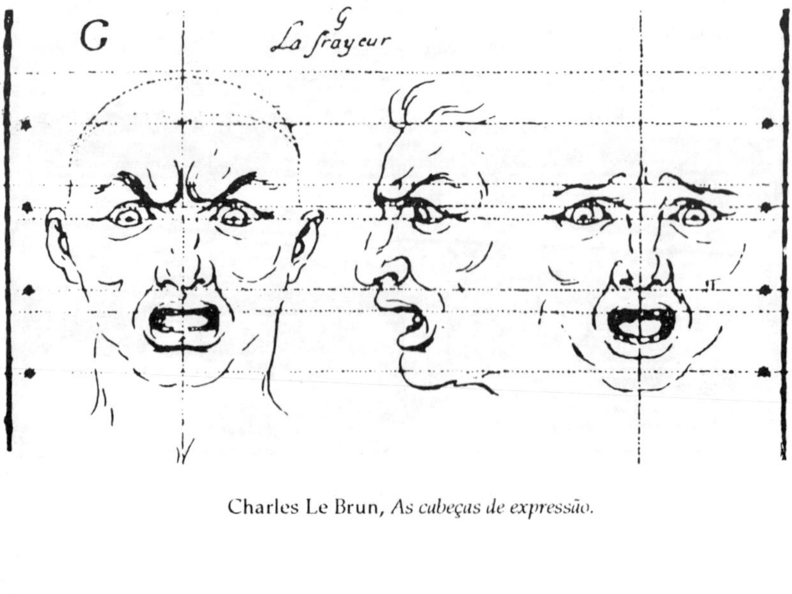

Charles Le Brun, *As cabeças de expressão.*

Rumo a uma estética do desaparecimento

Tudo o que acabamos de "ver" do campo fotográfico depende mais de saberes como a teologia, as ciências positivistas, a medicina legal ou a criminologia, bem mais do que da fotografia propriamente dita; tudo isso acaba, todavia, por apresentar uma imagem da fotografia que procede de uma espécie de *estética do desaparecimento* e do apagamento, que vai com força contra essa concepção difundida demais segundo a qual a fotografia seria um ápice do real, um excesso de singularidade existencial, uma pura manifestação do visível imediato, em suma, dependeria de uma *estética da presença* irresistível do real e da inscrição do referente. Ao abordar o campo por intermédio de seus objetos mortíferos, os efeitos de ausência e de ficção do meio revelam-se com insistência, transformando ao mesmo tempo o sujeito, o objeto e a relação que os une (que se chama percepção, descrição ou interpretação) em instâncias e em processos imaginários, regidos em primeiro lugar por uma lógica do fantasma (ou da crença) e instituindo uma estrutura flutuante, sem termos determinados, onde simplesmente *isso* circula. Trata-se, em suma, de um olhar (vídeo), de uma pulsão escópica, de uma força do ver, que institui o não-ser, isto é, que dilui o objeto (descrito) e o sujeito (que vê), impedindo dessa maneira qualquer consistência do pensamento (cogito) a ponto de não subsistir mais do que um simples jogo de vaivém, um movimento puro, uma ficção, um tráfego fantás(má)tico que gira infinitamente e literalmente no vazio. *Video ergo non sum.*

Epílogo benjaminiano sobre a noção de aura

> Walter Benjamin: *O que é a aura? É uma trama singular de espaço e de tempo: a única aparição de um longínquo, por mais próximo que esteja.*[19]

Há alguns anos, todo o discurso teórico sobre a fotografia não cessou de repetir, sob todas as espécies de formulações, que "a fotografia é o traço" (a impressão luminosa, num determinado momento do tempo, de um objeto situado à distância). Ora, analisando melhor, mais do que um contato propriamente dito (lógica do índice), a fotografia é um *movimento rumo* ao contato, um movimento no espaço e no tempo. Isso quer dizer que a fotografia exibe em seu centro um espaço a ser transposto, um afastamento, uma separação. Se a fotografia é um movimento rumo ao contato é porque em primeiro lugar ela se expõe como *distância* e porque essa distância é inicial, incompressível: "um longínquo, por mais próximo que esteja". Na fotografia, o encontro (com o real) sempre parece iminente, mas a distância sempre se revela exorbitante. Jamais se incorpora.

Eis porque a fotografia jamais se parece com nada. Porque aquilo com que pretensamente deveria se parecer está a tal ponto definitivamente distanciado, afastado, perdido, que nada mais há diante da imagem. A fotografia não tem cara-a-cara. É a única aparição de uma ausência.

Daí, desse desaparecimento pela distância, o caráter "aurífico" (espectral, de fantasma) de certas fotografias, e particularmente do tipo de fotografias chamado retratos.

Ainda Walter Benjamin:

> Com a fotografia, o valor de exposição começa a empurrar para segundo plano, em todas as ordens, o valor de culto. O último contudo não cede sem resistência. Sua última trincheira é o rosto humano. Não é de modo algum um acaso, o retrato ter desempenhado um papel central nos primeiros tempos da fotografia. No culto da lembrança dedicada aos seres queridos, afastados ou desaparecidos, o valor cultual da imagem encontra seu último refúgio. Na expressão fugidia de um rosto de homem, as antigas fotografias cedem lugar à aura, uma última vez. É o que lhes proporciona essa beleza melancólica que não é possível comparar com mais nada.[20]

Dessa aura benjaminiana, dessa *trama* de origem, passamos assim ao *drama,* isto é, a uma história, a uma narrativa que vem conduzir esse traço e essa trama para o drama que é a ficção .

NOTAS

1. P. Vignon, "Réponse à M. Donnadieu", em *L'Université Catholique*, XL, 1902, nº 7, p. 368. Citado conforme Georges Didi-Huberman, "L'indice de la plaie absente. Monographie d'une tache", em *Traverses*, nº 30-31 (*Le secret*), Paris, março de 1984, pp. 151-163.
2. P. Vignon, *Ibid.* Ver também *Le Saint Sudaire devant la science, l'archéologie, l'histoire, l'iconographie, la logique*, Paris, Masson, 1938.
3. Georges Didi-Huberman, *art. cit.*, p. 151.
4. Nadar, *Quand j'étais photographe*, cap. 1 ("Balzac et le daguerréotype"), na reed. *Nadar: dessins et écrits*, tomo 2, Paris, ed. A. Hubschmidt, 1979, principalmente pp. 977-980. Nadar precisa-nos: "Acho que me lembro bem de ter visto sua (de Balzac) teoria particular enunciada por ele, inteira, num canto da imensidão de sua obra. Não tive oportunidade de procurá-la".
5. Nadar, *Ibid.*, p. 978.
6. Nadar, *Ibid.*, p. 979.
7. Roland Barthes: "A fotografia é o advento de mim mesmo como outro: uma dissociação retorcida da consciência de identidade. A loucura profunda da fotografia começa por esse leve mal-estar que se apodera de mim quando "me" olho no papel... Imaginariamente a fotografia representa esse momento muito sutil em que, para dizer a verdade, não sou nem um sujeito, nem um objeto, mas antes um sujeito que se sente tornar-se objeto: vivo então uma microexperiência da morte: *torno-me realmente espectro*" (*La chambre claire*, Paris, Cahiers du Cinéma, Gallimard, Seuil, 1980, pp. 28-30.)
8. Adolphe Eugène Disdéri, *Renseignements photographiques indispensables à tous*, Paris, 1855, pp. 25-26.
9. Georges Didi-Huberman, *L'optogramme* (l'arrêt sur la dernière image)", em *Revue Belge du Cinéma*, nº 4, (*Filmes de photo*), Bruxelas, APEC, verão de 1983, pp. 29-34. *L'optogramme* é igualmente um curta-metragem dirigido por G. Didi-Huberman (com a partitura sonora de Jacqueline Ozanne) no contexto da emissão "Juste une image", produzida pela INA em março de 1983. O optograma fora igualmente comentado por Max Milner em *La fantasmagorie. Essai sur l'optique fantastique*, Paris, PUF, col. Écriture, 1982, pp. 192 e ss.
10. M. Vernois, "Étude photographique sur la rétine des sujets assassinés", em *Revue Photographique des Hôpitaux de Paris*, Paris, Delahaye, 1870, pp. 73-82. O texto foi publicado novamente com o título "Applications de la photographie à la Médecine légale" (com 7 ilustrações a mais) por Ballière, Paris, 1870. Na seqüência, ver também H. de Varigny, "Les colorations de la rétine et les photographies dans l'oeil", em *Revue des Deux Mondes*, Paris, vol. XLIX (1º de março de 1879), pp. 218-225. Esses dois textos históricos foram reproduzidos com o artigo de G. Didi-Huberman citado acima. O optograma suscitou nessa época um vasto debate científico, que se estendeu por mais de uma década, cuja repercussão encontramos no livro de Félix Giraud-Teulon, *La vision et ses anomalies*, Paris, Ballière, 1881.
11. M. Vernois, *art. cit.*
12. *Ibid.*
13. Essa dramatização que institui uma trama quase narrativa pode ser encontrada na influência que o caso do optograma (em princípio estritamente científico) exerceu sobre a literatura de ficção da época (e singularmente a literatura de ficção científica ou fantástica). Penso aqui sobretudo em Jules Claretie em *L'accusateur* (1807), "romance policial" diretamente inspirado pelo texto do Dr. Vernois, no inevitável Jules Verne em *Les frères Kip* (1902) — ver a esse respeito a bela análise

de Philippe Bonnefis, "Clair obscur", em *Littérature*, nº 26, março de 1977 — e igualmente, sobretudo, em Villiers de L'Isle-Adam no surpreendente *Tribulat Bonhomet* (1887), no qual encontramos, levadas ao máximo de seus efeitos-ficções, todas as figuras de base que fundamentavam o optograma do Dr. Bourion.

14. René Descartes, *La dioptrique*, quinto discurso (Paris, Gallimard, Bibliothèque de la Pléiade, pp. 205-206).

15. As "teorias" singulares apresentadas por Baraduc nas duas obras citadas foram comentadas na época em vários estudos, em particular os de A. Guebhard: "Sur les prétendus enregistrements photographiques de fluide vital" (em *La vie scientifique* nº 106, 198 e 110, 1897); "Petit manuel de photographie spirite sans 'fluide', em *La photographie pour tous*, 1897-98) e "Pourquoi les lointains viennent trop en photographie" (em *Photo-midi*, nº 1, 1898). Ver também o trabalho de Georges Didi-Huberman, *Invention de l'hystérie. Charcot et l'iconographie photographique de la Salpêtrière*, Paris, ed. Macula, 1982, sobretudo pp. 90-97.

16. Alphonse Bertillon, *La photographie judiciaire*, Paris, Gauthier-Villars, 1890; *Identification anthropométrique. Instructions signalétiques*, nova edição ampliada com *Album*, Melun, Imprimerie Administrative, 1893; *Anthropométrie métrique. Conseils pratiques aux missionaires scientifiques sur la manière de mesurer, de photographier et de décrire les sujets vivants et les pièces anatomiques*, em colaboração com o Dr. A. Chevrin, Paris, Imprimerie National, 1909.

17. Sobre Bertillon (e sobre o que o precedeu assim como o que se seguiu a ele), a melhor obra é a de Christian Pheline, L'image accusatrice (Paris, *Les Cahiers de la Photographie*, nº 17, 1985). Pode-se ler também com interesse o catálogo da exposição *Identités. De Disdéri au photomaton.* (Paris, Centre National de la Photographie, 1986 — com textos de Michel Frizot, Serge July, Christian Phéline e Jean Sagne), assim como o artigo de Claudine Delvaux, "Les corps du délit" (em *Rhétoriques du corps*, dirigido por Ph. Dubois e Y. Winkin, Bruxelas, ed. De Boeck—Université, 1988).

18. Sobre toda essa tradição, que vai dos tratados da Antigüidade (o *actio* na retórica antiga) à época contemporânea (alguns aspectos da "comunicação não verbal", passando por todos os séculos, todas as disciplinas e alguns grandes nomes (Lavater, Darwin, Ch. Bell, Mantegazza, Delsarte etc.), podem ser encontradas indicações sintéticas em Philippe Dubois e Y. Winkin (eds.) *Rhétoriques du corps* (*op. cit.*).

19. Walter Benjamin, "Petite histoire de la photographie" (1931), em *L'homme, le langage et la culture*, Paris, Denoël/Gauthier, col. Médiations, 1971, p. 70. Essa definição é retomada palavra por palavra em "L'oeuvre d'art à l'ère de sa reproductibilité technique", *ibid.*, pp. 145-147.

20. Walter Benjamin, "L'oeuvre d'art à l'ère de sa reproductibilité technique", *art. cit.*, p. 152.

Capítulo 6

A ARTE É (TORNOU-SE) FOTOGRÁFICA?*
Pequeno percurso das relações entre a arte contemporânea e a fotografia no século XX

Tudo muda contudo se da fotografia como arte, passa-se à arte como fotografia.

Walter Benjamin,
Pequena história da fotografia.

---

* Esse capítulo é uma versão modificada do capítulo X que publiquei na obra *Histoire de la photographie*, dirigida por Jean-Claude Lemagny e André Rouille nas Éditions Bordas (Paris, 1986, pp. 230-253). Meus agradecimentos a Editions Bordas (Thierry Foulque) por ter me autorizado a reutilizar o material de minha contribuição a esse volume coletivo.

O título desse capítulo deve ser compreendido como a inversão exata dessa outra questão, instituída, que o século XIX não cessou de se colocar sob todos os tipos de formas desde o início da fotografia até o pictorialismo que esgotou seu sentido: "A fotografia é uma arte?" Abordaremos aqui o problema pelo outro extremo ao longo de todo o século XX, isto é, a partir do momento em que a questão "A fotografia é uma arte?" *cessa*, não só de ser colocada, mas até de ter um sentido, isto é, também a partir do momento em que, aos poucos, se vai tomar consciência, com mais ou menos nitidez, de que as relações entre arte e fotografia sofreram uma reviravolta e em que a questão é doravante saber se não foi antes a arte (contemporânea) que se tornou fotográfica.

O problema é antigo, genérico, se possível: lida com dois campos de expressão, a *arte* e a *fotografia*, que têm provavelmente sua relativa autonomia, mas jamais cessaram, *em suas origens* (ver aqui mesmo capítulo 3) e tanto de um lado quanto do outro, de manter relações inextrincáveis, de atração ou repulsa, de incorporação ou rejeição. Teremos compreendido, logo de início, *a orientação global* que, segundo nós (essa será nossa hipótese), dirige essas relações: ora, durante um período essencial do século XIX era a fotografia que vivia numa relação relativa de *aspiração rumo à arte*, ora, ao longo do século XX, será antes a arte que insistirá em se impregnar de certas lógicas (formais, conceituais, de percepção, ideológicas ou outras) próprias à fotografia. Existe aí uma inversão de pontos de vista que indica com clareza que, neste capítulo, não se tratará tanto de encarar a fotografia contemporânea como arte — questão ultrapassada, sem significado pertinente hoje —, mas antes a arte contemporânea como marcada em seus fundamentos pela fotografia. Evocaremos menos os fotógrafos que "fazem arte" do que os artistas que, de todos os tipos de maneiras e com todos os tipos de apostas — às vezes sem mesmo sabê-lo —, "trabalham fotograficamente".

De um ponto de vista histórico, tal inversão, a meu ver, encontra seu ponto de ancoragem original, sua encruzilhada, a princípio e *a contrario*, no movimento dito "pictorialista" (1890-1914), que assinala o ponto culminante desse desejo que a fotografia tinha de "se fazer pintura" e sua impossibilidade teórica e prática; em seguida, positivamente, na obra, fundadora para toda a modernidade, de Marcel Duchamp, com a qual começaremos nosso percurso; depois, paradoxalmente, na obra dos pioneiros da "abstração", El Lissitsky e Malévitch na liderança e em sua concepção "suprematista" do espaço pictural, ligada à produzida pela *fotografia aérea*; e, finalmente, desconstrutivamente, nas operações de *(foto) montagem* dos dadaístas e dos surrealistas, com as quais encerraremos essa abertura sobre o papel dos precursores desempenhado a partir dos anos 20 pelas vanguardas históricas.

Marcel Duchamp ou a lógica do ato

Se Marcel Duchamp representa a ruptura absoluta na alvorada desse século é principalmente pelo abandono que institui desde muito cedo de tudo o que tem relação com o que ele chamava "a arte retiniana" (isto é, com a representação "clássica", inclusive em suas formas "revolucionárias", como o impressionismo ou o cubismo, que Duchamp atravessou rapidamente para não voltar nunca mais) em proveito de uma concepção da arte baseada essencialmente na lógica do ato, da experiência, do sujeito, da situação, da implicação referencial, que é a própria lógica que a fotografia faz emergir: o que denominei, a partir da terminologia de Ch. S. Peirce, de *lógica do índice* e da qual mostrei (ver capítulo 2) a que ponto ela fundava ontologicamente a condição desse novo modo de representação fotoquímica com relação à representação clássica (manual), ainda regida pela *lógica do ícone*. A arte de Duchamp e a fotografia têm em comum funcionarem, em seu princípio constitutivo, não tanto como uma imagem mimética, analógica, mas, em primeiro lugar como simples impressão de uma

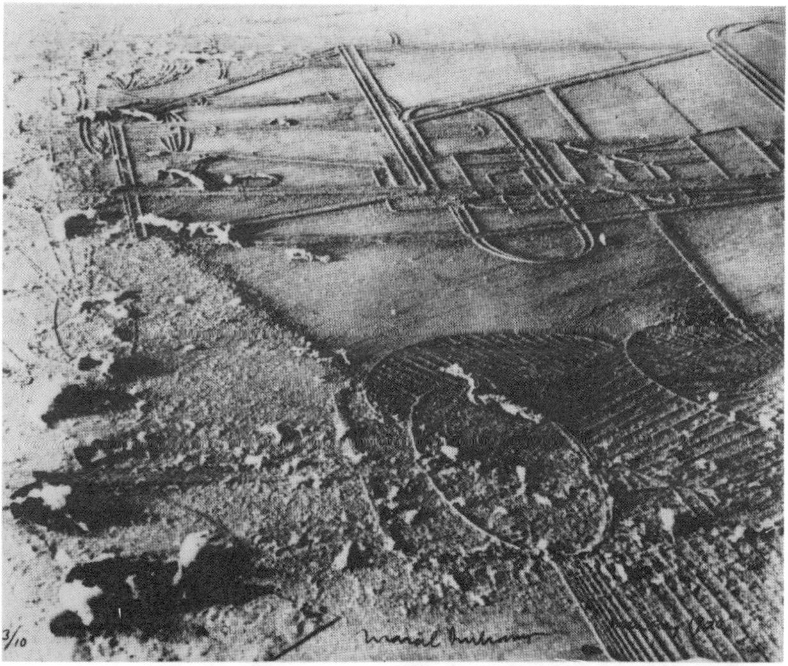

Marcel Duchamp, *Criação de poeira.*

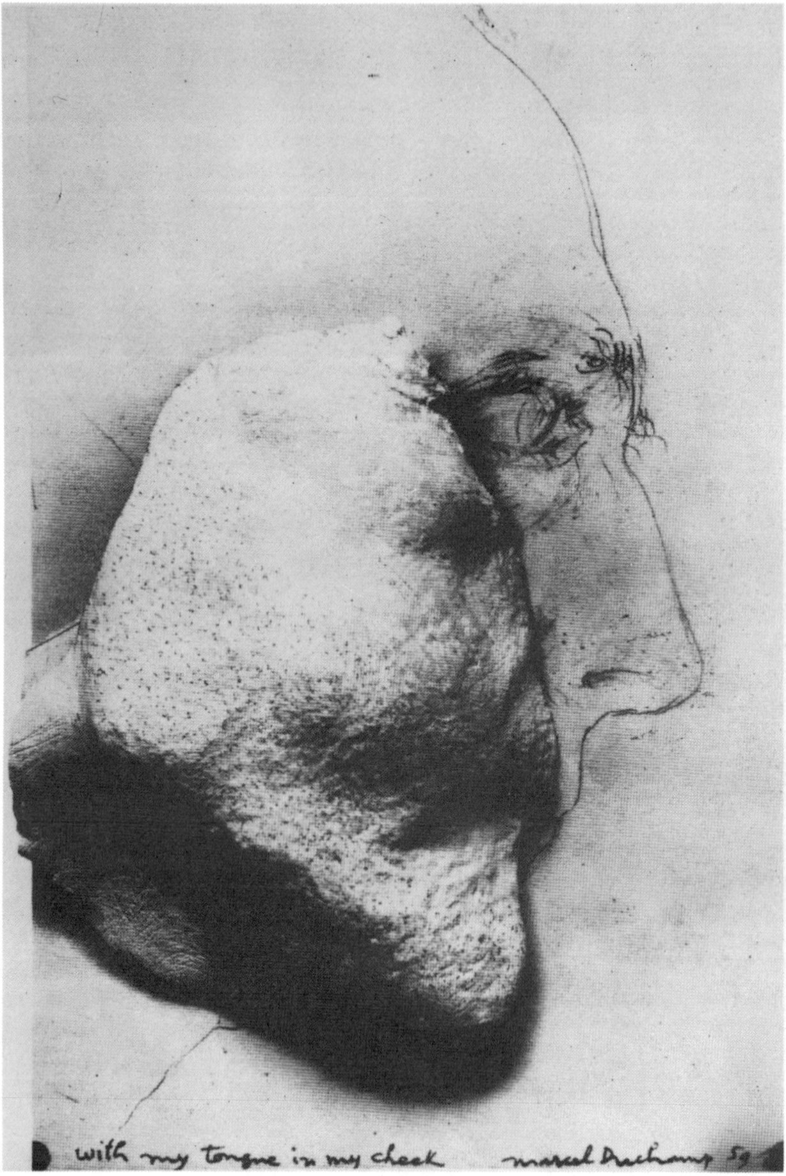

Marcel Duchamp, *With my tongue in my cheek.*

presença, como marca, sinal, sintoma, como traço físico de um estar-aí (ou de um ter-estado-aí): uma impressão que não extrai seu sentido de si mesma, mas antes da relação existencial — e muitas vezes opaca — que a une ao que a provocou. Vários estudos importantes, principalmente os de Rosalind Krauss[1], vieram sublinhar esse papel determinante da obra de Duchamp quanto aos vínculos primitivos e originais que ocorrem entre a fotografia e tudo o que acabará, no decorrer do século, por constituir a arte contemporânea em suas tendências mais inovadoras: *o ato (fotográfico ou pictural) tornou-se absolutamente essencial; a obra é apenas um traço seu.*

Provavelmente Duchamp jamais foi fotógrafo *sensu stricto* — usou antes, toda vez que era necessário, os talentos de seu amigo Man Ray ("o Homem-Raio"), inclusive para seus auto-retratos e outros disfarces —, mas toda a sua obra pode ser considerada como "conceitualmente fotográfica", isto é, trabalhada por essa lógica do índice, do ato e do traço, do signo fisicamente ligado a seu referente antes de ser mimético. Assim, entre outros exemplos, de todos os seus trabalhos construídos com base na inscrição das "sombras conduzidas" (ver a série de perfis recortados em silhuetas, assim como "rayografias", imagens-contatos, projeções diretas ou congeladas de seu rosto); ou ainda as que implicam a "moldagem", tanto profundas quanto irônicas, tão numerosas (*Objeto dardo, Folha de vinha fêmea, With my tongue in my cheek* etc.); as obtidas por "decalque" e por "transporte" (*Três consertos padrão,* "imagens" de um fio de um metro de comprimento caído de um metro de altura e cuja forma foi fixada, transportada e reproduzida em madeira etc.); os construídos aleatoriamente por "depósito" e "fixação" (as *Criações de poeira* como traços do tempo) e até os próprios *ready-made,* que é possível descrever como casos extremos em que o produto final não apenas não parece, mas nem mesmo tem o traço físico de um objeto exterior "a ser representado"; ele *é* esse próprio objeto, tornado obra como tal, por um ato de decisão artística, por simples operação de seleção, de levantamento no interior do contínuo do real e de inscrição no universo da arte. Sombras transportadas, moldagens, decalques, transportes, depósitos, *ready-made,* todas práticas que manifestam com a força da evidência o triunfo da lógica indiciária da arte de Duchamp.

Provavelmente o grande quadro *Tu m'* que Duchamp realizou em 1918 é exemplar de tudo isso: é ao mesmo tempo a última pintura a óleo de Duchamp (seu adeus à arte retiniana) e já uma espécie de panorama das diversas formas de *índice*: nele se detecta, por exemplo, a "imagem" de alguns *ready-made* conhecidos (roda de bicicleta, saca-rolhas, porta-chapéu) obtida indicialmente (fixação da sombra desses objetos na tela); nele se detecta representações transportadas dos *Três consertos padrão*; assim como uma mão realista "com o índice (!) estendido" para designar esse princípio de conexão física; e até um jogo em *trompe-l'oeil* imitando um rasgão no suporte de tela e consertado por meios acidentais, imagem paródica da falência das representações ilusionistas estragadas pelas cicatrizes do real. Em suma, a obra de Duchamp, por mais complexa e múltipla que seja, aparece bem, historicamente, como a pedra de toque das relações entre fotografia e arte contemporânea, como o lugar e o momento de reviravolta, em que se passa dessa idéia banal e tão freqüentemente repetida segundo a qual a foto veio libertar a pintura de seus vínculos da representação "icônica" a essa outra idéia, mais paradoxal e nova, segundo a qual a arte virá a partir de então extrair, das condições epistêmicas da fotografia, possibilidades singulares de renovação de seus processos criativos e de suas apostas estéticas principais.

O suprematismo e o espaço gerado pela fotografia aérea

Ao lado de Duchamp, existe uma segunda grande tendência histórica fundadora do campo que nos preocupa; são os inícios da abstração, principalmente na União Soviética, em torno do trabalho "revolucionário" de El Lissitsky, de Kasimir Malévitch e do movimento dito "suprematista". No entanto, nada mais afastado aparentemente que a fotografia, sempre destinada ao real em algum ponto, e a arte abstrata, que rejeitaria qualquer relação com uma figuração qualquer do mundo. Ora, um fio bastante determinado une esses dois extremos e está claramente inscrito na história: um dos componentes centrais da abstração suprematista — sua percepção, sua concepção e sua representação de um "novo espaço" — está explicitamente vinculado a um gênero fotográfico preciso: a fotografia aérea (ou seu inverso: "antiaérea").

Os anos que vão de 1914 a cerca de 1929, como sempre em tempos de guerra e na esteira das grandes revoluções, foram de um extremo desenvolvimento das técnicas e das máquinas, em particular do armamento, da aviação e dos instrumentos óticos. Jamais talvez se avaliou o suficiente a importância desses desenvolvimentos tecnológicos na própria consciência que se podia ter do espaço e do tempo.

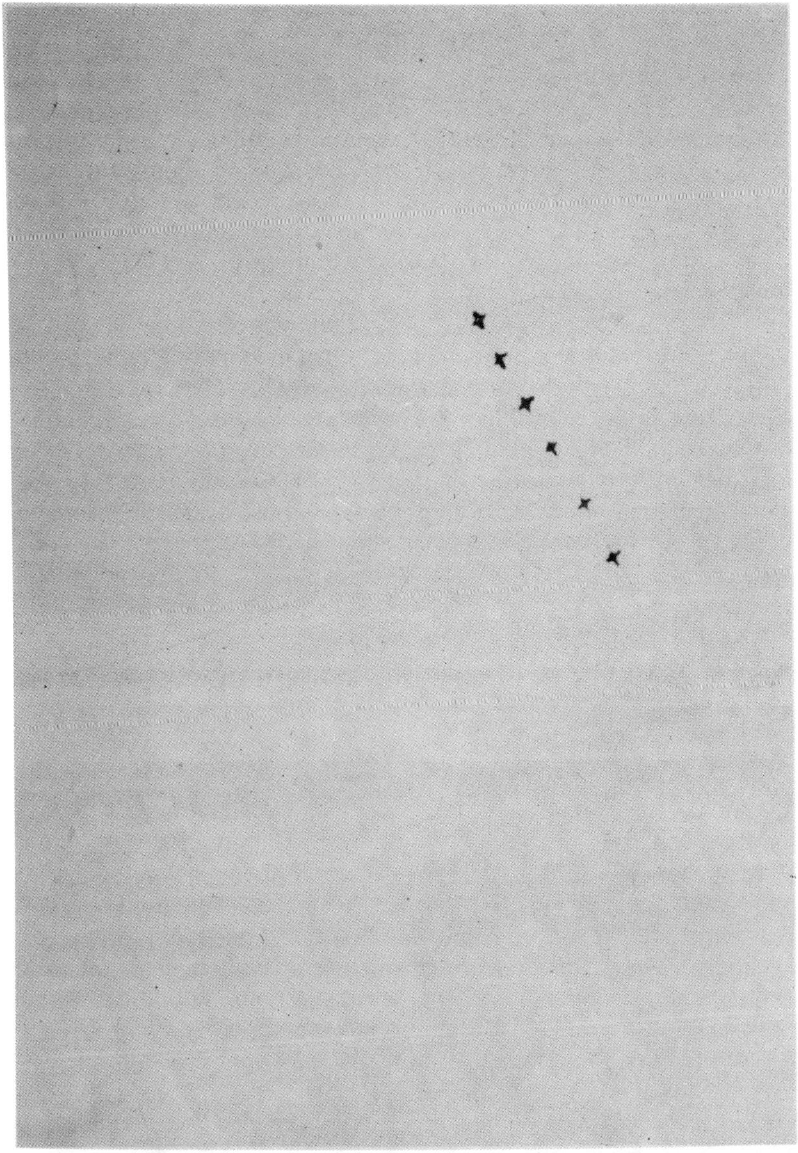

Kasimir Malévich, *Composição suprematista que exprime a sensação de um espaço universal.*

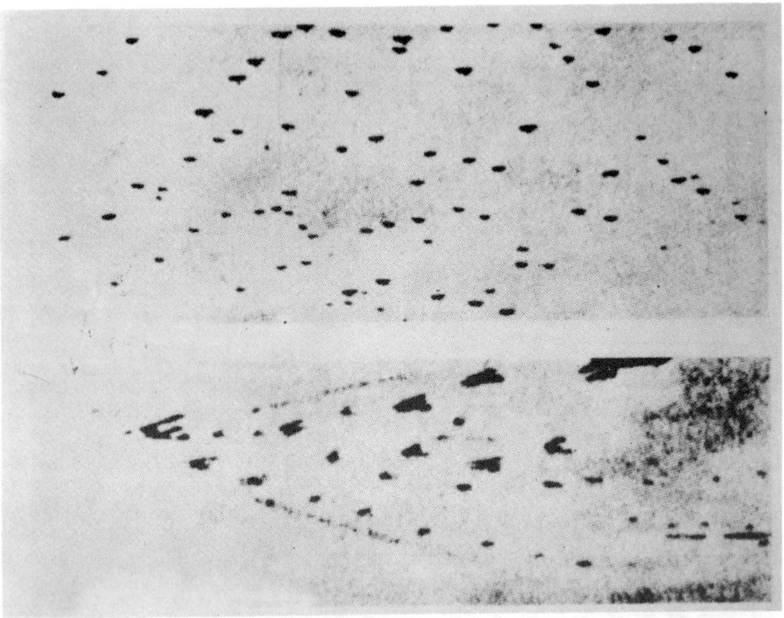

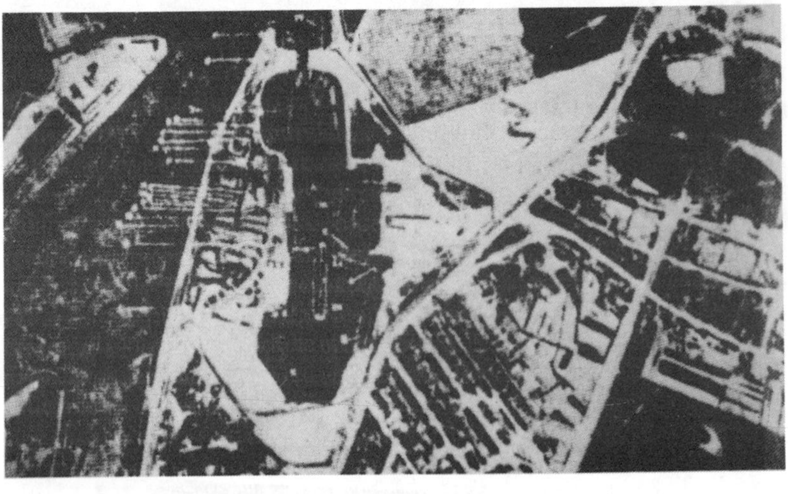

Kasimir Malévich. Fotografias aéreas. (no alto e acima)

Trabalhos como os de Paul Virilio[2] começaram a destacar novas perspectivas nesse caminho, principalmente no que se refere às convergências significativas que fazem com que, ao mesmo tempo que se criam engenhos voadores singulares que permitem que o homem saia do solo terrestre para se deslocar sem amarras em pleno céu, se equipem essas máquinas de armas de tiro e aparelhos fotográficos superpoderosos (instrumentos de tomada de vista e tomada de vida) e que se exibam dessa maneira novos universos imaginários e simbólicos que remodelam nossos pensamentos e nossas visões.

De qualquer modo, a partir de 1914, vêem-se artistas como Lissitsky e Malévitch interessarem-se pelas fotografias aéreas, quer se trate de vistas efetivamente tomadas de avião e exibindo paisagens terrestres "transformadas", mal identificáveis — sem horizonte, nem profundidade, sem buracos, nem saliências, achatadas, geometrizadas, "abstratizadas", metamorfoseadas em texturas, em configurações cromáticas ou formais, em jogos de formas "a serem interpretados" (é até uma profissão específica: a *foto-interpretação*)—, quer, ao contrário, de vistas tomadas do solo, mais ou menos na vertical e mostrando esquadrilhas de aviões em pleno vôo, compondo curiosos hieróglifos na tela do céu.

Tais fotografias acompanham ou ilustram as obras de Lissitsky (por exemplo, seus famosos *Prouns* de 1921), ou as de Malévitch (ele publicou um grande número delas em seu livro *O mundo sem objeto*, 1927). Seus escritos não cessam de utilizar as teorias matemáticas da axonometria e das metáforas do vôo, do desprendimento, da suspensão, com objetivos, às vezes, cósmicos e planetários, como a legenda de Lissitsky para uma prancha em perspectiva axonométrica de seus *Prouns*: "Construção navegando pelo espaço, projetada junto com seu espectador além dos limites da terra..."[3]. Seus desenhos e pinturas são eles próprios trabalhados por tal problemática (títulos de algumas composições de Malévitch: *Elementos suprematistas que exprimem a sensação do vôo*, 1914-1915; *Composição suprematista que transmite um sentimento do espaço universal*, 1916). Em suma, as vistas aéreas são então verdadeiros "elementos de base" (Malévitch) do suprematismo, e é com base nelas que esses artistas pioneiros da abstração conceberam noções plásticas e teóricas como as de "espaço novo", "irracional", "universal", "flutuante", "giratório" etc.

Está claro, de fato, que o importante nessa visão aérea do mundo é que ela define um modo bem diferente de percepção e de representação do espaço que não o herdado da perspectiva monocular clássica, isto é, um novo tipo de relação entre o sujeito e o mundo. Tanto na percepção e na representação tradicional, todos os dados são regidos pela mesma estrutura ortogonal, petrificada e rigorosa (o ponto de vista do homem de pé, vertical, preso ao chão e observando um mundo horizontal estendido diante dele), quanto, no desígnio aéreo, essa relação começa a flutuar, a girar, a errar, sem estar presa a uma estruturação fixa. Uma vista aérea não tem literalmente sentido. É possível olhá-la de todos os lados, ela é sempre coerente. É o ponto de vista suspenso e móvel: o sujeito não está detido numa posição, e o espaço que ele observa não é determinado de uma vez por todas: independência, instabilidade, motilidade de um e de outro. Daí o intenso sentimento de liberdade que está ligado a esse tipo de ponto de vista aéreo e também a impressão de experiência sensitiva que o acompanha (a foto aérea como arte cenestésica) — todas coisas já percebidas intuitivamente 50 anos antes por Nadar quando fotografava Paris de seu balão e que voltaremos a encontrar do outro lado do oceano, nos Estados Unidos, nas pesquisas de Alfred Stieglitz: suas célebres fotografias de céu e de nuvens, que ele perseguiu durante nove anos de sua maturidade com o título de Equivalências (1923-1932), são um exemplo principal de fotografia "antiaérea", como as baterias com o mesmo nome (ver acima, capítulo 4).

Ademais, além dessa suspensão, dessa liberdade, dessa mobilidade do sujeito autorizada pela experiência da foto aérea, existe igualmente outra dimensão que só poderia interessar aos fundadores da abstração: o fato de que a fotografia aérea, ao contrário das outras formas habituais, "terrestres" da fotografia, transforma o real num mundo codificado, num "texto" a ser lido e decifrado, o que R. Krauss formulou com clareza:

> O que impressiona é que, ao contrário da maioria das outras fotografias, a vista aérea levanta a questão da interpretação, da leitura. Não se trata simplesmente do fato que, vistos muito de cima, os objetos são difíceis de reconhecer — são efetivamente — mas, mais especialmente do fato de que as dimensões esculturais da realidade são tornadas muitos ambíguas: a diferença entre ocos e saliências, convexo e côncavo, apaga-se. A fotografia aérea coloca-nos diante de uma "realidade" transformada em algo que necessita de uma decodificação. Existe ruptura entre o ângulo de visão sob o qual a foto foi feita e esse outro ângulo de visão que é exigido para compreendê-la. A fotografia

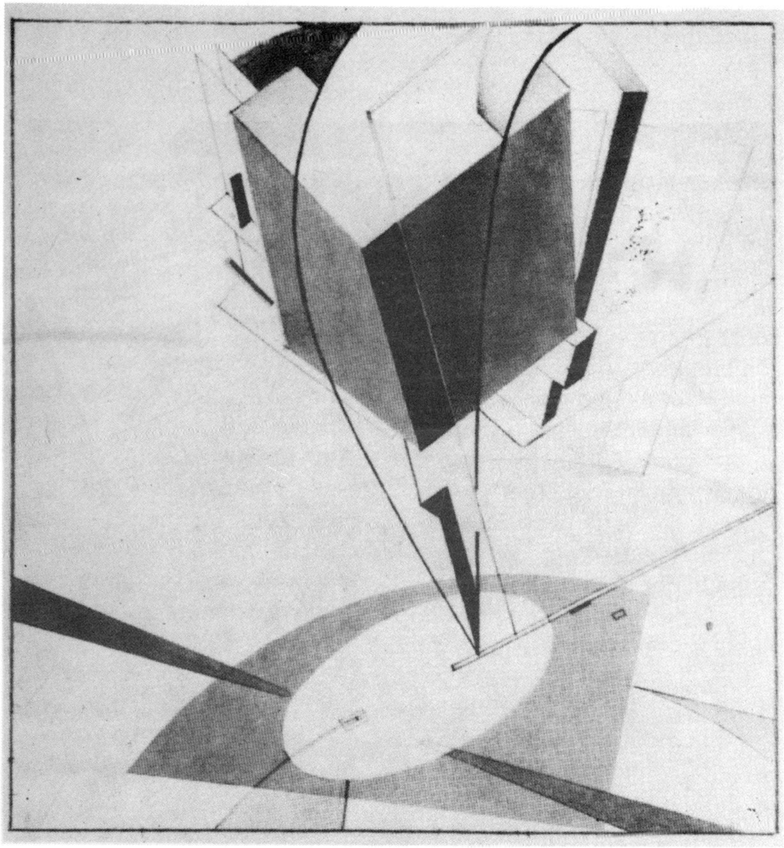

El Lissitzky, *Proun 5A*.

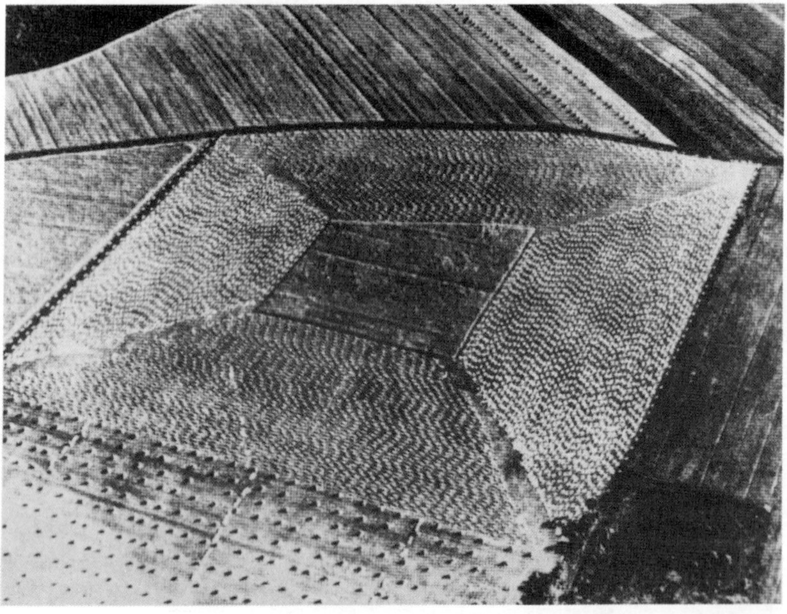

Robert Petschow. Fotografia aérea.

> aérea revela portanto um rasgão no tecido da realidade, um rasgão que a maioria dos fotógrafos no solo tentam mascarar ardentemente. Se toda a fotografia promove e aprofunda nosso fantasma de uma relação direta com o real, a fotografia aérea tende — pelos próprios meios da fotografia — a perfurar a película desse sonho.[4]

Esse é um outro dado essencial. Explica como uma certa prática fotográfica forneceu instrumentos conceituais às atitudes inaugurais da abstração em arte. Muitos trabalhos ulteriores da arte abstrata contemporânea serão construídos com base em tais dados.

Assinalaremos ainda, antes de chegar à terceira forma de vanguarda histórica, que esse papel da fotografia aérea na construção da arte abstrata se prolongou, de várias maneiras, além de Malévitch ou de Lissitsky. Em primeiro lugar, na arte construtivista e na escola da Bauhaus, sob o aspecto do que se chamou "a contracomposição oblíqua", que encontra sua origem na fotografia em *plongée* e em *contre-plongée,* tão característica de artistas como Rodtchenko e Laszlo Moholy-Nagy. Quase não insistiremos aqui sobre esses autores. Sublinharemos simplesmente que as representações "aéreas" são tratadas aqui segundo outros desafios estéticos, mais plásticos do que epistêmicos. Isso é particularmente nítido com Moholy-Nagy, que construiu parte importante de sua obra de fotógrafo com base no modo da *contracomposição* ("diminuir o todo, fotografar do alto de acordo com um eixo oblíquo")[5]. Suas inúmeras vistas "aéreas aproximadas" (como a série em Belle-Isle em 1925, a da Bauhaus em Dessau em 1926-1928, a de redes urbanas em Berlim, do porto de Marselha, ou das praias de Sellin em 1929) permitiram-lhe elaborar um universo plástico muito coerente, baseado nos princípios de obliqüidade criadora e de dinamismo composicional, onde transpareciam em filigrana os fantasmas de vôo, de liberdade, de mobilidade do espectador, e que alcançam assim, sob certos aspectos, a problemática formal e teórica de pintores abstratos da época, não apenas construtivistas e membros da Bauhaus, mas também, por exemplo, dos fundadores do movimento holandês *De Stijl,* em particular Theo Van Doesburg, autor de *Pintura: composição e contracomposição* (1927). Em suma, Moholy-Nagy, pintor, escultor, fotógrafo, cineasta, desempenha seguramente também um papel de destaque nos anos 20 com respeito às relações entre fotografia e arte contemporânea, principalmente porque trabalhou sistematicamente dois dos grandes princípios que definem essas relações: o do traço e do índice (seu gosto extremo pelas sombras e pelas impressões das quais o fotograma é a realização mais pura) e o do espaço "aéreo" com seus corolários plásticos (contracomposição oblíqua) e abstratos (o mundo a ser lido como texto de luz).

Finalmente, outro prolongamento indireto dessa lógica espacial vinculada à foto aérea, existe o que se chamou na França de "expressionismo abstrato" (*Action painting*) na arte americana após 1945. Vejam, por exemplo, todo o trabalho de Jackson Pollock: suas grandes telas todas maculadas pelo *drip* (gotejamento) estão aparentemente bem longe da fotografia. No entanto, olhem-no bem *trabalhando*, corpo oficiante no próprio ato do *dripping*: de pé, vertical, caminhando sobre sua grande tela deitada no chão, como se estivesse se deslocando no mapa do mundo, indo e vindo, instável, flutuante, quase dançando, deixando a pintura escorrer de seu bastão sem que este toque a superfície, traçando cegamente as marcas de sua passagem. Sobrevoa a tela, quase não se afastando de seu retângulo, sem consciência clara de estar diante de um quadro, mas apenas de um território, onde erra infinitamente, girando, sem ponto de referência fixo, quase cego, como um avião na neblina. Como notou judiciosamente Rosalind Krauss[6], no instante em que pinta, a relação de Pollock com seu suporte de inscrição é justamente aquela que fundamenta a fotografia aérea: flutuação do ponto de vista, perda de qualquer quadro de referência preestabelecido (as ortogonais), deslocamentos multidirecionais, sentimento físico de liberdade, indecifrabilidade aparente do "solo", transformado em estrutura formal abstrata, superfície com manchas, esteiras multicores e multiformes que são tantos traços de uma passagem, de um movimento, de um gesto, de um corpo em ação — e isso até a oscilação final: para *ver* enfim, para poder ler, interpretar os signos, ele deve ao mesmo tempo *parar*, cessar suas deambulações, abandonar seu ponto de vista aéreo e sobretudo *erguer* a tela verticalmente, pendurá-la na parede do ateliê e somente então, ao final dessa *rendição*, abrir os olhos, encontrar "a distância correta" de olhar, contemplar e decifrar o "texto" da obra.

Essa comparação com a foto aérea não é uma simples analogia: trata-se de um verdadeiro dispositivo teórico que coloca em jogo a relação do sujeito com o espaço, da criação com a percepção, da imersão do corpo com o reerguimento do olhar. Em Pollock ou em Malévitch, trata-se sempre, de uma maneira ou de outra, de uma forma de *irrepresentável* (o gotejamento, a mancha, o gesto cego e dançado, o quadrado branco em fundo branco e outras composições de espaços flutuantes e superfícies extraterrestres) e igualmente de

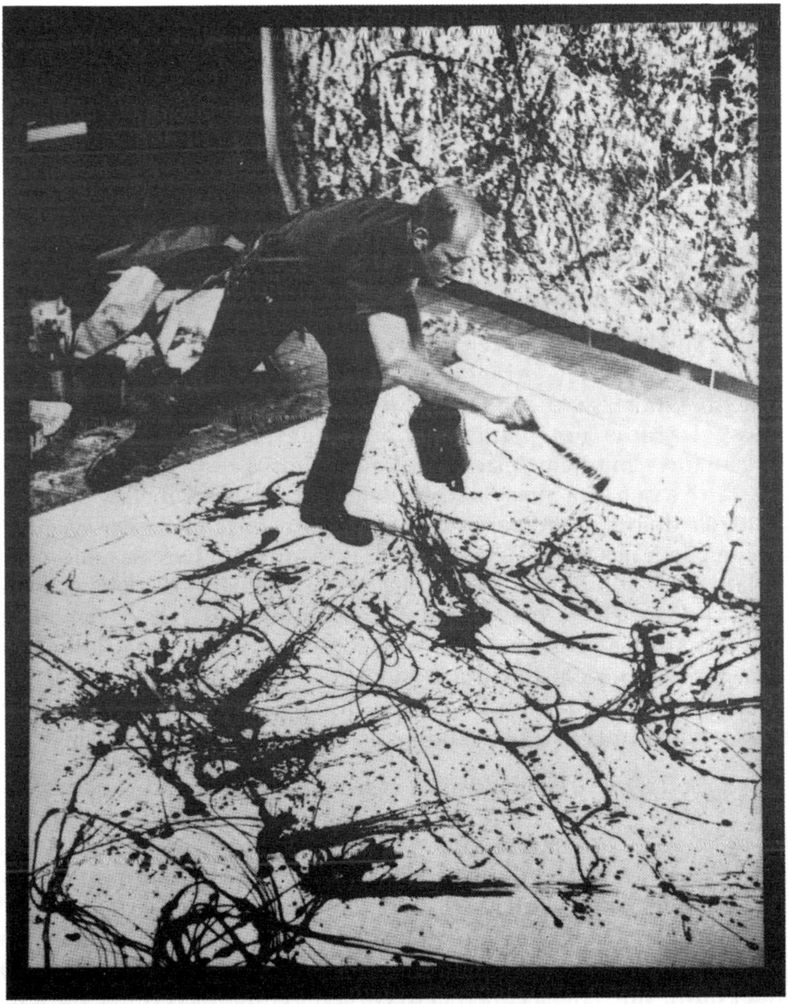

Hans Namuth.

uma forma de *dissolução das possibilidades de olhar identitário do sujeito*. No horizonte dessas práticas "abstratas", uma certa idéia da abolição ou da superação do homem "terrestre" e de seus limites (pobres e pesados). E um trabalho, experiências, com o intuito de aproximar ou constituir uma outra forma de olhar e de inteligência das coisas. Uma superação do humanismo e uma tentativa em direção a uma espécie de "angelismo" da representação. A fotografia não se destina sempre estritamente apenas às representações "terrestres e humanas" que sempre lhe foram reconhecidas. A foto também pode nos fazer *decolar*, fazer o real oscilar em direção ao irrepresentável mais fundamental e mais experimental, pode nos revelar seu "ser-anjo", esquecido ou oculto com demasiada freqüência.

Dadaísmo e surrealismo: a fotomontagem ou a mistura polifônica dos materiais e dos signos

Finalmente, a terceira e última grande instância histórica de vanguarda que teve grande importância na constituição do campo que nos interessa: o dadaísmo e o surrealismo[7]. Sem entrar em detalhes, diremos em primeiro lugar que esse terceiro grupo de precursores mantém relações íntimas com os dois precedentes: Duchamp é o que está mais próximo dele, e Man Ray estabelece o vínculo. A lógica do traço (índice) é exposta com força nas célebres *Rayografias*, assim como nas outras técnicas de transformação do real: solarizações (Man Ray), sobreimpressões (Magritte), fossilizações (Ubac), raspagens (Max Ernst), decalcomanias (Dominguez) etc. A parcela de fantasmatização que disso decorre logo será fetichizada (automatismo, onirismo etc.). Por outro lado, a relação com Moholy-Nagy é igualmente travada com insistência, não apenas pelo jogo de fotogramas, como também e sobretudo pelo da *montagem* fotográfica.

Dadaísmo e surrealismo, em seu gosto da provocação, como em seu culto do "surreal", desenvolveram com intensidade a prática do *associacionismo* (metáfora, colagem, agrupamento, montagem). E aqui está a terceira grande figura fundadora das relações entre fotografia e arte contemporânea. Marca física de uma presença, superfície abstrata e destacada de qualquer referência espacial, a foto é também um verdadeiro material, um dado icônico bruto, manipulável como qualquer outra substância concreta (recortável, combinável etc.), portanto, integrável em realizações artísticas diversas, em que o jogo de comparações (insólitas ou não) pode exibir todos os seus efeitos. A *fotomontagem* é a atualização mais evidente desse terceiro traço essencial[8]. Decerto, trata-se aqui de uma prática que, sobretudo entre os dadaístas, correspondeu a desafios muito diversificados: das fotomontagens *stricto sensu* do berlinense John Heartfield, de vocação exclusiva de denúncia política, às de Raoul Hausmann, mais plásticas, ou às de Hannah Höch ou de Max Ernst, mais poéticas; combinações mistas e muito dominadas formalmente de um Moholy-Nagy a agrupamentos "multimídias" de um Kurt Schwitters ou de um George Grosz, mais cínicas e agressivas. Mas há sempre, além dos objetivos particulares de cada um, uma espécie de dupla vontade global: por um lado, integrar a imagem fotográfica, com suas características próprias, numa espécie de *grande amálgama de suportes*, como se essa imagem devesse ser dessacralizada, trazida de volta à condição de objeto (quase que de consumo) e até de dejeto, em todo caso, de vestígio e de um ingrediente de composição qualquer; e, por outro, a essa mixagem de materiais, fazer corresponder *jogos de combinações simbólicas*: as associações de fragmentos fotográficos empregam desse modo todos os fios da analogia, da comparação, da acoplagem de idéias, num sentido político de contestação e de crítica ou naquele (poético) de uma metaforização positiva e expansiva. A fotomontagem dadaísta desempenhou um papel importante nessa lógica da colagem e da mistura polifônica dos materiais e dos signos. Algumas tendências importantes da arte contemporânea saberão lembrar-se disso na constituição de atitudes singulares como, por exemplo, as que definem a arte americana de depois de 1950.

A arte americana: a foto no expressionismo abstrato, na Pop Art e no hiper-realismo

Como todos sabem, a arte americana que emerge ao final da Segunda Guerra Mundial é a que foi chamada de *Action Painting* (ou *expressionismo abstrato*). Da primeira geração desse movimento, já falamos do trabalho de Jackson Pollock.

Da segunda geração dessa "abstração lírica", o nome importante, do nosso ponto de vista, é seguramente o de Robert Rauschenberg. Diferentemente de Pollock, ele não trabalha a superfície por ela própria, mas em sua pura planura aérea. Usando também o formato grande, mas antes na tradição dadaísta da colagem, ele transforma suas grandes superfícies em acúmulos heteróclitos, em verdadeiras *sobreposições*: de suportes, de camadas de pintura, de imagens, de texturas, de materiais e até de objetos. Sedimentações plásticas, coberturas figurativas, densidades simbólicas e materiais, composições folheadas, onde qualquer representação aparente sempre esconde uma ou várias outras "sob" ela, assinalável, legível com mais ou menos clareza ou opacidade de acordo com a densidade e a transparência relativas das telas que a recobrem. Em tais "agrupamentos geológicos", tão selvagens, líricos e expressivos quanto sabiamente encenados, as fotografias têm uma espécie de condição dupla: em primeiro lugar, não passam de um objeto entre outros, de um material constitutivo, na mesma situação que as caixas de embalagem, os pedaços de lata, as ripas de madeira, os tecidos, os objetos de todos os gêneros, mas ao mesmo tempo, porque são fotografias e porque transparecem por meio de diversas filtragens, exprimem de certa maneira a alma simbólica das construções de Rauschenberg. São como *espectros*, fantasmas da representação. Representam *palimpsestos*. São *peles* da América. Em suma, a primeira observação que se pode fazer a propósito do trabalho de Rauschenberg — e aqui só estamos falando de sua obra de "pintor" e não de seu trabalho paralelo de fotógrafo[9] — é que a foto nele é ao mesmo tempo um *objeto*, um suporte material, concreto e como tal literalmente devorado, incorporado pela e na obra pintada, mas também uma *metáfora* desta e de seu processo de constituição: uma questão de película, de véu e de tela, de estratificação de imagens, de descamação do real.

As *combine paintings* de Rauschenberg não são de fato apenas regidas por uma lógica da montagem e do agrupamento, mas igualmente por uma lógica do traço e do índice. Em primeiro lugar, as fotos são integradas nos quadros segundo os princípios técnicos de verdadeiras *transferências* físicas (impressão sobre tela e fotogravura com trama de acordo com o emprego do transporte fotográfico já utilizado por Warhol desde 1960), o que faz dessas grandes superfícies espécies de "fotografias" de segundo grau, de *ready-made* fotográficos. Em seguida, essas fotos têm igualmente valor de objetos encontrados, abandonados como restos, semelhantes a ruínas, decomposições congeladas da representação. A maioria das chapas remete a documentos simbólicos, banalizados, estereotipados: fotos já impressas, tiradas dos jornais ou revistas, restituindo fragmentariamente todo um plano do imaginário da vida social americana com seus arquétipos, suas evidências, sua mediatização furiosa etc. Os trabalhos de Rauschen-

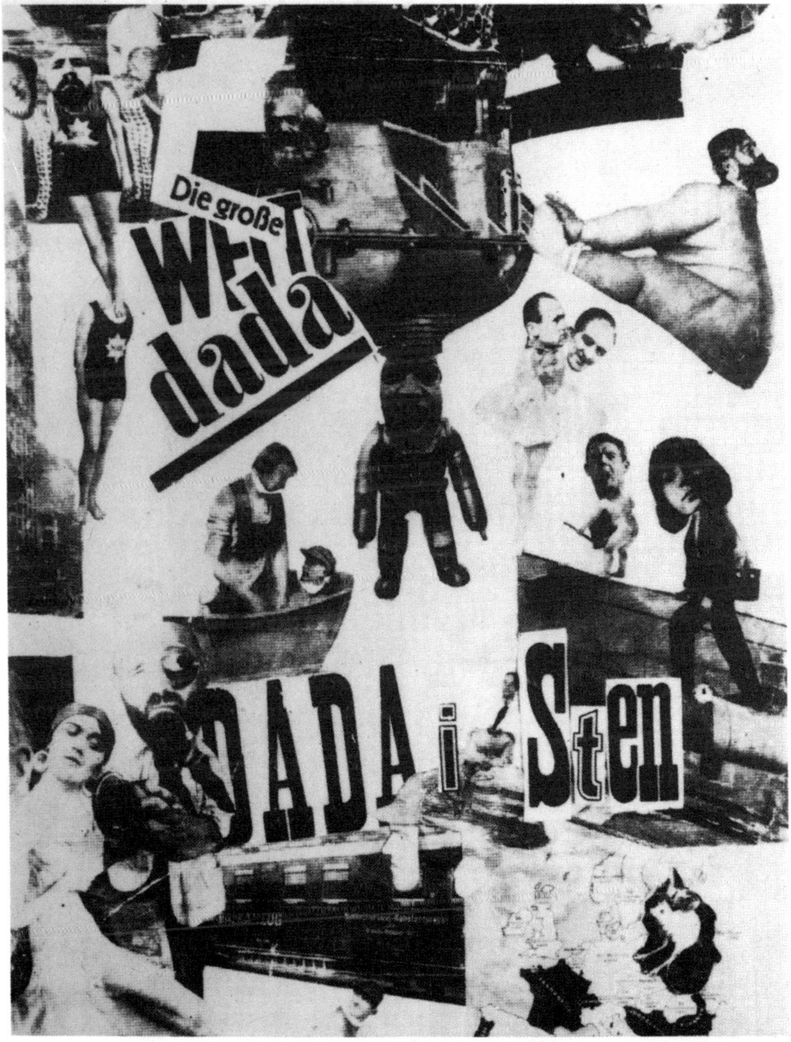

Hanna Höch, *Corte com faca de cozinha.*

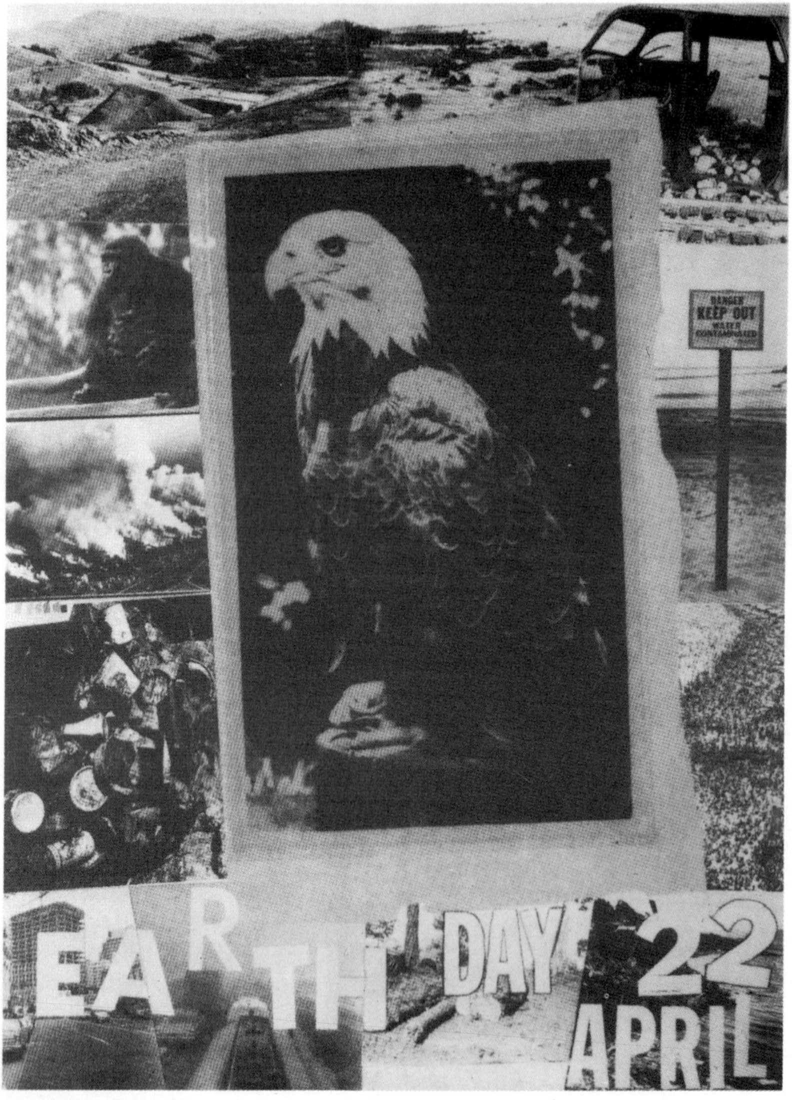

Robert Rauschenberg, *Earth day, 22 April.*

berg são dessa maneira como campos de escavações onde se depuseram e enterraram os vestígios de uma sociedade de imagens, de faixas de cópias de contato de uma civilização retiniana. Impressões fantasmas tiradas dos fantasmas de um sujeito lírico.

Na esteira e ao mesmo tempo como reação direta a esse "expressionismo abstrato", o que se chamou de *Pop Art* nos anos 60 também assinalou uma evolução certa na utilização da fotografia pela arte contemporânea — quer se trate de artistas como Andy Warhol (o mais radical), ou como James Rosenquist, Tom Wesselman, Roy Lichtenstein etc. Globalmente, a Pop Art, além das diversas individualidades e modalidades pelas quais se exprime, caracteriza-se por toda uma rede de marcas complexas e bem conhecidas[10]: principalmente uma recusa ostensiva de qualquer estetismo e expressionismo lírico-subjetivo (é o *culto da impersonalidade*: "Quero ser uma máquina", A. Warhol não parou de repetir); um gosto cada vez mais insistente pela encenação e formalização do *objeto de consumo*, o estereótipo, o já pronto, o clichê, o cotidiano (flores, latas de sopa, Jackie, Marilyn, Elvis etc.); um interesse maior em tudo o que procede do múltiplo, da transformação, da repetição: a *reprodução* é o assunto do trabalho da Pop Art (emprego sistemático das técnicas da serigrafia, do fac-símile, do transporte fotográfico etc., ao mesmo tempo que desenvolvimento de quadros por séries e repetições de uma ou duas variantes), ou ainda o abandono de qualquer efeito de espessura, recobrimento, de palimpsesto, em proveito de um *culto da superfície*, opaca e imediata, e até da superficialidade: ao amálgama, à sobreposição das camadas, às associações simbólicas de um Rauschenberg, por exemplo, Warhol opõe com violência um princípio de isolamento simples dos objetos, não agrupa, não associa, recorta, faz um levantamento, separa elementos precisos e apresenta-os um a um, mesmo se é em série, na evidência codificada de um demonstrado brutal, cru, seco, despojado. Sua grande série *Morte e desastre*, inteiramente elaborada a partir de fotos de reportagem *espetaculares*, é exemplar a esse respeito, mostrando-nos, em visões repetidas e sucessivas, imagens de acidentes de automóvel, de trem, de avião, de cadeira elétrica etc. Compreende-se, portanto, que a relação entre Pop Art e fotografia é privilegiada: não é nem simplesmente utilitária, nem estético-formal, é quase ontológica: essa última quase exprime a "filosofia" da primeira. *A Pop Art é um pouco a polaróide da pintura.*

Finalmente, concluiremos esse rápido percurso pela arte americana entre 1950 e 1970 por uma terceira corrente significativa: a chamada de *hiper-realismo*, muitas vezes associada à precedente. Decerto as ligações existem, nem que sejam aquelas de uma forte representação inspirada na imagem social da vida cotidiana americana (aos objetos de consumo propriamente ditos, os hiper-realistas preferem todavia os espaços urbanos trabalhados pelos reflexos, pelas transparências, pelas luzes insinuantes: vitrinas, insígnias, veículos, motos, caravanas rutilantes etc.), ou ainda aquelas de uma maneira de pintar marcada pelo polido, pelo limpo, pelo reluzente, pelas cores difusas e fixadas, pelo hieratismo, pelo sentido de recorte e enquadramento etc.

Todavia, além dessas comparações superficiais, é claro que o desafio global é bem diferente e que, a partir de então, a relação com a fotografia nela não opera de acordo com os mesmos eixos. Em primeiro lugar, o seguinte: o objetivo do hiper-realismo não é a *reprodução*, mas a *representação*: continua se tratando em um Chuck Close ou um Richard Estes, de representar os meios da representação, em particular por uma acentuação dos elementos constitutivos desta. O hiper-realismo usa o *excesso* de mimetismo, o *demasiado* de evidência da representação. Acrescenta, torna excessivo. Do exagero figurativo, faz um exagero à figuração. Eis porque a foto é importante no hiper-realismo. O artista projeta o *slide* numa tela de um formato enorme e nela pinta a imagem projetada, desmesuradamente aumentada, forçando seus parâmetros e os códigos de representação — o *flou*, o grão, a luz — até fazer surgir o excedente de real desta. Poderíamos dizer que o hiper-realismo cria o original com base em uma reprodução, ou ainda, se quisermos, que o hiper-realismo representa na história das relações entre foto e arte o movimento exatamente inverso do pictorialismo: *aqui a pintura se esforça por tornar-se mais fotográfica que a própria foto*. O excesso de que se trata é o excesso da fotografia na pintura.

A Europa e a França: Yves Klein, os "Novos Realistas" e os "artistas do cotidiano irrisório"

Paralelamente a esses movimentos americanos (Action Painting, Pop Art e Hiper-realismo) e com a maior independência, a Europa, principalmente a França, elabora também entre 1950 e 1970 uma nova arte da representação que foi rapidamente instituída pela crítica.

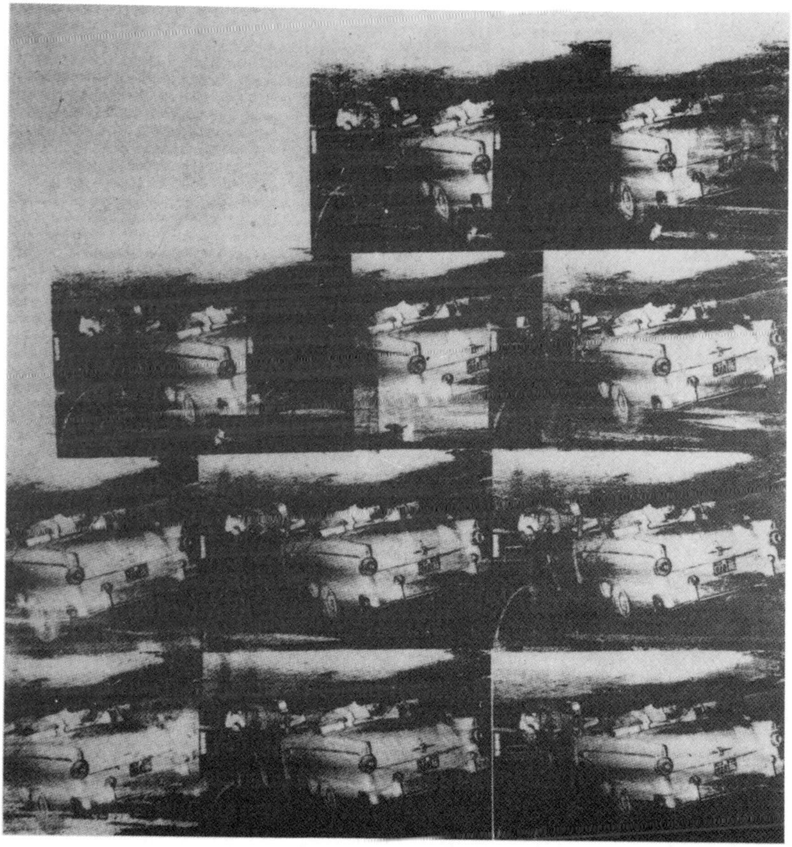

Andy Warhol, *Orange car crash.*

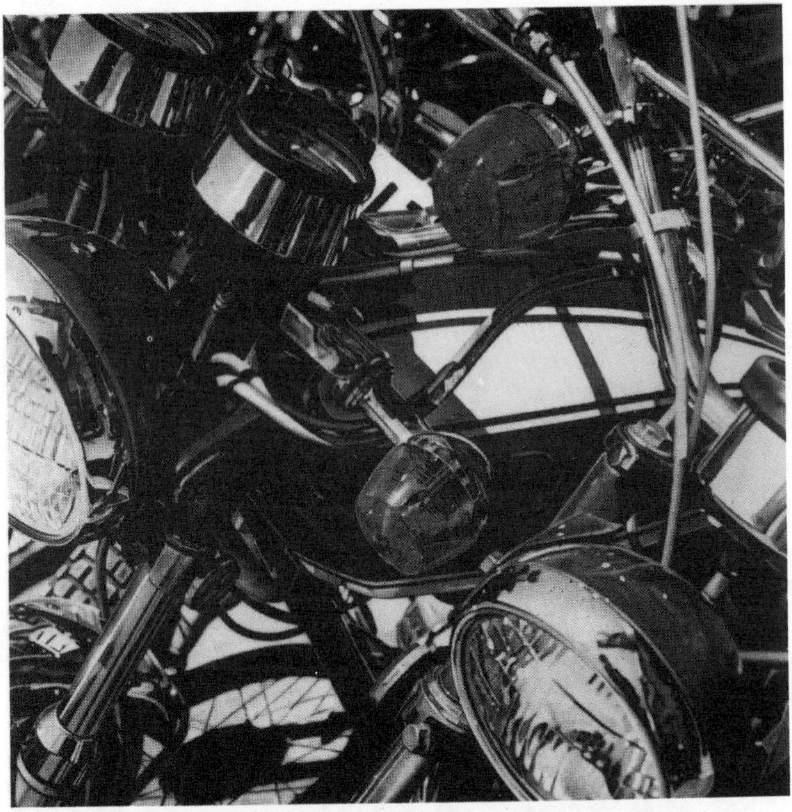

David Parrish, *Yamaha.*

Em primeiro lugar, nos manifestos de Pierre Restany sobre *Les nouveaux réalistes* (1960-1965), em que se encontravam, na primeira geração, os nomes de Yves Klein (antes de todos os outros), assim como os de César, de Arman, de Tinguely, de Spoerri etc.

Em seguida, nos anos 1965-1970 (e até hoje), sob a denominação variável de Nova Figuração, Figuração narrativa, Figuração livre, Mitologias cotidianas etc., artistas tão diferenciados como, por exemplo, V. Adami, R. Adzak, E. Arroyo, L. Cremonini, Erro, G. Fromanger, J. Kermarrec, P. Klasen, J. Monory, J. Rancillac, A. Recalcati, Sandorfi, G. Schlosser, P. Stämpfli, H. Télémaque, V. Velickovic e muitos outros. Todos esses artistas, de formas variadas, mantiveram relações mais ou menos estreitas e intensas com a fotografia. É claro, não é o caso de apresentar aqui todas as modalidades dessas relações[11].

Para começar, algumas palavras sobre o trabalho de Yves Klein, figura um tanto meteórica (morre em 1962, aos 34 anos), mas cujo valor foi muito pouco reconhecido, célebre por seus inúmeros *monocromos* (bi ou tridimensionais) e seus *azuis* (além-mar "IKB"), por seu trabalho com os materiais atmosféricos (a chuva, o vento, o fogo: arquiteturas do ar que antecipam algumas obras de Land Art, pinturas com lança-chamas ou bicos de gás, com efeitos de "transmutação" dos materiais no sentido quase alquímico, como quando da deflagração de Hiroshima em que corpos desintegrados viram sua "sombra" imprimida na pedra pelo clarão atômico) ou ainda por suas *Antropometrias* (corpos de mulheres nuas, besuntados de tinta azul fresca, que Klein usa como "pincéis vivos" em ações públicas — "pré-*happenings*" —, dirigindo-as, pelo gesto e pela palavra, contra suportes de inscrição, onde elas vêm imprimir por contato as marcas positivas de seus corpos, enquanto num segundo tempo, após a pulverização do mesmo azul em torno desses corpos colados na tela, ele obtém por subtração marcas negativas, vazadas, desses mesmos corpos, que sobrepõe aos primeiros: maneira de brincar de sudário, com o positivo-negativo, em suma, com a fotografia). Como se vê, a atitude de Klein é evidentemente regida pela lógica representativa do *ato* e do *traço*: do *índice* em seu sentido mais marcado. Do ponto de vista que nos interessa aqui, Klein desempenha um papel tão central quanto o próprio Duchamp[12].

Quanto aos artistas da Nova Representação, é impossível descrever o papel específico desempenhado pela fotografia no trabalho de cada um deles. Diremos esquematicamente que ora o importante é o trabalho sobre as noções de *marca*, de contato, de vestígio, de impregnação, de transferência etc. (Adzak, Recalcati, Kermarrec, Stämpfli), ora a foto como tal é um *instrumento* (técnico e simbólico) essencial à elaboração do trabalho: um pretexto ou um disparador, um modelo ou um operador, um objeto ou um objetivo, uma testemunha ou uma citação, uma fachada ou uma tela de fundo, em suma, um instrumento em que sempre se reinveste, que deve sempre ser interpretado, manipulado, do qual sempre se deve desviar, com mais ou menos violência, ou mais ou menos insidiosamente, pelo enquadramento, pela cor, ou pela montagem: Adami, por exemplo, parte de fotos históricas (Freud em viagem para Londres, um retrato de D. Arbus etc.), delas tirando em primeiro lugar desenhos, compostos de jogos sutis de reenquadramento e de desenquadramento, de ruptura de escala e de montagem de planos, transportando-os em seguida para a tela, ampliando-os muito e acabando por impor, em cartuchos emoldurados de preto, cores intensas em superfícies planas[13]. Arroyo parte de imagens culturais supercodificadas (*A ronda noturna* de Rembrandt, ou alguma chapa célebre de Cartier-Bresson), reproduzindo-as em tela, transformando-as, acrescentando-lhes diversos elementos, muitas vezes irônicos ou metacríticos. E assim por diante para Erro e suas figuras amontoadas, acumuladas, montadas; para Fromanger e seus modelos em esplendores; para G. Aillaud e seus jogos de luz, de reflexos, de mosaicos; para P. Klasen e seus encerramentos formais, coloridos, terríveis, frios, em primeiro plano; para Monory e o imaginário trágico de suas aproximações assassinas; para Schlosser, seus corpos expostos e seus enquadramentos; para Velickovic e suas decomposições de anatomias em movimento etc.

Para todos esses artistas, na maioria pintores, a foto é o instrumento indispensável para o seu trabalho, não apenas no plano técnico da construção, mas também (e sobretudo) do ponto de vista simbólico: a obra elabora-se, isto é, *faz-se* e *pensa-se* pela fotografia (a partir e por meio dela), cabe a cada artista investi-la de seu universo singular. Afinal de contas, ainda, a foto como tal desapareceu, foi incorporada, tragada pela tela, foi apenas um instrumento num processo.

Finalmente, num outro registro, deve-se evocar o trabalho de uma série de artistas, tanto fotógrafos quanto pintores (o que quer que digam), que praticam e utilizam a foto diretamente como suporte e meio essenciais de seu trabalho, brincando com ela de todas as maneiras. Neles, a foto não é absorvida no trabalho da obra, *é* a obra em seu próprio corpo, por meio de todas as manipulações. Esses artistas, cujas preocupações têm geralmente certa conotação de ordem social, praticam na maioria das vezes uma certa *arte do cotidiano e do irrisório*, colocam sistematicamente em cena seu próprio corpo, ou mais exatamente a relação imaginária de seu próprio corpo com tudo o que o cerca ou o representa social e ideologicamente, tudo isso sem cessar em nenhum momento de utilizar a foto ou para elaborar por meio dela um questionamento da arte (relação texto-imagem, a idéia de coleção etc.) e de nossos pequenos ritos sociais. Na categoria desses artistas, devemos citar Christian Boltanski (os álbuns de foto de família, as imagens modelos, as reconstituições, os brinquedos, os objetos, os inventários etc.), Didier Bay (*Mon quartier vu de ma fenêtre, C'est l'amour* etc.), Annette Messager (a colecionadora, a ciumenta, a louca, a dona-de-casa, a jardineira, a apaixonada, a sonhadora, a tagarela, a assassina etc.), ou ainda Jean le Gac, "o pintor", em todos os seus estados (dormindo, sonhando, pintando, lendo, olhando, acampando etc.), ou Paul-Armand Gette, "o classificador", apaixonado por C. von Linné, pela paisagem, por plantas e por viagens[14].

Com todos esses criadores, as relações entre fotografia e arte contemporânea tornam-se de uma complexidade intelectual e formal bastante grande, mas sempre singular. Não existe nem regra *a priori*, nem preeminência de princípio de uma sobre a outra. Antes um jogo de relações entre ambas, infinitamente variado e fora de qualquer axiologia, indo da cópia mais estrita às perturbações mais extravagantes, do corpo-a-corpo mais físico à analogia mais abstrata. Cada artista, às vezes cada obra, *tenta um golpe*, experimenta, trança um fio, fia um ardil nessas relações. São esses golpes, esses fios, esses ardis "fotográficos" que fazem finalmente a arte contemporânea. É aqui que se pode ver da melhor maneira possível, pela primeira vez, até que ponto, ao longo de todo o século XX, foi de fato *a arte* (e na maioria das vezes em sua forma mais instituída: a pintura) que se tornou *profundamente* fotográfica.

A fotografia e as artes conceituais e de evento dos anos 60 e 70

Pop Art, Hiper-Realismo, Novo Realismo, Nova Figuração, Arte cotidiana ou do irrisório foram as várias correntes de criação artística que tiveram relações privilegiadas com a fotografia, que acompanhamos rapidamente até aqui, de 1960 a 1980, tanto nos Estados Unidos quanto na Europa.

Consideraremos, nas páginas que se seguem, um outro percurso do mesmo período e dos mesmos países, mas que é um pouco como o *negativo* do precedente: a atenção vai se deslocar, os valores não estarão tanto do lado da representação, concebida como produto acabado de uma atividade (no caso, um produto relativamente realista, figurativo, ótico: "retiniano", diria Duchamp), mas antes do lado da própria atitude criadora, do processo gerador, da idéia e do ato. Em suma, percurso das obras, não como objetos (finitos), mas como processo (em curso).

Mais precisamente, irá tratar-se de ver no que se segue, rápida e sinteticamente, como são as relações de práticas artísticas contemporâneas, como a arte conceitual, a arte ambiental (Land Art, Earth Art), a arte corporal (Body Art) e a arte de evento (Happening e Performance) com a fotografia.

Lembraremos em primeiro lugar, de maneira muito geral, que todas essas práticas artísticas, sem distinção, funcionam em seu princípio, no que as fundamenta, de acordo com uma lógica que é também exatamente a da fotografia: *a lógica do índice*. Existe, portanto, entre a fotografia e as várias práticas que serão evocadas aqui, essa primeira relação, essa comparação primária, e ao mesmo tempo fundamental, de princípio, essa *epistemé* comum chamada "*o índice*", isto é, a impossibilidade de pensar o produto artístico sem nele inscrever também (e sobretudo) o processo do qual é o resultado[15].

Dito isso, além dessa relação de fundo geral, existem também relações importantes mais particulares. Isto é, cada uma dessas práticas das quais trataremos *utiliza* a fotografia de acordo com certas modalidades e com desafios variados. É isso que tentaremos apresentar breve e sucessivamente.

Na *arte conceitual*, embora não desempenhe um papel de primeiro plano (em comparação com a linguagem verbal, por exemplo: ver todo o trabalho do grupo *Arte-Linguagem*), a fotografia intervém, contudo, de maneira às vezes direta, como nos trabalhos de Douglas Huebler (*Duration pieces, Variable pieces* etc.), nos quais ele utiliza a série fotográfica em variação contínua; ou naqueles mais conhecidos de Joseph Kossuth em suas *Investigações*, em que na maioria das vezes se trata de reunir lado a lado *três ordens de representação* de uma mesma realidade. Desse modo, a muito célebre *Uma e três cadeiras*, que é a obra arquetípica da arte conceitual, ou *Uma e três caixas*, ambas de 1965.

Nelas se vêem, justapostos, o *objeto real* propriamente dito (a caixa, a cadeira), uma *imagem fotográfica* em preto e branco do tamanho natural desse mesmo objeto e, impressa e ampliada num painel do mesmo tamanho, ainda uma *representação lingüística* desse mesmo objeto (o termo que o designa no dicionário, acompanhado de sua definição fonética e semântica). Como se vê, em tal atitude, a foto está ali, *na mesma condição* que a linguagem verbal ou que o referente objetual, para uma atuação conceitual da própria noção de "representação".

Quanto às práticas da *arte ambiental* (Land Art, Earth Art, Arte-paisagem), elas colocam, também diretamente e de maneira particularmente interessante, a questão da relação com a fotografia. Sabe-se que esse tipo de trabalho artístico, que se desenvolveu sobretudo nos anos 70, baseia-se globalmente no princípio de tomar como objeto (isto é, ao mesmo tempo como quadro, suporte, material e como a própria obra), a paisagem, com todos os seus elementos. Situado em suma em algum lugar entre uma arquitetura e uma escultura da

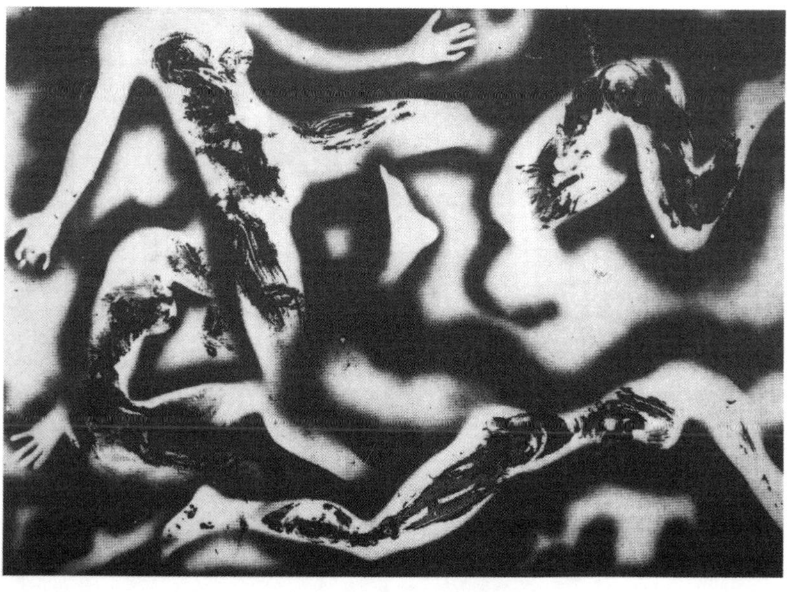

Yves Klein, *Empreinte ANT nº63.*

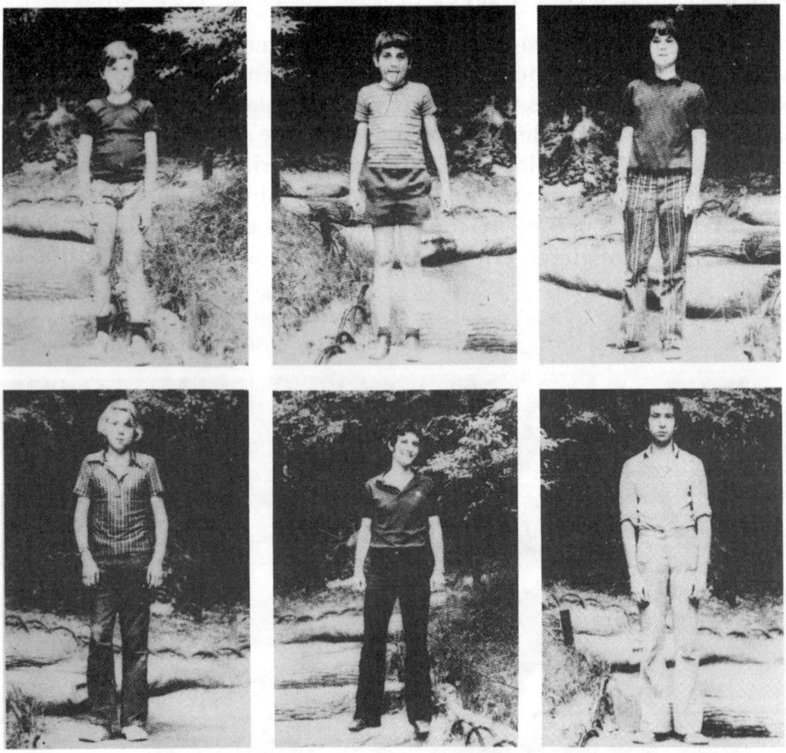

Christian Boltanski.

natureza[16], esse domínio artístico pode reagrupar tanto tentativas modestas quanto projetos gigantescos: isso pode ir do simples deslocamento de um sujeito num espaço natural até manipulações muito complexas de vastos materiais terrestres, quer se trate de captar elementos, quer de assinalar sítios, quer, ainda, de construir dispositivos muito elaborados etc.

É evidente que num primeiro tempo a fotografia pode intervir em tais práticas como simples meio de arquivagem, de suporte de registro documentário do trabalho do artista *in situ*, ainda mais porque esse trabalho se efetua na maioria das vezes num lugar (e às vezes num tempo) único, isolado, cortado de tudo e mais ou menos inacessível, em suma, um local e um trabalho que, sem a fotografia, permaneceriam quase desconhecidos, letra morta para todo o público. O *Spiral Jetty* (1970) de Robert Smithson, que desenrola seus cerca de quinhentos metros sobre as águas do Grande Lago Salgado de Utah, o

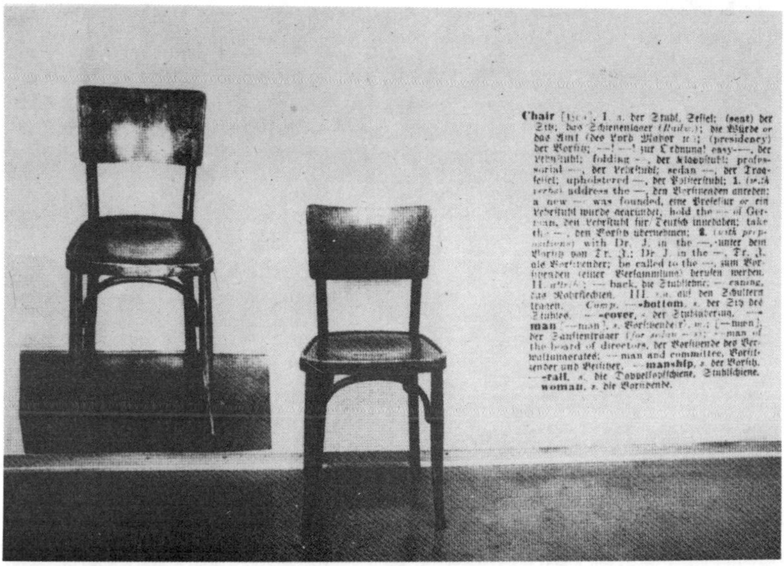

Joseph Kossuth, *Uma e três cadeiras.*

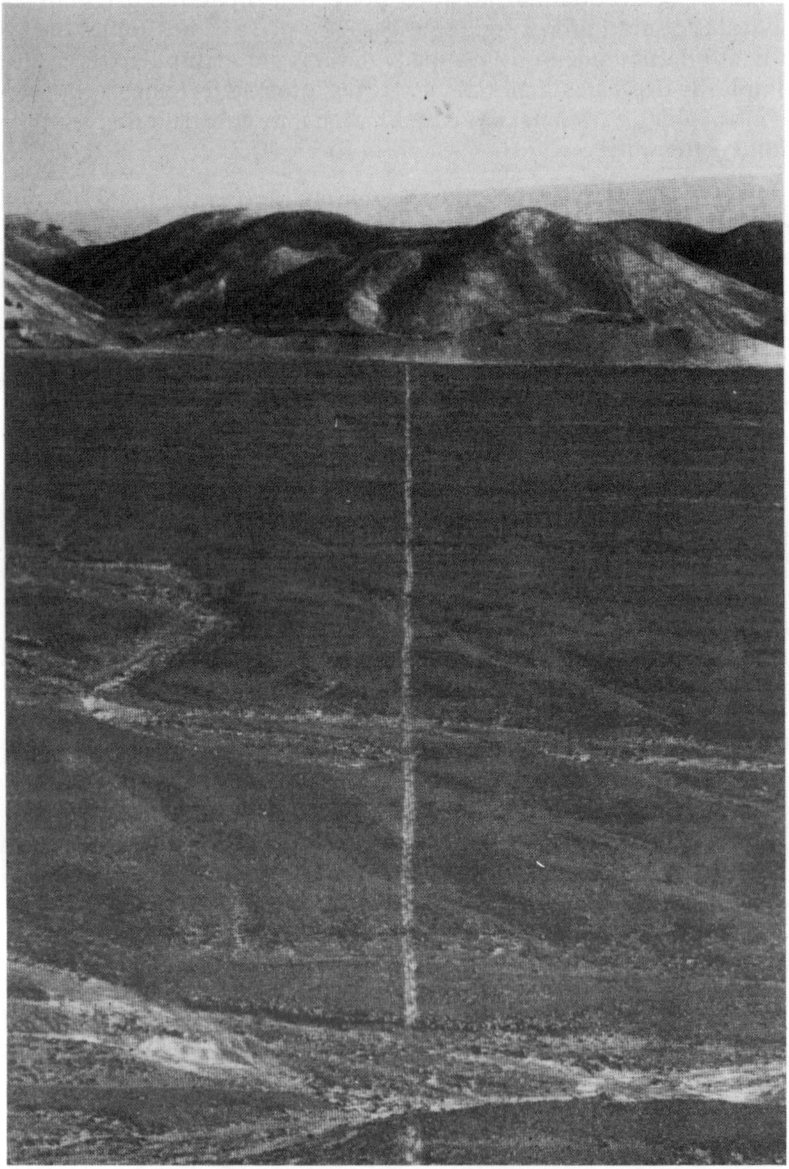

Richard Long, *Walking a line in Peru.*

grande *Observatório* (1971) de madeira e de terra que Robert Morris edificou no coração do Zuiderzee holandês, as inúmeras e longas *Linhas* de pedras que Richard Long reuniu em vários locais desérticos pelo mundo (num planalto peruano, no Himalaia, nas colinas da Escócia etc.), os recortes de colinas e atulhamento de vales aos quais Michel Heizer procedeu no deserto de Nevada (*Double negative*), os empacotamentos da costa australiana diante da Grande Barreira de coral ou as coberturas cor-de-rosa do oceano ao redor de algumas ilhas da Flórida realizadas por Christo, todos esses trabalhos quase só chegaram a nós pela *memória fotográfica* que faz as imagens-traços circularem e multiplicarem-se. Mas não pára aqui, é claro, o papel da fotografia[17].

De fato, depressa ficou claro que a fotografia, longe de se limitar a ser apenas o instrumento de uma reprodução documentária do trabalho, que intervinha depois, era de imediato *pensamento*, integrada *à própria concepção* do projeto, a ponto de mais de uma realização ambiental ter sido finalmente elaborada *em função de* certas características do procedimento fotográfico, como por exemplo, tudo o que se refere ao trabalho do *ponto de vista*.

Assim ocorre com os trabalhos de paisagem concebidos de acordo com princípios como o da perspectiva monocular com todas as suas conseqüências. Vejam as numerosas *Linhas* de pedras de Richard Long, que só adquirem todo o seu valor de "linha integrada", isto é, em harmonia com as grandes estruturas da paisagem quando são vistas *no eixo*, portanto, a partir de um ponto de vista estritamente determinado que fixa seu *sentido* (na dupla acepção do termo). É sempre o próprio Richard Long que tem o cuidado de fotografar suas construções de acordo com o princípio de um olhar rigorosamente perspectivista e axial. No mesmo espírito, pensamos igualmente nos trabalhos de um William Bennett — seus *Wedge (Stone boat)* e *Inverted pyramid* de Jamesville (1976) —, em que se trata de brincar deliberadamente com os códigos do encolhimento das paralelas na profundidade (perspectiva acelerada ou desacelerada) ou com os da inversibilidade das pirâmides perspectivistas (em oco ou saliência). Ou ainda, alguns dos primeiros trabalhos — de paisagens e fotográficos ao mesmo tempo — de Jan Dibbets, como sua série intitulada *Perspective correction (Square with diagonals)*, de 1968, em que se vêem *na foto* quadrados constituídos e inscritos nos fragmentos de paisagem, que não estão *na realidade* dos quadrados, a partir do momento em que se os considera de um outro ponto de vista que não aquele de onde a foto foi tirada (jogo invertido da construção perspectivista monocular).

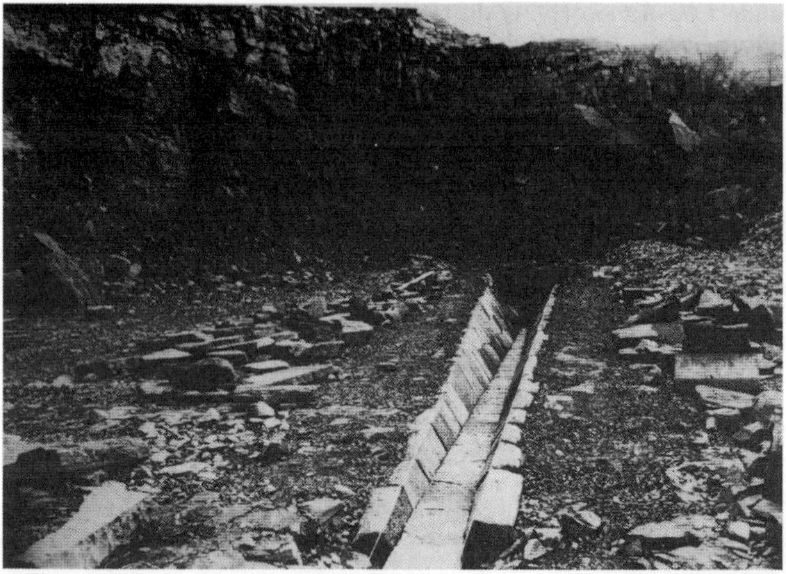

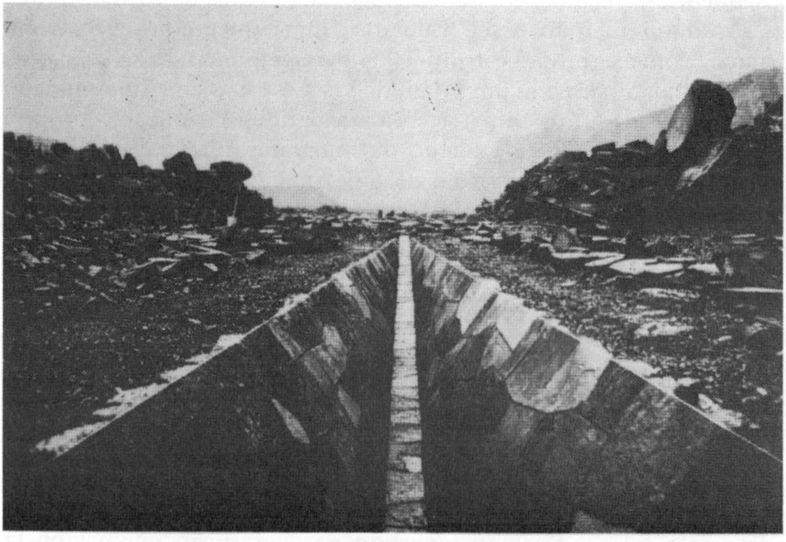

William Bennett, *Wedge (Stone boat).*(No alto e acima)

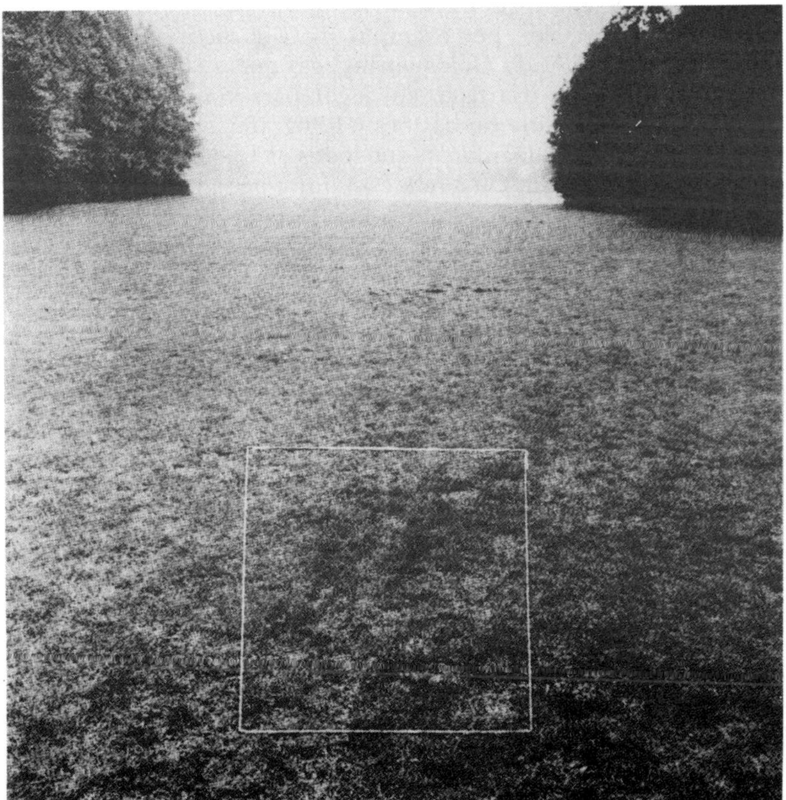

Jan Dibbets, *Perspective correction.*

Outros trabalhos da Land Art utilizam outros traços do dispositivo fotográfico. Por exemplo, existem todas as construções terrestres que, para serem compreendidas (e às vezes simplesmente vistas em sua globalidade e sua disposição formal) exigem uma visão quase aérea, um mergulho mais ou menos vertical, uma visão direta, a única capaz de autorizar a percepção figural do trabalho no solo. É o que acontece, em medidas variáveis, com o *Spiral Jetty* de Robert Smithson, com o *Observatório* de Robert Morris, ou ainda, com *Surrounded islands* de Christo, todas configurações que adquirem o máximo de seu poder plástico pela foto aérea.

Outros trabalhos repousam ainda no princípio da fixação de uma parcela de tempo que apenas a fotografia permite obter (o famoso "instantâneo"). Assim, por exemplo, *Tossing sticks in the air* (10 de julho de 1981) de Andy Goldsworthy, em que o "trabalho" consiste simplesmente, para o artista, em jogar para cima numa paisagem determinada uma série de bastões e fotografar o todo no momento correto, isto é, no momento em que todos os bastões se espalham em feixe no fundo do céu. Ou ainda essa outra peça, espetacular e fascinante, de Walter De Maria, intitulada *Lightining field* (1977). De Maria instalou numa bacia semi-árida do Novo México, onde as tempestade são particularmente freqüentes, uma espécie de floresta de cerca de quatrocentas pontas de aço de seis metros de altura, plantadas verticalmente no chão e que compõem uma figura geométrica de muitos quilômetros. O local escolhido e a construção das pontas metálicas voltadas para o céu estão ali de fato para captar os relâmpagos quando das tempestades, para tentar, senão controlá-los, pelo menos atraí-los e guiá-los relativamente. Trata-se de uma obra de efeitos majestosos, que trabalha o entre céu e terra (*Sky and earth art*), em que o sublime (o jogo de relâmpagos recortando-se num céu plúmbeo ao pôr-do-sol) é destinado ao instantâneo e ao aleatório. A fotografia instantânea (o tempo de um relâmpago) é bem o meio que permite, petrificando o instante e a luz, inscrever essa magia.

Finalmente, e no prolongamento dessas experiências luminosas, podemos citar mais trabalhos, dessa vez francamente fotográficos, de Michael e Barbara Leisgen, que realizam verdadeiras *Escritas de luz*, colocando e deslocando seu aparelho (com o obturador aberto) diante de um sol filtrado, de maneira que este acabe por deixar na película queimaduras, traços legíveis, complexos, hieroglíficos, como autênticos ideogramas do sol.

Quanto ao campo da *arte corporal* (Body Art) e, em sua esteira, da *arte de acontecimento* (Happening e Performance), poderíamos nelas perceber exatamente o mesmo percurso e as mesmas apostas fotográficas que as descritas a propósito da arte ambiental. É assim que a fotografia foi, em primeiro lugar, para essas práticas de *atuação* do gesto do artista, um simples meio documental de registro, de reprodução, de arquivagem, de exposição do trabalho, nele próprio singular, efêmero, único no espaço e no tempo. O importante aqui era então o próprio ato artístico, a atuação do corpo, o ritual cênico diante dos espectadores, e a foto (assim como o filme, mais tarde como o vídeo) era secundária: uma simples operação de memorização, que alguns aliás não hesitavam em considerar como uma negação ou como um desvio do sentido principal do trabalho que se deveria por inteiro à sua condição de puro acontecimento que se desenvolvia aqui e agora entre parceiros presentes e que não deveriam ter qualquer exterioridade ou posteridade, pretendendo desaparecer e se consumir com o próprio ato, sem deixar vestígios.

Evidentemente também aqui, ao lado desse radicalismo simples, vimos depressa se colocarem experiências de arte corporal e de performance que apelavam deliberadamente para as práticas fotográficas.

Quer se trate de integrar a tomada fotográfica à própria ação corporal: Gina Pane que executa suas ações *diante* de um público e *com* uma fotógrafa, de acordo com um programa de deslocamentos, enquadramentos, ritmos, tomadas, muito precisamente determinado e comandado: "A fotógrafa é meu pincel", diz ela[18].

Quer se trate de conceber a ação em função de sua captação fotográfica: mais uma vez, Gina Pane, que concebe e executa algumas feridas em seu corpo — talhando o lóbulo de uma orelha com a gilete, picando o interior de um braço com espinhos de rosa —, *em função* das possibilidades "expressivas" do primeiro plano fotográfico, que isola determinado fragmento do corpo, aproximando-o ao máximo de nós e até magnificando-o ou amplificando-o relativamente. Do mesmo modo, utilizam os efeitos do primeiro plano (fascínio-repulsa) artistas como Vito Acconci (visões detalhadas de suas *Trade marks*, traços de mordida que impõe a seu próprio corpo ou ao dos outros), ou como Dennis Oppenheim (primeiríssimo plano de fragmentos de unhas que arranca raspando seu dedo numa tábua velha cheia de farpas).

Quer ainda se trate de transpor para seu próprio corpo processos estritamente fotográficos: desse modo, Dennis Oppenheim e seu *Reading position for 2nd degree burn*, ação realizada em junho de 1970, na qual o artista expõe durante várias horas seu torso nu ao sol, a princípio pousando um livro aberto (chamado *Tactics*!) em seu peito, depois tirando o livro, que deixa portanto em sua pele queimada o vestígio de sua presença: um retângulo branco (uma sombra em negativo) numa pele avermelhada. Oppenheim fez assim de seu próprio corpo, de sua pele impressionada, uma verdadeira película fotográfica sensível à luz. Duas fotos são testemunhas dessa ação.

Quer, finalmente — e ao contrário — se trate de deslocar para a própria fotografia as práticas da Body Art: é o caso de muitos artistas-fotógrafos que efetivamente marcam, arranham, riscam, ferem, rasgam, rasuram seu corpo *pela* fotografia, manipulando-a. O caso mais exemplar é provavelmente o de Arnulf Rainer, cujo corpo em sofrimento é sempre apresentado nas imagens, elas próprias estragadas, trituradas, recobertas de golpes e de cicatrizes *de pintura*, destruidoras da efígie.

Como estamos vendo, todas essas práticas contemporâneas (arte conceitual, ambiental, corporal, de acontecimento), embora partam dos antípodas da representação realista e da idéia de representação acabada, sempre terminam, apesar de tudo, em primeiro lugar, por *utilizar* a foto como simples instrumento "de segunda mão" (documento, memória, arquivo), em seguida por *integrá-la* (conceber a ação em função das características do dispositivo foto), depois por se embeber, *impregnar-se com sua lógica* (a do traço, da impressão, da marca etc.) e, finalmente, por *inverter os papéis*, por voltar à própria fotografia como prática artística primeira, que por sua vez tomará emprestado da lógica das artes de ação alguns de seus usos criadores (A. Rainer).

Vimos até aqui, no campo das relações entre fotografia e arte contemporânea desde 1960, os dois grandes caminhos, aparentemente antitéticos, da "representação", por um lado (Pop Art, Hiper-Realismo, Novo Realismo, Representação livre, Arte do cotidiano) e do "acontecimento", por outro (Land Art, Body Art, Happening e Performance). Tanto, por um lado, a relação entre fotografia e prática artística podia parecer evidente logo de início, ajudando o desafio "realista" de uma e de outra, quanto por outro lado, a relação poderia parecer incerta e até contraditória, pois se tratava de práticas artísticas não apenas pouco preocupadas com qualquer forma de mimetismo figurativo, mas chegando até a rejeitar fundamentalmente a própria idéia de representação. Ora, como tivemos a oportunidade de ver, a partir do momento em que se observa com atenção essas duas grandes correntes, descobre-se que essas posições aparentes e de puro princípio depressa se invertem nos fatos, que as práticas ditas "figurativas" não pararam de superar, de extravasar os contextos de uma representação estritamente fotográfica das coisas, quer por excesso de representação (Pop Art, Hiper-Realismo), quer pela negação, pelo desvio, pela manipulação, pelo requestionamento dessa função representativa (Novo Realismo, Figuração narrativa, Arte do cotidiano). E que, ao contrário, as práticas chamadas "de evento" (arte ambiental, corporal, performance) evoluíram em direção a uma integração cada vez mais apurada, material e simbólica dos dados fotográficos. De tal modo que, afinal de contas, por um lado, não é mais de forma alguma a dimensão mimética da fotografia que a aproxima da arte contemporânea (esse era o caminho típico do século XIX), mas, ao contrário, a própria crítica dessa dimensão pretensamente realista e, por outro, as características de uma ordem completamente diferente, mais epistêmicas, que levam a fotografia a se aproximar de certas formas de arte não representativas que se inspiram com força em sua lógica interna específica. *A foto não está mais em busca da pintura. É a arte contemporânea inteira que se torna fotográfica, no sentido fundamentalista do termo.*

A foto-instalação e a escultura fotográfica

Finalmente, para terminar essa "história" das relações entre a arte contemporânea e a fotografia, resta-nos evocar um conjunto de práticas resolutamente contemporâneas que não me parecem depender, estritamente falando, de nenhum desses dois caminhos seguidos até aqui, mas que são talvez como o ponto de chegada mais extremo deles e sobretudo o ponto de encontro, o local paradoxalmente comum onde eles se encontram. Trata-se em todo o caso de um conjunto de práticas que reúnem o essencial dos desafios da arte contemporânea e que, à sua maneira, tornam literalmente indiscerníveis o campo da arte e o da fotografia. Trata-se do que chamarei a *instalação fotográfica* (ou foto-instalação) e a *escultura fotográfica* (ou foto-escultura).

Poderíamos dizer, para começar esquematicamente, que a instalação fotográfica se define muito globalmente pelo fato de que a imagem fotográfica em si mesma só tem sentido encenada num espaço e num tempo determinado, ou seja, integrada num dispositivo que a ultrapassa e lhe proporciona sua eficácia. E a obra em seu conjunto é o resultado dessa situação, dessa *instalação* fotográfica. Em outras palavras, a última sempre implica, segundo modalidades infinitamente variáveis, além das próprias fotos (com sua mensagem e seu valor próprios), um espaço-tempo de apresentação bem determinado (um lugar, um quadro, um ambiente), um concebedor-manipulador (o autor do dispositivo, que não é necessariamente o autor das fotos), um espectador, alvo mais ou menos direto da maquinaria (a ponto de ser, às vezes, integrado à obra e até ser seu próprio objeto), e uma espécie de contrato, um jogo de relações entre as diferentes partes. Ou ainda, para dizer as coisas de outra forma, trata-se de considerar a foto aqui não apenas como uma imagem, mas também (e às vezes sobretudo) como um *objeto*, uma realidade física que pode ser tridimensional, que tem consistência, densidade, matéria, volume. Em suma, que pode ser encarada igualmente como uma escultura[19].

Formulada desse modo, a instalação ou a escultura fotográfica pode evidentemente recobrir as formas mais diversas. Já um simples livro ou um álbum de fotografias (de família ou não) pode ser descrito como uma instalação ou uma escultura: o álbum é de fato um volume, é um objeto tridimensional, manipulável que se pode virar e revirar, abrir e fechar, folhear e atravessar, ele apela para uma experiência física, implica de fato um espaço e uma temporalidade específicas, um paginador que ordena o dispositivo, todo um jogo de relações instituído pelo tipo de encenação das fotos no volume, um destinatário preciso cujo trabalho é atualizado pela leitura. Do mesmo modo, pode-se considerar que qualquer exposição de fotos (nas paredes de uma galeria ou de um museu, como num portfólio) funciona também de acordo com esse mesmo princípio, às vezes (muitas vezes) sem pesquisa particular, mas também, às vezes, de acordo com disposições mais ou menos singulares que visam produzir efeitos próprios à exposição.

Em suma, de um modo geral, a partir do momento em que uma foto é olhada, é olhada como um objeto, por alguém, num lugar e momento determinados e, em função disso, mantém certas relações com aquele que olha. Aqui, em suma, nada além do bem comum. Mas justamente, "comumente", quando se olha uma foto, quando se fala dela, *esquece-se* que esta nos é dada como "volume" num e por um "dispositivo" (por mais neutro e discreto que seja), o qual influi em nossa percepção. Não se atribui importância (demais) a essa dimensão de *exposição* da foto, a tudo o que ela tem de físico, a tudo o que a cerca, a tudo aquilo por meio do que ela chega até nós, em suma, a tudo o que faz sua *enunciação concreta* no nível de sua contemplação. Na maioria das vezes, tendemos a rejeitar toda a *pragmática da recepção* das fotos. Ora, o que me parece importante e significativo é que, há mais de 15 anos, um número cada vez maior de fotógrafos e artistas têm se entregado sistematicamente a trabalhos centrados em especial nessa dimensão pragmática e objetual da encenação das fotos.

Para começar pelas fórmulas mais simples, poderíamos evocar o grande número de trabalhos em que a instalação-escultura não passa de um problema de agrupamento e montagem, de serialização formal de um conjunto fotográfico. Já falamos dos trabalhos de agrupamento de uma Annette Messager (por exemplo, *Os retratos dos amantes*, 1977), de algumas séries de Christian Boltanski (*Os 62 membros do Clube Mickey*, 1972; *As crianças de Berlim*, 1975 etc.) ou de Didier Bay (*Meu bairro visto da janela*). Seria possível evocar igualmente as montagens perturbadoras de auto-retratos seqüenciais de um Urs Lüthi ou os seriais de um Klaus Rinke nos anos 70. Ou ainda as composições em formato grande com várias imagens, ao mesmo tempo sutis e irrisórias, as auto-encenações de Gilbert and George. Ou ainda os alinhamentos muito rigorosos de Bernhard e Hilla Becher, de vocação tipológica, e que fazem surgir, apenas pela disposição, analogias e variantes com base em um mesmo tipo de construção arquitetural inspirada no universo da arqueologia industrial. E muitos outros agrupamentos fotográficos que tentam organizar espacialmente (e às vezes temporalmente) um conjunto de imagens e, por esse simples fato, produzir no espectador efeitos mais ou menos calculados de relacionamento no ato de leitura. Em presença da obra exposta numa parede da galeria ou nas páginas de uma publicação, o espectador encontra-se de certa forma *interpelado* pelo dispositivo. Ao mesmo tempo que permanece fisicamente exterior à própria obra (ele não está integrado nela, não pode nela intervir materialmente, permanece um observador), está em condições de construir intelectualmente jogos de sentidos entre as fotos de acordo com balizas que lhe são fornecidas pela montagem. E às vezes, dadas as eventuais grandes dimensões da obra, essa leitura relacional exige um verdadeiro deslocamento do espectador, que descobre no decorrer de seu percurso *visões* variadas e articuladas da obra, exatamente como as visões que se pode ter com relação a uma escultura em torno da qual se daria uma volta.

Acontece de essas esculturas fotográficas adquirirem uma forma relativamente elaborada, em que a estratégia da situação revela efeitos, às vezes, bastante sofisticados e, com isso, a interpelação dela pelo espectador pode se fazer de forma ainda mais intensa. Daremos alguns exemplos entre muitos outros.

O primeiro são os mosaicos de polaróide do belga Stefan De Jaeger[20] (ou, no mesmo espírito, as *Piscinas de papel* e outros agrupamentos "cubistas" de David Hockney[21]). Trata-se de vastos "quadros" compostos de um grande número de fotos polaróide estritamente justapostas de um canto a outro. O efeito de ladrilhagem é imediato. E, como se trata de polaróide, a mais "tátil" das fotos, pode-se falar aqui de "esculturas fotográficas". Aliás, é essa a proposta de De Jaeger: decompor o real e reconstituí-lo *de outra maneira*. Torná-lo palpável por todo um sutil dispositivo de decalagem e desencaixes. Pois isso é típico dessas composições: os mosaicos de De Jaeger são um único quadro e ao mesmo tempo uma multidão de representações

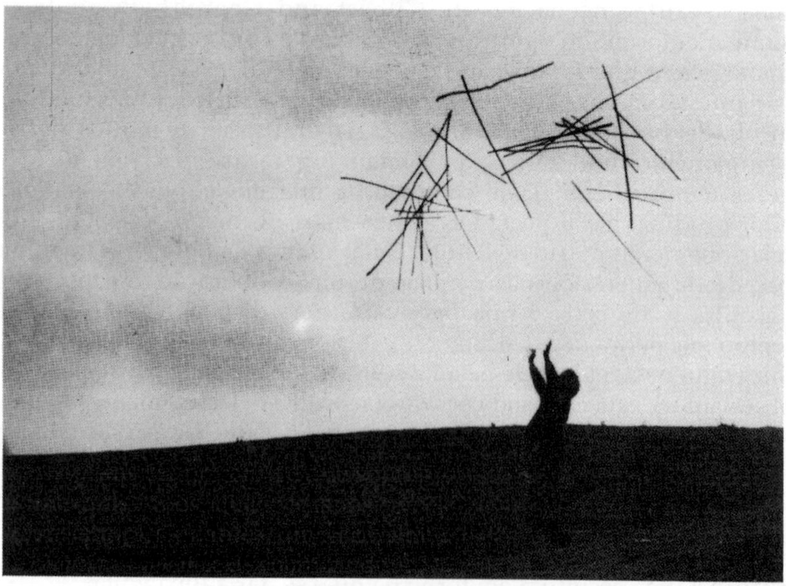

Andy Goldsworthy, *Tossing sticks in the air.*

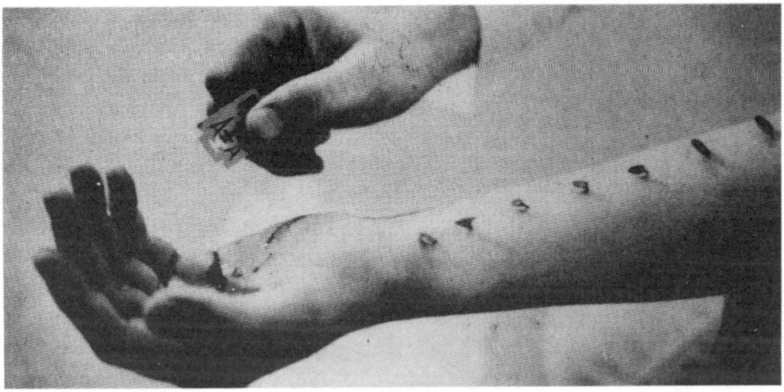

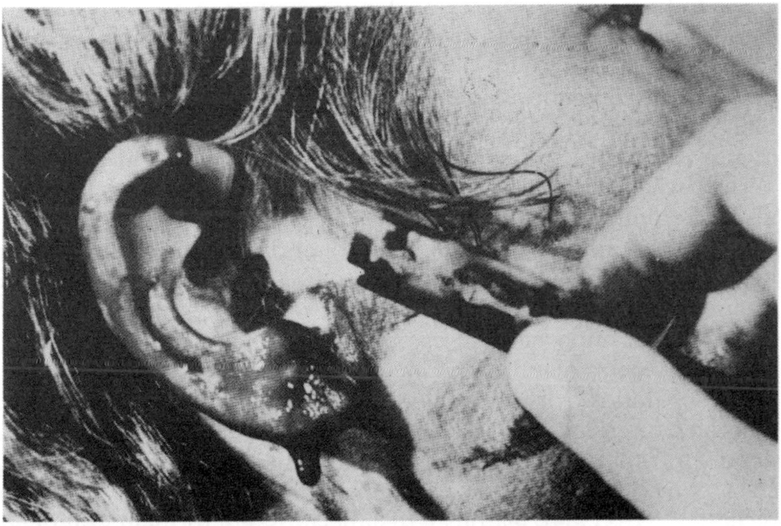

Gina Pane, *Ação sentimental* (No alto) e *Ação melancólica* (Acima).

separadas. Cada foto polaróide é vista ao mesmo tempo como um elemento do conjunto e como uma imagem autônoma, e a relação entre a imagem global e as imagens fragmentárias não é de simples soma, de encaixe unitário e homogêneo. Ao contrário, tudo é um problema de desenquadramento, de defasagem, de descontinuidade. Por exemplo, os diversos polaróides que compõem a representação do corpo de um modelo não foram feitos do mesmo ângulo ou da mesma distância, ou da mesma posição etc. E essa variação perpétua de pontos de vista, ao introduzirem uma pluralidade de espaços (e até de ações) na obra, introduz igualmente simultaneamente o *tempo* no dispositivo. Se existem 180 fotos polaróide (15 x 12) em *Auto-retrato com Dominique*, isso quer dizer que existem 180 tomadas distintas, portanto 180 momentos de tempo diferentes no quadro, com todos os efeitos perceptivos que isso pode provocar no espectador. Eis o que este último trabalha: a instalação posiciona-o de tal maneira que ele não pode mais apreender a obra de maneira unitária: ele já não ocupa a posição de domínio; a unicidade de tempo e de lugar da percepção da obra, que fundamentava essa posição, não é mais possível, estourou, como numa obra cubista; e o espectador flutua, não sabendo mais o que fazer e para onde olhar. Efeito-escultura.

Outro exemplo, a obra muito rigorosa do inglês John Hilliard[22], cujos trabalhos são ao mesmo tempo simples em seu princípio e complexos em seus efeitos: justapor duas (ou três) tomadas de um "mesmo" real variando simplesmente um ou outro parâmetro de tomada, de maneira que o espectador, ao ver duas (ou três) chapas, tenha o sentimento de estar talvez diante de visões de objetos totalmente diferentes, ou seja, experimente, aqui também, uma certa perturbação perceptiva e questione-se sobre as próprias condições da visão e sobretudo do próprio *trabalho fotográfico*. Nessas primeiras séries de meados dos anos 70, Hilliard a princípio trabalhou sistematicamente o parâmetro do enfoque numa profundidade de campo mínima: *Água de dezembro* (1976), por exemplo, oferece três fotos de um mesmo campo natural, as variações de foco determinando três planos (primeiro plano, plano médio e plano de fundo), aparentemente tão separados e distintos que se poderia acreditar que se tratam de três fotos diferentes, ou seja, literalmente sem *ponto* comum. Hilliard depois transportou suas operações para outros parâmetros fotográficos (enquadramento, velocidade, luz, aferição da cor). Seus trabalhos recentes (1981-1984), teatrais e distanciados, em formato grande, desenvolvem-se todos em dois tempos, e seu desafio principal é justamente o trabalho sobre *o tempo* (sobre o batimento temporal) e sobre o movimento. Trata-se muitas vezes de justapor duas tomadas de um mesmo objeto em movimento: primeiro, o aparelho está fixo e portanto o objeto móvel deixará um traço luminoso, um véu estriado que indicará o traçado do movimento; em seguida, o aparelho está móvel e acompanha o objeto em seu deslocamento, o que tem por efeito visual fazer parecer imóvel (pois é nítido) o objeto em movimento, enquanto o fundo (imóvel de fato), dá a sensação de ter se mexido (*flou*). *Reflex* (1981), *Captive* (1982), *Reflection* (1983) são trabalhos dessa ordem.

Poderíamos prosseguir essas evocações analisando dispositivos cada vez mais complexos e cujo poder de interpelação do espectador é cada vez mais insistente. Vamos nos contentar em apontar alguns casos sem entrar no dédalo cada vez mais extremo dos efeitos e das interpretações possíveis dessas maquinarias.

O canadense de origem belga Pierre Boogaerts, por exemplo, em sua série intitulada *Série tela: céus de rua, Nova York (1978-79)*[23], monta suas chapas utilizando toda a parede da galeria ou do museu como suporte. O tipo de disposição escolhido visa provocar no espectador diversos raciocínios: perceptivos, analógicos e simbólicos. *25th Street*, por exemplo, é uma peça de oito fotografias em cores (formato 42 x 64 cm cada) montadas verticalmente na parede branca da galeria como uma coluna da qual os oito fragmentos de fuste, em leve decalagem, nos mostrariam, de um mesmo ponto de vista, um plano de céu azul nova-iorquino "enquadrado" entre os arranha-céus negros que delimitam sua visão e de acordo com um percurso perceptivo de cerca de 180 graus realizando uma rotação vertical contínua de uma extremidade à outra 25th street. Da foto 1 (em baixo) à oitava (em cima), o olhar do espectador é conduzido, ao longo da percepção da montagem da obra, a reconstituir exatamente o percurso perceptivo da tomada. Assim é levado a perceber que, se o olhar fotográfico é uma questão de enquadramento, de delimitação, de recorte do real, a arquitetura simbólica das ruas de Manhattan opera igualmente esse gênero de recorte no infinito do céu: a fotografia, a arquitetura, a instalação são todas as três *máquinas* de ver, isto é, de modelar o real, de construí-lo por intermédio de um jogo de normas de percepção, de racionalizá-lo por uma formalização mais ou menos totalitária. Fotografia e arquitetura são, sob esse ponto, como máquinas de *poder* que vêm estruturar à sua maneira a polimorfia perversa do mundo.

Um último exemplo de "escultura fotográfica", e que talvez seja o protótipo histórico e teórico do gênero, são as *paisagens panorâmicas* que o holandês Jan Dibbets realizou bem no início dos anos 70 [24]. Precedem em muito tempo as instalações de um Pierre Boogaerts, mas são também mais "estruturais" e menos "ideológicas". Na maioria das vezes se trata de panoramas horizontais que restituem em várias chapas contínuas montadas uma ao lado da outra, a percepção de um campo de quase 180 graus — por exemplo, horizontes marítimos muito holandeses — às vezes com alguns efeitos humorísticos como em "Negative Mountain-Sea" (1972), onde, à perfeita horizontalidade do horizonte (a região plana) corresponde uma irônica "depressão" (uma montanha em negativo) da forma global do agrupamento das chapas. Mas, seja qual for o efeito ou o motivo (o conteúdo), ainda em Dibbets, a primazia é atribuída ao rigor geométrico do dispositivo, aos dados intrínsecos da construção, à montagem, como modelo. Em seguida, o trabalho de Dibbets irá se radicalizar nesse sentido: abandonará cada vez mais os motivos para se lançar a partir de 1975 em *Structures pieces, Colour studies* e outras *Structures panoramas*.

Dito isso, tanto em Dibbets como em Boogaerts e também (mas de outra forma) em Hilliard, em De Jaeger e em Hockney, trata-se ainda de confrontar o espectador da instalação a uma visão dupla: uma visão "normal", a de cada fotografia em particular, e uma visão "escultural", a do dispositivo, em que cada imagem passa por uma manipulação estrutural que lhe atribui outros valores. É na relação entre essas duas visões que reside, para o espectador interpelado, o prazer ou a armadilha da instalação. Esse dinamismo relacional que fundamenta a instalação ou a escultura fotográfica pode ser levado ao máximo até nos jogos que fazem "*o ambiente* fotográfico". Este caracteriza-se pelo fato de que, ao invés de se ter diante de si uma montagem de fotografias sobre uma determinada superfície, com todos os jogos e ardis possíveis ligados às modalidades do agrupamento, tem-se antes diante de si uma disposição *num espaço em três dimensões*, onde a foto não passa de um elemento entre outros objetos. Isso em geral implica uma participação maior ou menor do espectador, que tem a possibilidade de se deslocar com relação a esse espaço com o intuito de apreender seus dados da melhor maneira possível. Ademais, esses ambientes apresentam igualmente outros dois traços recorrentes; utilizam muitas vezes o projetor de *slides* (mais do que a própria foto), pois este permite jogar mais com o espaço e a luz; e são também, na maioria das vezes, trabalhados por uma estética de abismo, na qual os dados se replicam como num circuito fechado, considerando-se ele próprio como objeto (auto-referencialização generalizada): o conteúdo do ambiente é ele mesmo, é a representação de suas próprias condições de funcionamento.

Primeiro exemplo: as instalações do belga Bernard Queeckers, como *Réfléchir* (1980), das quais ele próprio nos fornece a descrição:

> Um projetor intercalado entre dois espelhos de mesmo formato, inclinados de forma diferente, um diante do outro. Um dos espelhos está parcialmente recoberto por uma tela de autocolante branco. Uma reserva foi praticada na parte de baixo da mesma, deixando aparecer a superfície refletora do espelho. De um lado e do outro desse recorte, uma série de letras foram aplicadas verticalmente na tela (R, F, E, H, R, E, L, C, I). O *slide* é projetado via recorte (reflexo 1) no espelho de trás (reflexo 2) e dali por toda a superfície da tela. A imagem projetada é a que foi obtida fotografando-se essa própria tela, invertida.[25]

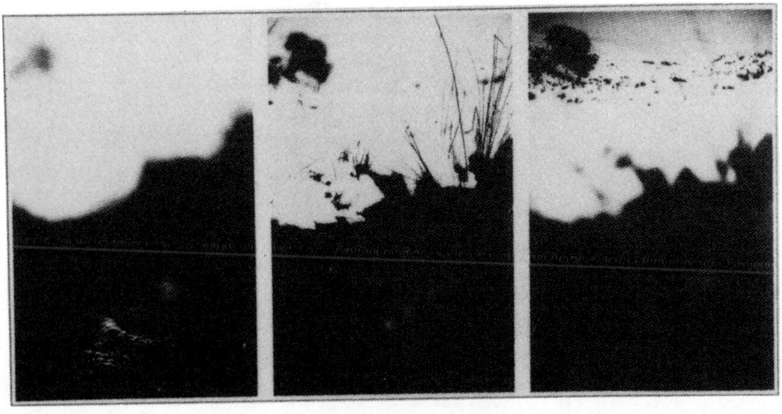

John Hilliard, *Água de dezembro*.

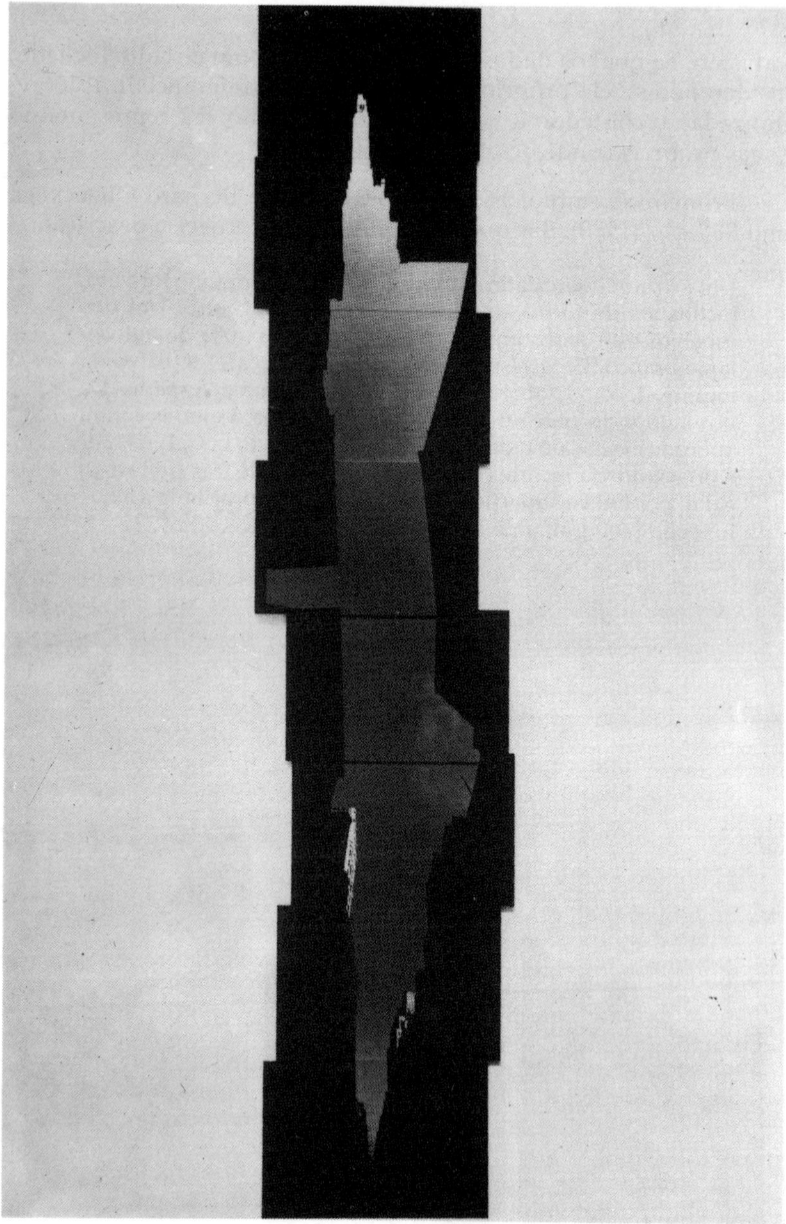

Pierre Boogaerts, *Série tela: céus de ruas, Nova York.*

Segundo exemplo: as instalações de Pierre Ayot, de Quebec, como *Decerto a arte é brincadeira...* (1982), com a efígie de Mikel Dufrenne e apresentada da seguinte maneira por René Payant:

> *Decerto, a arte é brincadeira...* mostra um projetor cujo raio, porque o eixo de projeção é anormalmente baixo, depara com algumas cadeiras antes de alcançar a tela constituída ocasionalmente pela parede. A disposição das cadeiras diante da imagem projetada evoca uma cena precisa: uma sessão de projeção. Além da inabitual altura do projetor, do obstáculo das cadeiras, da ausência de espectadores sentados, a própria imagem torna a cena equívoca. Essa imagem representa em primeiro plano uma cabeça como se a pessoa representada se dirigisse a um público. Duas situações parecem assim se encaixar: uma sessão de projeção (conferência acompanhada de *slides*) e, na imagem projetada, a representação de um personagem que se dirige aos espectadores (como se a imagem não fosse uma projeção, mas desse a pessoa como presente). A presença e a posição das cadeiras são verossímeis para as duas situações e constituem desse modo o ponto de junção, de intersecção , que lhes permite ligarem-se e imbricarem-se. Tudo acontece como se a primeira situação se invertesse na segunda, no próprio local da imagem, numa imersão em que aquilo de que se fala se invertesse naquilo que nos fala. Quando o olhar perscruta mais profundamente os segredos dessa obra, descobre também que o projetor *finge* projetar um *slide* e que, de fato, só projeta um raio luminoso que recai num *quadro* pendurado na parede, como se se tratasse de um projetor num palco de teatro. O raio não mostra um *slide*, mas permite ver um quadro que ele indica, isolando-o da zona escura. Condição de visibilidade e encenação, a luz, como iluminação, revela um quadro, a coincidência do plano de luz com a forma do quadro cujo recorte é levemente assimétrico, o que significa que o eixo da projeção não é perfeitamente frontal, mas um pouco oblíquo, decalado para a esquerda. Desse modo, finalmente, acrescenta-se um terceiro nível à dupla leitura: a imagem como quadro encenada pelo dispositivo. As cadeiras convidam o espectador a vir se sentar para olhar um quadro. Não é só isso: ao se aproximar da imagem colocada sob uma luz abundante, o espectador descobre a manufatura do quadro. De perto, a imagem se despedaça em uma multidão de traços e pontos minúsculos, vermelhos, amarelos, azuis... que se descobrem distribuídos com uma minúcia muito bem ordenada. Sedimentos dos tempos acumulados, sinais de uma técnica pacientemente aplicada, mas sobretudo textura familiar que evoca a estrutura das tramas coloridas da impressão fotográfica. A

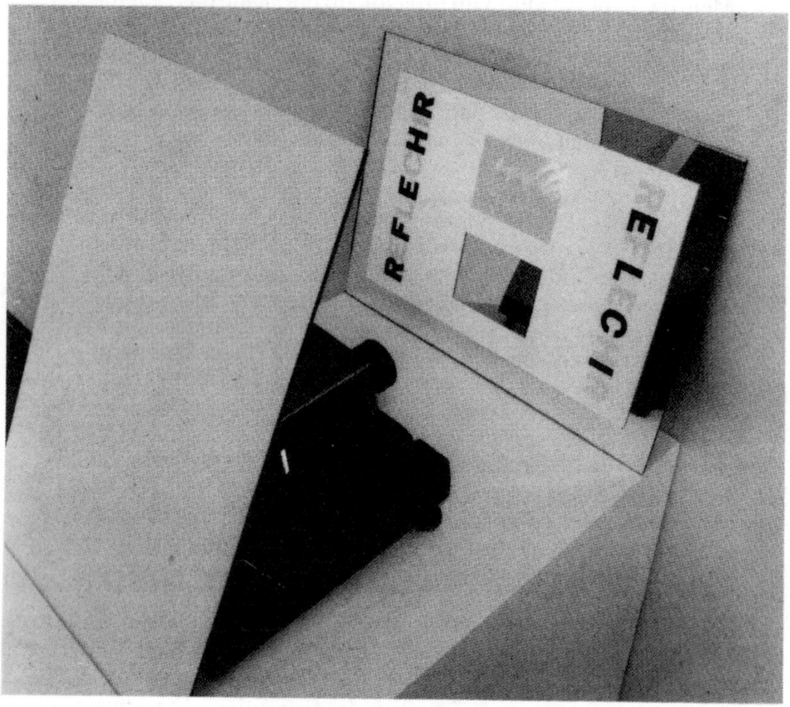

Bernard Queeckers, *Réfléchir*.

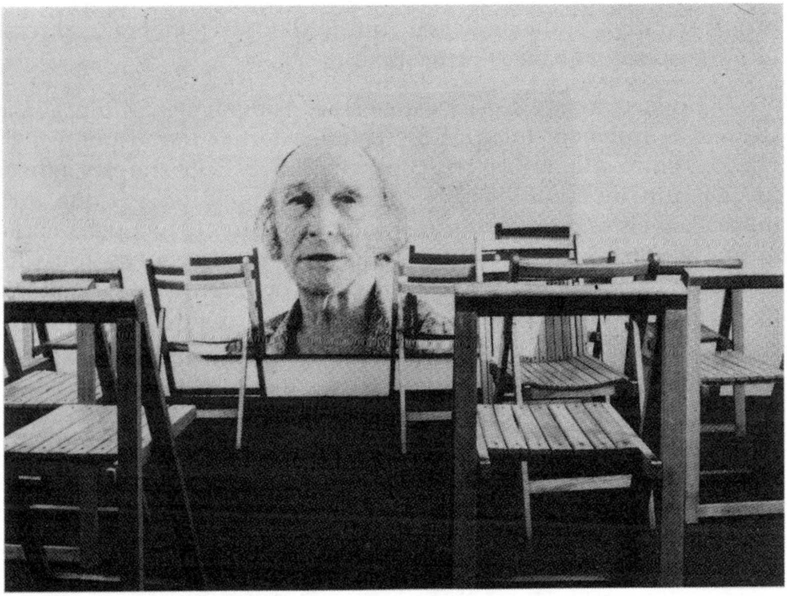

Pierre Ayot, *Decerto a arte é brincadeira...*

> encenação do quadro não é, portant,em ordem,o o fim do dispositivo, pois o plano do quadro se abre agora a um outro mundo dando a ler a superfície colorida como um conjunto de pequenos signos abstratos que imitam o sistema da impressão fotográfica. Estratificação, nova profundidade, nova lógica da imagem. Transcrição perfeita de tramas coloridas projetadas sucessivamente na superfície da tela, a operação introduz aos poucos uma imagem: o retrato fotográfico.[26]

Concluiremos esse panorama aqui, sabendo muito bem que existe ainda um grande número de representações importantes para evocar nesse campo. Quisemos simplesmente, ao longo desse percurso, identificar gêneros, operar recortes e agrupamentos, em suma, privilegiar mais problemáticas do que indivíduos (embora sejam esses últimos que atualizam as primeiras).

Do mesmo modo, não se deveria considerar a escultura, a instalação e o ambiente fotográficos como o termo intransponível das relações entre fotografia e arte contemporânea. É um simples momento seu, um momento decerto intenso na medida em que torna indiscerníveis os dois territórios criativos que nos preocupam, mas de forma alguma limitativo. Muitas outras fórmulas novas aguardam ainda uma elaboração. A história das relações entre a arte e a fotografia permanece aberta ao infinito. Régis Durand, por exemplo, forneceu recentemente nesse domínio,por meio de outras perspectivas, uma trilha notável e brilhante[27].

NOTAS

1. Rosalind Krauss, "Marcel Duchamp ou le champ de l'imaginaire", em *Degrés*, nº 26-27 (*Langage et ex-communication I*), Bruxelas, 1981 (número dirigido por Philippe Dubois e Y. Winkin). R. Krauss, "Notes on the index: Seventies art in America", em *October*, nº 3 (part I), Nova York, 1977 (trad. francesa em *Macula*, nº 5-6, Paris, 1979). O essencial dos textos de R. Krauss sobre a foto acabam de ser traduzidos para o francês e publicados em uma obra que esperávamos há muito: R. Krauss, *Le photographique. Pour une théorie des écarts*, Paris, Éd. Macula, 1990. Sobre a mesma questão, ver igualmente a obra útil de Jean Clair, *Duchamp et la photographie*, Paris, Chêne, 1977.
2. Paul Virilio, *Logistique de la perception. Guerre et cinéma I* (Paris, Éd. de l'Étoile, 1984); *L'espace critique* (Paris, Christian Bourgois, 1984); *L'horizon négatif* (Paris, Galilée, 1987) etc.
3. El Lissitzky, citado por Yves Alain Bois em seu belo estudo sobre essa dimensão "aérea" (flutuante) do espaço suprematista: "Lissitzky, Malévitch et la question de l'espace", no catálogo *Suprématiste*, galeria Jean Chauvelin, Paris, 1977, pp. 29-48.
4 Rosalind Krauss, "Emblèmes ou lexies: le texte photographique", em *Atelier de Jackson Pollock (Hans Namuth)*, Paris, Éd. Macula, 1978, pp. 15-24.
5. Sobre todo esse aspecto "contracomposicional", ver a monografia de Andreas Haus, *Moholy-Nagy: photographies, photogrammes*, Paris, Chêne, 1979. Ver igualmente os escritos de L. Moholy-Nagy, em particular *Malerei Fotografie Film* (1925) e *Vision in motion*.
6. Rosalind Krauss, "Emblèmes ou lexies: le texte photographique", em *Atelier de Jackson Pollock (Hans Namuth)*, *art. cit.*
7. Sobre a fotografia dadaísta e surrealista em geral, ver sobretudo Rosalind Krauss e Jane Livingstone, *Explosante-fixe. Photographie e surréalisme*, Paris, Centro G. Pompidou — Hazan, 1985.
8. Sobre a fotomontagem, ver principalmente Dawn Ades, *Photomontage* (Paris, Chêne, 1976) e Michel Frizot, *Photomontages, photographie expérimentale de l'entre-deux-guerres* (Paris, CNP/Photo Poche, 1987).
9. Esse último foi consagrado por um álbum intitulado *Rauschenberg photographe*, Paris, Herscher, 1981.
10. Ver, entre outros, Lucy R. Lippard (*et al.*), *Le Pop Art*, Paris, Hazan, 1969.
11. Entre as inúmeras publicações, ver, por exemplo, a obra coletiva *Figurations 1960-1973* (Paris, Éd. Bourgois, 10/18, 1973) ou os catálogos de exposição *Mythologies quotidiennes* 1 (1964) e 2 (1977) de ARC-Musée d'Art Moderne de Paris, ou ainda revistas como *Opus International*, *Art Vivant* etc.
12. Sobre Yves Klein, ver o catálogo de sua retrospectiva no Centro G. Pompidou em 1983, assim como a monografia que lhe foi consagrada por Catherine Millet (*Yves Klein*, Paris, Art Press/Flammarion, 1986).
13. Para uma análise em profundidade do trabalho de Valerio Adami, ver a monografia que lhe foi consagrada por Hubert Damisch e Henry Martin, *Adami*, Paris, Éd. Maeght, 1974.
14. De e sobre Christian Boltanski, ver *Les modèles* (Paris, Cheval d'attaque, 1979) ou *Reconstitution* (Paris, Chêne, 1978), assim como a monografia de Didier Semin, *Christian Boltanski* (Paris, Art Press, 1987), o catálogo de Bernard Blistene, *Boltanski*, Paris, Centro G. Pompidou, col. "Contemporains", 1984). Sobre Annette Messager, leremos as análises de Gilbert Lascault em *Figurées, défigurées* (Paris, Bourgois, 10/18, 1977) e em *Écrits timides sur le visible* (Paris, Bourgois, 10/18,

1979). Quanto a Didier Bay, Paul-Armand Gette e Jean Le Gac, foram publicados vários livros com o editor belga Yellow Now (*Mon quartier...*, *Le lac*, *Le peintre de tamaris* etc.).

15. Ver o estudo de Rosalind Krauss, "Notes on the index: Seventies art in America", *art.cit.*
16. R. Krauss elaborou um modelo teórico dessas práticas em seu artigo "Sculpture in the expanded fields", em *October*, nº 8, Nova York, 1970, pp. 30-44.
17. Encontraremos uma apresentação detalhada de muitos trabalhos de Land Art em John Beardsley, *Earthworks and beyond*, Nova York, Abbeville Cross River Press, 1984.
18. Gina Pane, entrevista com Bernard Marcadé em *Ceci n'est pas une photographie*, catálogo Frac-Aquitaine, 1985, p. 24.
19. Designamos, portanto, por "escultura fotográfica" um campo bastante vasto que engloba amplamente o da "foto de esculturas" tal como o identificaram alguns críticos como Régis Durand: "Muitos artistas contemporâneos trabalham a partir de "esculturas" como base de sua obra fotográfica. Bonecas de Hans Bellmer, marionetes de Boltanski, bonecas de cartolina ou de barro de Tom Drahos, naturezas mortas de Pierre Mercier; instalações de Pascal Kern ou de Sandy Skoglund, "arranjos" de Nils-Udo etc.: toda uma população de fetiches obseda essas fotografias com uma presença paradoxal. Pois essas esculturas que precedem a realização da fotografia são, às vezes, de grande complexidade e beleza, mas praticamente jamais são mostradas como tal, só existem em sua versão fotográfica. Tudo ocorre como se o objeto não passasse de uma maquete, de um molde, da qual a fotografia seria depois a prova que se tornou legível (*Le regard pensif. Lieux et objets de la photographie*, Paris, Éd. de la Différence, 1988, pp. 145-146). De fato, esses trabalhos representam *um aspecto* desse movimento geral que empurra uma certa tendência da foto atual rumo a uma compreensão ampliada da noção de "escultura", tal como a entendemos. Régis Durant é da mesma opinião que nós nesse ponto, porque prossegue em seu texto: "A fotografia produz então também algo que o termo 'escultura' em seu sentido 'ampliado' pode efetivamente designar bastante bem: (...) colocação no espaço, trabalho sobre a percepção do objeto fotográfico, sobre a posição e a distância com relação ao espectador e com relação ao espaço de exposição... Existe na fotografia contemporânea uma relação que não passa mais apenas pelo olhar (frontal, linear), mas também pelo sentido de volume, do espaço profundo e do ritmo — algo da ordem de um 'tocar com o olhar', que supõe uma visão aproximada, mas ao mesmo tempo mantida à distância e protegida por sua própria planitude" (*Ibid.*, p. 148).
20. Ver, por exemplo, *Stefan De Jaeger. Dimensions polaroïd 1979-1982*, Bruxelas, catálogo da galeria Isy Brachot, 1982.
21. Ver principalmente Laurence Weschler, *David Hockney cameraworks*, Nova York, Thames and Hudson, 1984.
22. Ver o catálogo da retrospectiva *John Hilliard*, Colônia, Kölnische Kunstverein, 1984, assim como o artigo de Régis Durand, "John Hilliard: scènes gelées par des temps différents", em *Art Press*, nº 79, Paris, março de 1984, pp. 11-13.
23. Ver principalmente o catálogo *Pierre Boogaerts: série écran/screen series*, Paris, Centre Culturel Canadien, 1982.
24. Ver o catálogo da retrospectiva fotográfica completa de *Jan Dibbets*, Eindhoven, Van Abbemuseum, e Paris, ARC-Musée d'Art Moderne, 1980.
25. Bernard Queeckers, *Réfléchir*, 1980. Nota pessoal.
26. René Payant, "Pour le plaisir de l'oeil", em catálogo *Pierre Ayot: propos et projections*, Bruxelas, Atelier de la rue Sainte-Anne, 1983.

27. Régis Durand, *Le regard pensif. Lieux et objets de la photographie, op. cit.* O estudo de Régis Durand, publicado bem depois de termos concluído nosso texto, abre novas perspectivas do maior interesse para uma visão prospectiva da fotografia no limiar dos anos 90: "Estamos aqui num ponto de derrubada que caracteriza o final dos anos 80. Nos anos 70, a fotografia era utilizada por muitos artistas como um meio de documentar ações, desempenhos ou obras efêmeras. Era, e é ainda hoje, o único vestígio dessas obras. Paralelamente, a foto era usada como material, como objeto encontrado, artefato cultural ou social. Eis que hoje a fotografia deixa de ser considerada por certos artistas como estágio final, constatação ou tradução última de uma realidade preexistente. Tudo acontece como se estivéssemos finalmente prontos a renunciar aos últimos usos analógicos da imagem fotográfica e como se tudo o que se condensara nela pelo passado, toda essa energia de captura e de construção, estivesse implodindo. E como se novas construções estivessem se instalando nos escombros, nas quais a fotografia deveria renunciar a seu papel de último estado das coisas, esse valor de exibição que ela ainda conservava para a maioria dos artistas plásticos (...). Retorno maciço da *aura* na obra fotográfica" (pp. 160-164).

Capítulo 7

PALIMPSESTOS
A fotografia como aparelho psíquico
(princípio de distância e arte da memória)

Pompéia só está em ruínas agora, depois que foi desenterrada.

S. Freud, *O homem dos ratos*

Manter à distância

"O que é propriamente a aura? Uma trama singular de espaço e de tempo: a única aparição de um longínquo, por mais próximo que esteja". Em sua célebre definição da noção de *aura* (que encontramos tanto em sua "*Pequena história da fotografia*", quanto, quase que por inteiro, em "*A obra de arte na era de sua reprodutibilidade técnica*"[1]), Walter Benjamin adianta um verdadeiro *princípio de distância*, que ele afirma ser irredutível e fundamental, pois opera até na maior proximidade possível do objeto. A aura seria assim o próprio efeito dialético, saído dessa tensão entre o longínquo e o próximo, ou melhor, do longínquo mais essencial agarrado, mantido, no próximo mais conjuntural.

Definindo desse modo a essência da aura por um princípio de distância, de acordo com seus próprios termos, Benjamin só faz "transpor a fórmula que designa o valor cultual da obra de arte: o que é essencialmente distante é o inacessível, e a principal qualidade de uma imagem que serve ao culto é ser inacessível. Por sua própria natureza, ela é sempre 'distante, por mais próxima que esteja.'"[2] Ao contrário do que foi muitas vezes adiantado, acho que o "valor cultual" da imagem (tudo o que faz dela um objeto único, mágico, participante no ritual de um culto, tudo o que faz dela um objeto de crença mais do que de visão) encontra como se realizar no dispositivo fotográfico bem mais plenamente do que na maioria das outras formas de imagem. De todas as artes da imagem, de fato, a fotografia é provavelmente aquela em que a representação está ao mesmo tempo, ontologicamente, o mais perto possível de seu objeto, pois é sua emanação física direta (a impressão luminosa) e porque lhe cola literalmente na pele (estão *intimamente* ligados), mas é igualmente, e também ontologicamente, aquela em que a representação mantém uma distância absoluta do objeto, em que ela o coloca, com obstinação, como um objeto *separado*. Tanto mais separado quanto perdido.

Pois a separação é essencial aqui. Está em jogo em todas as fases do processo fotográfico: na tomada, no próprio momento do ato. Depois, durante todo o tempo intermediário em que a imagem é tão bem qualificada de "latente" (como o conteúdo de mesmo nome pelo qual Freud designa um certo estado do sonho). E também no momento em que o olhar pode finalmente lançar-se sobre a imagem revelada, no tempo da contemplação real, qualquer real desvanecido.

Na tomada, de fato, a separação ocorre no momento exato da exposição, no intervalo preciso entre a abertura e o fechamento do obturador, o qual, ao mesmo tempo *que faz* a imagem, vem também *desfazê-la* de qualquer relação ulterior com o real, como uma lâmina de guilhotina que cortasse definitivamente o cordão umbilical que vincula a imagem ao mundo. Aliás, nos aparelhos com visor reflex, é justamente o momento em que o espelho, que garante a visão, se levanta, tornando literalmente cego o olho colado no visor, é claro que por uma fração de segundo, mas que é de fato a da foto. Falando com maior rigor, o olho jamais vê *aquilo* que está fotografando. Ou ainda: fotografar é não ver. É aqui que o ato fotográfico alcança o *mito de Orfeu*: de volta dos Infernos, Orfeu, que não agüenta mais, no auge de seu desejo, transgride finalmente o proibido. Ao sair das Trevas, volta-se para sua Eurídice, a vê e, na fração de segundo em que seu olhar a reconhece e a apreende na Luz, de uma só vez, ela desaparece. Desse modo, qualquer fotografia, no momento em que é feita, remete para sempre seu objeto ao reino das sombras.

Tal clivagem separadora só se amplia durante todo o tempo intermediário da imagem *latente*, um tempo, é claro, extremamente variável, que vai de alguns segundos, no caso da Polaróide, a vários anos, se quisermos fazer o prazer perdurar ou se ficarmos angustiados, mas um tempo em si, inelutável, sempre necessário, sem o qual não haveria "a fotografia". Esse tempo de latência é o de uma perturbadora experiência da espera, de uma provação singular da distância: o desfloramento do real ocorreu, a questão está na caixa, está *ali*, captado, registrado, colocado na memória, mas ao mesmo tempo, não está *realmente ali*, visível, manifesto para o olho. Estamos num ritmo do tempo e nada podemos fazer. E enquanto se está entre essas duas fases (mais ou menos deliciosas), todas as dúvidas são permitidas, e as flutuações, e as ilusões, as esperanças, as crenças, as ficções. A imagem, ainda *virtual*, fantasma de imagem, não cessa de correr todos os riscos, todos os sonhos. Sentimento forte de estranheza inquietante própria do dispositivo fotográfico. A foto, em tal momento, intenso e essencial, vive-se como o local exato de um desvio, de uma falha entre a representação (*cosa mentale*) e as coisas do mundo. Ela é sentida como a marca de *um cisma entre o Real e o imaginário*. O momento da espera — ao mesmo tempo maravilhoso e terrível — vivido por alguns na maior impaciência, por outros, com a vontade de adiar o máximo possível a "revelação" e, às vezes, de adiá-la a tal ponto que existe recusa de proceder um dia à revelação (Alain Cavalier, por exemplo), esse momento é aquele em que se manifesta com maior nitidez toda a *relação da fotografia com a alucinação* (vejam a esse respeito a lição de Antonioni em *Blow up*), e isso porque ele é exatamente o momento entre duas fases, está *entre* um real que já não está mais ali, que foi levado pelo tempo que passa, e uma imagem que ainda não está ali, que está para chegar numa época próxima ou longínqua, mas necessariamente ulterior. A imagem latente só pode então ser uma imagem *duplamente* sonhada: sonho do que não existe mais *e* do que ainda não é, é a encarnação da própria distância que fundamenta a fotografia.

Finalmente, esse mesmo princípio de distância também é encontrado em ação na fase final de contemplação da imagem fotográfica revelada e estirada. A separação é até o que fundamenta qualquer efeito de olhar sobre uma foto. É ela que induz os movimentos perpétuos do sujeito espectador, que não pára, do ponto de vista da imagem, de passar do *aqui-agora* da foto para o *alhures-anterior* do objeto, que não cessa de olhar intensamente essa imagem (bem presente, como imagem), de nela submergir, para melhor sentir seu efeito de ausência (espacial e temporal), a parcela de intocável referencial que ela oferece à nossa sublimação. Ver, ver, ver — algo que necessariamente esteve ali (um dia, em algum lugar), que está tanto mais presente imaginariamente quanto se sabe que atualmente desapareceu de fato — e jamais poder tocar, pegar, abraçar, manipular essa própria coisa, definitivamente desvanecida, substituída para sempre por algo metonímico, um simples traço de papel que faz as vezes de única lembrança *palpável*. Frustração ainda mais forte porque o substituto indiciário, ao mesmo tempo que assina a ausência efetiva do referente, se concede, como representação, como um objeto concreto, material, dotado de uma consistência física real (todo o *fetichismo* da imagem fotográfica vem dessa dupla postura: a foto como objeto pode ser tocada, enquadrada, colecionada, encerrada, queimada, rasgada, abraçada, justamente quando nos mostra apenas a ausência. Em fotografia, há sempre apenas uma imagem, separada, tremendo em sua solidão, obsedada por essa intimidade que num instante teve com um real para sempre desaparecido. É essa *obsessão*, feita de distância na proximidade, de ausência na presença, de imaginário no real que nos faz amar as fotografias e lhes proporciona toda a sua *aura: única aparição de um longínquo, por mais próximo que esteja.*

A fotografia como arte da memória

Em suma, é essa obsessão que faz de qualquer foto o equivalente visual exato da lembrança. *Uma foto é sempre uma imagem mental.* Ou, em outras palavras, nossa memória só é feita de fotografias.

Gostaria de abordar essa problemática de acordo com a tradição bem conhecida do que se chama as "artes da memória" (*Ars Memoriae*), das quais a obra clássica de Frances Yates, com o mesmo título, fez a arqueologia definitiva[3]. Começaremos por algumas lembranças. A "arte da memória" nasceu na Antigüidade grega e nos foi transmitida por alguns grandes textos latinos (o *De oratore* de Cícero, a *Institutio oratoria* de Quintiliano e a *Ad Herennium* de autor desconhecido), nos quais é definida como uma das cinco grandes categorias da Antiga Retórica (*inventio, dispositio, elocutio, memoria, actio* — ou *pronunciatio*). Concebida como um conjunto de regras que permitiam ao orador inscrever com facilidade , na virtualidade de sua memória, tudo o que necessitasse para discorrer com a maior eficácia possível, isto é, concebida como um procedimento artificial de mnemotecnia, pelo qual um conjunto de dados pode ser estocado e ordenado e no qual é possível encontrar instantaneamente um elemento preciso, a arte da memória baseia-se de fato no jogo de duas noções completamente fundamentais, todo o tempo retomadas em todos os tratados: os lugares (*loci*) e as imagens (*imagines*).

> Cícero: "Para exercer essa faculdade do cérebro (que é a Memória), deve-se escolher, em *pensamento, lugares* distintos, depois formar para si *imagens* das coisas que se quer reter e finalmente

organizar essas imagens em diversos lugares. Então a ordem dos lugares conserva a ordem das coisas, pois as imagens lembram as próprias coisas. Os lugares são tabuinhas de cera nas quais se escreve; as imagens são as letras que nelas se traçam" (*De oratore* II, 86, 351-354).

Eis a definição de base da *Ars Memoriae*. Nela Cícero sintetiza claramente os dados: os lugares (são sempre muitos, devem formar uma série precisamente ordenada, é a base do sistema), são como casas vazias, invariantes, quadros, receptáculos. São superfícies virgens suscetíveis de receber as *imagines*, que já são plenas (de sentido), mas transitórias, despejáveis. Estas vêm se enquadrar, se inscrever, se depositar, mas apenas por um tempo, a ser determinado. Os *loci* formam a estrutura do dispositivo de memória. É, portanto, imperativo que se encadeiem de acordo com uma lógica relativamente "automática" em nossa cabeça. Devemos nos lembrar deles em ordem, pois, em qualquer *locus* que estivermos, devemos poder avançar ou recuar instantaneamente, nele voltar a estar sem problemas. Desse modo, entre as formas mais comuns de arquitetura de *loci*, figuram a disposição dos quartos numa casa, a disposição das partes do corpo humano, alfabetos visuais, a seqüência dos signos do zodíaco, a organização espacial dos teatros (o Globe Theatre de Shakespeare é um "teatro de memória") etc. Todas topografias que se podem *percorrer em pensamento* com facilidade, porque são partes integrantes de nosso saber. Enquanto as imagens, que na maioria das vezes são signos simbólicos, alegóricos, compósitos, só são colocadas num lugar por um tempo, os lugares permanecem na memória. As imagens que neles depusemos, na medida em que não precisamos mais lembrar-nos delas, apagamo-las. E os mesmos lugares podem ser reativados para receber um outro conjunto de imagens destinado a um outro trabalho de memória. Como diz Frances Yates, retomando uma das metáforas mais correntes em todos os tratados da Antigüidade e à qual voltaremos, com Freud, no final desse capítulo: "Os *loci* são como as tabuinhas de cera que permanecem quando o que nela escrevemos foi apagado e que estão prontas para serem empregadas de novo."[4]

A respeito das *imagines*, cada autor insiste no fato de que sobretudo não devem ser indiferentes. Se quisermos que o dispositivo funcione bem, são necessárias imagens impressionantes, que escapem de nosso cotidiano, imagens ativas (*imagines agentes*, diz o autor de *Ad Herennium*, que indica para sustentar: "geralmente esquecemos o que acabamos de ver ou ouvir na vida de todos os dias, enquanto na maioria das vezes lembramo-nos muito bem de incidentes de nossa infância" (II, 22). Freud dirá o mesmo). Por outro lado, vê-se igualmente que existem nas artes de memória como que uma dupla natureza que trabalha as *imagines*: por um lado, a referência permanece constante na *escrita*, nas figuras do escritural (o autor anônimo de *Ad Herennium* recorre também a essa definição: "a arte da memória é exatamente como uma *escrita interior*"); e, por outro, elas traduzem evidentemente a valorização que é feita do sentido da *visão* (Cícero de novo: "de todas as nossas impressões, as que se fixam mais profundamente na mente são as que nos foram transmitidas pelos sentidos; ora, de todos os nossos sentidos, o mais sutil é a visão; recorrer à imagem é, portanto, o meio mais seguro de conservar a lembrança de algo, mesmo se se tratar de uma palavra, ou de um pensamento" — *De oratore* II, 87, 357). Será, portanto, necessário traduzir em imagens. *Escrita interior em imagens.* A memória será visual ou não. Mas o exercício visual dessa memória será feito *em pensamento*. Tudo está aí. E é por aí, sem dúvida, que a arte da memória alcança a fotografia (*imagem mental*), tal como dela falamos acima.

Se na Antigüidade grega e latina a arte da memória é essencialmente um ramo instituído da Retórica, isto é, se sua finalidade principal é determinada pela ajuda que ela traz ao orador na gestão eficaz de seu discurso, em seguida, na Idade Média e depois no Renascimento — todo o livro de Yates, nos demonstra isso com precisão —, a *Ars memoriae*, ao mesmo tempo que conserva e refina ao extremo os mesmos procedimentos de base, proporciona-se muitos outros recursos, bem mais epistêmicos, e evolui rumo a outros terrenos, em particular, a ética e a filosofia moral (no decorrer da Idade Média gótica), a pintura (Giotto) e a literatura (Dante), o ocultismo (Giordano Bruno) e o teatro (Robert Fludd e o Globe Theatre). Acho, após tudo o que expus anteriormente ("Manter à distância") que não é necessário explicar em detalhes que, assim concebida, a fotografia, no que tem de mais nodal, é decerto uma das formas modernas que melhor encarna (antes da informática e de forma bem diferente) um certo prolongamento dessas artes da memória. E isso ainda mais porque tudo ocorre de fato na *interioridade do pensamento do sujeito*. Afinal, se a memória é uma atividade psíquica que encontra na fotografia seu equivalente tecnológico moderno, é evidentemente, *no outro sentido*, que a metáfora nos interessa, como uma inversão positivo/negativo: a fotografia é tanto um fenômeno psíquico quanto uma atividade ótico-química. A fotografia: uma máquina de memória, feita de *loci* (o receptáculo: o aparelho de foto, sua objetiva, sua janela; caixa negra, recorte e retângulos virgens de película; de uma bobina a outra, desfile ordenado das superfícies vazias receptoras) e de *imagines* (as impressões, as inscrições, as revelações, que vão e vêm, sucedem-se nas superfícies, desenrolam-se em "cópias de contato"), uma *mnemotecnia mental*.

Antes de considerar, como se deve, o tratamento da questão no campo da psicanálise freudiana e singularmente de sua primeira tópica, um último retorno a um texto da Antigüidade grega, no qual encontramos a metáfora do bloco de cera como representação da alma humana, em que pode vir se inscrever e se apagar a memória de nossas percepções, de nossos pensamentos e de nossos sentimentos. Em *Teeteto*, Platão narra o seguinte diálogo de Sócrates com Teeteto:

> Sócrates: Dê-me o prazer, para a necessidade da exposição, de admitir a existência, dentro de nossa alma, de um molde de cera, maior em uns, menor em outros, aqui feito de uma cera mais pura, ali, de uma mais suja, mais dura em alguns, mais fluida em outros, ou com a consistência correta e desejada em outros ainda. /Teeteto. "Admito isso./S: Bem, digamos que se trata de um dom da Memória (*Mnemosunè*, mãe das Musas) e que venha se imprimir nesse bloco de cera tudo o que queremos nos lembrar do que vimos, ouvimos ou concebemos pessoalmente (...). Digamos que o que conseguiu moldar-se bem a ele, nós lembramos, conhecemos pelo tempo suficiente que pode existir a imagem inscrita na cera; mas que, se acontece de esta se apagar, ou ser incapaz de se marcar nela , então nós a teremos esquecido, não a conheceremos.[5]

Afinal de contas, o que é colocado por todos esses textos e todas essas metáforas, é evidentemente a questão do *Inconsciente*, a questão da inscrição dos traços mnésicos e de sua volta eventual e parcial ao sistema da Consciência. É a questão da fotografia concebida como aparelho psíquico.

A fotografia como aparelho psíquico

Como se sabe, Freud jamais deixou, ao longo de todas as suas obras, de definir a vida psíquica em termos de *aparelho*, enfatizando assim a idéia de dispositivo, de transmissão e de transformação de energia, a idéia de funcionamento e de trabalho (a elaboração psíquica), de organização no espaço, de arranjo com funções localizadas (as tópicas) etc. Esse *aparelho psíquico* tem, sobretudo para Freud, valor de modelo, isto é, como ele próprio dizia, de "ficção". Trata-se de explicar, de tentar fazer compreender e até de fazer *ver*. Por isso, Freud não cessou, desde antes de *Traumdeutung* até *Abriss*, 40 anos depois, de tentar abordar esse aparelho psíquico por definições sucessivas inspiradas em toda uma rede de metáforas variadas, ao mesmo tempo sempre determinadas, muitas vezes reafirmadas, retomadas, completadas, moduladas, declinadas, insistentes e também sempre denegadas, negadas, desfeitas, declaradas imperfeitas, grosseiras, fantasiosas, insuficientes etc. Como se se tratasse ao mesmo tempo de revelar *e* de apagar a representação das atividades psíquicas. Compulsão à visualização, sempre desmentida pela reiteração da infigurabilidade dos processos psíquicos.

Eu gostaria de abordar aqui uma rede tripla de metáforas. A primeira constitui-se com base naquilo que se chamaram as *metáforas arqueológicas*, a segunda é aquela, explícita, das *metáforas fotográficas*, a terceira, que faz a síntese, é a da comparação com o *Wunderblock*, o "*bloco de notas mágico*".

Roma e Pompéia

A metáfora arqueológica intervém de maneira recorrente no texto freudiano, e a analogia, com suas implicações, já foi muito comentada (por exemplo, por Sarah Kofman[6]). Dois desenvolvimentos principais dessa metáfora encontram-se, o primeiro, no início de *Mal-estar na civilização*[7], na famosa comparação com Roma, Cidade Eterna e Arruinada, o outro, na não menos célebre análise da simbólica de Pompéia, Cidade Petrificada, em *Delírio e sonhos na "Gradiva" de Jensen*[8]. Roma e Pompéia: duas tópicas arqueológicas, ao mesmo tempo próximas, mas tão opostas, ou melhor, complementares. Embora nunca tenha desenvolvido uma verdadeira teoria da memórial, Freud nem por isso deixou de dar voltas em torno de uma interrogação sobre os modos de inscrição do passado no psíquico: trata-se da questão geral da "conservação das impressões psíquicas", da questão dita dos "traços mnésicos". Roma e Pompéia são a oportunidade de duas respostas distintas a essa questão.

Em *Mal-estar na civilização*, o postulado freudiano está enunciado com clareza: "Nada na vida psíquica consegue se perder, nada do que se formou desaparece, tudo é conservado de uma maneira qualquer e pode reaparecer em certas circunstâncias favoráveis, por exemplo, durante uma regressão suficiente."[9] É para perceber bem o sentido desse princípio fundamental que Freud recorre a "uma comparação inspirada num outro campo": o da arqueologia romana. Roma como modelo e ficção. Roma sobretudo como objeto paradoxal, como figura insustentável: ao mesmo tempo *Ruína* (a própria Ruína, acúmulo de camadas históricas, sedimentação, estratificação — todos os tempos da história sobrepostos num mesmo e único lugar, mas sempre sob forma de fragmentos, mais ou menos destruídos, estragados, incompletos, Roma como farrapo eclodido da História) e ao mesmo tempo Roma *Cidade Eterna* (a própria imagem da Perenidade, o imaginário da conservação integral através do tempo). Por um lado, a realidade: restos, traços parciais, ausências, buracos; por outro, o fantasma: o sonho impossível da manutenção de tudo em seu lugar, integralmente. Roma como um *imenso palimpsesto* arqueológico:

> Imaginemos agora Roma como um ser psíquico onde nada do que aconteceu em outros tempos se perdeu, onde todas as fases recentes de seu desenvolvimento subsistem ainda com as antigas. Para Roma, isso significaria... que no lugar do Palazzo Caffarelli, que nem por isso se seria obrigado a demolir, se erguesse de novo o templo de Júpiter Capitolino e não apenas sob sua forma definitiva do Império, mas igualmente sob sua forma etrusca primitiva etc.[10]

E Freud vai até o final dessa utopia de representação: "Bastaria então que o observador *mudasse a direção de seu olhar ou seu ponto de vista* para fazer surgir um ou outro desses aspectos arquiteturais"[11] (o grifo é do autor). Questão de ângulo de visão e de rotação que autoriza uma espécie de transparência do olhar. *Roma cidade virtual*, como as memórias de mesmo nome, onde bastaria, em espírito, fazer o olhar girar para que cada visão (portanto literalmente uma *visão do espírito*) revelasse um aspecto intacto seu, imagem após imagem, camada após camada, como páginas de fotografias acumuladas — e em três dimensões. Um *holograma*, em suma, ou uma imagem de *síntese*.

Claro que, ao chegar a esse ponto, Freud se depara com a impossibilidade de representar espacialmente sua idéia arqueológica. Daí a denegação, inevitável: "Perseguir essa *fantasia* não teria sentido, pois ela conduz a representações que não são mais concebíveis e que se tornam absurdas. Se quisermos traduzir no espaço a sucessão histórica só podemos fazê-lo colocando as coisas lado a lado no espaço; a mesma unidade de lugar quase não tolera dois conteúdos diferentes. Nossa tentativa parece, portanto, um jogo fútil. Etc."[12] O que ainda falta a Freud, nessa fase, para encarnar sua "visão do espírito", é portanto um dispositivo de topografia visual (uma tópica tecnológica) que permita precisamente atualizar essa virtualidade: uma *máquina-palimpsesto*.

A outra metáfora arqueológica é a de Pompéia. Já está evidentemente em ação no texto de Jensen, *Gradiva*, cujo próprio subtítulo, assinalamos, é "*fantasia arqueológica*". Como se sabe, em sua análise da narrativa de Jensen, Freud nela lerá essencialmente a simbólica do recalcamento: "O recalcamento, que torna o psíquico ao mesmo tempo inacessível e o conserva intacto, só pode ser comparado da melhor maneira possível ao enterramento, como o sofrido no destino de Pompéia e fora do qual a cidade conseguiu renascer sob o trabalho da pá."[13] Muitos se surpreenderam às vezes pelo fato de Freud não ter explorado com maior amplitude a metáfora arqueológica de Pompéia com o intuito de uma tópica geral do aparelho psíquico (o que o texto de Jensen favorecia bastante). Acho que o interesse está justamente aí: focalizando apenas a analogia recalcamento/enterramento (e seu corolário, retorno do recalcado/exumação), Freud adianta com nitidez sua famosa idéia da preservação integral e inalterável do passado. Ora, essa preservação só é possível pela *instantaneidade* do enterramento, que tornou Pompéia, ao final de uma catástrofe única, uma cidade suspensa *de repente para* todo o sempre. Pompéia só nos oferece de seu passado *uma única* imagem, uma única camada/corte histórico, mas no-la fornece quase intacta. Daí, diferentemente de Roma, seu lado *unheimliche* (sua estranheza inquietante), daí seu aspecto "maravilhoso" (o conto de Jensen vai nesse sentido) e até quase "milagroso" (sabe-se que o cineasta Roberto Rossellini, no final de sua *Viagem à Itália*, utiliza precisamente Pompéia e a exumação de dois corpos ainda abraçados sob as cinzas para representar aos olhos de Ingrid Bergman a própria revelação, do fundo de seu inconsciente, de seu amor oculto, recalcado, que a conduzirá ao verdadeiro *milagre* final). Deve-se observar, ademais, como Sarah Kofman[14], que o texto de Freud que analisa a *Gradiva*, é claro, vai nesse sentido, mas, além disso, que é trabalhado por inteiro por observações que acumulam as referências à luz, ao sol sob todas as suas formas (como às trevas sob as cinzas, na noite dos tempos). Pompéia: uma questão de Luz, de Revelação e de Aparição, de Captação instantânea, de Preservação integral. Uma verdadeira *cidade fotográfica*. Não se ousa imaginar o que Freud veria na Hiroshima de depois da deflagração.

Em suma, como metáforas arqueológicas, Roma e Pompéia oferecem a Freud a imagem de dois regimes de temporalidade distintos, que ambos ilustram complementariamente o funcionamento do aparelho psíquico: por um lado, um tempo do acúmulo, da continuidade, da duração, da contemplação, da exposição, da sobrecarga —, mas fragmentária; por outro, um tempo da captura, do corte, do instante, da explosão, da unicidade —, mas totalizante. A dificuldade é evidentemente que esses dois regimes são exclusivos: ou é Roma, a multiplicidade de camadas, mas sempre em parcelas; ou é Pompéia, a integralidade preservada, mas então singular. O sonho impossível para Freud é ter os dois ao mesmo tempo, a multiplicidade *e* a integralidade, Roma *e* Pompéia, a duração *e* o instante. Achar algo como uma "mudança da direção do olhar", que articulasse *juntas* Roma e Pompéia. Pois já o aparelho psíquico, evidentemente, *é* essas duas coisas em uma. Todos, no fundo de nossa psique, temos uma Roma *e* uma Pompéia, indistintas, interiores, íntimas. Os traços mnésicos escondidos em nosso inconsciente estão *ao mesmo tempo* sempre *todos* ali, e sempre *inteiros*. Só sua ascensão à superfície é seletiva. Todas as virtualidades são registradas, mas as atualizações na consciência, as *revelações* são feitas pontualmente, de acordo com mil procedimentos, que são como tantos filtros (atos falhos, sonhos, lapsos, fantasmas, associações, projeções etc.). Como o arqueólogo, o analista está ali para favorecer a emergência, escavar, arranhar, procurar, revelar, fazer sair à tona. O analista-arqueólogo é o fotógrafo, que faz passar as imagens latentes ao estado de imagens manifestas, estas podendo ser imagens (ou lembranças) de projeção, imagens deslocadas, transferidas, condensadas, manipuladas por todas as formas de trabalho da dinâmica psíquica.

A metáfora fotográfica

Ao lado dessas analogias arqueológicas, Freud voltou muitas vezes, como dissemos, a *metáforas fotográficas*. Como para as ruínas, as comparações com a foto serão de dois tipos, aqui também complementares: por um lado (o lado Pompéia), Freud fará referência ao próprio *aparelho* fotográfico, à sua parte ótica e mecânica, ao sistema "objetiva-

cofre" — como se diz, o sistema "Percepção-Consciência"; por outro (o lado Roma), remeterá à *imagem* fotográfica, à sua parte química e especialmente ao processo de revelação (o papel da imagem latente, a passagem do negativo ao positivo). Um dos textos mais interessantes que abordaram essa problemática (o de Jean Guerreschi, intitulado "Território psíquico, território fotográfico"[15]) insiste igualmente nesse aspecto de "dupla face" da homologia entre os dois "aparelhos": a parte da tomada fotográfica remetendo ao funcionamento "diurno" da psique, a do laboratório a seu funcionamento "noturno", ambos sendo, ao mesmo tempo, nitidamente distintos, mas assim mesmo contíguos e articulados (eles definirão a "tópica" da psique). Comecemos pela face dianteira do dispositivo.

Conhece-se a célebre passagem do capítulo VII do Traumdeutung:

> A idéia que nos é oferecida dessa maneira é a de um *lugar psíquico*. Afastemos de imediato a noção de localização anatômica. Permaneçamos no terreno psicológico e tentemos apenas imaginar o *instrumento* que serve para as *produções* psíquicas como uma espécie de microscópio, de *máquina fotográfica* etc., o *lugar* psíquico correspondendo a um ponto dessa máquina onde se forma a imagem. No microscópio ou no telescópio, sabemos que esses são pontos ideais aos quais não corresponde qualquer parte tangível do aparelho. A meu ver, é inútil me desculpar pelo que minha comparação pode ter de imperfeita..."[16]

Uma imperfeição que absolutamente não impede Freud de retomar exatamente a mesma analogia cerca de 40 anos depois no início de *Resumo de psicanálise*:

> Admitiremos que a vida psíquica é a função de um *aparelho* ao qual atribuímos uma extensão espacial e que supomos formado de várias partes. Imaginamo-lo como uma espécie de telescópio, de microscópio ou como algo do gênero.[17]

Como se vê, Freud quase não especifica, nem dá nuanças técnicas, colocando no mesmo pacote indiferenciado coisas tão diferentes como o telescópio, o microscópio ou a máquina fotográfica. De fato, o que Freud aponta principalmente nessas metáforas tecnológicas é unicamente que se trata de *aparelhos* (e singularmente de aparelhos de função escópica), ou seja, *dispositivos estruturados espacialmente* ("formados de várias partes"), com *uma entrada*, um lugar de captação, de foco, de enquadrador (o que corresponde para ele ao sistema percepção-consciência, por onde tudo *passa*), de um lado, e, de outro, ao final de uma travessia, de uma trilhagem progrediente, uma *superfície de inscrição*, um local de registro e de estocagem à distância das impressões captadas e transmitidas pela caixa negra (é o sistema traços mnésicos-inconsciente, onde tudo *permanece*). "O lugar psíquico corresponde a esse ponto do aparelho onde a imagem se forma." De um lado ao outro da maquinaria, da entrada à superfície, da passagem das coisas do olho da consciência à sua inscrição no fundo do inconsciente, está todo o trabalho *a montante*, ou "diurno", do aparelho psíquico.

Da analogia assim colocada, pode-se inferir que o *trabalho* dessa passagem consiste em produzir algumas modificações entre a entrada e a chegada, em transformar as "excitações" da percepção, que transitam por "sistemas de lembranças" variados e sucessivos, um pouco da mesma maneira que as lentes de uma objetiva, o diafragma ou o obturador, em suma, o mecanismo da caixa, deformam ou pré-formam as excitações luminosas que nela penetram e a atravessam antes de alcançar o fundo. Freud não vai além em sua comparação. Não se esforça por identificar cada função do aparelho psíquico para encontrar-lhe equivalentes tecnológicos precisos no aparelho fotográfico. No fundo, contenta-se em nos dizer para começar: eis *o aparelho*. Isso quer dizer: eis instâncias espacialmente distribuídas (entrada/superfície; fora/dentro; frente/trás) e eis um trabalho, um funcionamento, uma circulação-transformação. Num único sentido (o da chegada das impressões). É uma tópica (a primeira, no caso) e uma dinâmica. Nessa fase, ainda não estamos muito longe. Não mais longe do que o fotógrafo que tivesse passeado seu aparelho de tomada pelo mundo sem *nada dele extrair*.

Depois vem justamente o segundo tempo da analogia freudiana, a outra parte, a parte "noturna", o trabalho *a jusante*, o dos ressurgimentos a partir do fundo onde tudo está inscrito e permanece virtualmente (imagem latente do inconsciente), rumo a manifestações exteriores, atualizadas, visíveis, representáveis. Trilhagem dessa vez regrediente, da superfície de fundo rumo à saída, do inconsciente rumo ao pré-consciente, trajeto aí também filtrado por transformadores (os "processos primários": condensação, deslocamento), estes mesmos que fundamentam o famoso "trabalho do sonho". Será a outra parte das metáforas fotográficas, as que dizem respeito ao processo químico da revelação. Assim, por exemplo, em *Nota sobre o inconsciente em psicanálise*:

> Qualquer ato psíquico começa sendo inconsciente e pode continuar sendo ou *desenvolver-se* até a consciência, dependendo se encontra resistência ou não. A diferença entre atividade pré-consciente e atividade inconsciente não é primária, só é estabelecida quando a defesa entra em jogo. Só então a diferença entre pensamentos pré-conscientes, capazes de aparecer à consciência e de reaparecer a qualquer momento, e pensamentos inconscientes, aos quais isso será recusado, adquire um valor tanto teórico quanto prático. Uma analogia grosseira, mas que não seria inadequada, com essa relação suposta da atividade inconsciente com a atividade consciente, poderia ser encontrada na fotografia. O primeiro tempo é o *negativo*: qualquer fotografia deve passar pelo *processo negativo*, e os negativos que passaram pelo teste são admitidos no *processo positivo* resultando na imagem final.[18]

Também aqui, essa "analogia grosseira" nem por isso deixará de ser retomada em outra obra, por exemplo, em *Introdução à psicanálise*:

> Para dar uma idéia exata, admitiremos que cada processo psíquico existe em primeiro lugar numa fase inconsciente para depois passar para a fase consciente, mais ou menos como uma imagem fotográfica começa sendo negativa e só se torna imagem definitiva após ter passado pela fase positiva. Ora, da mesma maneira que qualquer imagem negativa não se torna necessariamente uma imagem positiva, qualquer processo psíquico inconsciente não se transforma necessariamente em processo consciente.[19]

Freud não parece conhecer a expressão "imagem latente", mas é evidentemente o termo exato que melhor convém ao que ele descreve. De fato, Freud mistura as noções de imagem latente e de imagem negativa, embora, como sabemos, ele distinga claramente no conjunto *três* fases: a do *inconsciente* (o que seria a imagem de latência propriamente dita da imagem fotográfica; nesse estádio não existe estritamente nada a ver, nem sabe-se o que foi inscrito ali), a do *pré-consciente* (a imagem está ali, mas "negativa", semivisível, invertida em seus valores, pouco reconhecível, ainda não revelada, tenebrosa) e a do *consciente* (a imagem positiva final, luminosa). Encontramos aqui a tópica do aparelho psíquico, mas dessa vez não mais do lado da fase de captação das excitações (a tomada) e sim do lado da fase de ascensão das impressões ocultas (a revelação, a química). Trilhagem regrediente e "noturna". É o trajeto cumprido pelo trabalho do sonho.

Parte-se do inconsciente, do estado de latência das impressões psíquicas vistas em sua pura virtualidade como imagens que entraram, imagens invisíveis. Noite de tinta total. O Espírito como caixa negra. Escondidos no fundo, inacessíveis ao olhar que só opera na luz, os traços mnésicos estão ali, duráveis e infinitos, latentes e à espera.

Do quê? De um futuro muito incerto, indeterminável. Pois a Revelação, a revelação (fotográfica), a passagem (por intermédio do negativo: o pré-consciente como reserva) rumo à positividade da imagem manifesta não se fará nem de uma vez só, nem com certeza. A chegada à luz dessas impressões será ao mesmo tempo *progressiva* (haverá paradas, etapas, estágios, tempos de exposição, não se sabe quando isso vai começar a andar, quando isso vai parar, por quanto tempo), *sinuosa* (haverá agulhagens, vias de estacionamento, engarrafamentos, desvios, erranças infinitas, jamais se tem certeza de chegar, não se sabe para onde se está indo) e *seletiva* (existem filtros, telas, defesas, portas ou janelas mais ou menos fechadas, "guardas de antecâmara", que selecionam a passagem; há resistências, mecanismos de defesa; há *provas* a serem feitas). Algumas impressões, para sempre obscuras, permanecem ocultas em sua profunda negatividade. O caminho rumo ao surgimento positivo é um caminho de trabalho, de processo.

De fato só têm acesso ao dia claro fragmentos, pedaços, restos mais ou menos (in)completos, mais ou menos (de)formados. Finalmente, pode-se dizer que *o positivo é uma espécie de ruína exposta, como Roma*. Um resíduo mais ou menos mal conservado, destruído pelo tempo, sempre parcial. Enquanto *o negativo será mais, como Pompéia, uma ruína enterrada, portanto ainda relativamente intacta, preservada,* que só se tornará de fato ruína quando a desenterrarmos e a expusermos à luz do dia (passagem para o positivo). Essa cidade enterrada que o negativo é pode ressurgir inteira de uma só vez à superfície, vir à luz do fundo do buraco negro onde estava esperando. Corre então todos os riscos (Freud, em *O homem dos ratos*: "Pompéia só está em ruínas agora, depois que foi desenterrada"[20]). Pode também ali permanecer, mais ou menos completamente, só transparecer por fragmentos, enigmáticos, indecifráveis. Ou nem mesmo deixar que se desconfie de sua existência.

Se tudo se inscreve na memória psíquica e ali permanece gravado intacto, nem tudo volta. O recalcamento é originário, e sempre haverá restos perdidos, parcelas inacessíveis à consciência. Sempre haverá uma parcela de imagem invisível. Ou melhor, sempre haverá invisível na imagem. *Sempre haverá uma espécie de latência no positivo mais afirmado,* a virtualidade de algo que foi perdido (ou transformado) no percurso. Nesse sentido, a foto sempre será *assombrada.* Sempre será, em (boa) parte, uma *imagem mental.*

Por aí podemos também considerar as fotografias como verdadeiras *lembranças encobridoras* (um conceito que Freud elabora no mesmo momento que *A interpretação dos sonhos* — 1899 — e que ilustra um mecanismo psíquico bastante semelhante ao trabalho do sonho, empregando ao mesmo tempo a memória, o deslocamento e o recalcamento[21]). A lembrança encobridora? Uma exibição de memória deslocada, uma imagem substitutiva, aparentemente simples e evidente, bem ali, mas no lugar de uma outra, ausente, oculta, recalcada. Deve-se saber atravessar o véu, como o analista, para tentar remontar à imagem original, ao *negativo original.* Em sua tipologia das lembranças encobridoras, Freud distingue, aliás, "lembranças" encobridoras *positivas* e lembranças encobridoras *negativas,* cujo conteúdo está em relação de oposição com o conteúdo reprimido"[22]. Dupla face, jogo de um para o outro. Deve-se saber erguer o véu que esconde, abandonar a parte do olho, sempre cego demais, para subir a fieira abstrata da memória. Jean Guerreschi: "as chapas são lembranças que conduzimos ao plano exato de separação entre o olho e a memória."[23]

A foto? Não acreditar (demais) no que se vê. Saber não ver o que se exibe (e que oculta). E saber ver além, ao lado, através. Procurar o negativo no positivo, e a imagem latente no fundo do negativo. Ascender da consciência da imagem rumo à inconsciência do pensamento. Refazer de novo o caminho do aparelho psíquico-fotográfico, sem fim. Atravessar as camadas, os extratos, como o arqueólogo. Uma foto não passa de uma superfície. Não tem profundidade, mas uma densidade fantástica. Uma foto sempre esconde outra, atrás dela, sob ela, em torno dela. Questão de tela. Palimpsesto.

O "Wunderblock"

Em 1925, Freud encontrava outra metáfora para representar sua teoria do aparelho psíquico, uma metáfora que lhe permitia dessa vez manter *unidos* os diversos aspectos contraditórios da teoria (Roma *e* Pompéia), uma metáfora que lhe parece finalmente *empregável* e que escapa a qualquer denegação franca, uma metáfora em que o fotográfico vai ceder lugar ao escritural, mas sempre na dimensão puramente visual. Trata-se, é claro, da famosa figura do *Wunderblock*, tal como é exposta na "Nota sobre o bloco de notas mágico"[24]. Aqui seguiremos o seu desenvolvimento com uma simples leitura de texto.

Freud começa sua nota com uma referência, implícita, mas evidente, à "técnica" (é seu próprio termo) daquilo que, desde o célebre livro de Frances Yates, chamamos *artes da memória*:

> Se não tenho confiança em minha memória, posso completar e garantir seu funcionamento fazendo anotações por escrito. A superfície que conserva essas anotações, seja esta um *quadro* ou uma *folha de papel*, é então por assim dizer um fragmento materializado do aparelho mnésico que, de outro modo, é invisível para mim. Basta-me saber *o lugar* onde coloquei a *lembrança assim fixada* para poder a cada vez reproduzi-la à vontade."[25]

Caso de mnemotecnia tradicional portanto, onde se encontra toda a estratégia dos *loci* e das *imagines*, de lugares-casas, fixos e preordenados, e das imagens-lembranças, que ali foram colocadas em ordem, de maneira a poderem operar uma espécie de ponto de referência mnemônico semi-automático. Imagens-lembranças que podemos, num tal dispositivo, *reproduzir à vontade*.

Em seguida vem a exposição da natureza dupla, contraditória, dos meios escriturais clássicos de memorização: ou (é a solução "folha de papel") opto por inscrever as impressões numa superfície que conserva indefinidamente as notas que nela são fixadas — tenho então "traços mnésicos duráveis", mas minha superfície de inscrição não é ilimitada e, uma vez cheia, não poderei mais utilizá-la. Ou (é a solução "quadro") escolho uma superfície que permaneça indefinidamente receptiva — onde posso, à vontade, apagar o que estava inscrito sem jogar o próprio suporte — mas então, é claro, não tenho mais traços duráveis ou intactos. Em suma, mais uma vez, por um lado Roma, por outro Pompéia, e a impossibilidade de fazer as duas coincidirem na prática. Freud: "Assim, capacidade receptora ilimitada e conservação dos traços duráveis parecem excluir-se mutuamente nos dispositivos que substituem nossa memória: ou a superfície receptora deve ser renovada, ou as notas devem ser destruídas."[26]

Freud termina, então, seu preâmbulo lembrando sua teoria geral do aparelho psíquico: "Nosso aparelho psíquico realiza justamente o que os dispositivos mnemotécnicos escriturais não conseguem realizar" (capacidade receptora indefinida e *ao mesmo tempo* conservação durável dos traços mnésicos) [27]. Conjunção singular, que se deve ao modo de organização espacial do aparelho psíquico (a "primeira tópica" constituída de dois sistemas distintos, mas reais: por um lado, "à frente", o sistema *Pc-Cs*, que recebe as impressões, mas não conserva seu traço durável (ele esquece, não passa de um local de passagem) e, por outro, "bem atrás dele", o sistema *Ics*, que conserva os traços mnésicos (é ele a memória psíquica). As duas partes são articuladas uma à outra por um simples efeito de contigüidade.

É aqui que entra em jogo o famoso "bloco de notas mágico".

Descrição: O bloco de notas mágico é um pequeno instrumento composto de três elementos sobrepostos, três zonas contíguas. No "fundo", a base: um pequeno quadro de cera emoldurado. Em cima, duas folhas translúcidas sobrepostas e separáveis (exceto em um lado que une as duas). A de baixo, em contato direto com a cera do quadro, consiste num papel encerado fino que serve de tela para a inscrição. A de cima (a superfície externa do dispositivo) é feita de uma folha de celulóide resistente e transparente; serve de camada protetora para evitar rasgar o papel encerado fino que está sob ela.

Funcionamento: em princípio, não se usa lápis ou giz, mas um estilete pontudo ("trata-se de um retorno à maneira como os Antigos escreviam nas tabuinhas de argila ou cera", diz Freud[28]). Não existe portanto "depósito material sobre a superfície", mas "*escrita no côncavo*". Questão de relevo na própria inscrição.

Por outro lado, o princípio é simples: não se toca diretamente na cera do fundo; o estilete traça seus signos por cima da dupla folha translúcida que o recobre. Por pressão, a folha de papel encerado intermediária adere à cera do quadro e, ali onde o estilete passou, aí deixa por contato estrias escuras num fundo claro. Se quisermos apagar a inscrição basta puxar a folha dupla que recobre: separando a folha do quadro, a escrita desaparece, e a superfície parece se revirginizar. Está pronta para novas inscrições.

Ora, e aqui reside o essencial do problema, *esse apagamento dos traços é relativo*. Não que se possa fazê-los reaparecer pura e simplesmente, no mesmo estado, com a mesma presença manifesta que antes do apagamento (essa "reprodução do interior", diz-nos Freud, "torná-lo-ia um bloco realmente mágico, como nossa memória"[29]), mas eles não desapareceram de fato, permaneceram ali, *em filigrana* na própria cera, como uma espécie de *remanescente,* relativamente perceptíveis dependendo de um ângulo de visão adequado que mostre o relevo da inscrição na cera.

> Freud: "Constata-se de fato com facilidade que o traço durável da escrita é conservado no próprio quadro de cera e que ela pode ser lida *com uma iluminação adequada.*"[30]

Encontramos aí, por assim dizer materializado, esse princípio de uma "mudança de direção do olhar", então puramente imaginário, com que Freud sonhara a respeito de Roma (todas as Romas em Roma). Essa utopia ótica de uma variação virtual de ponto de vista que permite ver ao mesmo tempo vários aspectos diferentes de uma mesma coisa (todas as camadas do passado juntas, no mesmo lugar e conservadas intactas), essa utopia cessa, com o Wunderblock, de ser uma *visão de espírito* para se tornar uma visão *quase* real. Esses traços que permanecem apesar do apagamento, aquém, como uma lembrança não muito nítida, mas visível, não é mais de fato uma imagem virtual, latente (pois existe algo a ver). Não é tampouco um positivo, uma tiragem luminosa e evidente (era antes do apagamento). Seria antes algo como *um negativo* ("uma representação em côncavo"). Uma visão intermediária, algo como um meio termo, ao mesmo tempo da ordem do olho e da ordem da memória. Uma memória do olho e um olho da memória. O ponto exato de articulação de uma visão romana de Pompéia e de uma visão pompeana de Roma. O bloco de notas mágico é a encarnação exata da figura do palimpsesto que não cessou, como vimos, de atravessar as preocupações de Freud, que procurava ilustrar o funcionamento do aparelho psíquico e de sua tópica com todos os tipos de metáfora.

> Freud: "Desse modo, o bloco de notas mágico resolve o problema que a união das duas funções coloca (superfície reutilizável e traços duráveis) distribuindo-as por duas partes constitutivas — ou sistemas — distintas, mas ligadas uma à outra (...), a camada receptora de estímulo — o sistema Percepção-Consciência (a folha que recobre) — não forma traços duráveis (não tem memória); o que fundamenta as lembranças se produz num outro sistema vizinho situado atrás (a cera do quadro, isto é, o Inconsciente)."[31]

Ler deste modo o texto freudiano, seguindo por meio de diversas figuras palimpsésticas os movimentos de metáforas "que visualizam" o funcionamento do aparelho psíquico, é, evidentemente, apenas pelo prazer de inverter o jogo de metáforas: mostrar não que a vida psíquica pode encontrar na arqueologia, na fotografia ou num instrumento de escrita representações mais ou menos esclarecedoras, mas, bem ao contrário, que é a própria fotografia, em seus maiores desafios, que se encontra revelada como um dispositivo psíquico de primeira linha. Entre olho e memória, entre olhar e pensamento, entre visibilidade e latência, bate a foto. Com toda a força, bate as asas, vai e vem, escorrega incessantemente de um ao outro. Ainda palimpsestos.

NOTAS

1. Walter Benjamin, "Petite histoire de la photographie" (1931) e "L'oeuvre d'art à l'ère de sa reproductibilité tecnique" (1935), em *L'homme, le langage et la culture*, Paris, Denoël/Gonthier, col. Médiations, 1971.
2. Walter Benjamin, "L'oeuvre d'art...", *op. cit.*, p. 147, em nota.
3. Frances A. Yates, *L'art de la mémoire*, Paris, Gallimard, 1975 (1ª edição inglesa, 1966).
4. Frances A. Yates, *op. cit.*, p. 19.
5. Platão, *Teeteto*, 191 c-d.
6. Sarah Kofman, "Résumer, interpréter (Gradiva)", em *Quatre romans analytiques*, Paris, Galilée, 1973, pp. 99-134. Ver igualmente "Freud, l'appareil photographique", em *Camera obscura. De l'idéologie*, Paris, Galilée, 1973, pp. 37-46.
7. Sigmund Freud, *Malaise dans la civilisation*, Paris, PUF, 1971.
8. Sigmund Freud, *Délire et rêves dans la "Gradiva" de Jensen*, Paris, Gallimard, col. Idées, 1979.
9. Sigmund Freud, *Malaise...*, *op. cit.*, p. 11.
10. Sigmund Freud, *Malaise...*, *op. cit.*, p. 13.
11. Sigmund Freud, *Malaise...*, *op. cit.*, p. 13.
12. Sigmund Freud, *Malaise...*, *op. cit.*, p. 13.
13. Sigmund Freud, *Délires et rêves...*, *op. cit.*, p. 170.
14. Sarah Kofman, "Résumer, interpréter (Gradiva)", *op. cit.*
15. Jean Guerreschi, "Territoire psychique, territoire photographique", em *Les Cahiers de la Photographie*, nº 4 (*Le territoire*), Paris, 1984, pp. 64-74.
16. Sigmund Freud, *L'interprétation des rêves*, Paris, PUF, 1977.
17. Sigmund Freud, *Abrégé de psychanalyse*, Paris, PUF, 1973, p. 3.
18. Sigmund Freud, "Note sur l'inconscient en psychanalyse", em *Métapsychologie*, Paris, Gallimard, col. Idées, 1968, p. 184.
19. Sigmund Freud, *Introduction à la psychanalyse*, Paris, Payot, PBP, 1973, pp. 275-276.
20. Sigmund Freud, *L'homme aux rats*, Paris, PUF, 1974, p. 219.
21. Sigmund Freud, "Sur les souvenirs-écrans", em Névrose, psychose et perversion, Paris PUF, 1973, pp. 113-132.
22. Sigmund Freud, "Sur les souvenirs-écrans", *op. cit.*, p.130.
23. Jean Guerreschi, "Territoire psychique, territoire photographique", *art. cit.*, p. 73.
24. Sigumund Freud, "Note sur le 'bloc-notes magique'", em *Résultats, idées, problèmes* (1921-1938), tomo II, Paris, PUF, 1974, pp. 119-124.
25. Sigmund Freud, "Note sur le 'bloc-notes magique'", *art. cit.*, p. 119.
26. Sigmund Freud, "Note sur le 'bloc-notes magique'", *art. cit.*, p.120.
27. Sigmund Freud, "Note sur le 'bloc-notes magique'", *art. cit.*, p. 120.
28. Sigmund Freud, "Note sur le 'bloc-notes magique'", *art. cit.*, p. 121.
29. Sigmund Freud, "Note sur le 'bloc-notes magique'", *art. cit.*, p. 123.
30. Sigmund Freud, "Note sur le 'bloc-notes magique'", *art. cit.*, p. 122.
31. Sigmund Freud, "Note sur le 'bloc-notes magique'", *art. cit.*, pp. 122-123.

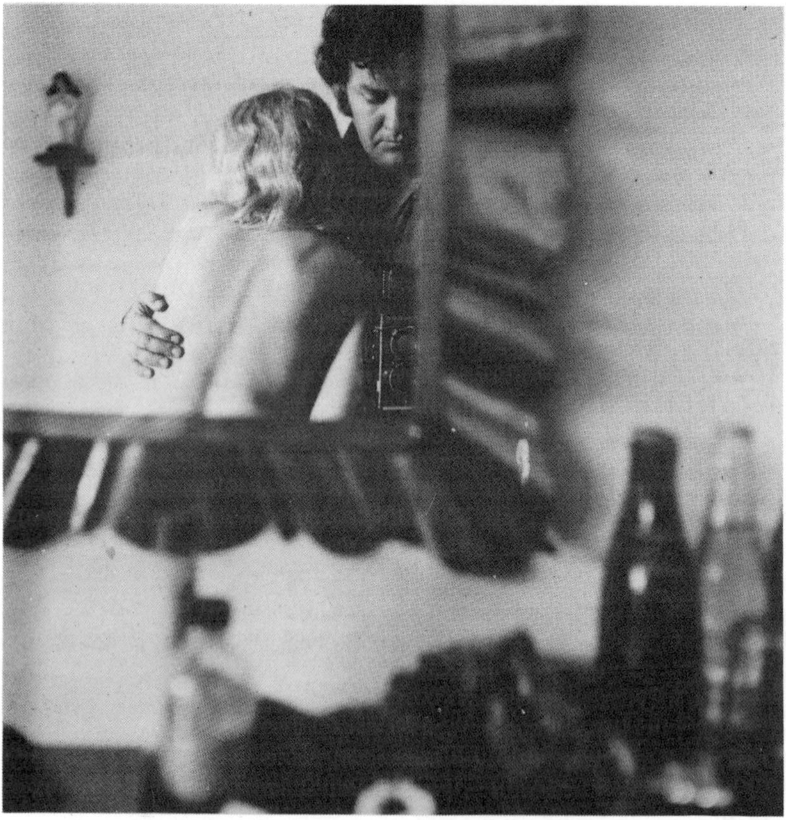

Denis Roche, *19 de julho de 1978.*

Capítulo 8

O PEDREGULHO E O PRECIPÍCIO*
A respeito da obra fotográfica de Denis Roche

---

* Esse capítulo é a retomada, mal retocada, de meu artigo publicado com o mesmo título no número que *Les Cahiers de la Photographie* consagraram recentemente a *Denis Roche* (nº 23, Paris, 1989, pp. 70-90). Agradeço ao redator-chefe da revista, Gilles Mora, pela autorização de reutilizar esse texto.

Permitam-me começar por essa pequena alegoria do pedregulho, tal como é evocada por Francis Ponge por intermédio da *experiência do precipício interior*, em sua conferência feita em Bruxelas a 22 de janeiro de 1947:

> Vejam, quando se tem uma espécie de abismo em si, que aumenta a cada instante... Para muitos, é um precipício. E o que faz um homem que chega à beira do precipício, que tem vertigem? Instintivamente, ele olha *para o mais perto possível* — vocês o fizeram, vocês viram outros fazerem. É simples, é a coisa mais simples. Leva-se o olhar ao degrau imediato ou ao pilar, à balaustrada, ou a um objeto fixo *para não ver* o resto. À beira do abismo, o homem não construirá uma filosofia da queda ou do desespero. Olhará *com muita atenção* para o pedregulho para não ver o resto. Agora acontece de o pedregulho se abrir por sua vez e tornar-se também um precipício. Assim, qualquer objeto, basta querer descrevê-lo, abre-se por sua vez, torna-se um abismo. Mas esse abismo pode se fechar. É menor. É possível, pelos meios da arte, voltar a fechar um pedregulho. Não é possível voltar a fechar o grande buraco metafísico. Mas talvez a maneira de voltar a fechar o pedregulho valha para o resto, terapeuticamente. Isso faz com que se continue a viver por mais alguns dias.[1]

Essa história sobre o paradoxo do pedregulho é, a meu ver, exemplar por dois motivos: em primeiro lugar, reflete com bastante precisão minha própria relação com a obra de Denis Roche; em segundo lugar, ela pode servir de emblema ao próprio funcionamento dessa obra. Questão de jogo duplo.

Ao longo de todo o meu próprio trabalho de adiantamento teórico no campo da fotografia — que dura cerca de dez anos —, o trabalho de Denis Roche sempre me pareceu, ao mesmo tempo, o ponto de impulso mais central, o rochedo incontornável, sempre o mais perto possível, onde me reconheço, ao que se tornou impossível eu não me agarrar a partir do momento em que tento levar o olhar para longe e, ao mesmo tempo, não me referir demais a ele como o ponto de fuga mais inapreensível, o mais fugidio, o precipício mais abissal, onde *também* não cesso de me perder, de tanto perscrutá-lo, onde posso afundar infinitamente, certo de estar bem além *de todo o resto*. Acho até que é essa duplicidade, esse efeito de retomada, do abismo *no* pedregulho, que me manteve e ainda me mantém ao vivo no campo da reflexão sobre a foto. Roche: minha mancha cega, o ponto de ancoragem em torno do que há dez anos não cesso de girar, e dessa forma porque *sei* que sempre só poderei ser mais engolido por ela, ser despojado por ela, sempre já perdido, arrebatado, *raptado*. Resta-me, portanto, (como diz Ponge, terapeuticamente?) tentar voltar a fechar o pedregulho observando o objeto em sua opacidade fulgurante, suturar o abismo jogando o jogo da superfície. Para viver por mais alguns dias.

Por outro lado, o paradoxo do pedregulho de Ponge é igualmente a própria imagem do funcionamento de Roche. Não conheço de fato autor — escritor ou fotógrafo — que tenha levado a esse ponto de intensidade a idéia do movimento interior mais vertiginoso no contexto mais fixo que existe. Que tenha levado tão longe o princípio de idas e vindas perpétuas na câmara clara, de corridas infinitas de um bordo a outro, de alinhamentos furiosos de signos, de empilhamentos de linhas, de travessias, de avanços, de recuos, de cruzamentos, de encontros breves, de máquinas de viajar, de escrever, de registrar, de colocações em paralelo, de ecos, de "lalias", de desdobramentos, de deslocamentos, de arrebatamentos, de tumultos, de tormentos em todos os gêneros, tudo isso no próprio centro do que pode haver de mais imóvel, de mais petrificado, de mais impassível, de mais fosco ou de mais vazio, plano e mudo: "enquadrador", janela, patamar, espelho, vidro, tela, superfície, pele, depósito, sedimentação, mumificação, petrificação, megálito, urna, inscrição, túmulo etc. Denis Roche é a meu ver aquele que soube "manter" com força e constância por cerca de 30 anos de atividade criativa ininterrupta e, por maiores que sejam as variações dessa obra, esse paradoxo da agitação louca e da vertigem no próprio coração da mais rigorosa fixidez aparente. Seu trabalho é feito por inteiro dessa violência e dessa tensão: nele o vivo está no morto. E vice-versa. Como a claridade nele está na opacidade, a profundidade na superfície, o vazio no cheio. E vice-versa. Como a fotografia está na literatura. E vice-versa. Como o *denis* (etimologicamente, o dionisíaco, o excitado) está na *roche* ([rocha] ordem, medida, serenidade impassível). E vice-versa.

O energúmeno é feito dessa maneira de duplos paradoxais. Tomemos isso em três momentos, três lugares, três cortes na obra de Roche: o primeiro no campo de sua obra literária (*Le mécrit* [*O mal escrito*][2]), o segundo na obra indeterminada (texto-fotográfica, ou vice-versa) dos *Depósitos de saber & de técnica*[3], o terceiro no trabalho recente e em primeiro lugar fotográfico das *Photolalies*[4].

Quando Denis Roche se dedica (se dedicava) à poesia ("é inadmissível!"), não cessa de nela buscar a coerção (a "forma fixa") para melhor inscrever nela suas explosões interiores. Como, por exemplo, justamente, *As tentações de Francis Ponge*[5], principalmente o quinto poema: no meio das linhas que tornam o texto pleno, encontra-se um grande retângulo branco, vazio, mostrado por si mesmo, a partir apenas de seu contorno sublinhado por um traço, como forma pura, rígida, janela vazada, tela virgem, bloco quadrangular de não-texto encaixado no corpo topográfico do texto. Desse retângulo vazio parte um traço marginal que nos remete a uma "nota" ao pé da página:

> (1)voire voire voire voire voiouaraouar. merdE! [l'idée que je viens de dire à p., que chaque [fois que j'écris la violence de l'endroit m'oC [cupe qu'il m'est impossible d'écrire autrement [que dans le même moule: carré ou rectangle d' [1 quinzainz d' 1 vingtaine max. de lignes. Pour [les formes, celles de ces textes que j'écris d [epuis hier pour ponge, il faut les fairé à frO.
>
> iD

> [ver, ver, ver, ver, ver indiscretamente, merda! a idéia que acabo de dizer a p., que cada vez que escrevo a violência do lugar que me ocupa, que me é impossível escrever de outra forma que no mesmo molde: quadrado ou retângulo de cerca de quinze, de cerca de vinte linhas no máximo. Para as formas, as desses textos que escrevo desde ontem por embeber, é preciso fazê-las a frio (tradução livre)]

Formas a *frio* para palavras *quentes*. Um fervilhar, uma erupção dentro ou em torno de um molde gelado — quadrado ou retângulo — literalmente cortado com um fio de prumo, com um rigor de máquina (o da máquina de escrever, com seus marginadores bloqueados, que enquadra tanto quanto a máquina fotográfica), um enquadrador, um oco que implica uma violência extrema: *a violência do lugar que me ocupa. Cut.* Salto. Sobressalto selvagem. O corte decuplica. Como disse Hubert Damisch: "A violência do lugar quer, em Roche, que a coerção da regra se exaspere com o caráter quase mecânico de sua transgressão."[6] Forma fixa, forma vazia. É no êxtase branco do local que se arranca, por excesso, a violência compulsiva do sujeito que se designa. "A literatura deve ser feita de todos os excessos de questões possíveis"[7], dirá Roche na época de *Loba baixa*. A exasperação vem desse afastamento entre quadro e movimento. É ali que Roche, sempre, escava, mergulha, respira. É ali, nesse excesso em côncavo, que ele encontra a fotografia no que ela tem de mais essencial. Pois, teremos a oportunidade de voltar a isso, a fotografia é o *pensamento* da escrita de Roche.

Essa obsessão do recorte de máquina e de sua transgressão exacerbada, encontramo-la bem evidentemente, e radicalizada, e multiplicada, na prática em dobro dos *Depósitos de saber & de técnica*[8], que sem qualquer dúvida são a experiência mais extrema de conjunção, de interferência efetiva, *no ato e na matéria*, entre fotografia e literatura: *fotoratura e litegrafia*, absolutamente. Esse trabalho é para mim a encruzilhada, o local do foco — e por aí mesmo abissal — do itinerário de Roche, aquele ao mesmo tempo do face-a-face absoluto (digamos o pedregulho da foto *contra* o precipício do texto) e também da identificação total (o precipício *no* pedregulho), o local de um *precipitado* verdadeiro e irresistível dos dois: a violência estendida ali não vem de uma relação das duas faces de um mesmo mundo (o mundo das letras), a oposição não está entre forma fixa e explosão apenas no campo (canto) da poesia ou da literatura, mas no precipitado real entre "foto" e "texto", em sua arrumação, violenta porque física, onde o texto se torna textualmente fotográfico, e a foto fotograficamente textual, estando entendido que seria necessário colocar aspas em todo lugar, tanto os termos se tornaram inadequados para designar esse gênero de operação perfeitamente *inqualificável*. Veremos adiante que no trabalho ulterior das *Photolalies*[9], o precipitado, o corpo-a-corpo irá ocorrer num arranjo dessa vez quase que exclusivamente fotográfico (face-a-face de imagens).

De qualquer forma, os *Depósitos...* a meu ver são como o local ao mesmo tempo central e esburacado onde todo Roche acontece. Não é muito fácil para mim falar desse trabalho, ao mesmo tempo porque de tanto olhá-lo com intensidade, como Plateau, queimo meus olhos — tem o poder cegante da Medusa —, e, por outro, porque o próprio Roche ocupou todos os tipos de posturas enunciadoras em torno de seu próprio objeto, enchendo-o ao mesmo tempo de precisões técnicas ou de eventos e considerações interpretativas mais globais: existe, além do próprio texto dos *Depósitos* e dos *Antefixos*, além das fotos que os encenam e que eles encenam, ora *Notas & comentários* que nos oferecem, linha após linha, a sua muito precisa "ascensão das circunstâncias", equivalentes quanto ao recorte textual ao que são as legendas de todas as suas fotos (lugar e data da tomada, exclusivamente, únicas designações possíveis da imagem), ora prefácios importantes, apaixonados, como a *Entrada das máquinas*[10] ou *A escada de Copàn*[11], que desdobram para nós suas principais desafios (auto)biográficos, temáticos e interpretativos (o Tempo, a Morte, o Sujeito, o Real, a Representação, a Máquina, a Repetição, o Sexo), ora, ainda, reflexões mais gerais e não menos definitivas numa série de textos autônomos ou de entrevistas, dentre as quais muitas foram reunidas no ensaio intitulado *O desaparecimento dos pirilampos*[12], que constitui decerto um dos melhores livros *teóricos* sobre a foto. Como se se tratasse para Roche, com todas essas enunciações, de *enquadrar* mais uma vez esse movimento interior, não, é claro, delimitá-lo pelo comentário ou esgotá-lo na interpretação, mas ao contrário, por esse entorno discursivo, que tanto o corta quanto o enquadra, de relançá-lo, de fazê-lo girar, vertiginosamente, como um pião, de escavar o precipício interior pela vertigem do exterior. Centrípeta e centrífuga ao mesmo tempo. Sempre em movimento entre várias forças. Turbilhões no coração e em torno de uma admiração central, de uma prega, de uma fenda em que nos arriscamos a ser aspirados e onde nos agarramos à Roche, o mais perto possível, à beira do buraco. Mas para perceber que ali também existe um abismo, um arrebatamento. É que, afinal de contas, mesmo multiplicando as posturas do comentário, mesmo correndo em volta e cobrindo a parte de dentro, com uma energia louca que não é absolutamente a do desespero, que é mais a da pulsão sexual, mesmo então, e *a fortiori*, o objeto permanece opaco para sempre, inchado de enigmas e de belezas, insondável e cegante.

Os *Depósitos*, portanto, ao mesmo tempo (e mesmo por duas vezes), como pedregulho e como precipício, como engate e desengate, como quadro fixo e como vaivém perpétuos.

Olhem em primeiro lugar, simplesmente (ver ver ver ver), as metáforas do "depósito" exibidas pelo texto — congeladoras, enquadradoras, inscritivas, são inúmeras: escada hieroglífica, monumentos, sedimentos, empilhamentos, colocação em camadas (como uma colocação no túmulo), jazentes, quebrantes, estátuas, ereções das pedras, marcas registradas, lamelas sobrepostas, alcances musicais , escoras, "enquadradores", janela etc., nada além de estruturas, de moldes, camadas, cortes, quadros, para captar, apreender, levantar, cortar, esquadrinhar, varrer, deixar vir, armazenar, gelar, petrificar planos inteiros, que sobem pessoas e coisas, que se elevam como cantos (o "canto geral da gente e das coisas") e que vêm restituir visões fragmentárias suas, semi-enigmáticas ou indecifráveis, congeladas e sucessivas, faixas recortadas e empilhadas, enroladas-desenroladas, como tantas cópias de contato textuais, como as faixas em rolos e em pedaços dos manuscritos do mar Morto, como os sedimentos estratificados, cultural-biográficos de alguns civilizados próximos. Sarcófagos retangulares do tempo presente.

Olhem, em seguida, tudo o que diz respeito à noção de "dispositivo", tudo o que faz o "jogo" das "máquinas", tudo aquilo pelo que os depósitos são *igualmente* movimentos perpétuos, idas e vindas incessantes. Por exemplo, o próprio dispositivo técnico e simbólico do ato de escrita: *duas* máquinas de escrever ("Hermes 3000") lado a lado, *em paralelo*, uma datilografando (captando e enquadrando) os depósitos propriamente ditos, a outra indicando linha por linha as circunstâncias da tomada ("notas & comentários") e D.R. entre as duas, que vai e vem, que levanta, transcreve, empilha aqui, anota, situa, comenta ali, circulando sem fim entre enunciado (um enunciado que já não é ele mesmo, senão a enunciação de um outro pois sempre se trata de citações) e enunciação (uma enunciação de si, do ato que se está fazendo).

E depois há todo o dispositivo da repetição, da escansão, do ritmo interior. Leiam, *apesar de tudo*, uma página de depósito ou de antefixa *como* um texto, na continuidade, saltando as fraturas, passando além dos cortes, das abreviações, dos fragmentos incompreensíveis, deslizando de uma língua a outra, de uma escrita a outra, deixem-se *levar*, deixem-se pegar por aquilo que é de qualquer maneira um fluxo, um turbilhão, um embalo, sejam sensíveis aos *leitmotivs*, às recorrên-

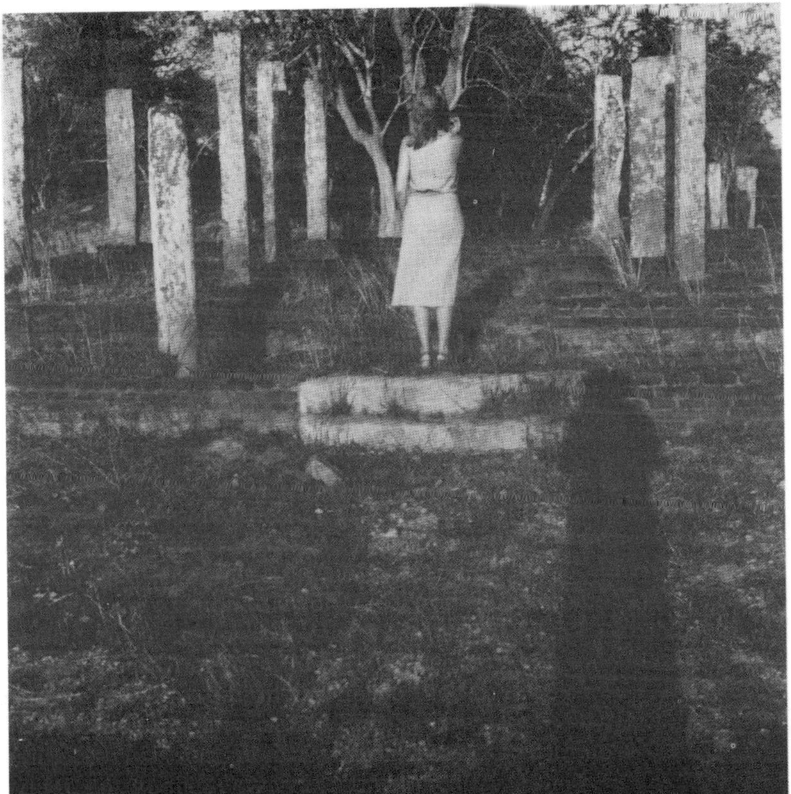

Denis Roche, *29 de julho de 1975.*

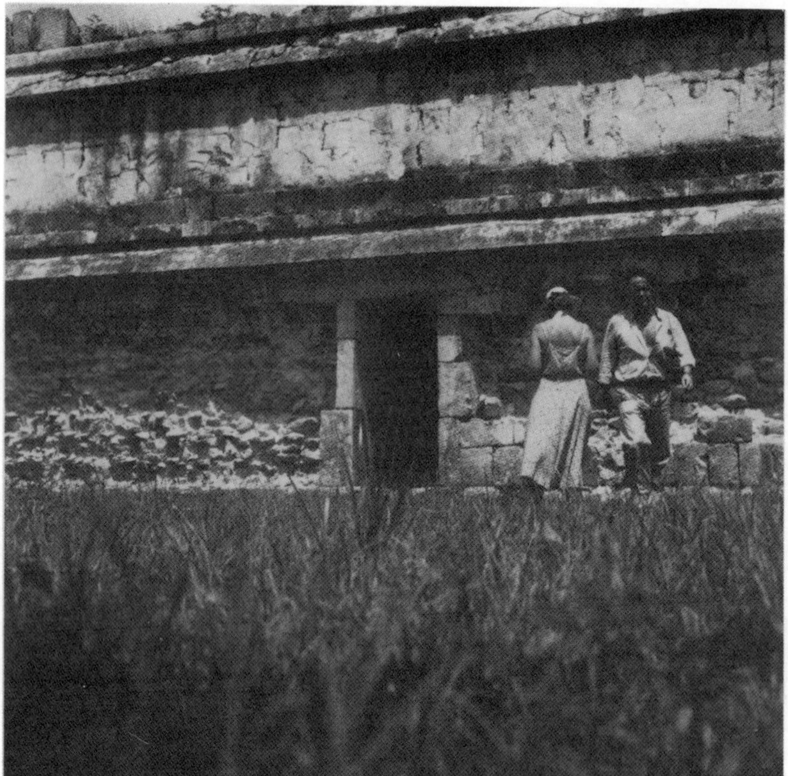

Denis Roche, *29 de julho de 1978.*

cias rítmicas, aos leves "desenquadramentos" a cada vez, aos efeitos de transporte como numa máquina de tecer, com os batimentos surdos e repetidos que dão ritmo à sua travessia. Por mais monumentais e escriturais, hieráticos e rigorosos que sejam, os empilhamentos enquadrados nem por isso deixam de ser agitados por vibrações infinitas, tremores de todos os gêneros (de sentidos, de sons, de ritmos...), de efeitos de vozes interiores que os pulsam, abalam, aceleram ou desaceleram (façam a experiência de uma leitura em voz alta) Compulsão de escrita, como compulsão sexual onde o vivo trabalha o morto no corpo. Do tumulto jorra. Depósitos precipitados, assombrados por um sentido extremo do catastrófico.

Ao fazer isso, é claro, essas metáforas do "depósito" e esses efeitos de "dispositivo" (quadro e vertigem implícitos) não nos descrevem nada além da *própria fotografia*. A fotografia justamente como depósito e como dispositivo, como imagem e como ato, como ato-imagem, é a atualização efetiva de todo o trabalho textual que a obra escrita de Roche encarna. Ou ainda: a fotografia é o *próprio pensamento* da escrita de Roche. E é por isso que ela está ausente, como imagem, do livro *Depósitos de saber & de técnica*. Não é nem a imagem, nem o gesto que importam nesse projeto, é o próprio princípio, a fotografia como modalidade do ser, do saber e do fazer. Eis porque sempre considerei que o trabalho de Roche é fundamentalmente também um trabalho *teórico*. Que esse trabalho de teoria se faça pelo texto ou que se manifeste pela foto. Pois é claro que existem fotos. E também temos de falar delas, ou andar ao seu redor.

Em primeiro lugar, e sobretudo, há os auto-retratos (por sombra, reflexo, espelho ou disparador automático), auto-retratos essencialmente a dois (D. e F.). Como se um auto-retrato pudesse ser algo além de um problema *a dois*, um problema de duplo (meu e meu outro), eventualmente portanto de duplo redobrado. Uma história de amor também (entre eu e eu, entre eu e ela, entre nós e o lugar, entre nós e o tempo, e a luz, e a morte). O auto-retrato é o modo por excelência, constitutivo, originário, quase ontológico da fotografia (qualquer fotografia é sempre um auto-retrato, sem metáfora: imagem do que ela toma, daquele que a toma, e do que ela é, tudo isso ao mesmo tempo, num mesmo e só lapso de espaço e de tempo, *numa espécie de convulsão da representação* e por ela). Se existe de fato um lugar específico, quase em sua pureza, uma metáfora da fotografia por inteiro, como tal, é o auto-retrato.

No ato do auto-retrato, o ser deve manter simultaneamente a postura de sujeito e de objeto. Para isso só dispõe, em princípio, de um único lugar e de um único instante, um só bloco de espaço-tempo, a ser ocupado ("a violência do lugar me oC/cupa"), a transpor de uma só vez. Daí a cisão do Sujeito, a falha constitutiva. O auto-retrato ou a identidade impossível, a necessária perda de si, a ausência, o vazio abissal que faz o ser correr infinitamente de uma posição a outra, como se ele pudesse mantê-las juntas, como se a recuperação fosse possível. Compulsão desejante tanto mais exasperada e violenta quanto tem perfeita consciência da inutilidade de sua própria corrida. Daí os ardis, as contorções, as diversas maquinações (espelhos, sombras, disparador automático etc.) para tentar, apesar de tudo ("eu sei, mas assim mesmo") passar, encontrar um substituto ou lançar-se nisso, justamente *para isso*, para se perder. A prática do auto-retrato de Roche exacerba desmesuradamente tudo isso, exibe, torna-a o desafio explícito da própria imagem. Basta lembrar da extraordinária sessão da "primeira vez" em Roma, no claustro do "breve encontro", onde se oferecerá a revelação da "câmara clara":

> O auto-retrato mais antigo a dois de que me lembro foi feito no claustro do pequeno convento de San Onofrio em Roma, nos declives do Janículo, no dia de Ascensão de 1971. Duas coisas constituíram a jogada desse auto-retrato — falo justamente em "jogada" em virtude da sensação experimentada com muita freqüência de que o auto-retrato fotográfico é o nascimento e o desaparecimento de um *acontecimento* em jogo —, em primeiro lugar, uma certa idéia do mundo-tempo e do mundo-espaço como continente único, simbolizada pelo retângulo muito fechado, colunas e arcadas finas nos dois andares, encerrando-nos a princípio a nós mesmos e, concluindo, à idéia também, redobrando-a ainda mais: enclausurando-nos no espaço do visor que nos olhava contidos no claustro, fazendo-nos estar, *ali e então*, no que chamei muito depois de "câmara clara": quadrado profuso, volume de luz e de formas contidas no que o visor recorta além de si mesmo, operando assim ao longo da história as tomadas de fotos encadeadas, uma sucessão de *idas* e *vindas* na *câmara clara*(...)
>
> O auto-retrato no claustro de San Onofrio dissera ainda o seguinte: considerei evidentemente o claustro em sua maior dimensão, pois era retangular, e disse a F. que iríamos sentar num canto, no intercolúnio central, e que disporia minha máquina fotográfica no outro canto, bem na nossa frente. Na época eu tinha uma Zeiss 24 x 36, do tipo Icarex, cujo disparador auto-

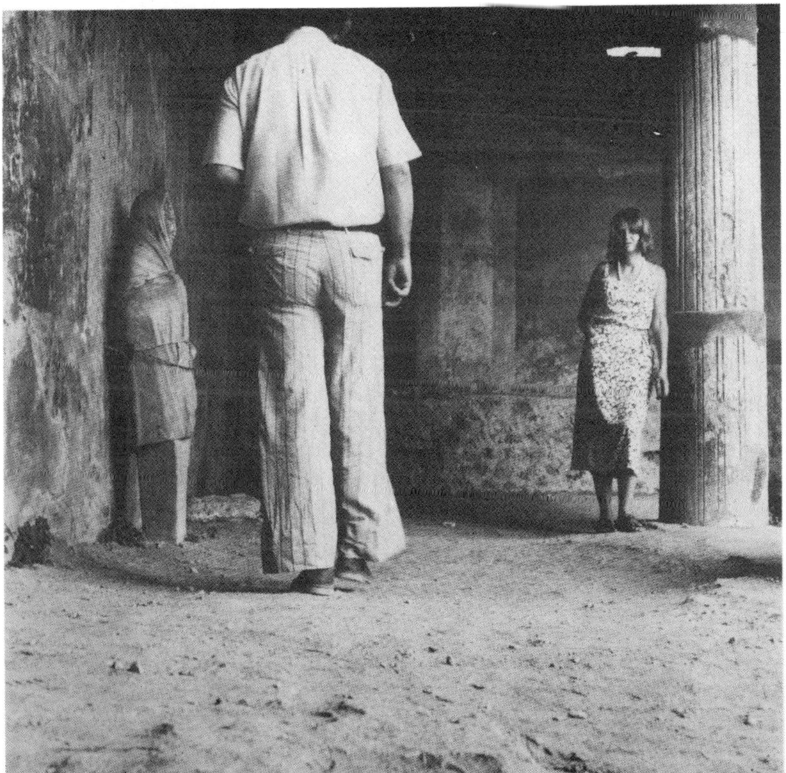

Denis Roche, *21 de julho de 1979.*

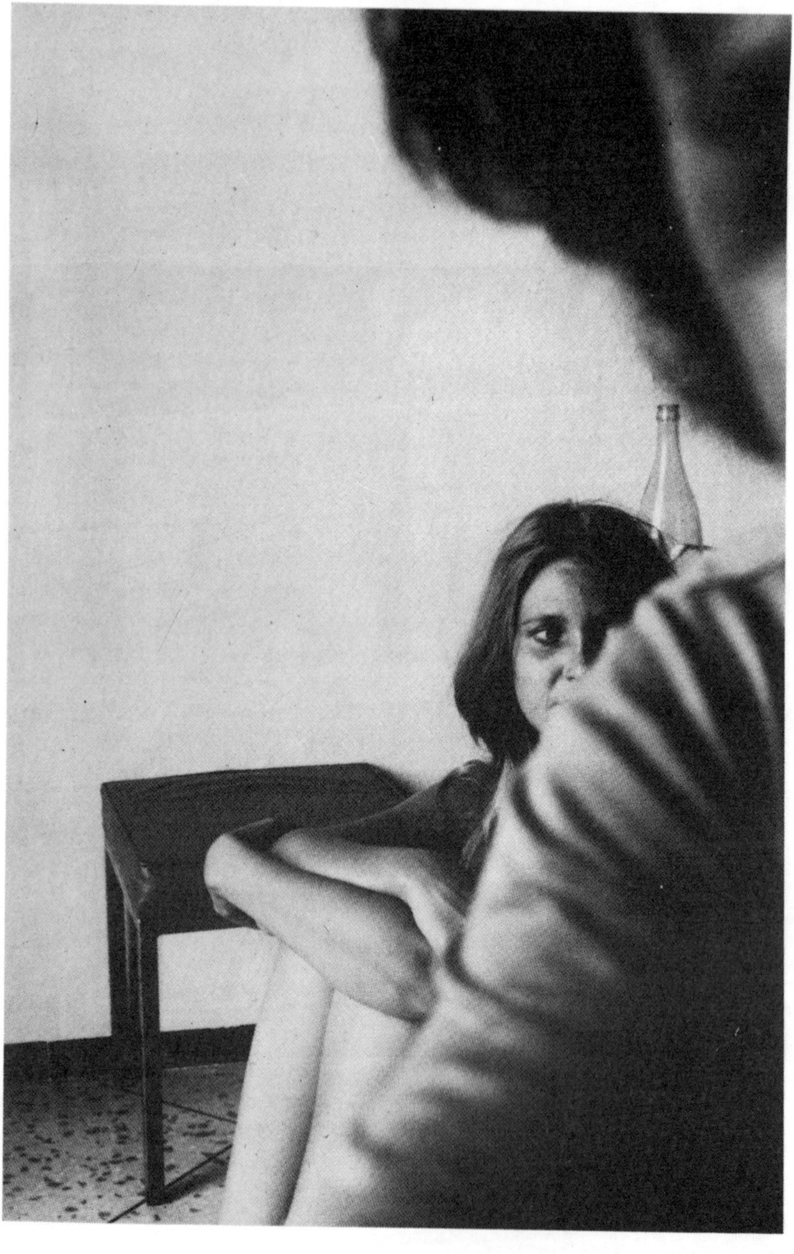

Denis Roche, *30 de julho de 1972.*

> mático era o que era, ou seja, operava num lapso de tempo de cerca de 15 segundos, o que era bem pouco. Instalados F. e o aparelho em cada um dos cantos do recinto e um visando ao outro como no momento em que os dois adversários num torneio, *que poderia acabar mal*, se preparam para se precipitar um contra o outro, armei o disparador, disparei e corri o mais depressa possível rumo ao lugar "vazio e mudo" que eu me destinara alguns segundos antes (ah, essa "ausência" delimitada no visor!) ao lado de F., fugindo em suma desse acontecimento que nascia às minhas costas e que se extinguiria tão inexoravelmente diante de mim. Só verificou-se o seguinte: que o lapso de tempo que o disparador me autorizava era justamente o lapso de tempo necessário a um campeão de corrida para transpor o comprimento do tal claustro a pé. Ouvi o disparo então ao final da minha corrida, quando estava dando a virada que me permitiria encontrar-me serenamente sentado ao lado de minha companheira. A toda velocidade, *acertou em mim*. F. dava gargalhadas. Tive de repetir várias vezes a foto, o jogo entre os dois lapsos fazendo-se em vários tempos. E eu era obrigado a fazer algo, pois só dispunha de um disparador, de tipo não variável e de um único claustro cujo comprimento eu não poderia reduzir. Tentei dar um jeito, estendendo meu braço ao máximo, o corpo já projetado rumo ao final da pista, os pés como escorados em *starting-blocks*, em suma, trabalhar de fato, cobrir o espaço da foto num determinado tempo, o que parecerá a vocês um simples jogo de palavras, quando se trata da própria definição do imperativo fotográfico, e há dez anos exatamente, nunca me foi dado encontrar-me em condições de auto-retrato nas quais eu possa dizer: eis-me bem próximo de vencer, o tempo de que disponho e o espaço que tenho de percorrer são exatamente a mesma coisa. O espaço-tempo reduzido ao *estando-lá* de um cubo de luz, ou antes de um paralelepípedo retângulo de luz: na câmara clara.[13]

Longe de ser apenas uma narrativa anedótica ou uma observação limitada em seu alcance com relação ao conjunto do campo fotográfico, essa narrativa de Roche vale com efeito como ilustração "cênica" do próprio princípio no qual toda foto se baseia *epistemicamente*: a mobilização louca do sujeito até a vertigem no espaço e no tempo fechado do quadro (da caixa, da "câmara clara"). *O precipício no centro do pedregulho*. O êxtase central que faz correr infinitamente o ser fotográfico dentro de um retângulo luminoso, em torno de um vazio ontológico que ele sabe que jamais vai conseguir preencher de fato, mas no qual *acredita*.

Se hoje Denis Roche representa uma das formas de pensamento mais fortes no campo da teoria contemporânea da fotografia é justamente *por isso*. Quando todos, no início dos anos 80, de Barthes a Van Lier, de R. Krauss a mim mesmo, e até J. M. Schaeffer hoje, redescobriam os poderes teóricos da noção de Peirce de "índice" aplicada à foto, reinterpretavam a relação da imagem com o real em termos de contigüidade física, de proximidade efetiva, de traço ou de impressão luminosa (contra a idéia da semelhança mimética), Roche já afirmava em alto e bom tom um princípio tão essencial quanto o citado de *separação e de distância*, que me parece hoje como o lugar mais importante do jogo fotográfico. Depois de tudo o que se disse e se fez nos últimos dez anos em torno da idéia de uma plenitude ou de uma carga de real, é absolutamente necessário que a reflexão recaia sobre a parcela de *deserção* da foto, sobre tudo o que a separa de nós, a torna opaca, a afasta, a torna ausente, nos torna cegos de tanto olharmos. É a via traçada por Roche. A experiência do auto-retrato esburacado é uma baliza rumo a esse ponto de encontro totalmente fundamental.

Com efeito, de todas as artes da imagem, a fotografia é, com certeza, aquela em que a representação está ao mesmo tempo, ontologicamente, mais próxima de seu objeto, pois ela é sua emanação física direta (a impressão luminosa) e porque ela lhe cola literalmente na pele (estão *intimamente* ligados), mas é igualmente e também ontologicamente aquela em que a representação mantém absolutamente a distância com o objeto, em que ela o coloca, obstinadamente, como um objeto *separado*. Essa separação chega a fundamentar literalmente toda a dinâmica do jogo fotográfico: é ela que induz esse movimento constante, esses perpétuos vaivéns do sujeito espectador, que não pára, do ponto de *vista* da foto, de passar do *aqui-agora* da imagem ao *alhures-anterior* do objeto, que não pára de olhar intensamente essa imagem bem presente, de nela imergir, para melhor sentir seu efeito de ausência, a parcela de *intocável referencial* que ela oferece à nossa sublimação. Ver, ver, ver, ver — algo que necessariamente esteve ali, que está tanto mais presente imaginariamente quanto se sabe que desapareceu no espaço em que se o vê — e jamais poder tocar, pegar, abraçar, manipular essa própria coisa, definitivamente desvanecida. Só existe uma imagem, separada, tremendo em sua solidão, assombrada por essa intimidade que ela teve por um instante com o real. É essa obsessão, feita de distância na proximidade, de ausência na presença, de imaginário no real que nos faz gostar das fotografias.

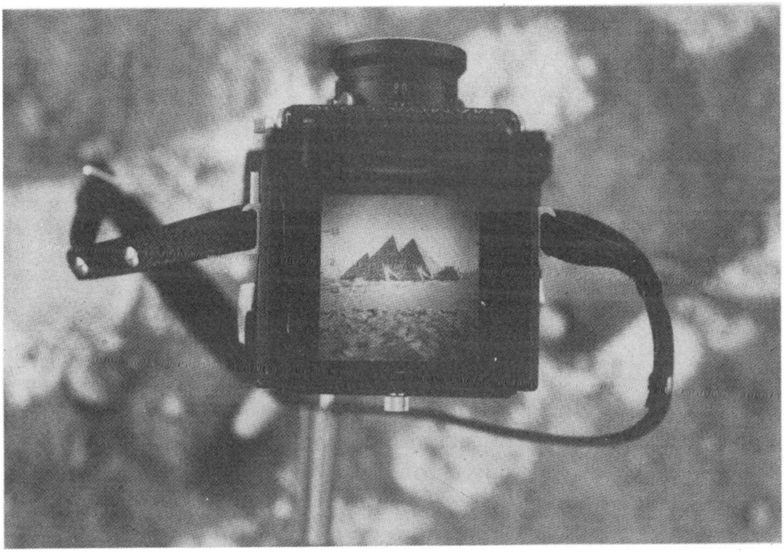

Denis Roche, *4 de abril de 1981.*

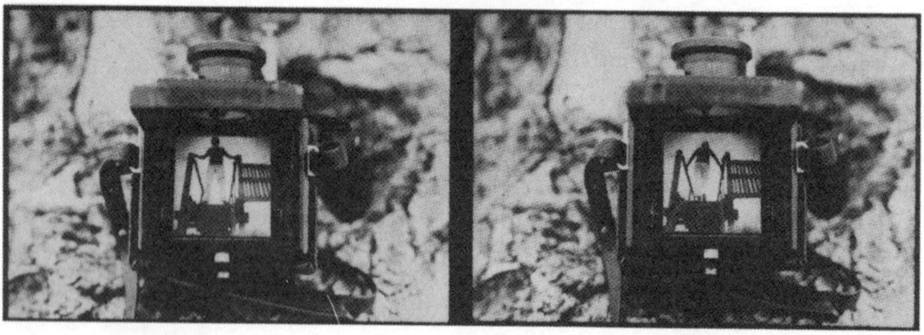

Denis Roche, *12 de julho de 1981.*

Isso diz respeito a um processo que não é nada menos do que a essência da fotografia. Desenvolvi em outra parte (ver aqui mesmo o capítulo 7) os principais desafios desse princípio de distância, que faz de qualquer fotografia uma *imagem mental*, que lhe proporciona uma dimensão de ausência ontológica, que a faz ter toda uma relação com a *alucinação*. A foto aparece assim como a marca de *uma cisão entre o Real e o Imaginário*. Por mais *certificadora* que seja, por sua proximidade genética com seu objeto — sabemos de onde ela vem, que o que ela mostra existiu necessariamente — a foto, porque está à distância, é adiada, fendida, porque jamais é possível confrontá-la efetivamente com o que ela representa, nem por isso deixa de ser *uma imagem flutuante*. Exatamente: *ela flutua na certeza*. É daí que tira seu poder singular. É aí que submergimos, de corpo e alma.

É esta a lição do *Blow up* de Antonioni: a revelação revela ao perscrutador algo além do que a latência fazia acreditar, algo que não havíamos visto e que parece, no entanto, estar ali, quando se *olha* de fato, quando se lê, quando se constrói sua leitura, quando se assume o risco da interpretação. O tema principal do filme é a impossibilidade de fazer o real coincidir com sua representação, o dado *a priori* com sua interpretação fotográfica *a posteriori*, justamente porque entre os dois, na distância, algo passou — que não apenas o tempo. A *distância* propriamente fotográfica funciona, portanto, aqui totalmente: confrontado, pela força de seu olhar para a imagem, a uma rede crescente de índices que revelam um obstáculo, um desacordo, uma rachadura entre o signo e o que ele acreditava ser o referente, o Sujeito se põe em movimento, põe-se a ir e vir (é um agitado perpétuo), *em primeiro lugar na própria imagem* (ele observa que o olhar da mulher está fixo num ponto fora-de-campo, num arbusto, segue com o dedo o trajeto do olhar, partiu), *depois entre as imagens* (ele as dispõe por todo o salão, organiza um percurso, recorre às ampliações sucessivas, organiza uma verdadeira narrativa mural dos acontecimentos — a câmara de Antonioni é excelente para nos mostrar, sem uma única palavra de diálogo, o próprio trabalho do olhar-que-constrói-sentido pela montagem das imagens) e *finalmente da imagem ao objeto e do objeto à imagem* (de seu estúdio — onde ele revela, faz cópias e interpreta — ao parque — onde fez as imagens — depois do parque ao estúdio, e isso duas vezes), como se corresse desesperadamente atrás de uma verificação hipotética (ou pelo menos confronto) de um pelo outro. Pois esses múltiplos vaivéns, longe de aproximar (e até identificar) a imagem e o real, vão toda vez separá-los ainda mais, afastar mais ainda esses dois "universos". A ponto de estes, por serem sempre transportados dessa maneira, decalados, se tornarem cada vez mais incertos e acabarem literalmente por *se perder*, tanto um como o outro, diluindo ao mesmo tempo toda a segurança de identidade do Sujeito. Ei-lo, esse Sujeito em sua corrida louca entre dois mundos que não se adequam, em sua compulsão de atravessar nos dois sentidos a inelutável distância fotográfica, ei-lo perdido nas aparências, pego no torniquete dos fantasmas, das ficções, das miragens, imergindo cada vez mais na fratura que ele acreditava estar preenchendo, como cavando nela o túmulo de suas próprias certezas.

Em *Blow up*, Thomas é, portanto, um fotógrafo que corre *ao* cinema. Com suas idas e voltas na câmara clara, Denis Roche já é uma espécie de cineasta que corre *na* foto. Ambos só conseguem girar em falso. Uma questão complexa das relações entre cinema e foto em Roche, o autor das *Conversas com o tempo*[14] jamais estará *totalmente* do lado do cinema. Ele gosta demais da postura do congelamento do quadro-recorte convulsivo, oferecendo no instantâneo do olhar, mesmo que imediatamente repetido, *tudo, de uma vez por todas.* Provavelmente é uma das coisas que o aproxima de R. Barthes. A relação deles com a imagem (um com a tomada, o outro com a leitura da imagem feita) é estruturada de modo *vertical*: mergulho interior, penetração na profundidade das significações e dos afetos que o objeto fotográfico pode liberar. Nada de simples consumação horizontal das imagens, que desfilam, submetem as pessoas a seu ritmo, passam e apagam-se de imediato para ceder lugar a outras. Roche está literalmente do lado da *parada na imagem* generalizada. Daí sua obstinação pelo quadro isolador, que corta ao vivo e capta a morte. Daí sua obsessão pela "fotografia de sexo" — feminino — (nada a ver com a foto de nus), por seu petrificante efeito-Medusa que a torna uma espécie de em-si da parada na imagem (a foto de sexo é a própria fotografia no que tem de impossível de se olhar, como proibição absoluta, como cegueira: "caos opaco absoluto... Não há nada. Além de um sexo. Além de uma única foto de sexo que olho e que é mais imóvel que qualquer outra foto de matéria inerte..."[15]). Daí tentativas de "fatias de vida" como os *Ensaios de literatura detida*[16], que carregam bem seu nome. Etc.

E contudo, existe em todo o trabalho de Roche, por esse apego à parada enquadrada, uma verdadeira *aspiração ao cinema*. É ela, é claro, que agita loucamente o bocal de cada um de seus auto-retratos com disparador automático:

> No auto-retrato, é preciso armar o aparelho, colocar-se diante dele, aguardar o disparo, voltar, rearmar, tornar a se colocar, etc. Mas uma foto com disparador automático em 1/125 ou 1/500 de segundo, engloba de qualquer forma magicamente todo o tempo da operação de cada foto. Como se o instantâneo tivesse captado o tempo bastante longo do enquadramento, o deslocamento, os 30 segundos do disparador. Tudo isso é captado. Existe aí um *início de cinema*, um início de movimento. Provavelmente nesse tipo de fotos sente-se mais a duração e o movimento, o vaivém. Nesse momento, estou fazendo uma série de fotos para uma revista, com auto-retratos de frente e de costas. Ou seja, registro a ida ao lugar onde faço a foto, a foto que se faz no momento em que nela estou, depois a foto que se faz quando volto. *Tento captar o conjunto tempo e espaço.*[17]

Denis Roche ou a tentação do cinema no coração da fotografia. Roche não é apenas uma tentativa de fazer foto com os meios da literatura (e vice-versa), talvez seja, antes de tudo, uma tentativa de fazer cinema com os meios da foto. Fazer cinema *numa única imagem*, que seria como um filme, onde tudo estaria acumulado. Foto-síntese, se quisermos, em que a condensação cinematográfica seria sensível —

mas *invisível como tal*. Como quando se escolhe uma ou duas fotos a serem copiadas entre as 36 vistas numa cópia de contato, sente-se que de fato a ou as fotos mantidas "ao mesmo tempo globalizam e resumem a soma das tensões de todos os instantâneos feitos — existe uma espécie de amplificação invisível do instantâneo"[18]. Pois aí está o essencial: é imperativo que essa tensão "cinematográfica (esse tempo que transborda, esse espaço global, essa energia e esses movimentos, esse filme que é a cópia de contato) seja e permaneça *contida*, virtual, retornada, aquém da superfície aparente da imagem. O poder desta vem daí, dessa interiorização, dessa ausência experimentada. O "filme" que uma foto de Roche é deve caber dentro de um quadro. Enche-o virtualmente, infla-o de dentro. É isso a famosa "violência do local" que o ocupa. Em seu filme *Número dois*, Godard faz um personagem dizer: "Fala-se muitas vezes da violência do rio que transborda nas margens; por que jamais se fala da violência das margens que encerram o rio?" Em Roche, o rio, o fluxo, o cinema, o tempo que passa e que leva está sempre ali, mas em côncavo, fora-de-campo, subterrâneo, nos interstícios. Presença muda, tumulto silencioso, tormenta invisível do local, ícone lacônico. O precipício cinematográfico só poderá obsedar o pedregulho fotográfico. Mas é essa obsessão, abissal, que constituirá a força incrível das imagens.

Tudo isso voltará a ocorrer com uma evidência singular e uma intensidade ainda maior ("é preciso exagerar") no trabalho recente das *Photolalies* (já iniciado em "Carta a Roland Barthes sobre o desaparecimento dos pirilampos"[19] e em *Conversas com o tempo*). Trata-se aqui de um relacionamento sistemático de *duas imagens*, ou então de um desdobramento-redobramento interno à imagem (reflexo, espelho, vidraça). Um dispositivo (mais um) essencialmente visual, ao mesmo tempo simples e terrivelmente eficaz. Roche: "Chamo de *fotolalia* esse eco mudo, esse murmúrio de conversa calada que surge entre duas fotografias, muito além do simples cara-a-cara temático ou gráfico."[20]. Por exemplo, duas fotos feitas no mesmo local, com a mesma pessoa, na mesma pose com o mesmo enquadramento, mas com *13 anos de distância*. Desse face-a-face, terrível, surge o silêncio apenas pela força opaca e muda das imagens, o maior arrebatamento que existe: o Tempo, o tempo que, do fundo da prega entre as duas fotos, emerge com violência e grita-nos no rosto, grita-nos que, longe de estar suspenso pela foto, passa, quebra, afasta, estraga. O vazio no qual acabava por cair de tanto correr o fotógrafo de *Blow up* encontra-se aqui no meio termo fotográfico. Existe um verdadeiro trabalho de *montagem*, não mais interno à imagem (a encenação do auto-retrato), mas *entre* imagens, com uma distância visível, excessiva. É um emparelhamento no tempo, uma dobragem instantânea. É um vazio, uma fenda, que *fala* em silêncio e soberanamente. De fato, essas fotolalias fazem-nos compreender que todas as imagens de Denis Roche, e até mais globalmente ainda, tudo o que Roche conseguiu produzir (os textos "poéticos", os "romances", os ensaios, as fotos, as tentativas de palavras em torno das imagens etc.) também é trabalhado por uma fenda central, por uma linha aberta de demarcação e que toda a questão é a questão da *passagem*: o fio da navalha como precipício possível onde todos nos arriscamos a imergir a qualquer instante. É ele, esse precipício virtual que cinde infinitamente o sujeito, é esse turbilhão ("um *turbilhão*, como se sabe, agita-se em torno de um buraco vertical, nele roncando por enrolamentos sucessivos, espiral e ronco ao mesmo tempo, até uma certa altura, o todo formando pilar, coluna, em suma, ereção... vara de poeira e de tempo percorrendo o horizonte... não dizendo respeito nem ao espaço ou ao volume, nem à superfície..."[21]), é esse turbilhão que torna a obra literalmente *interminável*:

> Eu mesmo sou uma "lalia" de minhas fotos. Meus livros de escritor murmuram meus livros de fotografia, têm um fluxo que se parece e o sonho que tenho com os primeiros volta a me jogar interminavelmente no devaneio dos segundos. Vou de uns dos outros tomado pelo sentimento quadrilátero das coisas que se fazem e da beleza que ocorre numa rua esvaziada pelo calor em que o auto-retrato jamais acaba de se reenquadrar e de se inverter, como se o vazio, tendo sido preenchido pela luz, precisasse obrigatoriamente devolver-lhe algo e como se esse devolver fosse eterno.[22]

Imagens intermináveis, feitas de retomadas recíprocas, de ecos à distância, de "conversas" silenciosas, de "circulações nas dúvidas", de fluxo e de refluxo, de eternas idas e vindas, ora na própria foto, ora entre as fotos, ora ainda no jogo entre um texto e uma foto, sempre em torno de um êxtase central, até a vertigem do vazio branco e mudo, até o precipício de luz escavado por esses próprios movimentos, mas sem nunca neles cair, sem neles naufragar realmente de corpo e alma. Pois sempre existe as bordas do quadro para se agarrar. Pois sempre há um meio de suturar a falha, de voltar a fechar a abertura, justamente pela foto, numa espécie de sobressalto, de última convulsão, bem a tempo, antes do grande salto no buraco. O pedregulho e o precipício, ainda e finalmente. Reler o último parágrafo da citação de Ponge fornecida no início desse texto. Questão de viver por mais alguns dias.

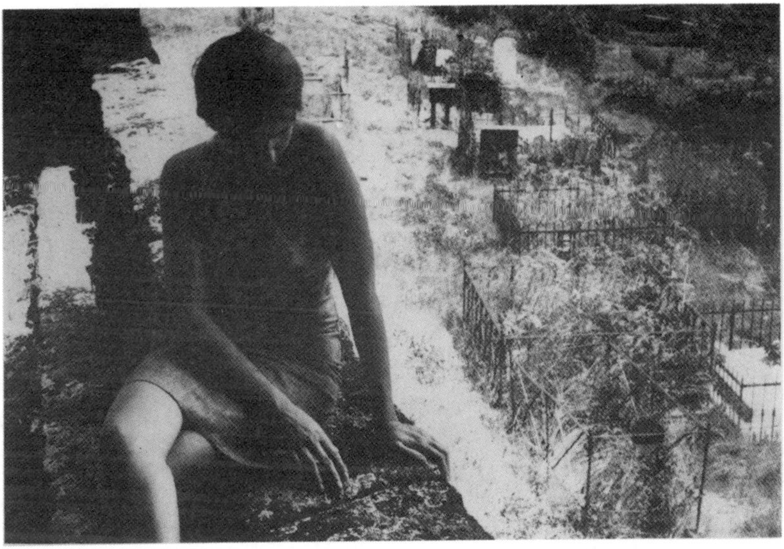

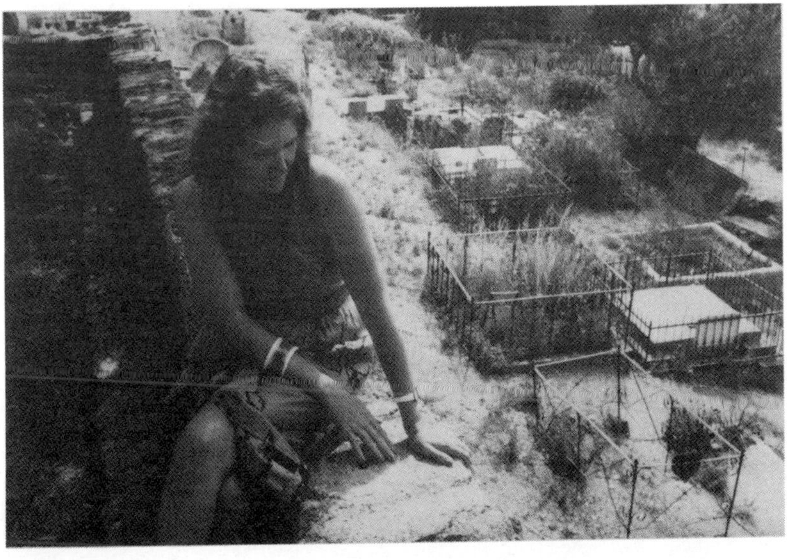

Denis Roche, *12 de julho de 1971* (No alto) e *6 de agosto de 1984* (Acima).

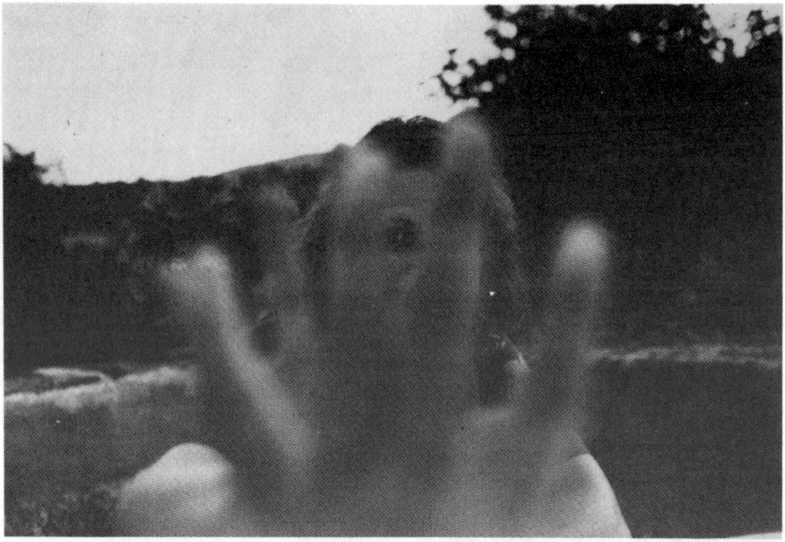

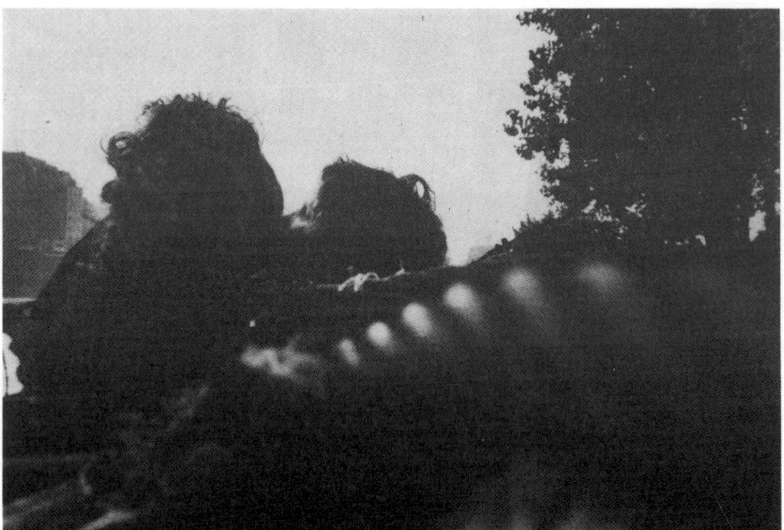

Denis Roche, *19 de julho de 1987* (No alto) e *14 de maio de 1988* (Acima).

NOTAS

1. Francis Ponge, "Tentative orale", em *Méthodes*, Paris, Gallimard, col. Idées, 1971, pp. 252-254.
2. Denis Roche, *Le mécrit. Poèmes*, Paris, Seuil, col. Tel Quel, 1972.
3. Denis Roche, *Dépôts de savoir & de technique*, Paris, Seuil, col. Fiction & Cie, 1980.
4. Denis Roche, *Photolalies. Doubles, doublets et redoublés*, Paris, Éd. Argraphie, col. Carnets, 1988.
5. Denis Roche, "Les tentations de Francis Ponge. Théorie pour un mouvement d'images", em *TXT*, nº 3, Paris, 1971. Os seis poemas são retomados, com sua paginação particular, em *Le mécrit*, *op. cit.*, pp. 129-136.
6. Hubert Damisch, "Sous la fenêtre ou la coupe du poète", em *TXT*, nº 6/7 (*La démonstration Denis Roche*) Paris, inverno de 1974, pp. 23-29.
7. Denis Roche, "L'escalier de Copàn", prefácio aos *Dépôts de savoir & de technique*, *op. cit.*, p. 10.
8. Denis Roche, *Dépôts de savoir et de technique*, *op. cit.*
9. Denis Roche, *Photolalies*, *op. cit.*
10. Denis Roche, "Entrée des machines", prefácio a *Notre Antéfixe*, Paris, Flammarion, col. Textes, 1978, pp. 9-32. Retomado em *Dépôts de savoir & de technique*, *op. cit.*, pp. 97-112.
11. Denis Roche, "L'escalier de Copàn", *op. cit.*
12. Denis Roche, *La disparition des lucioles (Réflexions sur l'acte photographique)*, Paris, Éd. de l'Étoile, col. Écrits sur l'image, 1982.
13. Denis Roche, "Brève rencontre. L'autoportrait en photographie", prefácio ao catálogo da exposição *Autoportraits photographiques*, Paris, Centro G. Pompidou — Éd. Herscher, julho de 1981. Retomado em *La disparition des lucioles*, *op. cit.*, pp. 97-110.
14. Denis Roche, *Conversations avec le temps*, Paris, Le Castor Astral, 1985.
15. Denis Roche, "Le regard d'Orphée/Les grands rugissants", em *Les Cahiers de la Photographie*, nº 4 (*Les corps regardé*), Paris, 1981, pp. 8-15.
16. Denis Roche, *Essais de littérature arrêtée*, Catorive, col. Ecbolade, julho de 1981.
17. Denis Roche, "Photographier", entrevista com Gilles Delavaud, em *Education 2000*, nº 10, Paris, setembro de 1978. Retomado em *La disparition des lucioles*, *op. cit.*, p. 79.
18. *Ibid.*, p. 75.
19. Denis Roche, "Lettre à Roland Barthes sur la disparition des lucioles", em *La disparition des lucioles*, *op. cit.*, pp. 153-166.
20. Denis Roche, *Photolalies*, *op. cit.*, p. 5.
21. Denis Roche, "La surface de réparation" em *Cahiers du Cinéma* nº 307, janeiro de 1980. Retomado em *La disparition des lucioles*, *op. cit.*, p. 182.
22. Denis Roche, *Photolalies*, *op. cit.*, p. 42.

ÍNDICE DE ILUSTRAÇÕES

Página 13: Michael Snow, Authorization, 1969 (Galeria Nacional do Canadá, Ottawa).
Página 68: Man Ray, *Rayografia*, s.d., c. de 1922.
Página 68: Làszlò Moholy Nagy, *Fotograma*, 1926.
Página 69: William Henry Fox Talbot, *Photogenic Drawings*, c. 1840.
Página 119: David Allan, *A origem da pintura*, 1745 (Edimburgo, National Galleries of Scotland).
Página 126: Gérald Minkoff, *Palindrome*, 1971.
Página 127: André Kertesz, *Auto-retrato*, 1927.
Página 130: Athanase Kircher, *Camera obscura transportável*, Roma, 1646.
Página 131: William Hyde Wollaston, *Camera lucida*, 1806.
Página 133: Máquina de retratar os perfis de sombra, século XVIII.
Página 134: Perfis silhuetados, c. de 1800.
Página 134: Retrato de silhueta de Alfred Stieglitz (*Camera work*, nº 8, Nova York, 1904).
Página 137: A experiência do físico francês Hippolyte Charles, 1780.
Página 141: Caravaggio (atr.), *Narciso*, 1594-96, Roma, Galeria Nacional Corsini.
Página 151: Caravaggio, *Cabeça de Medusa*, 1596-98, Florença, Uffizi.
Página 155: Henri Maccheroni, *Uma das "duas mil fotos do sexo de uma mulher"*.
Página 164: F'Murr, *"Deu errado de novo"* (em *Hi-yo, é o eco..., Gênio das pastagens alpinas*, nº 6, Dargaud, 1981).
Página 173: O rosto petrificado de Fay Wray em *The mystery of the Wax Museum* (Michael Curtiz, 1933).
Página 185: Marc Garanger, *Mulher argelina*, 1960 (Ed. Contrejour, 1982).
Página 186: François Hers, *Reportagem nº 9 com Evelyne Feingold*, 1980.
Página 186: François Hers, *Reportagem nº 9 com Evelyne Feingold*, 1980.
Página 190: Christian Vogt, *Série dos "quadros"*.
Página 190: Christian Vogt, *Série dos "quadros"*.
Página 191: Christian Vogt, *Série dos "quadros"*.
Página 193: Ralph Gibson, *The enchanted hand*, 1969, Nova York (Museum of Modern Art).

Página 194: *Anônimo da região de Rouen* (col. Denis Roche), c. de 1900.
Página 197: Ilse Bing, *Auto-retrato com espelhos*, 1931.
Página 203: Alfred Stieglitz, *Equivalências* (1923-1932).
Página 204: Alfred Stieglitz, *Equivalências* (1923-1932).
Página 207: Alfred Stieglitz, *Equivalências* (1923-1932).
Página 208: Alfred Stieglitz, *Equivalências* (1923-1932).
Página 225: O Sudário de Turim: um grande pedaço de pano, vazio ("Não há nada a ver ou quase nada. Algumas manchas...").
Página 226: *O Sudário de Turim*: o "rosto" em positivo, ou a figura do invisível.
Página 226: *O Sudário de Turim*: a "Revelação" pelo negativo.
Página 229: Nadar: *Victor Hugo em seu leito de morte*, 1885.
Página 230: O *Optograma* do Doutor Vernois, ou "a imagem que apareceu na retina de uma mulher assassinada a 14 de junho de 1868" (*Revue photographique des hôpitaux de Paris*, 1870).
Página 235: Doutor Hippolyte Baraduc: "A aura ('força vital') de uma alma sensível (como uma placa). A criança *impressionada* pela morte de seu faisão (*A alma humana...*, 1896).
Página 236: Doutor Hippolyte Baraduc: Duas crianças se mexem, uma ordem seca, petrificação. Um véu vem cobrir a imagem. É a aura do medo (*A alma humana...*, 1896).
Página 239: Doutor Hippolyte Baraduc: "A aura de um pesadelo" de um abade dormindo fotografado no escuro (*A alma humana...*, 1896).
Página 239: Doutor Hippolyte Baraduc: "Psiquicone" obtido no escuro e sem aparelho (*A alma humana...*, 1896).
Página 240: Doutor Hippolyte Baraduc: (Auto-)retrato quádruplo, a princípio "clássico" (e por Nadar filho), depois sob forma de obografia", de "psiquicone" e de desenho da "alma espiritual" (*A alma humana...*, 1896).
Página 243: Alphonse Bertillon: Curso de "assinalamento descritivo" e de "retrato falado" no Serviço de Identidade Judiciária de Paris, 1895.
Página 244: Alphonse Bertillon: Ficha sinalética com impressões digitais (1902).
Página 245: Alphonse Bertillon: O corpo (do delito) medido, fragmentado, comparado, classificado, colocado num quadro "sinóptico" etc.
Página 246: A tradição fisiognomônica: As "Cabeças de expressão" de Charles Le Brun, Primeiro Pintor de Luís XIV, na sua

Conferência sobre a expressão geral e particular das paixões (1668) (Reproduzidas por Hubert Damisch em *Nouvelle Revue de Psychanalyse*, nº 21, "La passion", 1980).
Página 255: Marcel Duchamp: *Criação de poeira* (1920).
Página 256: Marcel Duchamp: *With my tongue in my cheek* (1959).
Página 259: Kasimir Malévich: *Composição suprematista que exprime a sensação de um espaço universal* (1916).
Página 260: Kasimir Malévich: Fotografias de aeroplanos em pleno vôo, publicadas originalmente em *Um mundo sem objeto* (1927).
Página 260: Kasimir Malévich: Fotografia aérea, publicada originalmente em *Um mundo sem objeto* (1927).
Página 263: El Lissitzky: *Proun 5A* (1919).
Página 264: Robert Petschow: Fotografia aérea (1926).
Página 267: Hans Namuth: Jackson Pollock trabalhando em seu ateliê.
Página 271: Hanna Höch: *Corte com faca de cozinha* (detalhe: os dadaístas) (1919).
Página 272: Robert Rauschenberg: *Earth day, 22 April* (1970).
Página 275: Andy Warhol: *Orange car crash* (série *Death and disaster*) (1964).
Página 276: David Parrish: *Yamaha* (1973). Pintura em tela.
Página 281: Yves Klein: *Empreinte ANT nº 63 (négative-positive).*
Página 282: 6 das *"10 fotografias de Christian Boltanski 1946-1964"* (Éditions Multiplicata, 1972). Na ordem (da esquerda para a direita e de cima para baixo): "C.B. aos nove anos, aos 10, aos 11, aos 14, aos 17 e aos 20 anos. Uma "verdadeira" identidade em falsos (auto-)retratos.
Página 283: Joseph Kossuth: *Uma e três cadeiras* (1965).
Página 284: Richard Long: *Walking a line in Peru* (1972).
Página 286: William Bennett: *Wedge (Stone boat), Jamesville* (1976).
Página 287: Jan Dibbets: *Perspective correction* (1968).
Página 294: Andy Goldsworthy: *Tossing sticks in the air* (10/7/1981. Cumbria England).
Página 295: Gina Pane: *Ação sentimental* (1973) — no alto, e *Ação melancólica* (1974) — em baixo.
Página 299: John Hilliard: *Água de dezembro* (tríptico) (1976).
Página 300: Pierre Boogaerts: *Série tela: céus de ruas, Nova York, 1978-79 (36th Street).*
Página 302: Bernard Queeckers: *Réfléchir* (1980).
Página 303: Pierre Ayot: *Decerto a arte é brincadeira...* (instalação fotográfica) (1983). Col. Galerie Graff, Montreal.

Página 332: Denis Roche: *19 de julho de 1978. Taxco, México, Hotel Victoria, quarto 80.*
Página 341: Denis Roche: *29 de julho 1975. Pollonaruva, Sri Lanka.*
Página 342: Denis Roche: *29 de julho 1978. Chichen Itza, México.*
Página 345: Denis Roche; *21 de julho 1979. Pompéia, Termas de Estábias.*
Página 346: Denis Roche: *30 de julho de 1972. Propriano, Córsega, Hotel Marinca, quarto 21.*
Página 349: Denis Roche; *4 de abril de 1981. Gizé, Egito.*
Página 350: Denis Roche: *12 de julho de 1981. Talmont, Vendéia.*
Página 355: Denis Roche: *12 de julho de 1971. Pont de Monvert, Lozère.*
Página 355: Denis Roche: *6 de agosto de 1984. Treze anos depois.*
Página 356: Denis Roche: *19 de julho de 1987. Les Vans, Ardèche.*
Página 356: Denis Roche: *14 de maio de 1988. Honfleur, bacia do Leste.*

SÉRIE OFÍCIO DE ARTE E FORMA

A ARTE ABSTRATA
Alain Bonfand

O ATO FOTOGRÁFICO
Philippe Dubois

CIDADES EM EVOLUÇÃO
Patrick Geddes

O DESENHO INDUSTRIAL
Denis Schulmann

ENSAIO SOBRE A ANÁLISE FÍLMICA
Francis Vanoye e Anne Goliot-Lété

A ESTÉTICA DO FILME
Jacques Aumont e outros

HISTÓRIA DA ARTE
Xavier Barral I Altet

HISTÓRIA DO URBANISMO
Jean-Louis Harouel

A IMAGEM
Jacques Aumont

INTRODUÇÃO À ANÁLISE DA IMAGEM
Martine Joly

OS MÉTODOS DO URBANISMO
Jean-Paul Lacaze

PEDRA: PLANO E COTIDIANO OPERÁRIO NO SERTÃO
Telma de Barros Correia

O URBANISMO
Gaston Bardet

PAPIRUS EDITORA

Impressão e Acabamento
Bartira
Gráfica
(011) 458-0255

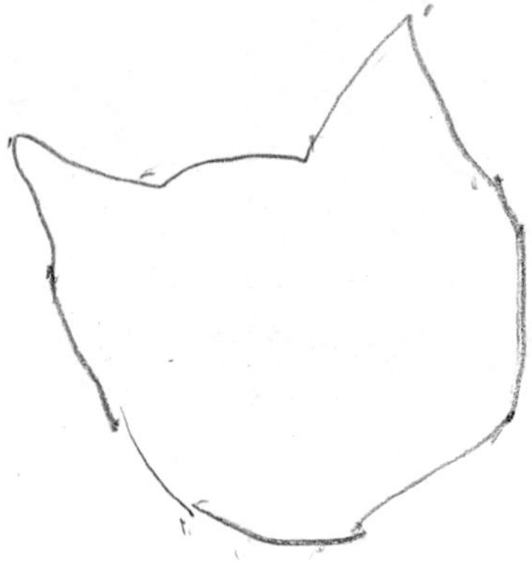